메이커를 위한
아두이노의 모든것

전자 기초부터 코딩, 다양한 하드웨어,
데이터 통신, PCB 설계와 제작으로 시제품까지

메이커를 위한 아두이노의 모든것

초판 1쇄   2020년 3월 16일

지은이 이준원
발행인 최홍석

발행처 (주)프리렉
출판신고 2000년 3월 7일   제 13-634호
주소 경기도 부천시 원미구 길주로 77번길 19 세진프라자 201호
전화 032-326-7282(代)   **팩스** 032-326-5866
URL www.freelec.co.kr

편집 고대광
표지디자인 황인옥
본문디자인 박경옥

ISBN 978-89-6540-268-8

IoT가 이끄는 4차 산업혁명,
도구와 감각의 확장

메이커를 위한
아두이노의 모든것

이준원
지음

전자 기초부터 코딩, 다양한 하드웨어, 데이터 통신, PCB 설계와 제작으로 시제품까지

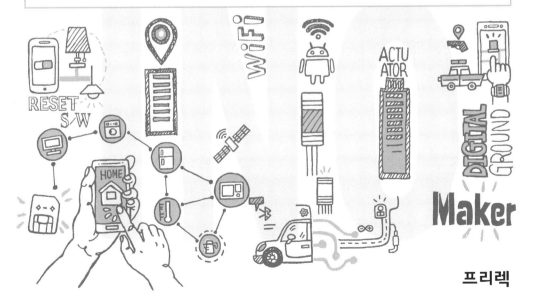

프리렉

머리말

2005년경 이탈리아의 한 연구실에서 시작된 아두이노는 이제 시제품 제작에서 빠질 수 없는 요소가 되었다. 취미, DIY, 스타트업, 마이크로컨트롤러 공부와 취업 등 나만의 장치를 만들어 보거나, 아이에게 특별한 경험이나 선물을 주거나, 최소기능제품(MVP, Minimum Viable Product)을 제작하여 고객과 시장의 반응을 살피거나, 그럴듯한 시제품을 만들어 투자자나 고객에게 선보이기 위한 목적 등 그 쓰임새가 다양할 뿐만 아니라 요긴하기까지 하다.

바야흐로 스타트업 전성시대이다. 오픈소스부터 4차 산업혁명 이슈까지 기술기반 스타트업을 시작하기에 이만큼 주변 여건이 좋았던 적이 있었던가? 세계 경제나 취업 동향 등은 차치하더라도, 관련된 VC 투자나 정부 지원사업비만 해도 천문학적인 액수이다. 이러한 스타트업은 ICT, 전기·전자, 기계, 공예, 예술, 뷰티 등 여러 분야로 나누지만, 아두이노를 활용하기 좋은 전기·전자−기계 중심의 시제품 제작 과정과 그 내용을 중심으로 접근해 보겠다.

이 책은 저자가 전기·전자 기반의 제조, 연구개발 스타트업을 운영하면서 겪은 창업 관련 교육이나 세미나, 그리고 다른 스타트업 대표들을 만나며 느꼈던 시제품 제작 프로세스와 관련된 부족함, 막 스타트업을 시작하거나, 고려하거나, 또는 함께하는 사람들에게 필요한 시제품 제작 관련 지식을 하나로 묶어 본다면 개발시간 단축과 비용 절감, 나아가 사업성 검토에 이르기 까지 도움을 줄 수 있지 않을까 하는 고민에서 시작하였다. 이는 전기·전자−기계 분야가 접목된 시제품 개발이 세부 분야별로 파편화되어 있고, 해당 분야에서도 필요한 사람이 스스로 찾으려 하지 않으면 용어나 프로세스 또한 접하기 쉽지 않기 때문이다.

그래서 실제 시제품을 만들어 보는 과정과 내용을 찬찬히 담고자 하였으며, 그 구성에 있어서 시제품 제작이란 큰 줄기를 파악할 수 있도록 배열하였다. 더불어 아두이노와 같은 오픈소스 하드웨어, 소프트웨어들이 지향하는 쉽고, 직관적이며, 저렴한 비용의 도구를 이용하여 최소한의 비용과 노력, 최대한 짧은 시간 내에 무엇인가 만들어 볼 수 있도록 서술하려하였다.

이 책에서는 시제품 제작과 관련하여 크게 두 가지 방법으로 접근하고 있다.

- 첫 번째, 기능 위주의 MVP 제품 개발이다. 최소기능제품 제작, 말 그대로 아두이노 보드와 점퍼 선, 센서와 액추에이터를 얼기설기 엮어서라도 최소한의 기능을 수행하는 제품을 만들어 보는 것 이다. 이를 위해서는 전자부품과 회로, 아두이노는 물론이고, 어쩌면 3D 프린터까지 필요하다. 하 지만 3D 프린터를 구매해야 할까? 잠깐 빌리거나 간단하게라도 만들어 볼 수 없을까? 이런 고민 에서 벽을 만나게 되면 결국 시작조차 못 하는 상황이 벌어진다. 이런 어려운 점을 최소화해보자 는 것이다. 초심자가 생각한 기능을 한 번 구현해보고 제대로 작동해보는 순간까지 가는 것은 절 대 쉽지 않은 일이지만, 이 책을 통해 어느 정도 해소할 수 있을 것으로 기대한다.
- 두 번째, 제품 수준은 아니더라도, 누가 보더라도 시제품(프로토타입) 정도로 느낄 수 있는 수준의 무엇 정도는 만들어 보자는 것이다. 아두이노 보드와 점퍼선이 아니라, 실제 DIP 타입의 전자부품 이나, SMD 타입의 부품이 갖추어진 PCB를 설계하고 제작하여 조금 더 다듬어진 물건을 만들어 보고 반응을 확인해보자는 취지이다. 사실 이 단계에서는 외주용역을 많이 이용한다. 시제품 제작 을 전문으로 하는 업체를 이용하면 비용은 늘어날지라도 더 제품에 가까운 모습이 될 수 있다. 하 지만 용역업체별로 비용이 천차만별이고 기술적 의문점과 커뮤니케이션 없이 용역업체를 상대 하다가는 업체에 끌려가며 요구조건도 제대로 맞추지 못한 물건을 받기 십상이다. 이런 경우에는 비용은 비용대로, 시간은 시간대로, 그리고 덤으로 스트레스까지 얻게 된다. 당장에 노력과 시간 을 투자해야 하지만 나름 제대로 작동하는 시제품 정도는 직접 만들어 보는 것이 먼 미래에 더 많 은 노력과 시간을 아낄 수 있는 방안이기도 하다.

시중의 책, 번역서들은 주로 아두이노, MCU 관련 소프트웨어나 브레드보드와 같은 기초 적 하드웨어를 주제로 하고 있다. 하지만, 이 책에서는 기존의 내용은 물론이고, 저가의 비용 과 최소한의 시간을 투자해 시제품을 만들어 보는 전 과정을 살펴보고자 한다. 부품 선정과 구입에서 하드웨어, 소프트웨어, 그리고 센서와 액추에이터를 다루는 데 있어서 브레드보드

뿐만 아니라, PCB 설계와 제작, 3D 모델링과 프린팅까지 이야기하고 있다. 이는 하나의 시제품을 만들어 가는 과정이며, 분리하기 힘든 요소이기 때문이다.

아두이노와 센서, 액추에이터 등 시제품을 만드는 데 있어서 필요한 주요 요소를 알아보고, 이를 활용해서 브레드보드에 회로를 얹어 작동성을 확인해보자. 원하는 기능이 제대로 구현되었다면, PCB와 3D 출력물을 활용하는 과정까지 가보자. 이 과정을 통해 하나의 시제품을 만드는 데 있어서 비용 절감과 개발기간 단축까지 이루어낼 수 있을 것이다.

시작하며, IoT 시대: 아두이노로 만드는 시제품

금융위기 전후로 찾아온 모바일 혁명은 웹과 앱을 연결했고, 이제는 주변의 사물마저 연결되는 시대가 되었다. 곧 모든 것들이 실시간으로 계측되고 작동하며 연결된다. 얼마 전 시작된 5G 통신은 통신 속도와 용량(대역폭)을 확장해 자율주행차가 상용화되는데 일조하고 있고, 차와 차, 차와 도로 간 정보를 주고받으며 클라우드에 교통정보와 각종 데이터들이 업데이트된다. 사방에 깔린 센서로 측정된 물리적 데이터와 실시간으로 변하고 선택되는 데이터들, 그리고 각종 플랫폼을 통해 수집되는 검색 정보, 이런 정보들은 빅데이터화되어 가공되고, 원하는 정보는 AI를 통해 예측된다. AI, 빅데이터, 5G, 블록체인, 4차 산업혁명의 키워드들이다. 이 기술들과 함께 사물 인터넷(IoT, Internet of Things)은 직접적으로 연결되는 요소다.

아두이노는 이 IoT 시대의 맨 아래 노드에 깔린 센서와 액추에이터를 담당하고 있다. 과거에는 마이크로컨트롤러를 활용한 시스템 시제품 제작이 쉽지 않은 일이었으나, 아두이노라는 하드웨어, 소프트웨어 플랫폼의 등장으로 인해 그 수월성이 비교조차 할 수 없을 정도로 좋아졌다.

이 책에서는 아두이노라는 플랫폼을 활용하여 각종 전자부품과 회로가 어떻게 적용되는지 살펴보고, 독자들이 구현하고자 하는 시스템에 접목되는 센서, 액추에이터를 사용하는 방법에 관해 살펴보며, 나아가 PCB 설계, 제작과 3D 모델링에 이르기까지 하나의 시제품을 만들어 가는 데 있어서 전반적인 과정을 살펴본다. 웹에서 개별적인 정보들을 많이 접할 수 있지만, 시제품 제작 내용과 관련된 정보들은 파편화되어 있기에 이것들은 모두 다루는 하나의 책에도 의미가 있다 할 수 있을 것이다.

IoT가 이끄는 4차 산업혁명, 도구와 감각의 확장

도구를 사용한다는 것에는 어떤 의미가 있다. 도구 사용 능력은 인간과 짐승의 능력을 가르는 기준 중 하나며, 도구의 역사는 인류의 역사이자, 생산성을 결정짓는 요소이기도 하다. 현재 자본주의 체제에서 생산성(Productivity)은 능력이자 모든 것이기도 하다.

　PC의 일반화에 이어, 1990년대 말 인터넷 보급, 그리고 2000년대 말의 스마트폰 보급은 일부 개발자들이 이루어 놓은 굉장히 마니아적이고 개별적인 애플리케이션들을 대중화시켰고, 이는 여러 가지 면에서 인류에 대한 전 지구적인 편의성을 높이게 되었다. 또한, 인간이 다른 동물들과 구별되는 것 중 하나인 생각을 처리할 수 있는 능력이 컴퓨터를 통해 확장되었다.

　인터넷 혁명이 컴퓨팅과 네트워킹의 통합이었다면, 모바일 혁명은 여기에 이동성(Mobility)의 통합까지 가져왔다. 플랫폼 또한 PC 등에서 각종 모바일 장치로 확대되어 소프트웨어의 종류와 내용도 폭발적으로 증가하게 되었다. 이러한 인간의 도구적 외연 확장은 집과 사무실에서의 능력, 즉 PC와 인터넷이 연결된 환경에 국한되었던 도구 사용 능력을 어디에서나(Everywhere) 사용할 수 있는 것으로 변화시켰다. 이것은 어디에서나 비슷한 능력으로 생산할 수 있는 환경, 즉 우리의 의지만 있다면 생각하는 것을 그릴 수 있는 여건이 만들어졌다는 것을 의미한다.

　인간의 두뇌와 감각기관 역할을 하던 것들이 통합되며 조금 더 인간에 근접한 기계들이 만들어지고 있다. 스위치 따위를 이용해 단순 ON/OFF 기능을 수행하는 제품에서 외부환경이나 명령을 인식하여 스스로 판단하거나 통신이 가능한 기기, 좀 더 나아가면 기계와 인공지능이 결합한 기계적 인간의 출현이다.

　기계적 관점에서 살펴보면 인간의 몸은 크게 두뇌, 감각기관, 운동기관으로 분류할 수 있다. 산업혁명부터 증기기관, 모터, 엔진 등 능동적으로 인간의 운동기관을 대체하기 시작했다. 이어 컴퓨터의 등장은 인간의 두뇌를, 반도체 기술에 힘입은 센서의 발전은 감각기관을 대체하고 있다. 지금까지는 개별적인 역할에 머물렀던 세 기관이었으나, 이제는 점점 하나로 통합되어가고 있다. 그리고 이는 생산성 증대와 직결된다.

　우리가 당장 기계적 두뇌를 만들기는 어렵지만, 4차 산업혁명이란 흐름 속에서 감각과 도구를 활용한 작은 기계를 만드는 것은 어렵지 않은 일이다. 점점 저렴해지는 센서와 액추에이터, 그리고 아두이노와 같이 사용하기 쉬운 마이크로컨트롤러를 활용하여 평소에 갖고 있었던 생각을 실제로 구현해보자는 것이다.

아두이노는 하드웨어 제어를 위한 목적이다. 아두이노의 탄생 배경이 저가의 프로세서로 저가의 센서와 액추에이터를 구성하여 사용하기 위함이며, 이에 힘입어 센서와 액추에이터의 가격도 점점 저렴해지고 있어 그 활용성이 더 주목된다. 그렇다면 스마트폰과 하드웨어 제어에는 어떤 차이가 있을까?

스마트폰 앱은 대체로 어떤 정보를 송수신, 가공하는 데 주안점을 두고 있다. 물론 근래에 들어 실내조명에서 가정용 보일러, TV 제어 등 여러 가지 사물 제어용 앱과 서비스가 증가한 것은 사실이지만, 아두이노를 활용한 하드웨어 제어나 사물 인터넷과는 차이가 있다. 실제 물체를 움직여 불필요한 노동을 없애 생활의 편의성을 높이고 시간을 절약한다는 목적이 더 강하거나 추가되는 개념으로 볼 수 있겠다.

가령 근래의 사물 인터넷 이슈에 힘입어 네트워크 기능이 탑재된 세탁기가 선보이고 있는데, 그런 기술적 발전보다 세탁기가 처음 등장했을 때의 기술적 파급력은 세상에 큰 변화를 주었다. 실제로 세탁기가 가사노동 경감과 이를 통한 여성 인권 신장에 엄청난 기여를 했다는 조사결과[1]가 있다. 17kg가량의 빨래를 인력으로 조치할 때 약 4시간 걸리는 데 비해 세탁기는 그 시간이 약 41분으로, 가사노동에서의 시간 소모를 획기적으로 단축했다. 매일 빨래터에서 수 시간 동안 방망이질을 하며 빨래를 하던 시간이, 빨래를 넣고 세탁기를 조작하여 구동시키고, 기다리며 다른 일을 하다 빨래를 널면 되는 프로세스로 바뀌었다. 1947년에 미국에서 이루어진 오래된 조사지만 오늘날에 적용해도 큰 차이는 없어 보이고, 위 프로세스대로라면 십여 분이면 충분해 보인다.

다른 관점에서 바라보자면, 의식변화나 인권운동이 아닌 기술의 진보가 사회를 더 빠르게,

---

1   Engines of Liberation, Review of Economic Studies, 2005, vol 72, p112

효과적으로 바꾸었다.

　세탁기 사례와 같이 세상이 좋은 방향으로 향해 전진하기 위해서는 그런 장치들의 가격이 절대적으로 저렴해야 한다. 아무리 좋은, 기술적으로 엄청난 진보를 이룬들 손쉽게 구하지 못하거나, 대중적이고 절대 다수에게 그런 편의와 편리를 제공하지 못한다면 큰 의미를 부여하기 힘들 것이다.

　그 틈에 아이디어와 아두이노를 활용한 어떤 시제품들이 있을 수 있다. 이러한 관점에서 4차 산업혁명이란 시대적 흐름에서 독자들의 아이디어를 활용하여 신속하게, 저가로, 다양한 기능을 수행하는 시제품을 구현하는 과정을 소개하고자 한다.

센서와 액추에이터, 그리고 아두이노

　스마트(Smart), 몇 년 전부터 이 단어가 들어가지 않는 제품, 서비스를 찾아보기 힘들 정도로 그 쓰임이 확장되었다. 스마트 무기(Smart Weapon)에서 시작하여 스마트폰을 거쳐 스마트 에어컨, 냉장고, 세탁기 등등 다양한 제품들로 확대되었다. 이는 인간이 개입하지 않아도 스스로 판단하거나 제어할 수 있도록 제품에 컴퓨터를 접목한 어떤 것들을 의미하기도 한다. 스마트함을 위해서는 어떤 행동을 위한 근거, 즉 감각을 확보하기 위한 센서와 행동하기 위한 액추에이터가 필요하다.

　위키백과에서 센서(Sensor)에 대한 내용을 찾아보면, '무엇인가를 느끼는 것', '감각하여 알아내는 기계' 등으로 외부에서 발생한 어떤 신호를 수집하여 알아내는 장치로 정의하고 있다. 아주 오래전부터 있어온 측우기, 기계식 시계도 센서의 일종이다. 센서는 어떤 형태로든 존재했었으나 생산과 사용이 쉬운 칩 형태로 작아지고 가격이 저렴해진 것은 오래되지 않은 일이다.

　본연의 기능에 충실하던 전자기기들이 주변 환경을 측정하는 센서를 내장하고, 나아가 네트워크와 연결되며 제 기능을 사용하는데 융통성을 발휘할 수 있게 되었다. 기계에 숨을 불어 넣는다면 센서는 인간의 감각기관, 아두이노(MCU)는 두뇌에, 액추에이터는 팔, 다리 등에 대응된다. 가령 눈은 이미지 센서(카메라, 캠코더) 및 조도 센서, 귀는 사운드 센서, 코는 가스

센서와 가속도 센서, 입은 화학 센서, 손은 압력, 온도 센서 등으로 대체될 수 있다. 센서는 이와 같은 인간의 감각을 대신하여 주변 여건, 환경 등을 측정하고, 두뇌인 아두이노를 통해 신호, 제어 명령 등을 분석/처리하고 팔, 다리인 액추에이터를 움직여 원하는 동작을 수행한다.

그림 0-1과 같이 센서는 인간의 감각기관과 유사하다. 눈은 광학센서(카메라, 조도센서), 코는 가스센서, 귀는 음향센서, 촉각이나 기타 감각들은 각각의 물리량을 측정할 수 있는 센서로 볼 수 있다. 센서는 우리가 잘 사용할 수 있도록(컴퓨터가 잘 알아들을 수 있도록) 정량화된 값을 나타내도록 해야 하며, 이를 위해 측정하고자 하는 어떤 물리적, 화학적 변화에 대응된 반응(대체로 전기적 변화)을 내어놓는 물질을 이용하여 만들어진다. 전기밥솥의 온도 측정을 위한 금속 소재로 잘 알려진 바이메탈은 온도에 따른 열팽창 정도가 다른 두 개의 금속을 포개어 만들어진다. 일종의 열에 대한 금속의 성질을 이용한 원시적인 센서(스위치)로 볼 수 있다.

액추에이터(Actuator)는 어떤 일을 직접 하기 위한 구동장치를 뜻하며, 대표적으로 각종 전기모터와 피스톤/실린더 등이 있다. 대체로 전기적 에너지를 공급받아 기계적 에너지를 발생시키는 역할을 하며, 어떤 일을 수행하는데 필요한 직접적인 힘을 제공하는, 사람으로 치면 팔, 다리와 같은 부분이다.

그림 0-1 인간의 감각기관

위키에서 액추에이터(Actuator)는 '시스템을 움직이거나 제어하는 데 쓰이는 기계 장치'로 정의되어 있다. 센서로 측정된 물리량에 대응되는 움직임을 발생시키는 장치로 볼 수 있으며, 대표적으로 각종 모터, 스피커, 등이 있고 출력을 발생시킨다는 점에서 디스플레이와 스위치 등도 포함될 수 있겠다.

어떤 이벤트가 발생하면 그 이벤트와 관련된 물리량을 입력할 수 있는 센서, 센서로 입력된 정보를 처리하는 프로세서(아두이노), 그리고 설계자가 원하는 출력을 내는 액추에이터로 정리할 수 있겠다. 대체로 어떤 물리량을 센서를 통해 측정하고, 프로세서에 미리 설정해둔 값을 넘으면 액추에이터를 동작시키는 구성이 일반적이다.

예를 들어 주변 소음을 측정하는 사운드 센서가 입력에 따라 0 ~ 1023의 출력을 낸다면, 500 이상의 값이 발생할 때마다 LED에서 빛을 내도록 설정할 수 있겠다. 조금 더 쉽게 말해서, 사운드 센서는 주변의 소리의 크기 따라 전기적 신호를 발생시키는데, 소리가 나지 않을 때는 0, 소리가 매우 클 때는 1023의 값을 보여주는 것이다. 이때 500 이상의 값이 측정되었을 때 LED를 작동시키는 역할을 하게 된다. LED 외에, 사운드 센서와 아두이노를 전등의 전원장치 또는 스위치와 연결하여 특정 레벨 이상의 소리에 반응하여 전등을 꺼졌다 켜졌다 하도록 제어할 수 있다.

센서와 액추에이터를 활용하여 어떤 편의를 높이는 사례로 홈 오토메이션을 이야기한다. 한 참고서적[2]에서 몇 가지 흥미로운 예제를 볼 수 있다. 먼저 광량을 측정하는 조도 센서와 스테핑 모터를 활용한 커튼 자동화를 이야기한다. 이것은 해가 뜰 무렵 또는 사용자가 지정한 적절한 아침 시간에 커튼을 자동으로 걷어주고, 일몰 또는 사용자가 지정한 밤에 커튼을 쳐주는 시스템이다. 다른 하나의 사례로는 수위 경보기 프로젝트다. 폭우가 많은 지역의 지하실에서 유용한 시스템으로, 펌프가 고장 난 상태에서 폭우로 인한 지하철 침수, 그리고 지하실의 집기들을 보호하기 위한 목적으로, 스트레인 게이지를 사용하여 물이 차오르는 것을 감지하는 시스템을 만드는 프로젝트다. 수위 경보기는 미국처럼 단독주택이 많은 환경에서 유용해 보인다. 당연히 이런 집에 사는 사람이라면 지하실에 물이 차는 것을 생각하지 않을 수 없다. 다만 우리 사정에는 다소 맞지 않는 예제로 보이지만, 이 사례들을 통해서 사용자가 직접 이동하여 루틴 한 일, 매번 생각하며 마음에 두지 않아도 되는 일을 아두이노와 센서를

---

2   뚝딱뚝딱 우리집 프로그래밍, 마이크 라일리 지음, 염경민 옮김, 인사이트

이용하여 힘들이지 않고 기계를 통해 해결할 수 있다는 것을 알 수 있다.

홈 오토메이션과 관련된 좋은 사례가 있다. 90년대의 영국 애니메이션인 월레스와 그로밋의 이야기를 보자. 발명가 월레스가 온갖 도구를 이용하여 만들어놓은 나름의 홈 오토메이션 시스템은 기상에서부터 옷 갈아입기, 세면, 식사까지를 재미있게 챙겨준다. 이런 자동화된 출근 준비 시스템은 우리가 상상만 했던 센서와 액추에이터를 잘 활용한 사례가 아닐까.

그림 0-2 월레스의 아침 (월레스와 그로밋 캡처)

월레스가 구축한 시스템을 개인이 따라 만들기엔 무리가 따르지만 소소한 자동화 기기는 충분히 가능해 보인다. 아두이노와 같은 저렴한 프로세서와 센서, 그리고 코딩의 수월성이 아주 좋아졌기 때문이다.

그렇다면 스스로 센싱하고 판단하는 어떤 물건을 만들기 위해서는 무엇을 먼저 해야 할까? 시제품의 두뇌 역할을 하는 마이크로컨트롤러, 즉, 아두이노에 관해 알아보는 것이 순서일 것 같다.

차 례

01장
아두이노 시작하기

독자들은 아두이노에 관해 알아보거나, 나만의 시제품을 만들겠다는 다짐을 하고 여기까지 오게 되었다. 아두이노를 검색해보면 각종 예제부터 시작하여 하드웨어 종류까지 다양한 내용이 펼쳐진다. 아두이노를 처음 접하거나, 접한 지 오래되지 않은 초심자로서는 이것저것 알아보기가 여간 부담스러운 것이 아니다.

1장에서는 아두이노의 제품군부터, 우리에게 어떤 하드웨어가 적합한지, 그리고 이 장치를 다루기 위해서는 어떤 부분을 주로 살펴보아야 할지에 관한 내용을 다룬다. 아두이노 하드웨어의 특징과 모델별 차이점, 전원을 비롯한 인터페이스, 필요한 프로그램 설치, 그리고 부품을 아주 값싸게 구하는 방법 등 아두이노를 시작하기 위해 알아야 할 전반적인 내용을 담고 있다.

1.1 아두이노란

아두이노 하드웨어와 개발 도구를 알아보자. 대개의 아두이노 서적들은 정품 아두이노 우노를 중심으로 설명하지만, 비용 문제로 정품을 사용하기 쉽지가 않다. 이에 독자들이 주로 사용할 저가의 중국산 우노와 나노 등을 위주로 설명하고, IDE 설치와 보드 연결 방법, 하드웨어 구성 등을 제시한다. 또한, 중국산 호환보드를 사용하며 겪게 되는 문제(아두이노 연결, 전용 드라이버 설치 등)도 다루며, 초보자들이 겪는 진입장벽을 해소하고자 저가의 효율적인 구매 가이드를 함께 제시한다.

라이센스가 있는 하드웨어나 소프트웨어라면 당연히 정품 구입을 이야기하겠지만, 아두이노는 오픈소스 하드웨어/소프트웨어이다. 필자는 정품보드와 중국산 호환보드 간에 성능 차이가 거의 없다고 판단하며, 독자들의 초기 비용을 줄여주고자 하는 목적도 있으므로 호환보드 구입과 관련된 구매 가이드를 제시하였다. 정품보드보다 사용된 소자(크기 등)나 핀 맵이 약간씩 다를 수 있으나, 가격적인 이점에 비해 그리 중요한 문제는 아니다.

아두이노와 관련된 대부분 내용은 아두이노 웹사이트(http://www.arduino.cc)에서 다루고 있다.

그럼 조금 근본적인 질문을 던져보자. 아두이노는 어떻게 만들어지는가?

아두이노의 하드웨어는 미국 Atmel사의 마이크로컨트롤러(주로 ATmega328)와 이 마이크로컨트롤러를 작동시키기 위한 주변회로 등을 구성하여 만든 보드(Board)이다.

ATmega328   각종 전자부품, 소켓, 커넥터

그림 1-1 아두이노 하드웨어 구성

이 하드웨어에 C 언어를 변형한 '스케치(Sketch)'란 이름의 소프트웨어를 탑재하여 누구라도 사용하기 쉽도록 구성하였다. 이런 하드웨어들은 개발하기 위한 개발 도구를 설정하는 것만도 상당한 지식이 요구되므로 이런 과정을 대폭 줄이고, 코드 또한 직관적인 C 언어에 기반하고 있으므로 더욱 쉽게 작성할 수 있다. 아두이노 회로도 대로 하드웨어 제작, 조립이 끝나면, 아두이노 IDE와 스케치를 사용할 수 있도록 하는 과정을 거친다. PC에 윈도우 운영 체제를 설치하는 것처럼, 아두이노 하드웨어에 아두이노 부트로더라는 소프트웨어를 설치하여 하드웨어, 소프트웨어 모두를 아두이노로 만들어주면 완성된다. 아직 부트로더와 같은 단어는 매우 생소하므로, 이런 절차가 있다는 정도로만 이해하자. 후반부 장에서 이런 과정을 안내할 것이다.

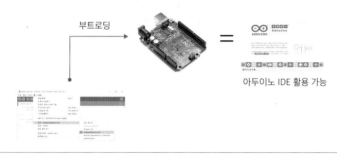

그림 1-2 아두이노 소프트웨어 구성

그림 1-3 아두이노 제품군(https://arduino.cc)

그림 1-3은 아두이노 제품군을 나타낸다. 아두이노/제누이노로 브랜드를 구분하며 일괄적으로 제품군 정리를 하였다. 아두이노 우노와 101, 프로, 프로 미니, 마이크로 등 입문 단계(Entry Level)부터, 쉴드를 적용하기 쉬운 메가와 제로 등의 모델(Enhanced Features), 그리고 사물 인터넷에 특화된 MKR1000 등(Internet of Things), 웨어러블 디바이스를 위한 제품군(Wearable)으로 분류되어 있다.

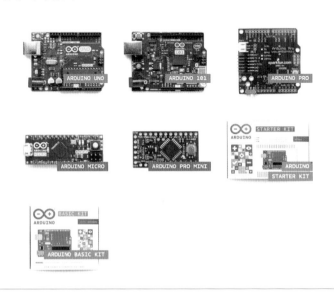

그림 1-4 입문 단계(Entry Level) 카테고리 (https://arduino.cc)

입문 단계의 보드는 가장 대표적인 모델인 아두이노 우노(Arduino Uno)부터 시작한다. 근래에 추가된 아두이노 101 모델은 32-bit 칩인 인텔 퀴리(Intel Curie)를 MCU로 사용하고, 블루투스 모듈과 가속도 센서, 자이로스코프를 보드에 내장하고 있다. ATmega 계열의 MCU를 사용하는 모델들과 차별되는 부분이다. 아두이노 프로는 프로 미니와 같이 사용 전원에 따라 5V 모델(16MHz)과 3.3V 모델(8MHz)로 나뉘며, 우노에 비해 구성이 간략한 편이다. 아두이노 마이크로는 ATmega32U4를 MCU로 하며, 마이크로 USB를 내장하고 있어 스케치 업로드가 쉬운 편이다(아두이노를 작동시키기 위한 프로그램을 '스케치'라고 함). 예전의 아두이노 레오나르도와 유사한 구성이다. 아두이노 프로 미니는 전원사양에 따라 5V 모델과 3.3V 모델로 나뉘며, PC와의 통신 칩을 제거하여 크기와 원가를 절감하였다. 이는 스케치 업로드 시 별도의 인터페이스 작업이 필요하다는 것을 의미한다. 프로 미니는 33mm × 17.8mm 정도의 크기를 갖고 있어 실제 시제품 개발에 적합하다. 다만 결선을 위해 납땜이 필요하므로 우노 사용법을 충분히 숙지한 후 넘어가도록 하자.

그림 1-5 향상된 기능(Enhanced Features) 카테고리 (https://arduino.cc)

그림 1-5는 아두이노 메가와 제로, 그리고 쉴드를 나타낸다. 메가는 ATmega2560 MCU를 사용하여 ATmega328 기반의 보드보다 강력하고 다양한 I/O와 추가적인 기능들을 제공한다. 가령 우노는 인터럽트 기능을 사용할 수 있는 핀이 2번, 3번 핀이지만, 메가는 2, 3, 18, 19, 20, 21번 핀까지 여섯 개를 활용할 수 있다. 스케치가 저장되는 플래시 메모리의 경우, 우노는 23kByte인데 비해, 메가는 256kByte이다. EEPROM 또한 우노는 1kByte인데 비해 메가는 4kByte로 기본적인 성능에서의 차이가 확연하다. 또한, 아두이노는 Wi-Fi 쉴드, Ethernet 쉴드, GPS 쉴드, Xbee 쉴드, 블루투스 쉴드 등 성능 확장을 위한 목적의 다양한 쉴드(추가적인 하드웨어)를 사용하여 해당 기술을 적용할 수 있다.

그림 1-6 사물 인터넷(Internet of Things) 카테고리 (https://arduino.cc)

그림 1-6은 사물 인터넷 애플리케이션 적용을 위한 목적의 보드와 쉴드이다. 아두이노 MKR1000은 32-bit SAMD21 Cortex-M0 칩을 사용하며 3.3V 전원을 사용한다. Wi-Fi 쉴드와 함께 사용하여 다양한 사물 인터넷 애플리케이션에 적용될 수 있다.

그림 1-7은 웨어러블 개념을 갖는 디바이스에 적용 가능한 보드들로, 바느질이나 단추 등으로 옷감에 부착할 수 있도록 구성된 릴리 패드(Lily Pad) 보드로 구성되어 있다.

그림 1-7 웨어러블(Wearable) 카테고리 (https://arduino.cc)

모든 보드를 다루면 좋겠지만, 이 책에서는 시제품 제작에 초점을 맞추기 위해 아두이노 우노와 프로 미니, 메가 등 몇 가지 모델로 한정하여 다루고자 한다. 아두이노 우노, 프로 미니를 중심으로 다룰 예정이며, 이들이 다른 보드들과 크게 다르지 않으므로 적절히 활용할 수 있을 것으로 판단된다.

■ 라즈베리 파이

아두이노와 함께 자주 회자되는 오픈소스 하드웨어로 라즈베리 파이(Raspberry Pie)가 있다. 아두이노는 센서와 액추에이터 등을 직접 제어하기 위한 최하단 노드에서 사용되는 반면, 라즈베리 파이는 PC에 가까운 고성능 하드웨어를 기반으로 통신, 영상신호 등을 처리할 수 있다. 아두이노가 기계에 가까운 전자부품이라면, 라즈베리 파이는 컴퓨터에 가까운 전자부품이다.

아두이노는 전기적 신호로 하드웨어를 제어하는 데 적합하여 개발, 구현이 비교적 수월하다. 하지만 영상신호와 같이 조금 복잡하고 빠른 애플리케이션을 구현하기에는 부적합하다. 이때 라즈베리 파이를 활용할 수 있다. 가령 카메라로 영상신호를 받아서 모니터나 스마트폰에 시현하는 CCTV 기능 구현은 아두이노만으로는 불가능하다. 이런 작업은 라즈베리 파이를 이용해야 한다.

반대의 경우로, 몇 초 동안 LED를 켰다 끄는 기능을 구현한다고 해보자. Blink 예제처럼 아두이노로는 스케치 몇 줄로 만들 수 있다. 라즈베리 파이 또한 아두이노만큼 쉽게는 아니지만, 수월하게 구현할 수 있다. 다만, 아두이노 보드는 몇천 원이면 구할 수 있지만, 라즈베리 파이는 4~5만 원 수준이기에 무엇으로 설계, 구현할지에 대한 판단은 명백하다.

참고로 아두이노는 R3 (Revision 3), 여기서 R3는 3번째로 설계변경이 된 모델이란 뜻이다. 라즈베리 파이는 4로 2020년 3월 현재 가장 최신모델이다. 우노는 R3로 업데이트된 이래로 업그레이드가 거의 종료되었기에 R3 버전을 구매하면 되고(가장 안정적), 라즈베리 파이의 경우는 지속해서 업데이트가 진행되고 있기에 최신모델을 구입하는 것이 바람직할 것이다.

표 1-1 아두이노 vs 라즈베리 파이

	아두이노 우노 R3	라즈베리 파이 4
형상		
클록 속도	16MHz	1.5GHz
메모리(RAM)	2kB	2GB~4GB
멀티태스킹	불가	가능
OS	없음	라즈비안, 리눅스, 윈도우 등
개발언어	C 기반 스케치	C, 파이썬, 웹프로그램 등

1.2 아두이노 하드웨어

아두이노 우노

ATmega328 칩을 사용하는 우노는 다음 그림과 같은 구성을 하고 있다. 전원은 외부전원 공급용 소켓과 USB 플러그(데이터 통신 및 전원 공급용)로부터 공급받을 수 있고, Vin 단자에 정류되지 않은 7~12V 전압을 직접 인가하여 공급할 수 있다. 별도의 전압 조정기(Voltage Regulator)를 내장하고 있어 입력 전원을 5V와 3.3V로 출력할 수 있다. 시리얼 통신용 단자와 디지털, 아날로그 단자, 리셋 버튼 등으로 구성되어 있다.

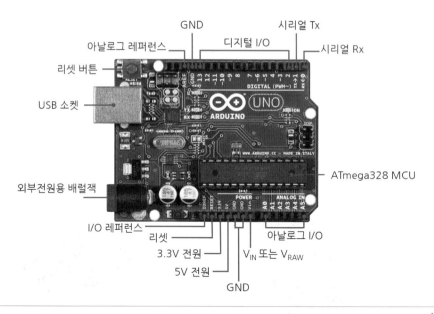

그림 1-8 아두이노 우노 하드웨어 구성

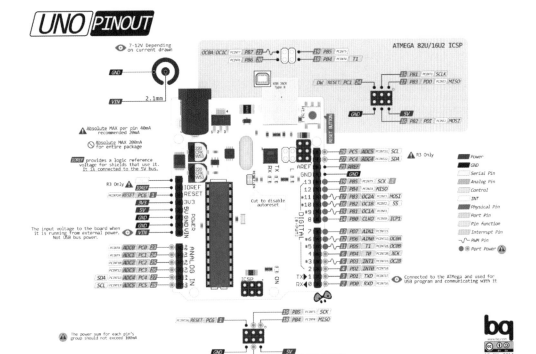

그림 1-9 아두이노 우노 세부 핀 맵(https://www.bq.com)

표 1-2 아두이노 우노 사양

항목	내용	항목	내용
마이크로컨트롤러	Atmel ATmega328	직류전류(3.3V핀)	50mA
구동 전압	5V	플래시 메모리	32kB(ATmega328)
입력전압(추천)	7~12V	SRAM	2kB(ATmega328)
입력전압(제한)	6~20V	EEPROM	1kB(ATmega328)
디지털 I/O	14개(PWM 출력 6개)	클록 속도	16MHz
아날로그 입력	6개	길이 × 넓이	68.6mm × 53.4mm
직류전류(I/O핀)	40mA	무게	25g

■ 전원

우노는 7 ~ 12V 사이의 전원을 사용한다. AC-DC 어댑터나 USB 케이블을 사용해 공급하거나, 9V 배터리 또는 1.5V 배터리 묶음 등을 통해서도 입력될 수 있다. 전원이 공급되면 전원 LED가 점등되어 보드의 정상 유무를 판단하는 데 유용하다. 우노에 연결되는 센서와 액추에이터, 확장보드 등에 전원을 공급하기 위해 5V와 3.3V, GND 핀도 제공하고 있다. 유의해야 할 점은, V_{IN}이나 V_{RAW}로 표기된 핀은 레귤레이터(전압 조정기)의 입력핀을 뜻하고 있고, V_{CC} 또는 5V 핀은 조정된 전압이 인가되는 핀이므로 구분하여 사용해야 한다(레귤레이터 출력단과 동일한 노드임). 다시 말해서, V_{CC}나 5V 핀에는 5V로 정류되지 않은 전원이나 이를 초과하는 전압이 인가되어서는 안 된다(단, PC와 USB 연결은 PC의 5V 전원과 V_{CC}핀이 직결되는 개념임). V_{IN} 또는 V_{RAW} 핀에는 7V 이상의 전압이 인가되어야 제대로 작동한다. 전원, 레귤레이터와 관련된 내용은 2.3.1절을 참조하자.

■ 마이크로컨트롤러

아두이노의 마이크로컨트롤러 칩은 ATmega328의 사양, 특성과 같다. 단, 같은 우노라도 DIP 타입의 칩이 꽂혀있거나, SMD 타입의 칩이 꽂혀있을 수 있다. 이는 구매 단계에서 상품 정보를 통해 구별 가능하며, 성능 차이는 없다.

그림 1-10 SMD 타입(좌)과 DIP 타입(우)의 ATmega328 칩 비교

구매 시 MCU 모델에 관한 확인이 필요하다. 간혹 ATmega328이 아닌 ATmega168 칩이 내장된 모델도 있기 때문이다. MCU 모델명과 함께 작동 클록수를 확인하는 것도 하나의 방

편이다.

■ 아날로그 핀과 디지털 핀

우노를 포함한 아두이노는 아날로그 입/출력 핀과 디지털 입/출력 핀을 갖고 있다. analogRead( ) 함수를 이용하여 아날로그 핀으로 들어오는 센서 출력을 읽어 들일 수 있다. 아날로그값(전압)을 1024단계로 나누어 0~1023까지의 값으로 읽어낸다. 우노는 총 6개의 아날로그 핀과 14개의 디지털 핀을 갖고 있는데, pinMode( ) 함수를 사용하면 아날로그 핀을 디지털 핀으로도 사용할 수 있다. 디지털 핀은 디지털(1 또는 0, HIGH 또는 LOW 등) 입/출력에 사용할 수 있는데, digitalRead( ) 함수를 통해 디지털 입력을, digitalWrite( ) 함수를 통해 디지털 출력을 생성할 수 있다. 또한 PWM(Pulse Modulation Width) 핀으로 할당된 몇몇 핀에서는 analogWrite( ) 함수를 사용하여 디지털 핀을 아날로그 출력처럼 활용할 수 있다.

■ 기타

각 I/O 핀에서는 최대 40mA의 직류전류를 사용할 수 있고, 부트로더와 스케치 저장 등을 위한 플래시 메모리를 보유하고 있다. 또한, EEPROM에 데이터 저장이 가능하다. 우노의 크기는 손바닥보다 약간 작은 정도로, 브레드 보드와 점퍼선을 활용한 기본적인 성능 확인을 수행에 적합하다.

Blink 예제에 사용되는 디지털 핀은 LED를 제어하는 핀으로, 디지털 13번에 할당되어 있다.

아두이노 나노

나노는 ATmega328을 사용하는 점과 함께 우노의 특성을 거의 다 그대로 갖고 있다. 나노는 헤더 핀을 납땜하여 사용하도록 소형화하였고, 우노에서 사용하던 전원용 USB Type B 소켓을 비교적 소형의 USB mini B로 대체한 점이 가장 큰 특징이다. 입력 전원사양 등 또한 우노와 같으며, 5V 출력단자와 함께 3.3V 출력단자도 갖고 있어 유용한 점이 많다. 나노는 우노의 특성을 거의 다 갖고 있으면서 납땜하여 사용하도록 소형화된 모델로 프로 미니와 함께 시제품 제작 단계에서 유용하게 사용될 수 있다.

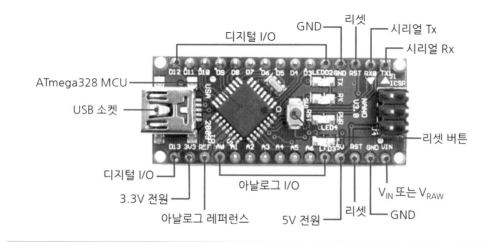

그림 1-11 아두이노 나노 하드웨어 구성

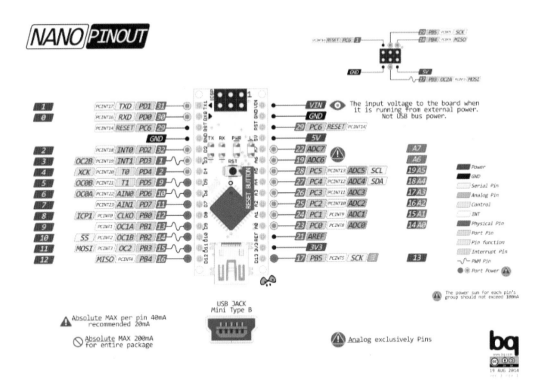

그림 1-12 아두이노 나노 세부 핀 맵 (https://www.bq.com)

표 1-3 아두이노 나노 사양

항목	내용	항목	내용
마이크로컨트롤러	Atmel ATmega328	플래시 메모리	32kB
구동 전압	5V	SRAM	2kB
입력전압(추천)	7~12V	EEPROM	1kB
디지털 I/O	22개(PWM 출력 6개)	클록 속도	16MHz
아날로그 입력	8개	길이 × 넓이	45mm x 18mm
직류전류(I/O핀)	40mA	무게	7g

■ 전원

나노의 전원 공급은 USB 케이블 규격만 다른 점을 제외하고 모든 면에서 우노와 같다. USB 케이블(5V), V_{RAW} 입력, V_{CC}(5V) 핀 직결 등 여러 가지 방법을 동원해 전원 공급이 가능하다.

■ 마이크로컨트롤러

나노는 SMD 타입의 ATmega328 칩이 적용되어 있다.

■ 아날로그 핀과 디지털 핀

나노의 I/O 구성은 우노와 같다. 우노의 하드웨어 인터페이스 단자를 없애거나 줄이고 중복되는 단자(우노는 GND 단자가 4개)를 줄여 작은 보드에 구성하였다.

아두이노 프로 미니

    프로 미니 또한 우노, 나노처럼 ATmega328 칩을 사용한다. 나노와 다른 점은 크기가 더 작다는 것과 입력 전원(V_{CC}) 사양이 5V, 3.3V 모델 두 가지로 나뉜다는 점, 그리고 전원 공급용 배럴 소켓과 USB 인터페이스 포트가 없다는 점 등이다. 크기와 무게를 줄이기 위해 주변장치를 많이 삭제하였음을 알 수 있다. 주변장치는 많이 삭제되었지만, DIP 타입 ATmega328 칩보다 조금 더 큰 정도의 크기로 인해 소형 시제품 제작에 유용하게 활용할 수 있다. 수량이 많지 않다면 헤더 핀을 납땜하여 PCB에 바로 꽂을 수 있는 구조로도 개발할 수 있다.

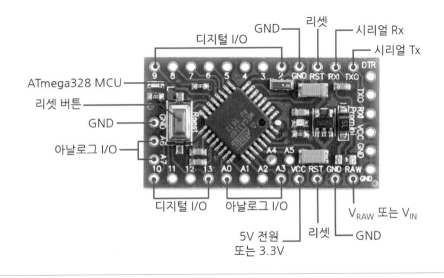

그림 1-13 아두이노 프로 미니 하드웨어 구성

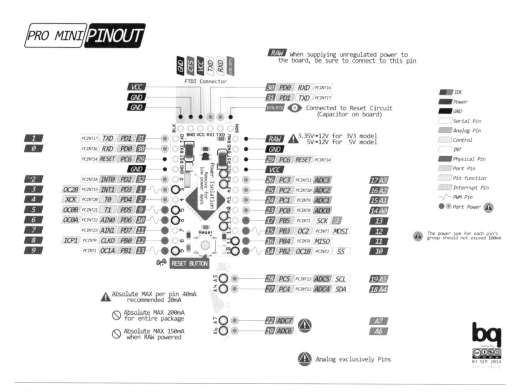

그림 1-14 아두이노 프로 미니 세부 핀 맵 (https://www.bq.com)

표 1-4 아두이노 프로 미니 사양

항목	내용	항목	내용
마이크로컨트롤러	Atmel ATmega328	플래시 메모리	32kB
구동 전압	3.3V / 5V	SRAM	2kB
입력전압(추천)	3.35~12V(3.3V 모델) / 5~12V(5V 모델)	EEPROM	1kB
디지털 I/O	14개(PWM 출력 6개)	클록 속도	8MHz(3.3V 모델) / 16MHz(5V 모델)
아날로그 입력	6개	길이 × 넓이	33mm × 17.8mm
직류전류(I/O 핀)	40mA	무게	2g

■ 전원

프로 미니는 두 가지 전원사양을 갖고 있다. 5V 모델은 5~12V 사이의 전원을, 3.3V 모델은 3.35~12V 전압을 사용한다. AC 어댑터를 위한 소켓은 없으며, RAW 핀을 통해 정류되지 않은 전원을 입력받거나, V_{CC} 핀(5V 또는 3.3V)을 통해 정류된 전원을 입력받는다.

■ 마이크로컨트롤러

MCU는 ATmega328의 사양 그대로 활용 가능하며, 크기를 감안하면 SMD 타입의 칩만 적용할 수 있다. **그림 1-13**에 프로 미니 하드웨어 구성을 나타내었다.

■ 아날로그 핀과 디지털 핀

프로 미니는 우노와 동일한 칩을 사용하며, 동일한 아날로그 입/출력 핀과 디지털 입/출력 핀을 갖고 있다. 우노처럼 analogRead( ), analogWrite( ), digitalRead( ), digitalWrite( ) 함수를 사용하여 핀을 제어할 수 있다.

아두이노 메가 2560

　메가 2560은 ATmega 칩을 사용하지만, 우노 계열과는 달리 ATmega2560 칩을 사용한다. 메가 2560은 우노 계열과 비교할 때 I/O 포트나 확장 기능이 우수하여 조금 더 강력한 하드웨어 솔루션으로 사용된다. 우노 계열이 6개 이내의 PWM 제어 단자를 가진 데 비해 메가 2560은 15개의 PWM 단자를 갖고 있어 많은 수의 모터를 사용해야 할 때 유용하다. 드론이나 저가의 3D 프린터에 메가 2560이 쓰이는 것도 이러한 이유이다. 더불어 풍부한 하드웨어 시리얼 포트와 인터럽트 채널 여유, 아날로그, 디지털 I/O 포트의 숫자가 많아 센서와 액추에이터 활용에 다양하게 접목될 수 있다.

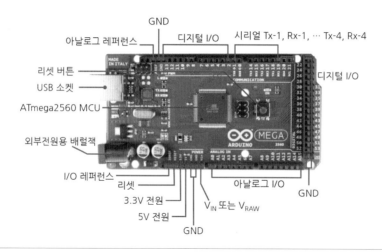

그림 1-15 아두이노 메가 2560 하드웨어 구성

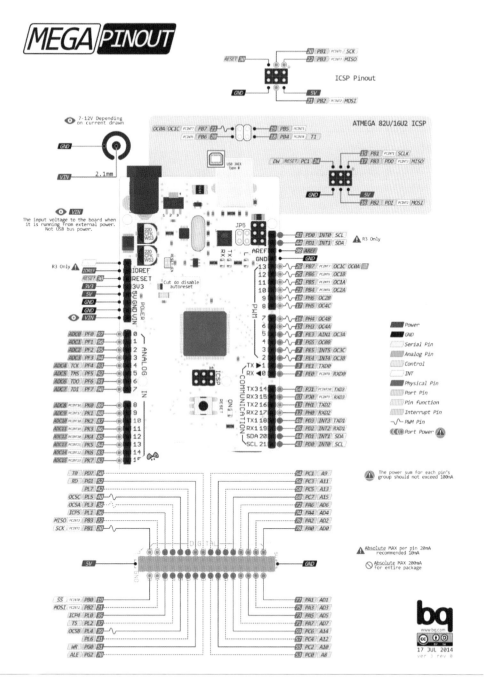

그림 1-16 아두이노 메가 2560 세부 핀 맵 (https://www.bq.com)

표 1-5 아두이노 메가 2560 사양

항목	내용	항목	내용
마이크로컨트롤러	Atmel ATmega2560	플래시 메모리	256kB
구동 전압	5V	SRAM	8kB
입력전압(추천)	7~12V	EEPROM	4kB
디지털 I/O	54개(PWM 출력 15개)	클록 속도	16MHz
아날로그 입력	16개	길이 × 넓이	101.52mm × 53.3mm
직류전류(I/O핀)	20mA	무게	37g

- **전원**

메가 2560의 전원사양은 우노 계열과 같다.

- **마이크로컨트롤러**

MCU는 ATmega2560을 사용하고 있으며, I/O 핀 등이 훨씬 많아 ATmega328의 네 배 정도 크기다.

- **아날로그 핀과 디지털 핀**

메가 2560은 우노 계열처럼 analogRead( ), analogWrite( ), digitalRead( ), digitalWrite( ) 함수를 사용하여 핀을 제어할 수 있으며, 우노 계열은 하드웨어 시리얼이 하나인 데 비해, 메가 계열은 네 개이다. 후술하지만, 우노는 PC와 USB 연결로 인해 하드웨어 시리얼을 사용할 수 없으므로 인위적인 개념의 소프트웨어 시리얼 라이브러리를 활용해야 한다. 메가는 하드웨어 시리얼이 네 개이므로 나머지 세 개를 적절히 활용할 수 있다는 장점이 있다.

아두이노 보드 선정 가이드

아두이노를 처음 접하는 독자부터 시제품 제작에 활용하기 위한 독자까지 그 폭이 다양하다. 이에 그 목적에 따라 어떤 아두이노 보드를 선정하면 좋을지 정리하였다. 처음 접하는 독자는 우선 우노부터 차근차근 시작하는 것이 올바른 방법이라 판단되고, 작은 시제품을 제작하고자 하는 독자는 나노나 프로 미니 등을 활용할 수 있다. 다양한 쉴드와 함께 더욱 강력한 기능을 적용하기 위해서는 메가 2560을 사용해야 할 것이다. 더 제품에 가까운 어떤 것을 만들기 위한 독자는 부트로더와 SMD 소자들을 활용해서 직접 PCB를 제작할지도 모른다.

표 1-6 보드별 특성 요약

	우노	나노	프로 미니	메가	ATmega 칩
크기	68.6 × 53.4 mm	45 × 18 mm	33 × 17.8 mm	101.52 × 53.3 mm	(ATmega 328 기준)
결선 방식	점퍼선	납땜	납땜	점퍼선	납땜
목적	학습, 초기 기능 구현	워킹 목업 제작	워킹 목업 제작	초기 기능 구현	시제품, 제품 제작
장점	• 점퍼선으로 쉽게 구현 가능 • 외부전원, USB 연결 용이 • 쉴드 적용 용이	• 우노보다 작은 크기 • 3.3V 단자 등 프로 미니에 비해 많은 포트 제공 • USB 연결 포트 있음	• 나노보다 작은 크기 • 전원별(5V, 3.3V) 취사선택 가능	• 점퍼선으로 쉽게 구현 가능 • 외부전원, USB 연결 용이 • 쉴드 적용 용이	• 가장 작은 크기
단점	• 비교적 큰 크기 • 점퍼선으로 연결 시 외부의 물리적 충격, 변화에 따른 연결 상태 불안정 요소	• 프로 미니보다 큰 크기	• USB 연결 포트가 없어서 납땜하여 PC와 연결해야 함	• 가장 큰 보드 크기 • 점퍼선으로 연결 시 외부의 물리적 충격, 변화에 따른 연결 상태 불안정 요소	• SMD 타입의 칩 납땜 또는 SMT 필요 • 별도 PCB 설계 필요
난도	초급자	중급자	중급자	초, 중, 고급자	중, 고급자

구매 가이드: 정품과 호환품, 그리고 해외 직구

독자에게 부품을 구입하는 일은 아두이노를 파악하는 데 있어서 첫걸음이지만, 이 또한 높은 장벽으로 인식된다. 개발 도구 설치만 해도 어떤 일로 느껴지는데, 하드웨어를 직접 구매하는 것은 '무엇을 알아보는 일'에 더해 경제적 부담이 함께 한다. 무엇을 어디에서 얼마나 사야 하는지 감이 잡히지 않기 때문이다.

미국이나 일본 저자들이 대부분인 번역서들은 주로 이베이를 추천하고 국내 서적은 국내 대형 도/소매상인 '디바이스 마트'나 '엘레파츠'를 추천한다. 이 책에서는 기존의 방법(값을 더 치르더라도 국내에서 소량 부품을 빨리 구입하는 법)과 국외에서 아주 저렴한 가격에 구입하는 방법을 함께 비교/제시하여, 효율적이고 생산적인 구매 가이드를 제공하고자 한다. 지금 당장 필요한 아두이노 보드 1개가 아닌, 추후 필요할 부품을 조달하는 법에 주안점을 둔다.

각 절의 후반부에서 국내/외에서 부품조달을 하는 방법과 각각의 장단점을 비교해보고, 실제 아두이노 관련 부품 구입과정을 살펴볼 것이다. 이와 함께 비용과 성능 측면에서 '정품'을 사용하는 것이 과연 합리적인지도 생각해보자.

신속한 국내 구매: 디바이스 마트, 엘레파츠

우리나라의 물류 체계는 굉장하다. 어떤 물건이라도 일부 지역을 제외하고는 이틀 안에 배송되고 택배비도 수천 원 수준으로 저렴한 편이다. 인터넷 쇼핑몰 역시 취급하는 상품의 범주를 막론하고 신속한 배송을 기본적인 요소로 간주하며, 배송일정이 담보되지 않으면 사업에 지장이 있을 정도이다.

국내 전자부품 관련 쇼핑몰들은 다양한 종류의 부품과 소자들을 취급하고 있다. 그 중 디바이스 마트와 엘레파츠가 그 규모와 인지도 면에서 가장 앞서는 편이다. 시제품 제작을 위해 어떤 소자나 센서가 긴급히 필요할 때 이러한 국내 쇼핑몰을 이용하는 것이 여러모로 편리하다. 물론 용산 전자상가나 주변 마을의 전파상과 같이 직접 오프라인에서 구매하는 방법도 있겠으나, 상점별로 천차만별인 가격과 필요 소자의 보유 여부에 대한 정보가 없으므로 하루를 더 기다리더라도 온라인 쇼핑몰이 나은 편이다.

디바이스 마트(www.devicemart.co.kr)와 엘레파츠(www.eleparts.co.kr)를 예시로 들었지만, 이 외에도 다양한, 특히 아두이노나 라즈베리 파이와 같이 특정 카테고리에 특화된 쇼핑몰이 훨씬 저렴할 수 있으니 검색을 통해 선별 주문하는 것이 좋겠다. 각각의 쇼핑몰들은 회원가입(또는 비회원 로그인) 이후 원하는 부품을 검색하여 카트에 담고 결제하는 과정까지 전자부품 관련 쇼핑몰들은 국내의 다른 쇼핑몰과 차이점이 거의 없다고 봐도 무방하다.

그림 1-17 디바이스 마트(www.devicemart.co.kr) 엘레파츠(www.eleparts.co.kr)

이제 국내 쇼핑몰에서 아두이노 나노와 가속도 센서를 구입해보자. 2020년 3월 현재, 디바이스 마트에서 판매되는 아두이노 나노 '정품'은, 1개 구매 시 23,000원이다. 조금 더 아래를 살펴보면, CH340 칩셋을 쓰는 아두이노 나노 호환보드를 찾을 수 있는데 무려 4,000원이다! 여기서 두 가지를 따져 보아야 한다. 정품과 호환품에 관한 문제다.

아두이노 보드의 성능을 결정짓는 요소는 그 칩인 ATmega328 이다. 호환보드에는 조금 더 저렴한 소자, 공정이 적용되었을 수 있지만, 실제 성능 차이는 미미할 것으로 본다. 가장 중요한 ATmega328 칩이 모두 똑같기 때문이다(아두이노는 Atmel사의 마이크로컨트롤러 ATmega

시리즈를 초보자도 사용하기 쉽도록 구성한 범용보드일 뿐이다). 간혹 불량이 있을 수는 있으나 필자는 절대로 호환품을 사용하길 추천하며, 앞으로도 가장 싸고 효율적인 면에서만 접근할 것이다.

두 번째, 아두이노 나노 호환품이 디바이스 마트에서 가장 싸게 파는 것일까? 호환품에도 여러 가지 종류, 제조사가 있고, 유통하는 업체도 굉장히 많다. 이 부분은 독자들이 검색엔진을 통해 살펴보길 바란다. 정품이든 호환품이든, 국내에선 가격 스펙트럼이 굉장히 넓다.

그림 1-18 정품보드(좌)와 호환보드(우)

이번에는 가속도 센서를 살펴보자. ADXL-335 가속도 센서로 구성된 GY-61 모델을 구해본다. GY-61 보다는 ADXL-335란 명칭으로 더 잘 알려져 있다. 디바이스 마트에서는 다음 그림과 같이 15,000원에 판매되고 있다. 조금만 더 스크롤 해보면 중국업체의 것을 3,600원에 구할 수 있다. 이 또한 검색을 통해 다른 업체를 살펴보아도 그 스펙트럼이 넓음을 확인할 수 있을 것이다.

그림 1-19 가속도 센서(ADXL-335) 검색결과

MOQ(Minimum Order Quantity)

온라인 쇼핑몰에서 주문하는 과정에서 MOQ라는 단어를 접하게 된다. Minimum Order Quantity의 약어로, 대량의 전자부품을 취급하는 도/소매상의 특성상 최소 발주 수량을 요구하는 것이다. 위에서 언급한 쇼핑몰의 경우, 대부분 부품은 1개 단위로 구입할 수 있으나, 도매업체의 경우 수백 개 단위에서 시작하는 경우가 많다.

저렴한 국외 구매: 알리 익스프레스

국내의 전자부품 쇼핑몰은 비교적 신속하게 부품을 조달할 수 있다는 장점이 있지만, 단위 가격이 비싸거나, 부품을 다른 업체나 국외에서 확보 후 배송해주는 경우도 많이 있기에 기대보다 조달 기간이 많이 소요될 수 있다. 국외의 쇼핑몰로는 이베이, 아마존 등이 있고, 전자부품 또한 취급하고 있으나, 전반적으로 중국의 쇼핑몰보다 가격이 비싼 편이다. 사실 우리가 빈번하게 사용하는 전자부품은 대부분 중국에서 제작되고 있다. 현지에서 제작하여 저가의 우편(China Post)으로 발송되어 배송비 또한, 거의 발생하지 않는다.

필자는 중국의 알리 익스프레스를 자주 이용한다. 알리 익스프레스는 중국판 이베이이자 아마존인 알리바바의 소매형 쇼핑몰로써 생산 공장과 직접 연결된다는 장점으로 인해 유통업자, 제조업자들에게 각광을 받고 있다.

그림 1-20 알리바바(www.alibaba.com)와 알리 익스프레스(www.aliexpress.com)

알리 익스프레스에서 'arduino uno R3'란 키워드로 검색한 결과와 디바이스 마트에서 '아두이노 우노'로 검색한 결과를 비교해보았다. 알리 익스프레스에서는 2.66달러로 3200원 남짓이며, 국내에서는 동일한 중국산 보드가 4,900원이다. 경험상, 알리 익스프레스에서 키워드를 변경하거나, 조금 더 자세히 찾아보면 가격이 더 내려가는 경우가 많다. 1개 단위가 아닌 10개, 20개, 50개 단위로 구매하면 더 저렴해지기도 한다.

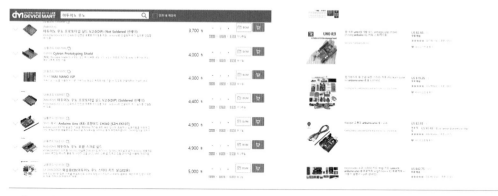

그림 1-21 알리와 디바이스 마트: 아두이노 우노 R3

특히 수 달러~수십 달러 수준의 부품들은 배송비가 무료인 경우가 대부분이며 약간의 배송료만 지불하면 중국 심천에서 한국까지 3~4주 이내에 배송된다. 더불어 배송료를 조금 더 지불한다면(대체로 20~30달러 정도), FEDEX나 DHL, UPS와 같은 국제 특송으로도 받을 수 있다.

마지막으로 국외 구매에서 주의해야 할 점은 관세와 부가세 부분이다. 컴퓨터 관련 부품 (메모리 칩, 카드 및 보드 등)으로 간주할 수 있는 전자부품의 경우, 한화 15만 원을 넘게 되면 물건가와 현지 배송료를 합산한 금액에 대해 10%의 부가세가 부과된다. 의류나 잡화 등이 8~13%의 관세를 물고 그 합산금액에 대해 다시 부가세 10%를 부담해야 하는 것을 생각하면 적은 금액이긴 하나, 물건 가격의 10%를 추가로 지출해야 한다는 부담을 무시하긴 어렵다. 그러므로 국내로 입고될 때의 환율 변동을 감안하여 15만 원이 되지 않는 선에서 적절히 구매하는 것이 합리적이다.

현재는 우리나라에도 알리 익스프레스가 많이 알려져 중국산 제품 수입업체가 국내 쇼핑몰을 통해 많은 이윤을 남기기 힘든 구조가 되어 가고 있다. 몇 년 전만 하더라도 몇천 원짜리 중국산 아두이노 보드가 국내에서 1~2만 원에 육박했던 것을 생각하면 국내에서도 굉장히 가격이 많이 내려간 편이다. 점점 주문 후 기다리는 불편함, 시간의 가격에 수렴해가고 있다. 아직까지는 다른 부품들은 국내와 중국 간 가격 차이가 많은 편이므로 독자들께서 적절히 활용할 수 있기를 바란다. 가격적으로 불리하지만, 빠른 배송의 이점을 갖는 국내 구매, 중국 현지에서 운영되는 알리바바 계열사의 최저 가격. 각기 장단점이 확실하므로 무엇을 선택할지는 독자들이 필요에 따라 판단할 몫이다.

02장
하드웨어 기초

이번 장에서는 전기·전자의 기초 내용과 공구, 인터페이스 등 하드웨어의 전반적인 사항을 이야기한다. 한 장을 할애하여 다룰 만큼 가벼운 내용이 아니며 관련하여 한 권의 책으로 구성해도 모자랄 정도라고 생각한다. 사실 필자에게 가장 어려운 장 중 하나이나 한 장에서 이야기하고자 내용의 깊이와 설명 방법, 그리고 분량을 고려해서 최대한 쉽고 간단하게 서술하고자 노력했다.

아두이노의 마이크로프로세서를 활용하려면 소프트웨어도 중요하지만, 전원과 인터페이스와 같은 것들을 다루기 위한 멀티미터, 각종 공구, 그리고 주변회로 구성을 위한 전자 소자들도 필수적이다. 즉, 코딩을 통해 기계에 숨을 불어넣는 과정이 있기 전에 전기, 전자와 관련된 하드웨어 골격이 갖추어져 있어야 하기 때문이다. 이를 위해 아두이노에 적용하고 활용할 수 있는 하드웨어, 전기·전자 분야를 가볍게 살펴보자.

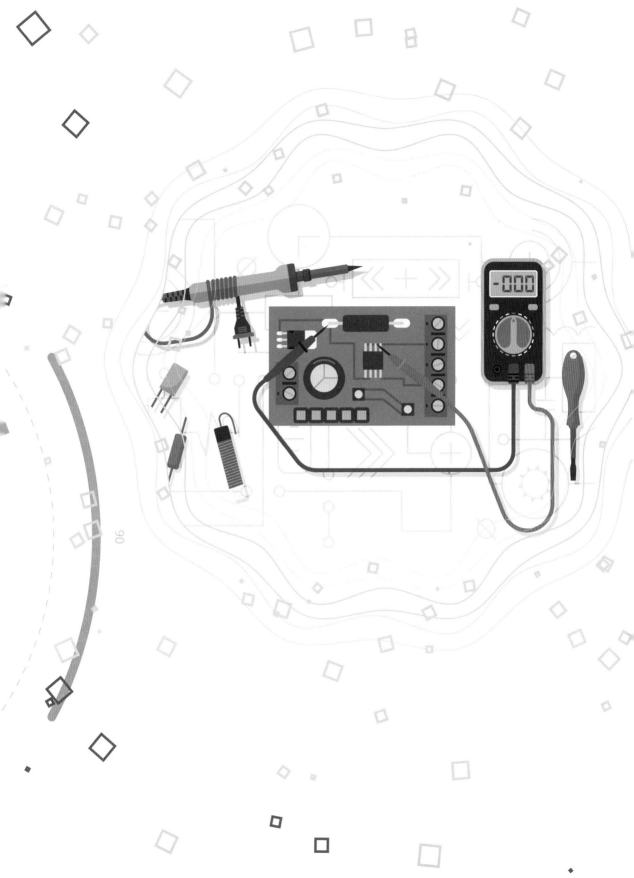

2.1 간단한 전기·전자

아두이노나 회로를 작동하려면 기본적으로 전원이 필요하다. 영문으로는 Power 또는 Power Source 정도로 쓰인다. 말 그대로 전자부품을 작동시키기 위한 힘이다. 전원은 전압과 전류를 함께 고려해야 하며 최소 작동전압과 전류가 존재한다. 가령 아두이노 우노를 작동시킬 수 있는 최소 전압은 5V이다. USB 케이블로 전원을 입력받으면 5V, I/O 핀에 위치한 V_{RAW} 또는 5V 핀으로도 입력받을 수 있으며, 각 GPIO를 작동시킬 수 있는 최소 전류는 20mA이다. 최소 전압, 전류 사양을 맞춰주지 못하면 계속 리셋되거나 오작동하는 현상을 볼 수 있을 것이다. 이 사양이 맞춰진 후에야 IDE를 활용한 스케치 코딩 등이 유효하다.

아두이노는 USB 케이블을 활용하여 PC로부터 안정적으로 전원을 공급받기에 전원에 따른 하드웨어 문제나 IDE를 활용한 스케치 업로딩 문제를 손쉽게 처리할 수 있다. 하지만 시제품을 개발하며 부가 회로와 센서, 액추에이터 등을 사용하게 되면 소모 전류가 늘어나고, 때에 따라서는 전압 강하가 일어나 오작동하는 현상에 마주하게 된다. 아두이노가 쉽게 사용할 수 있도록 만들어졌지만, 사용자가 시제품 제작을 위해 여러 가지 부수 회로를 부가하면 여러 가지 문제에 노출된다. 이럴 때를 대비하여 전기·전자에 대한 기초 학습이 필요하다. 이번 절에서는 전압, 전류, 저항, 전원 등 각 요소를 개념 위주로 알아보자.

■ 전압

전압은 전기 에너지의 위치 에너지, 다시 말해서 어떤 전기 에너지의 낮은 지점과 높은 지점 간의 차이를 의미한다. 이러한 차이를 전위차(Electric Potential Difference)라고 하며, 이 전위차를 전압(Voltage)이라고 부른다. 단위로는 볼트(Volt, [V])를 사용한다. 알기 쉬운 비교 사례로 높은 곳에서 낮은 곳으로 떨어지는 물의 위치 에너지가 있다. 물은 그 크기(전위차)가 클수록 활용할 수 있는 에너지가 크다고 볼 수 있다. 다음 그림은 해발고도 100m 지점에 있는 20m 높이의 폭포와 해발고도 3,500m 지점의 20m 높이의 폭포를 비교한 것으로, 이 둘은 서로 동일한 전위를 갖는다. 해발고도에는 차이가 있지만, 폭포가 떨어지기 시작하는 지점(높은 전위)과 떨어지는 지점(낮은 전위) 간의 높이(압력 차)에는 차이가 없기 때문이다. 이는 상대적인 것이다.

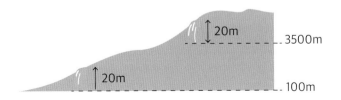

그림 2-1 상대적인 전위차

상대적인 전위차를 같은 높이에서 재거나 활용할 수 없을까? 아두이노 우노 두 개를 이용해서 서로 통신을 하거나 신호를 주고받는 과정은 어떨까? 7장 데이터 통신에서 다룰 내용이지만 간단히 살펴보자.

다음 그림에서 왼쪽 그림은 두 개의 우노에 각각 독립적인 전원을 인가하고 상호 통신 포트를 연결해서 통신을 시도하는 사례다. 이 경우, 통신이 원활하지 않거나 지속적인 오류가 생긴다. 이는 앞선 그림과 비슷한 이유인데, 전원 간(5V-1과 5V-2) 전위차가 있기 때문이다. 즉, 폭포의 폭은 5V로 동일하지만, 해발고도의 차이가 있으므로 통신에 문제가 생긴다. 이 경우 아래 오른쪽 그림처럼 −극(GND)을 서로 연결해주면 해발고도 원점을 똑같이 맞추어 문제를 해결할 수 있다. 이와 같은 사례는 초보자들이 겪는 대표적인 문제이다.

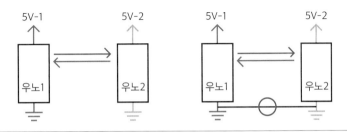

그림 2-2 전위차와 아두이노 간 통신

■ 전류

전류는 전기 에너지의 흐름으로 단위시간 당 흐른 전하(Electric Charge)를 띤 입자의 양 정도로 정의할 수 있다. 전하를 띤 입자, 즉 전자의 이동은 −에서 +로 이루어지며, 이 흐름이 만들어내는 것이 전류이다. 전류는 물처럼 높은 곳에서 낮은 곳으로 이동하며(전자의 이동 방향과 반대), 이러한 흐름의 양을 전류량(Amperage)이라고 한다. 그 단위로 암페어(Ampere, [A])를 사용한다.

그림 2-3 전류와 수차

전류는 물의 흐름이다. 아두이노, 회로, 센서 들은 물이 떨어지는 곳 아래에 있는 수차라고 생각하자. 물이 아래로 흘러야 수차를 작동시킬 수 있는데 수차(회로, 센서, 액추에이터)의 종류에 따라서 필요한 물의 양이 다르다(이를 전류 소모량이라고 함). 수차를 작동시키려면 물이 떨어지는 속도(수압, 전압)도 중요하지만, 흐르는 유량도 중요하다. 수압은 굉장하지만, 유량이 매우 적어도 안 되고, 수압이 낮고 유량만 많아도 부족하다. 수압과 유량 모두를 만족시켜야 수차가 돌게 된다.

소형 LED와 같이 전류 소모량이 수십 mA 수준에 이르는 소자가 있는 반면, 수 A 이상을 요구하는 DC 모터도 있다. 아두이노 우노의 I/O 포트는 대체로 수십 mA 수준을 소모(감당할 수 있다는 말과 같다)하지만, 그 이상의 전류를 소모하는 장치를 제어하려면 릴레이나 트랜지스터를 이용해야 한다. 참고로 PC의 USB 포트로 공급되는 전류는 최대 500mA, AC−DC

어댑터를 통해 공급되는 전류는 대체로 1A ~ 1.5A 수준이다. 몇 개의 LED와 센서 수준이라면 아두이노를 사용하는 레벨에서 전류 걱정을 크게 하지 않아도 되지만, 모터와 같이 전류 소모량이 많은 액추에이터가 붙으면 작동에 문제가 생길 수 있다. 이번에는 여러 가지 구성품들로 이루어진 회로(배관)를 살펴보자.

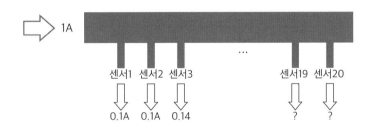

그림 2-4 전류값에 따른 수도관 넓이

여기서 공급전류(1A)는 수도관에서 물이 지나가는 통로로 생각하면 이해가 쉽다. 위 그림은 1A를 흘릴 수 있는 수도관에 0.1A 전류 소모를 하는 작은 관들이 붙어 있는 것을 나타낸다. 큰 수도관은 외부전원 어댑터나 배터리를 통해 공급되는 전원을 의미하고, 작은 수도관들은 MCU, 센서, 액추에이터, 디스플레이 등이다.

작은 수도관들 또한 큰 수도관과 마찬가지로 최대 흘려보낼 수 있는 전류량이 정해져 있다. 만약 1A짜리 수도관에 0.1A짜리 작은 수도관 20개가 물려 있는 상태에서 모두가 물을 사용하고 있으면 어딘가는 물 공급이 원활하지 않게 된다.

큰 수도관에 흐르는 물의 양, 즉 사용할 수 있는 물은 한정되어 있는데, 센서나 액추에이터 등이 그보다 훨씬 더 많은 물을 사용하면 MCU, 센서, 액추에이터 모두 영향을 받을 수밖에 없다. 이때 전류 공급이 차단되어 순간적으로 꺼지며 리셋되는 현상이 지속된다. 실제로 아두이노 개발에서 전압이 문제 되는 경우보다 이런 전류 문제가 더 빈번하다.

이와는 반대로 공급되는 전류가 부족하다면 간단히 건전지를 병렬로 추가하거나, 외부전원을 이어서 외부로부터 더 끌어오면 된다. 물통에서 떨어지는 물의 양(전류)이 부족하면 결에 물통을 하나 더 두는 격이다. 단, 전압의 전위를 맞춰주는 것처럼 − 선(GND) 또한 같이 이어주어야 한다.

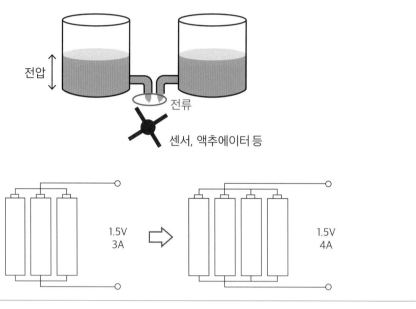

그림 2-5 부족한 전류 보충

■ 저항

　저항(Resistor)은 전류의 흐름을 방해하는 전자 소자며, 저항 또는 저항기 등으로 부른다. 여러 가지 목적에 따라 사용할 수 있으며, 그 단위로 옴(Ohm [Ω])을 사용한다. 주어진 전압을 저항비에 따라 분배하거나, 회로로 유입되는 전류를 제한하거나, 디지털 회로에서 풀업, 풀다운으로 적용하여 플로팅을 막는 목적으로 사용하는 것이 대표적이다.

　아두이노 관련 책과 포스팅을 살펴보면 LED에 직렬로 저항을 다는 것을 볼 수 있다. 대부분 책과 포스팅에는 LED 예제가 많은데 LED로 유입되는 전류를 제한하는 것이 저항의 역할이다. LED는 인가되는 전류에 비례해 발광하는 전자 소자다. 이때 LED에 흐르는 전류를 제한(조정)하여 과전류가 흐르는 것을 막고, 나아가 LED가 파괴되는 것(타버리는 것)을 막아

준다. LED 회로에 가변 저항을 달아두고 저항값을 조절해보면 저항값에 따라 달라지는 LED 밝기를 관찰할 수 있다.

그림 2-6에서 왼쪽은 낮은 저항값을 갖는 물통, 오른쪽은 비교적 높은 저항값을 갖는 물통을 나타내고 있다. 저항은 수도꼭지의 크기를 제한하여 아래로 떨어지는 물의 양(전류)을 조절하는 기능을 수행하여 과전류로부터 소자를 보호한다.

그림 2-6 저항의 전류제한

저항은 전압을 분배(조정)하는 기능도 갖고 있는데 주어진 전압값에 저항을 배치해서 출력 전압과 전류를 조정하는 것이다. **그림 2-7**에서 왼쪽은 물통의 수압(전압)이 그대로 출력되는 것이고, 오른쪽 그림은 수도꼭지를 위쪽으로 올려서 수압을 줄여 물을 내보내고 있다. 저항의 배치(수도꼭지의 위치 조정)에 따라 내려오는 물줄기의 세기가 달라진다.

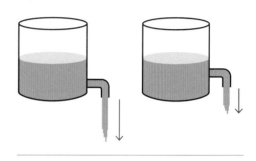

그림 2-7 저항의 전압분배

기초 회로

앞서 물통에서 흘러내리는 물을 저항에 의한 전압 제한, 전류 분배와 같은 방법으로 조정할 수 있다는 것을 살펴보았다. 이번 절은 그 조정 방법을 알아보자

■ **직렬 회로**

‘직렬(Series)’이란 일렬로 나란히 연결되어 있다는 뜻이다. 한 부품의 꼬리가 다른 부품의 머리에 연결되어 길게 늘어서는 형태다. 다음 그림은 12V에 1Ω 저항과 5Ω 저항이 직렬로 연결된 회로를 나타내고 있다. 저항의 직렬연결은 단순 합과 같다(1Ω+5Ω= 6Ω).

다음 그림의 왼쪽과 오른쪽은 전기적으로 동일한 회로로 볼 수 있는데 이를 등가회로 (Equivalent Circuit)라고 한다. 12V 전원에 6Ω 저항이 연결되어 있으므로 옴의 법칙(V=IR)에 따라 2A가 흐른다는 것을 알 수 있다.

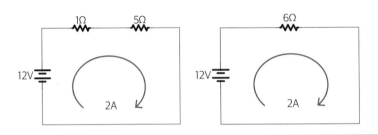

그림 2-8 직렬 회로와 등가회로

저항의 직렬연결을 수식으로 나타내면, R = R1 + R2 + R3 + ⋯ + Rn과 같다.

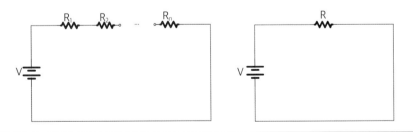

그림 2-9 저항의 직렬연결과 등가회로

이는 전압과 전류에서도 마찬가지로 적용된다. 4V 전원 3개를 직렬로 연결하는 것과 12V 하나의 전원을 두는 것은 같다고 볼 수 있다. 마찬가지로 2A 출력을 가지는 전원 3개를 직렬로 묶어도 6A의 합산 전류를 얻을 수 있다.

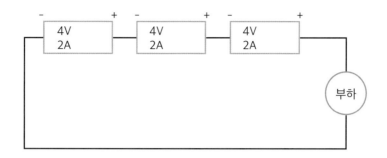

그림 2-10 직렬 회로에서의 전압과 전류

그렇다면 각 저항에 인가되는 전압은 얼마일까? 회로 내에는 2A의 전류가 흐르고 있으므로, 1Ω 저항에 걸리는 전압은 2A × 1Ω = 2V이고, 5Ω 저항에는 2A × 5Ω = 10V가 걸린다. 각 저항에 인가된 전압을 합하면(2V + 10V) 전원(12V)과 같아진다. 이렇게 저항을 활용하면 주어진 전압을 원하는 전압으로 분배하여 사용할 수 있다.

다음 **그림 2-11**은 전압 V와 저항 R_1, R_2로 구성된 회로를 나타내고 있다. 여기에 R_1의 상단(V_{O1})과 R_2의 상단(V_{O2})에서 출력되는 전압을 비교해보자. V_{O1}은 V와 마찬가지의 전압을 출력할 것이다. V_{O2}는 어떨까? 회로에는 전류 I가 흐르고 있다. R_1단을 찍을 때 출력되는 전압 V_{O1} = I × (R_1+R_2)와 같다. R_2 단에서 출력되는 전압 V_{O2} = I × R_2가 된다.

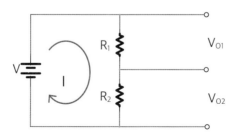

그림 2-11 전압 분배

이를 수식으로 나타내면 $V_{out} = \dfrac{R_2}{R_1 + R_2} \times V_{in}$과 같다. 분모는 합산 저항, 분자는 측정하고자 하는 저항값이다. 여기에 입력전압을 곱해주면 해당 회로에서 분배된 전압값이 된다. DC 어댑터나 USB 케이블 등 5V를 출력하는 전원 소자는 많지만 3.3V를 얻을 수 있는 것은 많지 않다. 이런 경우 5V 전원을 저항으로 분배하여 3.3V를 얻는데, R_1을 1.7kΩ, R_2를 3.3kΩ으로 두면 3.3V를 얻을 수 있다.

$$(3300 \ / \ (1700 + 3300)) \ \times \ 5 \ = \ 3.3V$$

그리고 여기서 저항값을 조정하면 전류까지 제한할 수 있다. 앞의 회로에서 합산 저항은 5kΩ(1.7kΩ + 3.3 kΩ)이다. 옴의 법칙(I=V/R)에 따라 회로를 돌고 있는 전류는 0.001A(5/5000), 즉 1mA 수준이다. 저항값을 각각 170Ω과 330Ω으로 내리면 10mA 수준의 전류를 얻을 수 있다.

■ 병렬 회로

저항의 병렬(Parallel) 연결은 어떨까? 직렬 연결이 각 소자의 머리와 꼬리를 연결하는 것이라면, 병렬은 꼬리는 꼬리끼리, 머리는 머리끼리 묶는 것으로, 두 개 이상의 소자를 함께 연결하는 방식이다. 다음 그림은 10V 전원에 5Ω 저항 두 개가 병렬로 연결된 회로와 그 등가 회로를 나타내고 있다.

병렬 회로에서의 저항 합산은 각 저항값의 역수를 더한 것과 같다. 다시 말해서 1/R = 1/R_1 + 1/R_2 +1/R_3 + 1/R_n이다.

$$1/R \ = \ 1/5Ω \ + \ 1/5Ω$$
$$R = 2.5Ω$$

병렬 회로에서 각 저항에 걸리는 전압은 10V로 같다. 병렬연결에서는 소자의 머리와 꼬리가 모두 같은 노드(Node)에 있기 때문이다. 그러므로 R_1에는 2A(I=V/R), R_2에도 2A가 동일하게 흐르고 있으며, 합산하면 4A가 된다. 이는 등가회로의 전류량과 같다.

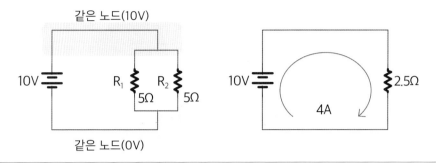

그림 2-12 병렬 회로와 등가회로

멀티미터

멀티미터는 테스터기, 전기 테스터기, 디지털 멀티미터 등의 이름으로 다양하게 불리는 전기 계측기이다. '멀티'미터란 이름만큼 측정할 수 있는 값과 범위, 기능이 다양하다. 대체로 전압과 전류, 저항, 그리고 회로의 연결 유무 점검 등에 가장 많이 쓰이며, 트랜지스터의 유형(NPN, PNP)에 관해서도 살펴보는 기능이 있다.

먼저 어떤 제품을 써야 하는지 알아보자. 독자들도 잘 알다시피 비용을 많이 들이면 대체로 가장 좋은 물건을 구할 수 있다. 자동 범위조정(AUTO RANGING) 기능 등이 부착된 모델 사용이 수월하고 측정 범위가 넓은 것들이다. 반면 비용이 적게 들어가는 제품은 사용범위를 사용자가 일일이 지정해야 하거나, 퓨즈나 스위치의 접촉면이 빨리 닳는 등 내구성의 문제, 그리고 측정 범위가 좁은 것들이 많다. 이러한 불편함으로 스트레스를 받고 싶지 않다면, Fluke 제품과 같은 높은 정확도와 편의성을 갖는 제품을 구입하도록 하자.

■ 멀티미터 고르기

그림 2-13 아날로그 멀티미터와 디지털 멀티미터(출처: 위키피디아, aliexpress)

　　그림 2-13은 왼쪽 아날로그 방식의 멀티미터와 오른쪽 디지털 방식의 멀티미터를 나타내고 있다. 아날로그 방식은 우리가 하려는 실험에 충분하지 않으며, 대체로 단종된 모델로 재고판매나 중고제품 거래가 이루어지고 있고 디지털 멀티미터는 측정값을 화면에 숫자로 알려주는 방식이다. 다음 그림은 필자가 사용하는 멀티미터인데, 앞선 저가 멀티미터에 비해 다이얼의 선택지가 아주 적다. 이는 저가 멀티미터는 사용자가 일일이 저항값과 전압값 따위의 측정 범위를 지정(Manual Ranging)해주어야 하는 데 비해, 아래의 멀티미터는 측정 범위를 멀티미터에서 알아서 조정해주는 기능이 있기 때문이다. 저렴한 중국산은 알리 익스프레스에서 몇천 원 수준, Fluke사의 멀티미터와 같이 비싼 제품은 수십만 원 선에 이른다. 처음부터 좋은 제품을 쓸 필요는 없지만, 사용성 측면에서 사용법을 익히는데 걸리는 시간과 스트레스 절약이 가능하므로 독자들이 취사선택하기 바란다.

그림 2-14 멀티미터 <출처: Fluke>

- **측정**

멀티미터는 계측기 본체와 측정용 케이블 2개(리드선이라고 함)로 구성된다. 어떤 값을 측정할지 결정한 후 다이얼을 돌려 해당 값에 맞춘다. 기본적으로 전압(V, mV, kV 등), 전류(A, mA, kA 등), 저항(Ω, mΩ, kΩ, MΩ 등) 정도이며 자동범위조정 기능이 없는 모델이라면 측정하고자 하는 값의 범위를 맞춰야 한다. 이어서 리드선을 들고 측정하고자 하는 곳에 갖다 대면 원하는 값이 출력된다. 측정하고자 하는 물리량별로 측정방법이 조금씩 다르기에 세부적인 내용은 다음을 참조한다.

> '전압 측정'이란 낮은 지점과 높은 지점 간의 차이값을 알고자 하는 문제이므로, 낮은 지점과 높은 지점에 측정 단자를 위치시켜야 한다(병렬식). '전류 측정'은 얼마나 많은 전하의 이동이 있는지를 측정하기 위함이고, 선로의 저항에 영향을 받으므로 해당 선로에 직렬로 연결되어야 한다.

가볍게 읽고 난 후 다음 절로 넘어가자. 그리고 다시 이 내용을 살펴보면 전압, 전류, 저항 측정에 대한 이해가 빠를 것이다.

전압 측정

저항이나 LED에 걸리는 DC 전압을 측정하기 위해 멀티미터를 활용해보자.

1. 먼저 붉은색 리드선을 +, V, A, Ω 등으로 표기된 단자에 연결하고, 검은색 리드선을 −, COM이 표기된 단자에 연결하자. 대체로 단자에 표기된 문자는 조금씩 달라도 색상은 붉은색과 검은색으로 같다.
2. DC 전압에 다이얼을 맞춘다. DC는 V자 위에 직선이, AC는 사인곡선(물결)이 표시되어 있다. 멀티미터가 수동식 제품이라면 측정하고자 하는 전압 범위에 다이얼을 위치시킨다.
3. 각각의 리드선을 측정하고자 하는 저항, LED 등의 단자에 가져다 대는데, 붉은색 리드선을 높은 전위(+)에, 검은색 리드선은 낮은 전위(−)에 가져다 대자.

4. 멀티미터 디스플레이 창에 표시되는 값이 측정된 전압이다. 플러스 값을 측정했다고 생각했는데 마이너스 값이 디스플레이 된다면(반대의 경우도 마찬가지) 리드선의 극성을 달리해보자.

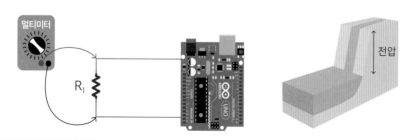

그림 2-15 전압 측정

그림 2-15는 전압을 측정하기 위한 회로 구성으로 하나의 저항(측정대상)에 대해 멀티미터의 리드선이 개방 회로(Open Circuit), 즉 병렬로 연결되어야 한다. **그림 2-16**처럼 동일한 측정점을 찍는 것은 회로 내 동일한 전위를 측정하는 것이기 때문이다. 다시 말해서, 전압이란 전위의 높낮이를 나타내는 것으로, 자(리드선)의 원점(−)과 측정점(+)을 제대로 찍어야 올바른 값이 나온다. 폭포의 높이를 잴 때 폭포수가 내려오기 시작하는 곳과 떨어지는 곳을 재야 하는 것과 같다고 생각하면 되겠다.

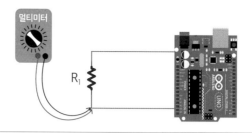

그림 2-16 전압 측정(잘못된 사례)

<u>전류 측정</u>

멀티미터는 회로 내 특정 구간을 흐르는 전류를 측정할 수 있다.

1. 붉은색 리드선을 A로 표기된 단자에 연결하고, 검은색 리드선을 −, COM이 표기된 단자에 연결하자. 전류 측정 단자는 전압용 단자와 다르다. 그리고 자동측정 범위 기능을 갖는 멀티미터라도 전류값에 따라 두 가지 이상의 전류 측정 단자를 갖고 있으니 유의하자(10A, 400mA 등).
2. 'A'자로 표기된 전류에 다이얼을 맞춘다. 전류는 DC, AC 모두 한 다이얼에 표기되어 있다. 멀티미터가 수동식 제품이라면 측정하고자 하는 전류 범위에 다이얼을 위치시킨다.
3. 각각의 리드선을 측정하고자 하는 구간에 가져다 대자.
4. 멀티미터 디스플레이 창에 표시되는 값이 측정된 전류값이다.

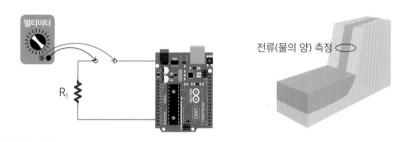

그림 2-17 전류 측정

전류 측정은 전압 측정과 반대의 개념이다. 단락 회로(Short Circuit), 즉 직렬로 측정해야 한다. 회로를 흐르는 전류가 멀티미터를 거쳐 가며 측정하는 개념이기 때문이다. 폭포에서 떨어지는 물의 양을 측정하기 위해 폭포 중간에 특정한 구간(측정점)을 잡고 여기를 통과하는 물의 양을 측정하는 것과 동일한 맥락이다.

저항 측정

멀티미터로 저항의 크기를 측정할 수 있다. 이는 전압 측정방법과 거의 같다. 다이얼만 저항값으로 바꾸어주면 된다. 대체로 Ω으로 표기되어 있으나, 저가모델은 다음 **그림 2-18**과 같이 20, 2k, 20k, 200k, 2M, 20M 등 측정 구간을 두고 있다. 해당 구간을 최댓값으로 두고 다이얼을 조정하자. 가령 1.4k 저항을 측정하겠다면, 다이얼을 2k에, 120k 저항이라면 200k

에 두도록 한다.

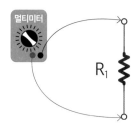

그림 2-18 저항 측정과 멀티미터 다이얼(출처: aliexpress)

저항은 멀티미터로 측정해서 확인할 수 있지만, DIP 타입이라면 저항 띠의 색상으로도 구분할 수 있다. 다음 그림을 참조하면, DIP 타입의 저항에는 네 가지 색 띠가 칠해져 있다. 첫번째와 두 번째 띠는 각각 숫자를 의미하고, 세 번째는 0의 개수, 즉 단위를 의미한다. 그리고 마지막의 은색 또는 금색 띠는 저항값의 오차이다. 가령 470kΩ에 금색 띠라면 실제 저항값은 446.5kΩ ~ 493.5kΩ의 범위 내에 있다. 제조공정 상에 발생하는 오차이며 이 값이 낮을수록 가격은 높아진다.

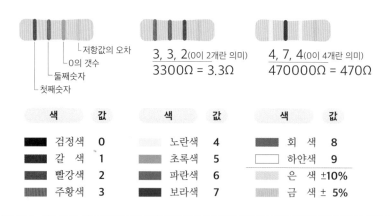

그림 2-19 저항 띠 읽기

회로 연결성 시험은 도통 시험(Continuity Test)이라고 하며, 단자와 단자 사이에 연결성을 시험하는 기능이다. 이 기능을 통해 회로가 개방(Open) 상태인지 단락(Short) 상태인지를 확인할 수 있다. 다이얼에는)))과 같이 표기되어 있다. 연결되어 있어야 할 신호선이나 회로 단자를 확인하거나, 개방되어 있어야 할 회로가 어떤 이유로 인해 단락되었을 때 도통 여부를 체크하는 기능이다. 측정 단자가 연결되어 있다면 **그림 2-20**의 왼쪽처럼 삐이- 소리가 나고, 끊어져 있다면 아무런 소리도 나지 않는다. 사전에 멀티미터 리드선 단자를 서로 접속하면 삐이- 소리를 들을 수 있다.

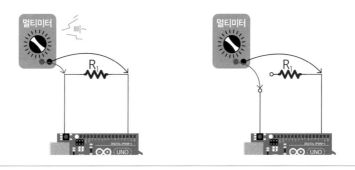

그림 2-20 도통시험 비교

인두기

우노를 배우는 초기에는 인두기의 필요성을 느끼지 못할 수 있다. 브레드 보드와 점퍼선으로 대부분 배선작업을 해결하기 때문이다. 반면, 개발이 진척되고 만능기판이나 PCB 등에 조립을 해야 할 때 즈음이면 인두기의 필요성이 느껴진다. 양산을 위해 외주개발이나 SMT 공장에 간다 하더라도, 자체적인 시험은 필요하므로 하나쯤 구입해 두는 것이 좋다.

우노는 점퍼선을 통해 쉽게 연결할 수 있지만 나노, 프로 미니 등과 같은 보드들은 직접 납땜을 해서 사용해야 한다. 이번에는 조립-납땜 형태의 아두이노 하드웨어를 설정하는 방법과 함께 전자 소자 등의 납땜 방법까지 살펴보도록 하자.

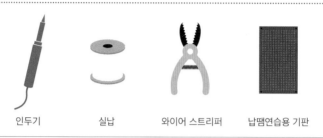

| 인두기 | 실납 | 와이어 스트리퍼 | 납땜연습용 기판 |

그림 2-21 준비물 구성(인두기, 실납, 소자들)

주의: 달궈진 인두기는 굉장히 고온으로 절대 주의해야 한다. 인두기 제조사의 사용 방법 등을 충분히 숙지하자.

    통상적으로 인두기는 220V 콘센트에 연결되며, 별도의 전원 버튼을 누르면 온도를 급격히 올리기 시작한다. 온도를 설정할 수 있는 노브를 가진 모델도 있고, 없는 모델들도 있다. 이동 편의성을 위해 AA 사이즈의 건전지를 사용하는 모델도 있으나, 추천하지 않는다. 배터리 소모량이 엄청나기에 그리 효율적인 방법이 아니기 때문이다.

    인두기에 전원이 인가되면 인두기 팁의 온도가 급격히 올라가며, 설정 온도에 다다르면 인두기에 장착된 LED 램프가 켜진다(어떤 모델은 꺼지기도 한다).

    납땜 대상물을 흔들리지 않도록 잘 고정한 후, 왼손에는 실 납을 충분히 풀어 쥔다. 오른손에는 인두기를 들도 납땜할 소자의 핀에 가져다 댄다. 즉, 실납을 인두기 팁에 직접 가져다 대어 납땜한다는 것보다 소자의 핀을 달구고 그 위에 실납을 녹인다는 느낌이어야 깔끔한 납땜이 이루어진다.

그림 2-22 납땜 전경

핀이 많으면 핀과 보드 간 불완전한 기구적 결합으로 인하여 납땜이 원활하지 않을 수 있다. 이 경우 헤더 핀을 브레드 보드에 고정한 후 보드를 올려두자. 대부분 핀에 납땜이 완료되면 핀과 보드 간 결속력이 생겨 브레드 보드에서 깔끔하게 분리된다.

> **작은 소자에 납땜할 때**
>
> 납을 인두기에 갖다 대어 녹인다는 생각보다, 소자 또는 단자에 인두기를 미리 갖다 놓고 데운 후, 납을 소자의 발이나 단자에 살짝 얹는다는 느낌으로 갖다 대면 깔끔한 납땜이 가능하다.
>
> 실납은 굵기에 따라 여러 가지로 나뉜다. 0.8mm, 1.0mm, … 등 납땜할 소자의 크기에 따라 잘 선택하여 사용하도록 하자. 아두이노나 확장보드를 활용한 센서, DIP 타입의 소자에 납땜하기에는 1.0mm 정도가 적당하다. 그 이하는 SMD 타입의 소자를 납땜할 때 유용하게 적용된다.

2.2 전자 소자와 주요 부품

아두이노를 활용한 어떤 시제품을 만들기로 마음을 먹었다면 아두이노 보드와 함께 필요한 전자부품을 활용하는 일은 필수적이다. 독자들이 원하는 시제품을 만들고 구현하는 데 있어서 아두이노 홀로는 불가능한 일이기 때문이다. 사실 아두이노를 다루기 위해 전자부품에 관한 이야기를 하자면 어디서부터 시작해야 할지 막막할 정도로 굉장히 넓은 범위를 갖고 있다. 모든 부품을 자세하게 A에서 Z까지 다루기는 어려우므로 아두이노와 빈번하게 적용될 만한 부품, 재료 등으로 한정하여 그 기능과 사용 방법을 위주로 살펴본다.

브레드 보드와 만능기판

아두이노 보드와 다른 전자소자, 부품의 연결을 도와주는 브레드 보드와 만능기판에 관해서 알아보자.

■ 브레드 보드

브레드 보드, 직역하여 빵판이라고도 한다. 아두이노를 활용한 개발에 필수적인 부품 중 하나다. 개발을 시작하는 단계에서, 또는 개발 도중에 설계가 변경될 소지가 다분하다. 아니, 반드시 변경된다고 보는 것이 합당하다. 반면 설계, 제작 비용과 직결되는 PCB를 설계가 변경될 때마다 제작하는 것은 현실적으로 어려운 일이다. 굳이 PCB가 아니라도 만능기판에 매번 주요 부품과 소자들을 납땜해가며 확인해가는 것도 힘들다.

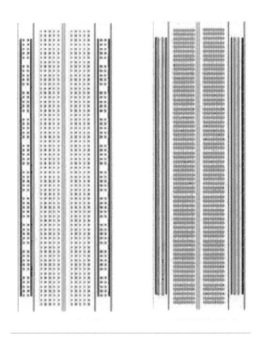

브레드 보드는 그럴듯한 시제품 제작 전에 전자적인 기능에서 최소한의 작동성 확인을 위해 꼭 필요하며, 이것은 시제품 제작 비용과 시간 절감으로 이어진다.

브레드 보드는 오른쪽 그림처럼 구멍이 촘촘히 뚫린 빵처럼 생겼는데, 그 구멍에

그림 2-23 브레드 보드(좌)와 내부 연결형태(우)

소자의 금속다리를 삽입하여 회로간 결선을 구성한다. 납땜이 불필요하고 소자를 구멍에 꽂기만 하면 전기적으로 연결되는 구조다. 보통 붉은 선과 푸른 선으로 표기된 전원부는 세로로 연결되어 있고, 소자들이 꽂히는 중앙부는 가로로 연결되어 있다. 주로 회로의 연결, 전기적 연동, MCU와 회로의 기능 확인, 연동 등과 같이 개발 초기의 기초적인 문제를 살펴보기 위한 목적이 강하며, 확인이 끝나면 만능기판에 납땜하여 재확인, 검증하거나 PCB를 제작하는 단계로 넘어간다. 간혹 기판과 점퍼선 간 접촉 불량이 일어나는 경우가 있어 결선 후 꼼꼼히 확인하는 과정이 필요하다.

그림 2-24 브레드 보드의 활용

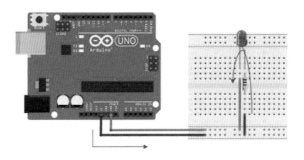

그림 2-25 브레드 보드의 사용

앞선 **그림 2-25**는 아두이노 우노와 LED, 저항을 연결한 그림이다. 우노는 USB 케이블로 전원을 공급받고, 우노의 5V와 GND 단자가 브레드 보드에 연결되어 있다. 붉은색 선으로 이어지는 홀은 모두 같은 노드, 검은색 선으로 이어지는 홀도 같은 노드다. 이처럼 전원과 접지는 일렬로 배치하여 공통으로 사용한다. 소자는 이와 반대 방향으로 연결된다. 앞의 그림에서 LED와 저항은 전원, 접지가 연결된 열과 반대 방향으로 한 라인이 같은 노드이다. 5V 전원은 저항을 거쳐 LED의 +극에 연결되고, LED의 −극을 거쳐 GND 라인에 연결된다. 아두이노에 USB 케이블이 연결되면 LED가 점등되고, USB 케이블을 뽑으면 소등된다.

브레드 보드에 간단한 소자로 배치해보았는데, 개발과정에서 여기까지 제대로 마무리되면 실제 크기의 PCB와 유사한, 조금 더 작은 회로를 꾸며서 기구물과 조립해보거나 전체적인 시험을 수행하는 단계로 넘어간다. 이 단계에서는 만능기판이 유용하다.

■ 만능기판

만능기판은 일정 간격으로 납땜용 홀을 배치하고 PCB 기판과 유사한 두께, 재질로 만들어진 기판이다. 기판에 따라 양면, 단면으로도 분류되며, 크기에 따라서도 다양한 모델이 있다. 브레드 보드에 기본적인 실험을 마친 후 본 만능기판에 실제 소자를 납땜하여 PCB 제작전 기능 확인과 작동성 확인을 수행하는 목적이다. 더불어 기판을 시제품의 기구물에 배치되는 크기로 가공(컷팅)하여 가조립, 가작동 시켜보는 목적도 있다. 다만 기판에 소자를 납땜함과 동시에 소자 간 배선(Wiring)까지 해야 하므로 어느 정도의 시간과 노력이 소요된다. 참고로 만능기판의 홀 간 거리는 대체로 0.25mm (0.1인치) 수준이고, 더 촘촘하게는 0.2mm 간격도 있다. 구매 시 홀 간격 확인은 필수다.

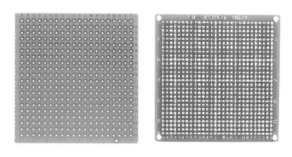

그림 2-26 만능기판

그림 2-27 만능기판에 조립된 소자들

소자: 저항, 다이오드, 커패시터, 트랜지스터, 가변 저항

Blink 예제와 같이 아두이노 단독으로 사용되는 경우가 있지만, 대부분의 예제와 사례들은 아두이노와 함께 주변회로를 구성해주어야 한다. 소자란 아두이노를 보조하거나, 아두이노와 제어명령을 주고받을 수 있는 구성품들을 통칭하는 말이며, 시제품의 기능과 동작에 기여한다. 이번 절에서는 빈번히 쓰이는 소자의 종류와 그 특성을 알아보자.

■ 저항

저항은 가장 기초가 되는 전자부품이다. 말 그대로 저항값만큼의 전류를 막아 너무 많은 전류가 흘러 소자가 손상되는 것을 방지하는 목적이 강하고, 저항값을 통해 제어하고자 하기도 한다. 저항은 고정 저항, 가변 저항, 반고정 저항, 어레이 저항 등 크게 네 가지 종류로 나뉜다. 이 중 가장 많이 접하는 저항이 고정 저항과 가변 저항인데, 가변 저항은 뒤에서 다루도록 하고, 이번 절에서는 고정 저항에 관해서만 살펴본다.

회로상에서 저항에 대한 표기는 다음 **그림 2-28**의 왼쪽과 같고, DIP 타입(그림 가운데)의 저항은 표면에 있는 띠의 색깔을 통해 값을 구분한다. SMD 타입(그림 오른쪽)의 저항인데 표면에 찍힌 숫자를 통해 크기와 저항값을 구분한다.

그림 2-28 저항 기호, DIP 저항, SMD 저항

SMD 저항을 읽는 법은 DIP보다는 간단하다. 세 자리 또는 네 자리로 이루어져 있는데, 세 자리 저항의 경우, R이 있는 값이면 오른쪽 두 자리를 쓰고, R은 소수점 찍기를 해준다. R13이라면 0.13Ω이다. 숫자만 세 개 있는 저항이라면 두 번째 숫자까지를 그대로 쓰고 세 번째 숫자를 10의 N 승으로 곱해준다. 'R'이 소수점이라고 생각하면 되겠다. 390이라면 $39 \times 10^0 = 39\Omega$이다. 네 자리 숫자라면 왼쪽 세 번째 자리까지 그대로 쓰고, 마지막 숫자가 10의 N 승이다. 4700이라면 $470 \times 10^0 = 470\Omega$이다.

표 2-1 SMD 저항 읽는 법

3 Digit SMD Resistors 0.1 ohm - 9.1 M ohms								4 Digit SMD Resistors 0.1 ohm - 9.1 M ohms (E24 series)							
Code	Value	Code	Value	Code	Value	Code	Value	Code	Value	Code	Value	Code	Value	Code	Value
R10	0.1Ω	1R0	1Ω	100	10Ω	101	100Ω	0R10	0.1Ω	1R00	1Ω	10R0	10Ω	1000	100Ω
R11	0.11Ω	1R1	1.1Ω	110	11Ω	111	110Ω	0R11	0.11Ω	1R10	1.1Ω	11R0	11Ω	1100	110Ω
R12	0.12Ω	1R2	1.2Ω	120	12Ω	121	120Ω	0R12	0.12Ω	1R20	1.2Ω	12R0	12Ω	1200	120Ω
R13	0.13Ω	1R3	1.3Ω	130	13Ω	131	130Ω	0R13	0.13Ω	1R30	1.3Ω	13R0	13Ω	1300	130Ω
R15	0.15Ω	1R5	1.5Ω	150	15Ω	151	150Ω	0R15	0.15Ω	1R50	1.5Ω	15R0	15Ω	1500	150Ω
R16	0.16Ω	1R6	1.6Ω	160	16Ω	161	160Ω	0R16	0.16Ω	1R60	1.6Ω	16R0	16Ω	1600	160Ω
R18	0.18Ω	1R8	1.8Ω	180	18Ω	181	180Ω	0R18	0.18Ω	1R80	1.8Ω	18R0	18Ω	1800	180Ω
R20	0.2Ω	2R0	2Ω	200	20Ω	201	200Ω	0R20	0.2Ω	2R00	2Ω	20R0	20Ω	2000	200Ω
R22	0.22Ω	2R2	2.2Ω	220	22Ω	221	220Ω	0R22	0.22Ω	2R20	2.2Ω	22R0	22Ω	2200	220Ω
R24	0.24Ω	R24	2.4Ω	240	24Ω	241	240Ω	0R24	0.24Ω	2R40	2.4Ω	24R0	24Ω	2400	240Ω
R27	0.27Ω	2R7	2.7Ω	270	27Ω	271	270Ω	0R27	0.27Ω	2R70	2.7Ω	27R0	27Ω	2700	270Ω
R30	0.3Ω	3R0	3Ω	300	30Ω	301	300Ω	0R30	0.3Ω	3R00	3Ω	30R0	30Ω	3000	300Ω
R33	0.33Ω	3R3	3.3Ω	330	33Ω	331	330Ω	0R33	0.33Ω	3R30	3.3Ω	33R0	33Ω	3300	330Ω
R36	0.36Ω	3R6	3.6Ω	360	36Ω	361	360Ω	0R36	0.36Ω	3R60	3.6Ω	36R0	36Ω	3600	360Ω
R39	0.39Ω	3R9	3.9Ω	390	39Ω	391	390Ω	0R39	0.39Ω	3R90	3.9Ω	39R0	39Ω	3900	390Ω
R43	0.43Ω	4R3	4.3Ω	430	43Ω	431	430Ω	0R43	0.43Ω	4R30	4.3Ω	43R0	43Ω	4300	430Ω
R47	0.47Ω	4R7	4.7Ω	470	47Ω	471	470Ω	0R47	0.47Ω	4R70	4.7Ω	47R0	47Ω	4700	470Ω
R51	0.51Ω	5R1	5.1Ω	510	51Ω	511	510Ω	0R51	0.51Ω	5R10	5.1Ω	51R0	51Ω	5100	510Ω
R56	0.56Ω	5R6	5.6Ω	560	56Ω	561	560Ω	0R56	0.56Ω	5R60	5.6Ω	56R0	56Ω	5600	560Ω
R62	0.62Ω	6R2	6.2Ω	620	62Ω	621	620Ω	0R62	0.62Ω	6R20	6.2Ω	62R0	62Ω	6200	620Ω
R68	0.68Ω	6R8	6.8Ω	680	68Ω	681	680Ω	0R68	0.68Ω	6R80	6.8Ω	68R0	68Ω	6800	680Ω
R75	0.75Ω	7R5	7.5Ω	750	75Ω	751	750Ω	0R75	0.75Ω	7R50	7.5Ω	75R0	75Ω	7500	750Ω
R82	0.82Ω	8R2	8.2Ω	820	82Ω	821	820Ω	0R82	0.82Ω	8R20	8.2Ω	82R0	82Ω	8200	820Ω
R91	0.91Ω	9R1	9.1Ω	910	91Ω	911	910Ω	0R91	0.91Ω	9R10	9.1Ω	91R0	91Ω	9100	910Ω

저항을 고를 때 한 가지 더 살펴야 할 것은 용량이다(저항값이 아님). 인터넷에서 저항을 구매하려고 찾아보면 저항값 외에 다른 수치가 눈에 띈다. 가령 1/2W, 1/8W와 같은 수치들이다. 이 수치들은 저항의 용량인데 와트 단위[W]로 표기된다. 다음 그림은 5V 전원에 100Ω 저항이 달린 회로를 나타낸다. 전류는 0.05A가 흐르는데, 이에 따라 소모되는 저항의 용량은 0.25W이다. 즉, 0.25W 이상의 것을 써야 저항이 터버리거나 심한 발열이 일어나지 않는다는 이야기이다(소모 전력 P=V×I). 이 회로에서는 1/2W, 즉 0.5W 정도의 저항을 선정해야 적절하다고 판단된다. 같은 값의 저항일지라도 1/2W 저항과 1/8W 저항은 눈에 띌 정도로 크기의 차이가 있다(그 차이가 궁금하다면 같은 회로에 1/2W 저항과 1/8W 저항을 각각 연결하고, 손가락을 대어 직접 온도차이를 확인해보자).

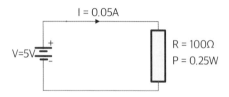

그림 2-29 저항용량 계산

SMD 저항 또한 그 크기가 다르다. 가장 작은 크기의 0402부터 가장 큰 6332까지가 있는데, 이 또한 저항용량에 따라 달라진다. 저항의 수치는 가로 × 세로 길이를 나타내며, 1005는 1/16W, 2012는 1/8W, 3216과 3225는 1/4W, 5025는 1/2W, 6332는 1W의 용량을 가진다.

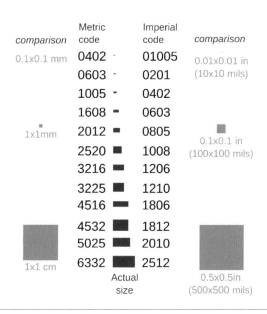

comparison	Metric code		Imperial code	comparison
0.1x0.1 mm	0402	·	01005	0.01x0.01 in (10x10 mils)
	0603	·	0201	
	1005	-	0402	
	1608	▬	0603	
1x1mm	2012	▪	0805	0.1x0.1 in (100x100 mils)
	2520	■	1008	
	3216	▬	1206	
	3225	■	1210	
	4516	▬	1806	
	4532	■	1812	
	5025	■	2010	0.5x0.5in (500x500 mils)
1x1 cm	6332	■	2512	
	Actual size			

그림 2-30 SMD 저항 크기에 따른 분류

■ 다이오드

다이오드는 전류를 한쪽으로만 흘려주고, 다른 방향은 차단한다. 다이오드는 저항과 달리 극성(Polarity)이 있다. (+)극을 애노드(Anode), (−)극을 캐소드(Cathode)라고 부르며, 기호는 다음 그림과 같고 이에 대응하는 DIP 다이오드(그림 가운데)이며, 캐소드에 흰색 띠가 둘려 있다. 다이오드는 주로 한쪽으로 전류가 흐르지 못하도록 구성하는 데 필요하다. 회로상에서 발생할 수 있는 역전류로 인한 손상을 방지하기 위함이다.

그림 2-31 다이오드 기호, DIP 다이오드, SMD 다이오드

다이오드는 종류가 꽤 많은 편인데, 독자들은 대개 정류 다이오드와 발광 다이오드(LED)를 많이 접하게 될 것이다. 독자들이 빈번하게 접하는 정류 다이오드는 1N4001, 1N4002,

1N4007 등 다양한 종류가 있다. 이들의 숫자는 전류 용량과 내압 특성에 따라 나뉜다. 1N4001과 1N4002는 전류 용량은 1A로 동일하지만, 내압 특성이 각각 50V, 100V이다. 1N4007 또한 전류 용량은 1A이지만, 내압이 1000V로 높다.

■ **커패시터**

커패시터(Capacitor)는 저항, 다이오드와 함께 빈번하게 접하는 소자이다. 콘덴서(Condenser)라고도 불리는 데, 아주 작은 배터리와 같은 소자로 주로 전원부나 회로의 잡음이 발생하기 쉬운 곳에 연결되어 짧은 시간 동안의 전압 변화를 완화하는 역할을 한다. 가령 소켓 속에 있는 배터리가 어떤 충격으로 인해 접점에서 잠깐 떨어졌다가 다시 붙었다고 생각해보자. 이럴 경우에는 회로에 전력공급이 중단되어 그간 처리한 일들이 날아갈 경우가 발생한다(마치 PC 문서작업을 하다 저장하지 않은 상태에서 정전이 되는 것처럼). 이런 경우를 막기 위해 달거나, 저항과 함께 특정 주파수 대역만 통과시키는 필터로 사용하기도 한다.

커패시터의 용량 단위는 패럿(Farad, [F])을 사용하며, 주로 마이크로 패럿 단위(μF)로 사용한다.

- **세라믹 커패시터(Ceramic Capacitor):** 0.1μF, 0.01μF과 같이 적은 값일 때 사용, 극성이 없고 용량 대비 가격이 비싸다.
- **전해 커패시터(Electrolytics Capacitor):** 100μF, 1000μF과 같이 비교적 고용량일 때 사용, 극성이 있고 가격이 싸다.

전해 커패시터는 저렴한 편이라 1μF 보다 낮은 용량은 세라믹 커패시터를 사용하고, 이보다 높은 용량은 전해 커패시터를 적용하기를 권장한다.

커패시터를 사용하며 주의해야 할 점이 두 가지 있다. 하나는 극성이고 다른 하나는 내압 성능이다. 커패시터는 극성이 있는 것과 없는 것으로 나뉘는데, 세라믹 커패시터는 무극성, 전해 커패시터는 유극성이다. 전해 커패시터의 두 다리 중 긴 쪽이 (+)극이다. 두 번째는 내압 성능인데, 이는 '35V 1000μF'와 같이 커패시터 표면에 용량과 함께 쓰여있다. 극성이 맞지 않거나 내압 성능보다 높은 전압이 인가되면 커패시터가 '뻥' 터져 버리는 경우가 있으니 매우 주의해야 한다.

그림 2-32 세라믹 커패시터와 전해 커패시터

전해 커패시터는 내압과 용량을 표기하기에 충분한 크기를 갖고 있지만, 세라믹 커패시터는 그렇지 않은 편이다. 그래서 저항처럼 표면에 숫자로 그 용량을 표기하고 있는데, 저항 읽는 법과 비슷하다. 숫자가 'XYZ'라면 두 앞자리 XY는 그대로 가져가고 마지막 한 자리 Z는 10^Z가 된다. 이 둘을 곱하여 피코패럿(pF)으로 읽는다. 472이면 $47 \times 10^2 = 4,700$pF이다. 이를 마이크로 단위로 환산하면 0.0047μF이다.

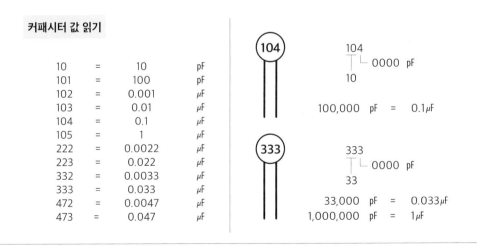

그림 2-33 커패시터 용량 읽는 법

■ 트랜지스터

트랜지스터는 Transit Resistor란 뜻으로, 저항값이 변하는 성질을 통해 스위치, 증폭기로 활용됨을 의미한다. 트랜지스터는 크게 BJT(Bipolar Junction Transistor)와 FET(Field Effect Transistor)로 나뉘며 모두 세 개의 핀이 달려있다. BJT는 전류로 제어되는 소자이고, FET는 전압으로 제어되는 소자이다. 아두이노와 주변회로를 다루는 데 있어서 BJT 정도만 짚고 넘어가도 무방하다. 특히 이번 절에서는 트랜지스터의 물리적 구성, 동작 원리를 다루지 않고, 회로 내에서의 역할에만 중점을 맞추고자 한다.

BJT는 크게 NPN 타입과 PNP 타입으로 나뉘며, 독자들이 가장 많이 접하는 소자는 NPN 타입이다. NPN 타입과 PNP 타입은 소자의 물성으로 인한 구분으로, 이 타입에 따라 극성이 달라진다. 즉, 트랜지스터에 흐르는 전류의 방향이 달라진다. NPN 트랜지스터는 전류가 흘러 들어가는 단자인 콜렉터(Collector)와 전류가 흘러나가는 단자인 에미터(Emitter), 그리고 이 전류의 흐름을 제어하는 단자인 베이스(Base)로 구성되어 있다(각 트랜지스터 별로 핀 맵이 다르니 꼭 데이터 시트를 확인하자).

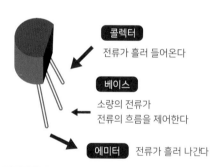

그림 2-34 NPN 트랜지스터

베이스에 걸린 전압이 에미터에 걸린 전압보다 높으면 콜렉터에서 에미터로 전류를 흘려보낸다. 트랜지스터가 스위치처럼 작동하기 때문에 이를 스위칭 기능이라고 한다. 반면 베이스에 인가되는 전류를 이용하여 트랜지스터를 통과하는 전류를 제어할 수 있는데, 이를 전류 증폭 기능이라고 한다.

PNP 트랜지스터는 NPN과 극성이 반대이다.

다음 **그림 2-34**를 참조하면, NPN 트랜지스터는 콜렉터를 통해 유입된 전류가 에미터로 빠져나가고, PNP 트랜지스터는 에미터를 통해 유입된 전류가 콜렉터로 빠져나가는 것을 보여주고 있다. PNP 트랜지스터는 베이스에 인가된 전압이 에미터보다 낮을 때 작동하며, 음 전류를 에미터를 통해 콜렉터로 흘려보낸다. PNP 트랜지스터는 H-bridge 회로 등 다소 특별한 회로에 사용되며, 독자들이 당장에 접하거나 활용할 가능성이 낮은 소자이다. 항상 데이터 시트를 확인하고 주의를 기울여 회로에 연결한다.

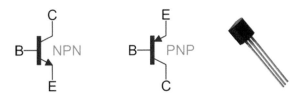

그림 2-35 트랜지스터(BJT) 기호와 소자

트랜지스터는 주로 스위칭 기능을 위해 많이 이용되는데, 대표적인 사례로 LED 제어와 모터 제어를 이야기할 수 있다. 아두이노의 I/O 포트에서 출력되는 전류는 40mA 수준으로 제한적이다. LED는 인가되는 전류에 따라 그 밝기가 달라지는데, 100mA를 인가하고 싶다면 어떻게 해야 할까? 물론 디지털 핀 3개와 몇 가지 저항을 이용하여 제어하는 방법도 있겠지만, 트랜지스터를 활용하는 편이 수월하다. 그리고 통상적인 DC 모터는 I/O 포트에서 출력되는 전류로 제어하기가 쉽지 않다. 전류를 많이 소모하기도 하며, 5V 이상의 전압을 요구하는 모터가 많기 때문이다. 다시 말해서, 트랜지스터를 활용하는 이유는 아두이노로 제어하기 힘든 고전압, 고전류를 다룰 수 있기 때문이다. 이러한 스위칭 기능에 관해서는 4.3절과 5.1절에서 자세히 다루도록 한다.

■ DIP 소자와 SMD 소자

DIP(Dual In-line Package) 소자는 일반적으로 접할 수 있는 긴 핀이 달린 소자들로, 브레드보드에 꽂거나 만능기판에 납땜하여 사용하는 실험 용도로 좋은 크기다. 단점으로는 크기가 커서 작은 회로를 만들어야 할 때 불리하고, 대량생산 시 단가가 SMD 타입에 비해 불리하다.

SMD(Surface Mount Device) 타입은 '표면 실장 부품'이란 뜻으로, DIP 타입에 비해 아주 작은 크기를 갖고 있어 손수 납땜하기 까다롭다. 이는 공장에서 대량생산에 적합하다.

대개 시제품 단계에서는 분류와 납땜에 유리한 DIP 소자를, 생산 물량이 많거나 특별히 작은 기판을 요구할 때는 SMD 타입을 사용한다.

■ 가변 저항

가변 저항은 저항값을 임의로 조절(가변)할 수 있는 저항을 말한다. 포텐셔미터(Potentiometer), 트리머(Trimmer)로도 불리며, 크기와 형태에 있어서 여러 종류가 존재한다. 가령 $1k\Omega$ 가변 저항이라면 저항값이 $0 \sim 1k\Omega$까지 변한단 뜻이다. 우리는 이 가변 저항을 이용하여 높낮이가 있는, 또는 구간을 나눌 필요가 있는 어떤 값을 조절하는 노브(Knob)로 이용할 수 있다. 가변 저항은 수작업으로 어떤 값의 변화를 주어야 하는 상황에서 사용되는데, 스피커의 볼륨 조절 장치가 대표적인 사례이다. 차량, PC, TV 등 음향기기의 볼륨을 조절하기 위한 목적으로 이용되는 가변 저항은 저항값 변화와 음압의 크기를 매칭시켜 노브의 움직임에 따라 그 크기를 조절할 수 있게 만든 것이다.

그림 2-36 가변 저항 기호와 가변 저항

가변 저항은 트랜지스터처럼 3개의 핀이 달려있는데 각각 전원과 접지, 그리고 신호선(저항값)을 나타낸다. 가변 저항의 노브를 돌리면 저항값의 변화가 생기는데 이 변화에 따라 신호선에서의 출력(저항값)이 달리 측정된다. 노브가 회전하며 가변 저항 내부의 저항 성분을 조절하여 저항값이 바뀌는 구조다. analogRead( ) 함수를 이용하면 아두이노에서는 5V 전원 입력에 대해 0~1023까지의 ADC값으로 구분할 수 있다. 이 값을 활용하여 구간을 나누거나 스위치로 활용하게 된다. analogRead( ) 함수나 ADC 등은 뒷장에서 설명한다. 지금은 아두이노가 가변 저항의 노브의 움직임을 입력받아 0~1023을 출력한다는 정도로만 이해하고 넘어가자.

가변 저항을 사용한 간단한 예제로 가변 저항 값의 변화를 모터 출력에 대응시키는 애플리케이션이 있다. 아두이노로 입력되는 가변 저항 값이 0~300일 때는 모터를 낮은 속도로 구동시키고, 301~700일 때는 중간 정도의 속도, 701~1023에서는 최대 속도로 작동시킨다. 이렇게 가변 저항으로 나뉘는 구간이 수 개 수준으로 많지 않다면, 몇 개의 구간을 나누고 조건문을 적용하는 방법이 있고, 스피커의 볼륨 구간과 같이 수십 개의 구간이 된다면 맵 함수(5.2절 참조) 수치 별로 대응시켜 코딩하는 방법도 고려할 수 있겠다.

부품: 헤더 핀-헤더 소켓, 점퍼선, 커넥터-소켓

이번 절에서는 전자회로 내에서 사용되는 주요 부품에 관해 알아본다. 앞 절의 소자들도 전자부품의 일종으로 통칭할 수 있으나, 전자적인 기여가 있는 것은 소자로, 보조적인 역할을 하는 것은 부품으로 분류하였다. 부품에는 어떤 점과 점을 전기적으로 이어주는 와이어나 특정 규격의 커넥터, 소켓 등이 있다.

■ 헤더 핀-헤더 소켓

아두이노 우노는 헤더 소켓(Header Socket)이 조립되어 출시되는 형태이지만, 프로 미니, 나노 등은 보드와 헤더 핀(Header Pin)이 분리되어 있다. 사용자가 헤더 핀을 보드에 일일이 납땜하여 사용해야 하는 구조이다. 이와 같이 헤더 핀은 보드, PCB, 만능기판 등에 납땜으로 고정하기 위한 부품으로 일렬로 붙어 있는 형상을 하고 있다. 헤더 소켓은 아두이노 우노에 달린 작은 소켓인데, 여기에 점퍼선이나 저항 따위를 꽂는 목적으로 사용한다. 헤더 핀, 헤더 소켓 모두 다음 그림처럼 1열 또는 2열짜리가 있으며, 필요한 만큼 잘라서 쓰는 형태이다. 이 또한 만능기판처럼 0.25mm 간격을 갖고 있으며, 0.2mm짜리의 좁은 핀, 소켓 형태도 있다. 부품을 자주 바꿔 시험한다던가, 배선을 자주 바꾸어 줘야 하는 등 납땜하기에 모호한 구석이 있는 부품은 헤더 핀과 헤더 소켓을 활용하여 조립하자.

그림 2-37 헤더 핀과 헤더 소켓

- **점퍼선**

이 헤더 소켓 또는 헤더 핀 등에 꽂아 상호 간에 결선을 이룰 수 있는 것이 다음 그림의 점퍼선이다. 수-수(Male-Male), 암-수(Female-Male), 암-암(Female-Female) 등 점퍼선도 그 끝 모양에 따라 세 가지 종류로 나뉜다. 헤더 핀과 헤더 소켓에 꽂을 수 있는 암-수(Female-Male) 점퍼선, 헤더 핀과 헤더 핀 사이를 연결할 수 있는 암-암(Female-Female) 점퍼선, 그리고 헤더 소켓 간의 연결을 돕는 수-수(Male-Male) 점퍼선 등이다.

그림 2-38 점퍼선(암-수)

점퍼선은 주로 아두이노와 브레드 보드 간의 연결이나 브레드 보드 내에서 소자 간의 연결을 돕는 데 사용된다. 또는 브레드 보드나 우노에서 멀리 떨어진 센서를 연결하기 위해 점퍼선 몇 개를 직렬로 연결하여 사용하기도 한다.

■ **커넥터-소켓**

단순히 브레드 보드와 아두이노 우노의 시리얼 케이블 등을 이용해서 시제품을 구현한다면 필요 없는 부품들이다. 하지만 만능기판이나 PCB를 제작하여 시제품을 만들겠다고 생각한다면 커넥터와 소켓은 꼭 필요한 부품이다.

아두이노 우노에 설치된 커넥터와 소켓은 전원용 배럴 소켓(Barrel Socket), USB Type B 소켓, 그리고 헤더 소켓이 있다. 주로 AC-DC 어댑터를 통해 전원 공급용으로 사용되는 배럴 소켓은 배럴 잭(Barrel Jack)과 인터페이스 된다. 배럴 잭의 겉면과 내부 핀은 각각 극성을 가지며, 배럴 소켓의 하부에 돌출된 3개 핀 또한 극성을 갖는다. 사전에 멀티미터 등으로 체크하고 사용해야 한다.

그림 2-39 배럴 잭과 배럴 소켓

커넥터와 소켓은 이외에 몰렉스(Molex) 커넥터와 JST 커넥터, 그리고 PC 등의 전원 케이블에 적용되는 IEC 커넥터 등 다양한 종류가 있어 시제품의 크기와 목적에 맞게 설계해야 한다.

2.3 인터페이스

사람이 밥을 먹어야 살 수 있듯이 전자기기도 전원이 있어야 동작을 한다. TV, 라디오, 장난감 완구, 리모컨 등 완성품 수준의 전자기기들은 가정용 220V 전원을 사용하는 AC-DC 어댑터를 쓰거나, 소형 건전지를 통해 동작한다. 또는 별도 배터리를 내장하여 충전식으로 작동하기도 한다.

우리 독자들은 개발 단계에서부터 어떤 전원을 적용할지 고민해야 하며, 개발과정에서 단계별로 사용할 수 있는 전원도 여러 가지로 나눌 수 있다. 인터페이스의 정의와 문제가 발생하는 상황과 해결 방법을 알아보자

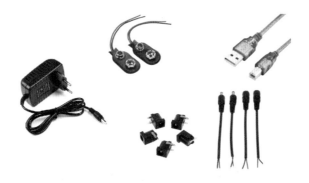

그림 2-40 다양한 전원공급장치(AC-DC 어댑터, 배럴 잭/소켓, 배터리, USB)

전원 인터페이스

아두이노의 전원 공급방법은 크게 두 가지로 나뉜다. 첫 번째는 자체적인 인터페이스용 커넥터가 달려서 해당 커넥터만 연결해주면 되는 경우이다. 이런 케이스는 전원 공급과 시리얼 통신 인터페이스까지 가능한 경우다. 우노(USB Type B), 나노(USB mini B), 프로 마이크로(USB Micro B)가 여기에 해당한다.

그림 2-41 인터페이스용 USB 커넥터

우노는 별도로 DC 전원 소켓(배럴 소켓)을 갖고 있어서 USB 외에 DC 전원용 배럴 잭으로 공급하거나, 점퍼선을 활용하여 V_{IN}핀으로 이어서도 전원 공급이 가능하다. 두 번째는 이러한 외부 인터페이스 커넥터가 없는 경우로 프로 미니, 비틀(Beetle) 등이 이에 해당한다. 외부 인터페이스 커넥터를 없애 부피를 줄인 대신, 전원 공급을 위한 주의를 더 필요로 한다.

전원은 공통으로 아두이노의 MCU 중 ATmega328 계열은 5V 또는 3.3V를 사용한다. 이 전압을 딱 맞춰 입력해주기 힘들기에 레귤레이터를 적용하는 것이다. 참고로, 5V 모델과 3.3V 모델의 차이는 공급 전압의 차이 외에도 MCU 클록 속도의 차이가 있다. 5V 모델은 16MHz, 3.3V 모델은 8MHz로 동작한다.

전원 규격은 전압과 전류 두 가지를 확인해야 한다. 먼저 전압에 관해 살펴보자. 기본적으로 아두이노의 사양에 맞는 전압 규격을 알고 있어야 하며 이 단계는 대체로 문제없이 넘어가는 편이다.

전압이 문제가 되는 경우는 크게 세 가지 정도로 나뉜다. 사양보다 높은 진입이 들어오거나, 낮은 전압이 들어오거나, 정류에 문제가 있어 전압 레벨이 일정하지 않은 경우이다.

- 허용치보다 높은 전압이 들어오는 경우: 보드에 내장된 레귤레이터 파손
- 허용치보다 낮은 전압이 들어오는 경우: 작동하지 않거나 오작동
- 전압이 흔들리는 경우: 수시로 리셋되거나 작동하지 않음

아두이노 보드들은 자체적으로 레귤레이터를 내장하고 있다. 그렇기 때문에 V_{IN}, V_{RAW} 단자가 있을 수 있는 것이다. 아두이노의 ATmega328 MCU 동작 전압은 1.8V ~ 5.5V지만, 아두이노를 사용하는 사람들의 편의성을 위해 MCU 전원 입력단 앞에 레귤레이터를 배치하였다. 5V에 작동전압을 맞춘 소자가 많아서 공용으로 사용하는 개념이다. 물론 3.3V의 작동전압을 갖는 소자들도 많고(SD 카드, 각종 센서 등), 아두이노 또한 3.3V 버전을 제공한다(엄밀히 레귤레이터 출력이 3.3V이며, 3.3V가 MCU로 공급된다). MCU는 3.3V에서도 작동하지만, 클록 속도가 8MHz로 떨어진다. 속도가 떨어지는 데 반해 소모 전력이 줄어들게 되므로 원하는 설계치에 맞춰 사용하면 되겠다. 다음 **그림 2-42**는 ATmega328칩의 데이터 시트 일부를 캡처한 것으로 인가전압에 따른 클록 속도를 나타내고 있다.

- **Speed Grade:**
  - ATmega48P/88P/168PV: 0 - 4 MHz @ 1.8 - 5.5V, 0 - 10 MHz @ 2.7 - 5.5V
  - ATmega48P/88P/168P: 0 - 10 MHz @ 2.7 - 5.5V, 0 - 20 MHz @ 4.5 - 5.5V
  - ATmega328P: 0 - 4 MHz @ 1.8 - 5.5V, 0 - 10 MHz @ 2.7 - 5.5V, 0 - 20 MHz @ 4.5 - 5.5V

그림 2-42 ATmega328P 인가전압에 따른 동작 클록

그리고 아두이노에 장착된 레귤레이터에 대한 입력전압 사양도 지켜줘야 하는데, 아두이

노 우노의 경우 7 ~ 12V 내의 값이 추천된다. 만약 허용치보다 높은 전압이 인가될 경우, 보드에 내장된 레귤레이터가 타서 못 쓰게 될 가능성이 크다(소손 시 연기나 타는 냄새가 날 수 있음). 그 이후에는 전원이 인가되어도 전원 LED가 작동하지 않을 것이다. 통상적으로 이런 경우에는 레귤레이터만 타서 못 쓰게 되고 MCU는 작동에 이상이 없는 경우도 있다.

이 경우, V_{IN}, V_{RAW} 단자를 통해 전원을 공급해도 보드가 반응하지 않지만, 3.3V나 5V 단자에 전원을 연결하면 보드가 작동하기도 한다.

허용치보다 낮은 전압이 인가될 경우는 레귤레이터 입력전압 사양을 충족시키지 못해서 레귤레이터에서 MCU로 공급되는 전원이 충분하지 않은 경우이다. 이 경우에는 MCU 자체가 동작하지 않을 가능성이 크다.

마지막으로, 빈번하지 않은 케이스인 전원이 흔들리는 경우이다. 쉽게 말해서 9V 전원을 인가하였으나, 9V를 지속해서 유지하지 못하고 8.5V, 8.7V, 9.2V, 9.4V, 9.0V, 8.6V 등 오락가락하는 경우로, 그 변화량이 적으면 레귤레이터에서 처리가 가능하지만, 변화가 너무 크거나 기준전압보다 낮은 전압이 인가될 때는 MCU가 수시로 리셋되거나, 작동하지 않을 가능성이 있다.

다음 그림은 레귤레이터 모델을 나타낸다. 외부전원이 레귤레이터에 인가되면 레귤레이터는 사양에 맞는 전압을 출력시킨다. 레귤레이터는 특정 레벨의 전압 출력을 제공한다는 점과 함께 입력전압 정류(Rectification) 기능도 갖고 있다. 다소 불안정한 전압을 일정한 수준으로 유지해주는 일이다. 허용전압보다 높은 전압이 인가되면 레귤레이터 또는 MCU 소자가 타서 못 쓰게 되고, 허용전압보다 낮은 전압이 인가되면 MCU나 회로 전원이 OFF 되기에 일정한 레벨의 전원을 공급하는 것은 무엇보다도 중요하다.

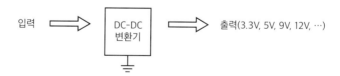

그림 2-43 레귤레이터 모델

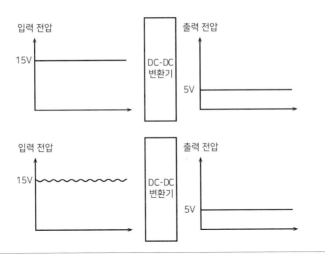

그림 2-44 7805 레귤레이터 적용 시 입/출력

아두이노를 적용하는 애플리케이션에서 사용할 수 있는 대표적 레귤레이터로는 7805, 7809, 7812 정도를 들 수 있겠다. 이 소자들은 굉장히 범용적인 것들로 전자제품에 한 개 이상 들어있다고 생각해도 무방하다. 각 소자는 출력 전압 대비 약 2V ~ 2.5V 이상의 여유 (Margin)가 필요하다. 가령 7809는 입력전압이 11.5V 이상이 되어야 정상적인 9V 출력이 나온다고 생각하면 된다.

- **7805**: 7-25V 입력에 대해 5V/1A를 출력
- **7809**: 11.5-25V 입력에 대해 9V/1A를 출력
- **7812**: 14.5-30V 입력에 대해 12V/1A를 출력

높은 입력전압과 낮은 출력 전압, 그 차이는 어디로 가는 것일까? 한 번쯤 의문을 가져 볼 법한 일이다. 당연히 증발하지는 않는다. 그 차이는 모두 열로 소진되는데, 소자의 후방에 배치된 은색 방열판을 통해 방출된다. 한여름 에어컨을 틀면 실외기를 통해 외부로 열이 방출되는 것과 비슷하다고 생각하면 된다. 방열판을 통해 방출되는 열은 입력전압과 출력 전압 차이에 비례하여 높아지는데, 잘못 건드리면 손을 델 정도이니 주의해야 한다.

다음 그림은 TO-220 Package(DIP) 레귤레이터들을 나타낸다. 사실상 외형으로 구분할 수는 없고 소자에 인쇄된 정보를 통해서만 알아볼 수 있다. 그림의 소자 형태를 TO-220 Package라고 하며, DIP 타입이며, 소형의 SMD 타입도 있으나, 해당 소자를 찾고 있을 때는 이 책이 필요 없을 정도로 개발 능력이 발전되어 있을 것이다.

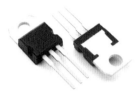

그림 2-45 여러가지 레귤레이터(7805, 7809, 7812)

이번에는 아두이노의 어떤 핀에 어떤 전원을 연결해야 하는지 알아보자. 우노의 경우, 배럴 잭이나 USB 연결을 통해 한 번에 해결할 수 있지만, 나노, 프로 미니 등은 납땜한 핀 중 하나를 선정하여 직접 전원을 인가해주어야 한다.

그림 2-46 아두이노 보드별 전원 단자

- **V$_{IN}$(또는 RAW)**: 이 핀들은 Input, Raw Voltage 정도의 의미가 있으며, 나노는 V$_{IN}$, 프로 미니는 RAW로 표기되어 있다(**그림 2-46** 참조). 여기에는 보드별로 주어진 허용범위 내에서 정류되지 않은 전원을 연결한다. 이 핀에 연결된 전원은 보드 내의 레귤레이터로 이어진다.

- **5V(또는 V$_{CC}$)**: 레귤레이터에서 출력되는 5V 전원 또는 PC의 USB 케이블을 통해 공급되는 전원처럼 정확한 5V 선원을 연결한다(최대 5.5V를 넘지 않아야 함). 우노와 나노에는 5V로 표기되어 있고, 프로 미니 등에는 V$_{CC}$로 표기되어 있다. 모두 같은 말이다(프로 미니 3.3V 모델의 경우 V$_{CC}$는 3.3V 임). 5V 핀과 3.3V 핀은 정류된 전원이 연결된다. 이들은 같은 노드이므로 입력뿐만 아니라 출력을 활용할 수도 있으므로, 각 전압을 사용하는 센서 등에 전원을 공급하는 용도로도 사용할 수 있다.

- **3V3(또는 V$_{CC}$)**: 우노와 나노에서 지원하는 3.3V 핀이다. 우노에서는 3.3V로 표기되어 있고, 나노에는 3V3으로 표기되어 있다. 모두 같은 말이다. 3.3V를 출력하는 레귤레이터나 분배 저항을 통해 정확한 전압을 맞춰주지 않는 이상 3.3V 전압을 인가해주기는 쉽지 않다. 3.3V를 사용하는 프로 미니의 경우에는 RAW 핀을 통해 외부전원을 인가해주고, 3.3V 핀은 해당 전압을 사용하는 기타 외부기기, 센서 등의 전원공급용으로 활용하는 것이 일반적이다.

하드웨어 인터페이스(전원 및 데이터 전송)

아두이노는 크게 두 가지 형태의 인터페이스를 제공한다. 첫 번째는 우노와 같이 준비된 보드에 점퍼선(Jumper Wire)만 연결하면 바로 사용할 수 있는 타입, 두 번째는 나노, 프로 미니, 프로 마이크로와 같이 헤더 핀을 조립, 납땜해서 쓰는 타입이다.

첫 번째 타입은 결선과 탈선이 간편하다는 장점이 있으나, 점퍼선과 슬롯 간의 기계적 결합력이 느슨해지면 접촉 불량이 발생할 소지가 있다. 특히 다양한 중국산 호환보드와 점퍼선은 제조공정이 일정하지 않아 그 결합을 담보하지 못한다. 하지만 그 편의성과 간편성으로 인해 초보자들이 사용하기 가장 좋은 인터페이스이다.

두 번째는 헤더 핀 결합 후 납땜을 하여 사용하는 타입들이다. 이 경우 납땜의 번거로움이 있지만, 소형화된 아두이노 보드를 사용할 수 있다는 점과 만능기판 또는 제작된 PCB에 보드와 소자를 납땜하여 사용하므로 탈선이나 접촉 불량으로 인한 오류 발생 가능성은 현저히 낮다는 장점이 있다.

그림 2-47 결선구조(좌: 우노, 우: 나노)

　회로와 회로 간의 데이터 전송과 전원 연결을 위해서는 어떤 커넥터와 소켓을 고려해야 한다. 기술적으로 가장 좋은 방법은 해당 장치에 맞는 커넥터와 소켓을 개발하는 것이지만, 이는 비용 측면에서 굉장히 좋지 않은 방법이다. 그러므로 가급적 표준화된 기성 제품을 고려하게 된다.

　범용성(Generality)과 호환성(Compatibility)은 획일적인 느낌을 주기도 하지만, 어떤 물건을 만드는 데 있어 고려해야 할 점을 완화시켜준다는 장점이 있다. USB 커넥터와 소켓이 대표적인 예로써 회로와 회로 간의 연결에서 USB 케이블에 대한 문(Gate) 역할을 한다.

　아두이노와 같이 DC 전원으로 구동되는 회로는 회로 간의 연결 외에 배터리를 위한 전원 소켓도 생각해야 한다. 아두이노와 회로에 들어가는 부품들은 대체로 DC 전원을 사용하지만, 그 전원을 배터리가 아닌 AC 전원을 사용하기도 한다. 정확히는 AC 전원을 DC로 바꿔주는 어댑터를 사용하는 것이다. 전력 소모가 많으면 배터리 교체 수요를 감당하는 것도 쉬운 일이 아니다. 이를 위해 220V 콘센트에 연결되는 AC-DC 어댑터를 고려할 수 있는데, 어떤 전원, 어떤 소켓이 유리할지는 개발자가 생각하고 판단해야 하는 몫이다.

03장
소프트웨어 기초

오픈소스 하드웨어인 아두이노를 작동시키기 위해서는 아두이노 우노나 나노와 같은 하드웨어도 중요하지만, 이에 탑재되는 소프트웨어도 절대적이다. 오픈소스(Open Source)를 한 단어로 표현하면 '공개된 소프트웨어' 정도가 되겠다. 전자공학이나 컴퓨터공학과 연관시켜보면, 오픈소스란 하드웨어나 소프트웨어의 구성 방법, 사양, 설정 등이 공개된 것으로 짐작할 수 있다. 하드웨어를 작동시키기 위해 소프트웨어를 알아야 하고, 이 소프트웨어를 작성하기 위해서는 하드웨어와 소프트웨어를 이어주는 통합 개발환경(IDE, Integrated Development Environment)의 설치와 사용법도 익혀야 한다. 이번 장에서는 IDE의 설치와 기본적인 예제 업로딩, 그리고 호환보드 등에서 발생할 수 있는 문제 해결법을 다루며, 아두이노 하드웨어를 작동시키기 위한 소프트웨어(스케치)의 기초 문법과 변수들, 제어문 등에 관해서 살펴보고자 한다.

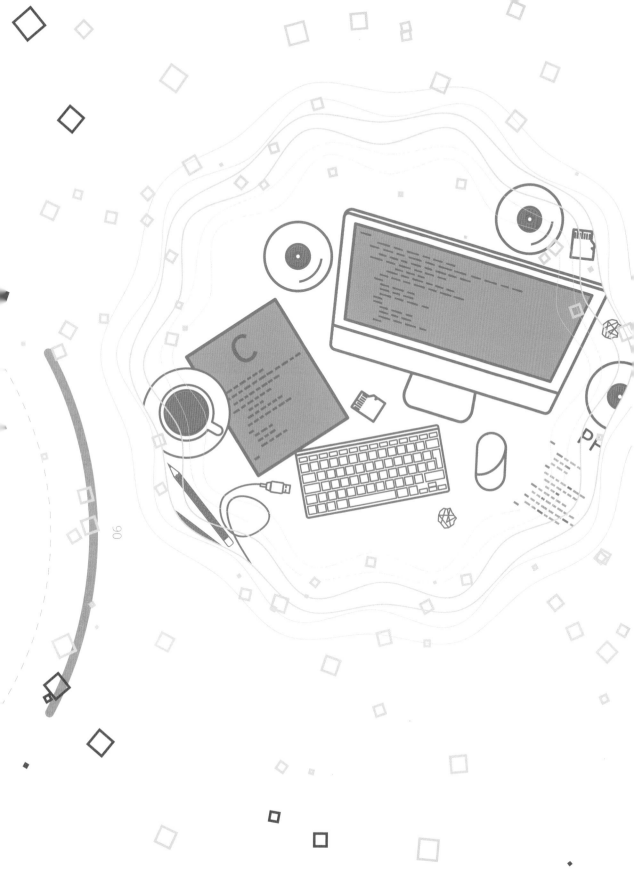

3.1 통합개발환경(IDE) 설치

아두이노에 있어서 하드웨어와 소프트웨어의 연결은 어디서 어떻게 이루어지는 것일까? 코드 업로드와 관련된 과정을 살펴본 후 코드의 구성을 순서대로 살펴보자.

PC 운영체제인 윈도우가 PC와 사람 간의 인터페이스를 수행한다면, 아두이노 IDE(이하 IDE)는 PC와 아두이노 하드웨어 간의 인터페이스를 담당한다. 작성된 소프트웨어(스케치) 업로딩, 결과 확인, 하드웨어 연결설정 등 아두이노와의 연결통로 역할을 수행하는 것이다. 아두이노 하드웨어는 연결통로로 이어져 들어온 소프트웨어의 명령을 충실히 이행한다.

표 3-1 구성품별 역할

항목	역할
Windows OS	컴퓨터(PC) - 사람 간 인터페이스
IDE	소프트웨어 - 하드웨어 인터페이스
아두이노 하드웨어	실행

이번 장에서는 IDE와 아두이노 하드웨어 사이의 일들, 즉 하드웨어와 소프트웨어적으로 인터페이스가 하는 일을 알아보자. 아두이노 연결, 그리고 예제 업로드, 이 삼박자가 어긋나면 초보자들은 아주 높은 벽을 마주하는 것과 같이 느끼게 된다. 개발 의지를 꺾는 이런 문제를 사전에 차단하고, 문제가 발생할 때와 트러블 슈팅법 등을 소개한다. 대부분의 중국산 호환보드를 사용하는 아두이노가 사용하는 드라이버(CH340 외)의 검색/설치법을 실제 윈도우 화면을 통해 알아본다. 아두이노 보드에 스케치를 업로드하려면 아두이노 보드와 PC를 연결할 USB 케이블(아두이노 보드 종류에 따라 USB 케이블 종류가 달라지므로 유의), 스케치 작성과 업로드 소프트웨어인 통합개발환경(IDE)이 필요하다. 다음 **그림 3-1**과 **3-2**는 IDE를 내려받는 경로와 PC 화면을 나타낸다. 실행 파일 또는 ZIP 형식의 파일을 내려받을 수 있다.

아두이노 소프트웨어를 설치하려면 아두이노 사이트(https://www.arduino.cc)에 접속한다.

그림 3-1 아두이노 홈페이지

그림 3-2 IDE 다운로드 내비게이션 #1

홈페이지 메뉴에서 [SOFTWARE]-[DOWNLOADS] 메뉴를 선택해서 내려받기 페이지로 이동한다. 통합 개발환경 내려받기 페이지에서 [Windows Installer, for Windows XP and up]을 선택한다.

맥이나 리눅스를 사용하고 있다면 자신의 운영체제에 맞는 버전을 선택하면 된다.

그림 3-3 IDE 다운로드 내비게이션 #2

다음 페이지로 연결되어 오픈 소스 프로그램에 자발적 지원을 위한 기부 권유와 함께 내려받는 링크가 나온다. 이 화면에서 기부 후 내려받기(CONTRIBUTE & DOWNLOAD)와 바로 내려받기(JUST DOWNLOAD) 중 선택하여 내려받는다(기부하는 것은 독자의 판단).

자동설치와 무설치 버전의 차이

윈도우용 파일은 2가지 버전이 있다. 자동설치 버전(installer)과 무설치 버전(ZIP file for non admin install)인데, 자동설치 버전을 선택하자. USB 단자를 이용해 아두이노와 통신하기 위해서는 USB 드라이버(소프트웨어)가 필요한데 무설치 버전에는 이 파일이 포함되어 있지 않다.

IDE 내려받기가 완료되면 해당 파일을 실행해보자. IDE 설치는 일반적인 PC 프로그램 설치와 유사하다. 다음과 같은 창이 열리면 [I Agree] 버튼을 선택한다.

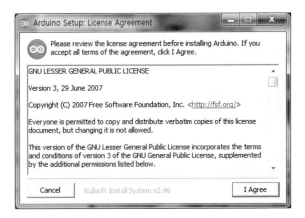

그림 3-4 IDE 설치화면 #1

설치 옵션 등을 선택합니다. 기본 설정 상태로 [Next]를 눌러 설치를 진행한다.

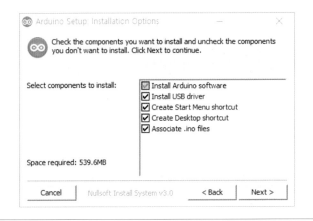

그림 3-5 IDE 설치화면 #2

다음 창에서 [Install] 버튼을 누르면 IDE 설치가 진행된다.

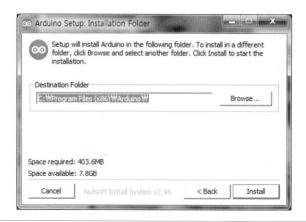

그림 3-6 IDE 설치화면 #3

바탕화면에 설치된 아이콘 을 클릭하면 다음과 같이 IDE가 실행된다.

그림 3-7 IDE 실행화면

다음은 IDE 실행 시 뜨는 초기화면으로, 코딩용 Visual Studio나 MATLAB과 비교하면 굉장히 간단한 편이다. 실행화면은 크게 메뉴, 툴 바(Tool Bar), 스케치 입력창, 결과창으로 나뉜다.

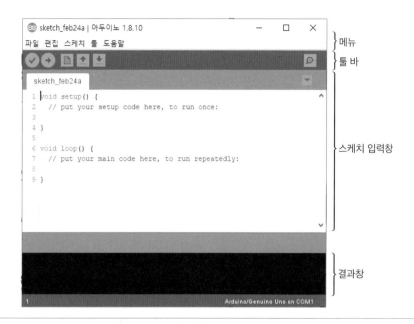

그림 3-8 IDE 초기 실행화면

- **메뉴**: 스케치 열기, 저장하기, 예제 불러오기, 아두이노 보드, 포트 설정, 라이브러리 설정, 부트로 더 굽기 등 아두이노 개발에 있어서 필요한 내용으로 구성되어 있다.
- **툴 바**: 컴파일, 스케치 업로드, 열기, 저장, 시리얼 모니터 등 빈번히 사용되는 기능이 아이콘으로 구성되어 있다.
- **스케치 입력창**: 스케치를 작성하거나 편집하는 창이다.
- **결과창**: 아두이노의 종류, 포트, 컴파일과 업로딩을 수행한 결과를 표시하는 창이다.

3.2 스케치 업로드: 아두이노 우노

IDE 설치를 완료했으면, 아두이노 보드를 PC와 연결해서 스케치 예제를 아두이노에 업로드 해보자. C 언어와 같은 프로그래밍을 처음 공부할 때 'Hello World!'란 텍스트 출력 예제가 가장 기본적인 예제인 것처럼 아두이노에서는 우노 보드에 부착된 LED를 주기적으로 깜빡이는 'Blink'란 예제가 'Hello World!'와 같은 수준의 기초 예제이다.

준비물	아두이노 우노, USB 케이블(Type B)

그림 3-9 첫 아두이노 실습 준비하기

아두이노 우노와 USB 케이블을 연결하고, 반대편 커넥터를 PC의 USB 단자에 연결한다. IDE를 실행해서 메뉴의 [파일 – 예제 – 01.Basics – Blink]를 차례로 선택해보자.

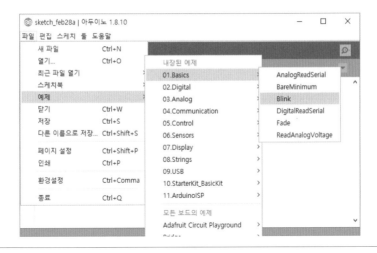

그림 3-10 Blink 예제 업로드 내비게이션 #1

다음과 같이 Blink 예제 스케치가 새 창과 함께 실행된다.

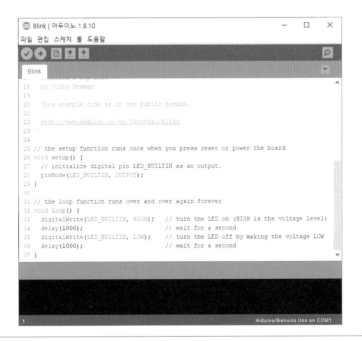

그림 3-11 Blink 예제 업로드 내비게이션 #2

스케치 업로드 전에 아두이노 우노와의 연결, 포트 설정이 제대로 되어 있는지 확인해보
자. 이러한 하드웨어 설정을 제대로 하지 않으면 스케치 업로드가 불가한 상황이 발생한다.

[툴 - 보드 - ArduinoGenuino Uno]를 선택하자. 그리고 포트 설정이 제대로 되어 있는
지 확인하자. [도구 - 포트 - COM1] COM2, COM4, COM9 등 연결된 장치 개수와 순
서에 따라 숫자는 바뀔 수 있다.

그림 3-12 IDE 연결 설정 내비게이션 #3

이 단계까지 오는 데 문제가 없었다면 스케치 업로딩 과정만이 남았다. 만약 문제가 있었
다면, **3.4 트러블 슈팅**으로 넘어가 보자.

다음과 같이 IDE의 왼쪽 위에 화살표 아이콘을 클릭하면 스케치 컴파일과 업로딩을 수행
한다.

그림 3-13 스케치 컴파일과 업로딩

컴파일과 업로딩 과정은 스케치 코드에 문제가 없는지 점검하고, 문제가 없으면 우노로

프로그램을 올리는 일이다. 스케치가 성공적으로 올라가면, 왼쪽 아래의 결과창에 '업로드 완료'라는 메시지가 뜬다.

그림 3-14 업로딩 완료 메시지

이어서 우노 보드를 확인해보면, 1초 간격으로 우노 보드 위의 LED가 깜빡이는 것을 확인할 수 있다(Blink는 1초간 LED를 켰다가 끄고, 1초 후 다시 LED를 켜는 것을 반복 수행하는 예제).

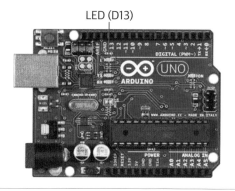

그림 3-15 아두이노 우노의 LED (D13)

3.3 스케치 업로드: 여러 가지 호환보드

그럴듯한 시제품을 만들어 보기 위해 아두이노 나노, 프로 미니와 같은 소형보드를 사용해보자. 우노는 점퍼선으로 얼기설기 엮여있어서 이동하거나 움직임이 발생하면 접촉 불량이 일어나 오작동을 확률이 높다. 실험실 책상에서 간단히 구성하여 쓸만하지만, 그 크기와 결선의 불완전성으로 인해 그럴싸한 시제품을 만들기에는 부족하다.

아두이노 우노를 사용해서 IDE 연결과 예제 업로딩을 따라 해보는 것은 비교적 쉬운 축에 속한다. 다른 호환보드들은 이 과정에서 몇 가지 문제가 발생하기 때문에 초보자들이 쉽게 다가설 수 없는 영역이다. 이번 절은 소형 호환보드를 사용하는 데 있어 이런 진입장벽을 최소화하고, 나타날 수 있는 문제들을 사전에 알아보고자 한다. 가장 빈번하게 사용하는 두 가지 소형보드와 예제 업로딩 방법을 알아보자.

아두이노 나노와 예제 업로딩

아두이노 나노는 우노 보다 소형이지만 전원사양이나 I/O 포트 등이 우노의 성능과 거의 비슷하여 소형 시제품 제작에 유용하게 활용할 수 있다. 작은 크기만큼 PC와의 연결에 사용되는 USB 단자도 훨씬 작은데, USB Type B를 사용하는 우노와 달리 USB mini B 단자를 갖고 있다. 그래서 우노의 USB 케이블은 맞지 않고 다음과 같이 별도의 USB mini B 사양의 케이블이 필요하다.

준비물   아두이노 나노, USB 케이블(mini B)

USB 케이블   아두이노 나노

그림 3-16 아두이노 나노와 USB 케이블

아두이노 나노를 사용하려면 PC와 통신할 수 있는 드라이버가 설치되어 있어야 한다. FT232 칩을 적용하거나 CH340을 사용하는 보드에 맞는 드라이버를 설치해주어야 한다. 이 드라이버는 USB-UART 또는 USB-TTL 모듈이라고도 하며, PC와의 통신 인터페이스를 위해 필요하다. 이 통신모듈 하드웨어는 우노, 나노에는 설치 되어있어 소프트웨어(드라이버)만 설치해주면 해결되지만, 프로 미니의 경우 체적 문제로 하드웨어 자체가 빠져있기에 FTDI 모듈 등을 연결해주어야 한다. 중국산 호환보드 구매 후 인식 등에 문제가 있는 경우, 대부분 드라이버 문제라고 보아도 무방하다. 만약 인식이 잘된다면 이번 절은 건너뛰어도 좋다.

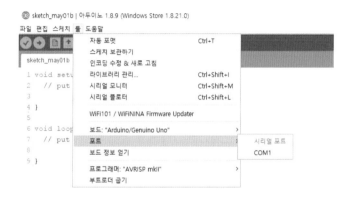

그림 3-17 IDE 포트 미인식

출판사 홈페이지에서 드라이버를 내려받자(중국산 호환보드에 많이 적용되는 CH340/CH341 드라이버를 설치해보자). 아두이노 나노와 PC가 연결된 상태에서 [제어판 - 장치관리자]로 들어가 보면 다음과 같이 장치인식을 제대로 하지 못한 것을 확인할 수 있다. 기본적으로 할당된 COM1 포트 외의 포트는 찾을 수 없다. '기타 장치'에 느낌표와 함께 '알 수 없는 장치' 또는 'USB2.0-Serial' 등으로 나타나 있을 것이다.

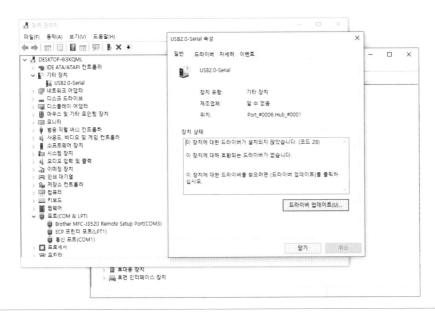

그림 3-18 장치관리자 화면

CH341SER 폴더를 열고 SETUP 아이콘을 클릭하고 후속 절차를 진행하자. 통상적인 PC 프로그램처럼 'INSTALL' 버튼을 클릭하면 수 초~수십 초 후 설치가 완료되었다는 메시지를 확인할 수 있다.

이름	수정한 날짜	유형	크기
DRVSETUP64	2019-11-23 오후 12:36	파일 폴더	
CH341PT.DLL	2005-07-30 오전 12:00	응용 프로그램 확장	7KB
CH341S64.SYS	2015-01-26 오전 12:00	시스템 파일	59KB
CH341S98.SYS	2007-06-12 오전 12:00	시스템 파일	20KB
ch341SER	2015-02-06 오전 6:43	보안 카탈로그	11KB
CH341SER	2014-08-08 오전 12:00	설치 정보	7KB
CH341SER.SYS	2015-01-26 오전 12:00	시스템 파일	41KB
CH341SER.VXD	2008-12-18 오전 12:00	가상 장치 드라이버	20KB
DRVSETUP64	2015-11-02 오전 9:55	응용 프로그램	46KB
SETUP	2015-11-02 오전 9:56	응용 프로그램	98KB

그림 3-19 CH341SER 드라이버 폴더

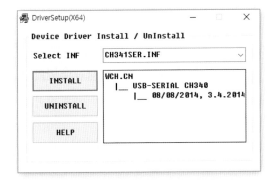

그림 3-20 드라이버 설치 화면

드라이버 설치가 완료되면 장치관리자에서 해당 포트가 인식되었음을 확인할 수 있다.

그림 3-21 장치관리자 화면(포트 확인)

만약 CH340/341 드라이버 설치 후에도 나노를 인식하지 못한다면, USB 케이블을 뽑았다가 다시 꽂거나, PC를 재부팅해서 확인해보자.

CH340/341 드라이버 외에 FT232R 드라이버를 설치해야 하는 경우도 발생한다. 이 경우에는 장치관리자에서 수동으로 드라이버 업데이트를 수행해야 하며, 사전에 FTDI 드라이버를 설치해주어야 한다. 이어서 디스크 설치를 통해 다음과 같이 PC 내에서 해당 드라이버 (C:₩Program Files (x86)₩Arduino₩drivers₩FTDI USB Drivers)를 직접 선택해주어야 한다.

그림 3-22 드라이버 설치 화면

이제 [제어판 – 장치관리자]로 들어가 보면 다음과 같이 아두이노 나노를 인식하고, IDE에서도 포트가 잡혀있음을 확인할 수 있다.

그림 3-23 아두이노 나노 보드 설정

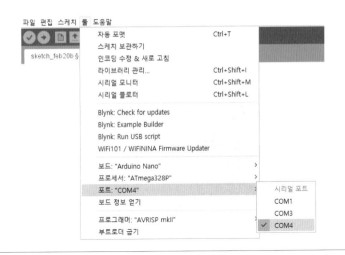

그림 3-24 아두이노 나노 포트 설정

여기까지 완료되었으면 예제 업로딩은 우노의 것과 동일한 절차를 따르게 된다.

아두이노 프로 미니와 예제 업로딩

아두이노 프로 미니는 I/O 숫자를 줄이고 나노의 USB 단자조차 삭제하여 더 작게 출시된 소형보드이다. 나노는 납땜하지 않더라도 USB 단자를 이용해 PC와 바로 통신할 수 있지만, 프로 미니는 납땜하고 FTDI 컨버터(컨버터 종류가 여러가지지만 통칭해서 FTDI 컨버터라고 하기도 함)가 있어야 PC와 통신을 할 수 있다. 아두이노 우노에는 UART-USB 통신모듈과 커넥터가 붙어있지만, 프로 미니는 Tx, Rx 단자만 있기에 별도의 변환 하드웨어, 소프트웨어(드라이버)가 필요한 것이다. 그리고 프로 미니는 5V 모델과 3.3V 모델로 나누어져 있으므로 IDE에서도 별도 설정이 필요하다.

아두이노 프로 미니, FTDI 변환 케이블

| DTR
| 시리얼 Tx
| 시리얼 Rx
| 5V 전원 또는 3.3V
| GND
| GND

그림 3-25 아두이노 프로 미니 프로그래밍 단자

아두이노 프로 미니는 앞의 그림처럼 스케치 업로딩을 위한 단자만 나와 있어 직접 납땜을 해서 사용하는 구조다. PC와 연결에 필요한 필수적인 핀은 전원(+, −), Tx, Rx 핀으로 총네 개며, 컨버터 종류에 따라서 DTR, CTS 핀이 GND 핀과 연결되기도 한다. 이 핀들에 FTDI 컨버터를 연결하고 FTDI 컨버터의 USB 커넥터를 PC와 연결하는 방식으로 구성되어 있다. 주의해야 할 점은, 앞의 그림과는 달리 호환보드 별로 각 핀 배치가 다른 경우가 많다. 제조사가 다르거나 버전이 다르므로 발생하는 일인데, 결선 전에 보드에 인쇄된 단자를 살펴보고 이어주자.

DTR(Data Terminal Ready): 컴퓨터 또는 터미널이 자신이 송수신이 가능한 상태임을 알리는 신호선
CTS(Clear To Send): DCE 장치가 DTE 장치에게 데이터를 받을 준비가 됐음을 나타내는 신호선
GND(ground): 접지, 기준 전압

이런 FTDI 컨버터가 왜 필요한 것일까? 나노, 프로 미니와 같은 소형보드는 우노에서 각종 인터페이스를 제거하고 최소한의 소자만 배치하여 크기에서의 이점을 확보하였다. 우노에서 빠진 소자 중의 하나가 ATmega16U2칩인데, 이 칩이 PC에서 USB 케이블을 거쳐 우노로 들어오는 데이터를 시리얼 방식으로 변환해주는 역할을 한다. 다시 말해서, 나노나 프로

미니와 같은 소형보드와 PC 간 통신을 위해서는 ATmega16U2칩과 유사한 역할을 하는 컨버터를 배치해야 한다. 이것이 FTDI 컨버터이다. ATmega16U칩과 FTDI 컨버터 모두 PC의 USB와 아두이노의 디지털 핀 D0(Rx), D1(Tx)과 통신하기 위함이다.

이 FTDI 컨버터는 사용되는 칩에 따라 크게 세 가지 정도로 나뉘는데, 어떤 쇼핑몰에서 구매한 것은 CH340G 타입, 어떤 것은 FT232, 다른 것은 CP2102 등으로 서로 다른 경우가 있다. 제조사가 다르기 때문에 발생하는 문제인데, 생김새가 약간씩 다르긴 하지만 사용 방법에는 큰 차이가 없다.

그리고 사전에 IDE 상에서 아두이노 프로 미니 보드를 선택하고 프로세서의 클록수와 전압을 맞추어 주면 사용할 수 있다. 아두이노 프로 미니를 선택하면 다음과 같이 프로세서 선택 메뉴가 하나 생기며, ATmega168 모델과 ATmega328 모델, 그리고 각각에 대해 5V와 3.3V 전압을 선택해주게 된다. 일반적으로 프로 미니는 ATmega328 모델이 5V 또는 3.3V 모델을 사용하며, 구입 시 제품정보에서 확인할 수 있다.

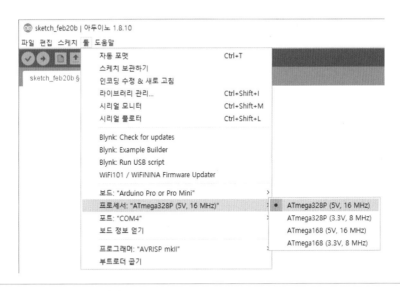

그림 3-26 아두이노 프로 미니 프로세서 설정

- **FT232**

그림 3-27 FT232 컨버터

FT232 컨버터는 아두이노 프로 미니와 연결되는 헤더 핀과 USB mini B 단자로 이루어져 있다. 아두이노 나노의 USB 단자 역할과 같다고 보면 되겠다. FT232 컨버터는 총 6개의 핀으로 이루어져 있는데, 전원(+, −), Tx, Rx, DTR과 CTS이다. DTR과 CTS는 모두 프로 미니의 GND에 연결하자.

표 3-2

FTDI(FT232)	DTR	RXD	TXD	5V	CTS	GND
아두이노 프로미니	DTR	TXD	RXD	V_{cc}	−	GND

FT232 컨버터에는 작은 DIP 스위치가 부착되어 있는데, 이는 5V와 3.3V 전원 선택을 위한 부품이다.

- **CH340G**

그림 3-28 CH340G 컨버터

CH340G 컨버터는 전원(+, −), Tx, Rx만 연결하면 PC와의 통신이 가능하다. 다음과 같이 배선을 하되, 모델별로 5V나 3.3V 단자로 구성된 모델, 5V, 3.3V 단자 모두 있는 모델 등 제조사에 따라 다양하게 있으므로 프로 미니의 전압과 맞추어 주자.

표 3-3

FTDI(CH340G)	5V	V_{cc}	3V3	TXD	RXD	GND
아두이노 프로미니			V_{cc}	RXI	TXO	GND

CH340G 컨버터는 스케치 업로드 시 프로 미니의 리셋 버튼을 눌러줘야 한다. 이는 스케치 업로드 시 자동으로 리셋시켜주는 DTR( ) 핀이 없기 때문인데, 업로딩 버튼을 누르고 결과창에서 '스케치를 컴파일 중…'이란 메시지기 뜨면 리셋 스위치를 누른다.

그림 3-29 CH340G 컨버터 리셋 타이밍

적절한 타이밍에 리셋 스위치가 눌러졌다면, FTDI 컨버터나 프로 미니의 LED가 빠른 속도로 깜빡인 후 스케치 업로딩이 완료된다.

■ **CP2102**

그림 3-30 CP2102 컨버터

CP2102 컨버터는 CH340G 컨버터에서 DTR 핀이 하나 더 추가되었다고 보면 되겠다. 전원(+, -), Tx, Rx를 프로 미니와 연결하고 DTR은 GND와 연결한다. 전압 또한 프로 미니의 전압과 동일하게 맞춰주면 연결이 완료된다.

표 3-4

FTDI(CP2102)	DTR	5V	3V3	TXD	RXD	GND
아두이노 프로미니	DTR		V_{cc}	RXI	TXO	GND

이런 저가의 중국산 호환 보드들은 대부분 별도의 드라이버를 요구한다. 그렇다고 몇천 원짜리 아두이노 보드에 드라이버 설치용 CD가 들어있을 리도 없다. 독자들이 직접 찾아 설

치해야 한다. 중국산 보드들은 대체로 FT232RL, CH340G, CP2102 드라이버 등을 사용하며, 보드 제작사의 홈페이지를(홈페이지가 있다면) 검색해서 필요 드라이버의 이름을 확인한다. 이어서 구글 검색으로 해당 드라이버를 찾아 내려받아 설치한다. 만약 호환보드의 드라이버가 설치되지 않았다면, IDE를 통한 예제(또는 작성코드) 업로드가 진행되지 않을 가능성이 매우 높다. 호환보드를 사용한다면 전용 드라이버를 확인하자. 드라이버가 제대로 설치되었다면 제어판에서 포트 이름과 번호를 확인할 수 있다.

그림 3-31 제어판 설정화면

3.4 트러블 슈팅

스케치 업로드까지 한 번에 완료한 독자들은 운이 좋은 케이스다. 아두이노 하드웨어와 PC에 설치된 USB 드라이버, 이 둘을 서로 이어주는 USB 케이블(나노나 프로 미니라면 FTDI 변환 케이블과 드라이버), 그리고 포트 설정 등 이 모든 것이 잘 맞아 떨어지기가 생각보다 쉽지 않다. 이번 절에서는 아두이노 개발을 하다 보면 언젠가는 마주칠 문제들을 다루고자 한다. 공통으로 PC가 아두이노를 인식하지 못하거나 스케치 업로딩이 정상적이지 않은 경우다. 정말 답답하고 앞으로 일이 진행되지 않기 때문에 한 번쯤 살펴보고 지나가자.

USB 드라이버 문제

IDE의 [툴 - 포트]에서 새로운 포트가 인식되지 않는다면 드라이버 설치 오류가 가장 먼저 떠오른다. PC에서 [제어판]-[장치관리자]로 들어가 보자. [제어판 - 하드웨어 및 소리 - 장치 및 프린터 - 장치관리자]에 들어가 보면 오른쪽 그림처럼 노란색 느낌표가 떠 있는 화면을 확인할 수 있다. 자세히 살펴보면 'USB2.0-Serial'이란 부분인데, USB 드라이버가 설치되지 않았기 때문에 아두이노 인식 문제가 발생한다.

해당 아이콘에 커서를 가져다 대고 마우스 오른쪽 버튼을 클릭하고, 팝업창의 '드라이버 설치'를 눌러서 진행해보자. USB 드라이버 설치가 완료되면 노란색 느낌표가 사라지고 다음과 같이 USB 포트를 인식하는 것을 확인할 수 있다.

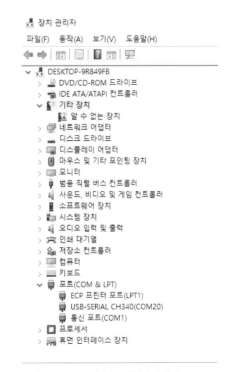

그림 3-32 USB 드라이버 트러블 슈팅 화면

그림 3-33 USB 드라이버 완료 화면

FTDI 드라이버 문제

중국산 호환보드를 구입한 독자라면 FTDI 드라이버 문제를 겪게 된다. USB와의 연결과 아두이노 리셋을 위한 FTDI 칩은 정품 아두이노에는 탑재되어 있으나, 중국산 호환보드에는 빠져있는 편이다. USB 단자가 없는 아두이노 프로 미니를 사용할 때 마주치는 문제인데, USB 커넥터가 달린 FTDI 컨버터(하드웨어)가 있어도 드라이버(소프트웨어, CH340 외)가 설치되어 있지 않으면 제대로 작동하지 않는다. 출판사 홈페이지에서 드라이버를 내려받아 설치해보자.

IDE-USB 포트 설정 문제

IDE 상에서 포트 설정을 제대로 해주지 않아 발생하는 문제다. 아두이노는 COM4 포트에 연결되어 있는데, COM1을 선택했거나, 다른 USB 장치를 선택한 경우다. 또 두 개 이상의 아두이노를 연결했을 때도 하드웨어 별로 포트 번호가 부여되므로 잘 구별하여 사용하자.

그림 3-34 USB 포트 설정창

USB 케이블 문제

USB 드라이버 설치, 하드웨어 설정 등 모든 것이 제대로 되어 있는데 IDE와 연결이 원활하지 않거나 인식이 되지 않는 경우가 발생한다. 이 경우는 다소 이이없는 케이스인데 USB 케이블 자체에 문제가 있는 경우다. 잘 사용하던 케이블에 문제가 있을 것이라고 누가 생각할 수 있을까? 이는 아두이노 우노보다 비교적 얇은 선을 사용하는 아두이노 나노(USB mini B)에서 빈번하게 발생하는 문제인데, 1m 이상의 USB 케이블을 사용하며 둥글게 말아서 보관하거나, 자주 사용하다 보면 내부의 전선이 단선되는 경우가 발생한다. 네 가닥의 선(+, -, Tx, Rx) 중 하나라도 단선이 되면 아두이노와 통신을 할 수 없다. 항상 하나 이상의 여유분을 갖고 진행하길 바라며, 실험실에 배치된 공용 케이블에서 이런 문제가 빈번하게 발생할 수 있다.

신호선 배치 문제

USB 소켓과 커넥터를 사용하는 아두이노 우노, 나노에서는 발생하지 않는 문제다. 프로미니와 같이 와이어링을 통해서 PC와 연결할 때 신호선 배치를 잘못하면 통신오류가 발생한다. 가령 **그림 3-35**처럼 왼쪽과 같이 배치한 경우는 신호선 배치에 따른 오류 문제가 100%다.

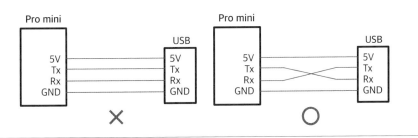

그림 3-35 통신오류 예시

신호선은 Tx와 Rx, Rx와 Tx끼리 연결해주고, 접지선도 함께 연결해주어야 한다. 프로 미니와 PC가 직접 연결되는 경우에는 프로 미니의 5V 단자와 연결해야 한다(3.3V 단자가 아님을 유의). 이것은 마치 A와 B가 서로 대화하는 과정에서 A가 말하면(A-Tx) B는 귀로 듣고(B-Rx), B가 말하면(B-Tx) A가 귀로 듣는(A-Rx) 것을 기계적으로 연결해주는 것과 같다.

USB 단자 문제

PC와 아두이노의 USB 단자가 제대로 작동하는지 확인해보자. PC의 USB 단자에 USB 메모리를 꽂아서 작동 유무를 점검해보자. 문제가 없다면 아두이노의 USB 단자(또는 신호라인)를 점검해보자. 확률은 낮지만, 정전기와 같은 전기적 충격으로 데이터 라인이나 MCU(마이크로컨트롤러, Micro Controller Unit)에 문제가 생겼을 수 있으며, 단자가 닳아 접촉 불량이 발생하는 경우도 있다. 이런 경우에는 아예 새로운 아두이노로 교체하여 사용하길 권장한다. 아두이노의 USB 단자보다 PC의 USB 단자에 문제가 생겼을 확률이 조금 더 높은 편이다.

IDE 통신속도 설정 문제

스케치 업로드까지 잘되었는데, 시리얼 모니터에서 결괏값이 깨져서 출력된다면?

그림 3-36 통신속도 오류에 따른 시리얼 모니터 출력 화면

스케치에서 설정된 보드 레이트(Baud Rate)와 IDE 상의 보드 레이트 통신속도가 같아야 한다. 보드 레이트는 통신속도를 의미하는데, 그 단위로 bps(초당 비트수, bit per second)를 사용한다. 9600bps라고 하면 1초에 9600비트의 정보를 전송한다는 의미다. 만약 스케치에서 시리얼 통신 속도를 9600으로 설정했다면(Serial.begin(9600);), IDE에서도 동일한 9600으로 설정해야 한다. 소프트웨어 시리얼 함수를 사용하거나, 센서 등의 속도를 맞추기 위해 통신속도를 달리하다 보면 발생할 수 있는 문제로, 이런 경우에는 시리얼 모니터로 깨진 상태의 글자가 출력된다.

Windows - 드라이버 충돌

PC도 리셋해보고 IDE와 드라이버도 삭제 후 다시 설치해보고, 케이블도 다른 것으로 교체해봐도 안 될 때가 있다. 반복적이고 시간 낭비가 심해서 굉장히 짜증 나는 상황이다. 온갖 방법을 다 동원했지만 안 될 때는, Windows 버전(또는 업데이트 버전)과 드라이버 간 충돌로 인해 제대로 인식되지 않는 경우다. 이런 경우 최신 드라이버를 찾거나, 다른 방안을 검토해야 한다. 만약 CH340 컨버터와 드라이버를 쓰고 있다면 CP2102 또는 PL2303으로 바꿔보자. 여기까지 왔다면 문제에 대한 스트레스가 엄청날 것이다. 그래도 저렴한 호환보드를 사용하는 우리의 숙명이니 받아들이자.

3.5   C 언어 기초 문법

아두이노의 다른 예제들을 살펴보기에 앞서 아두이노 스케치를 작성하기 위한 언어를 조금 알아보자. 아두이노 IDE는 C와 C++ 언어에 기반을 두고 있다. C와 C++을 쉽게 변형한 언어라고 말할 수 있는데, 그 뼈대는 크게 다르지 않다. 하지만 기초 문법은 전원 인터페이스

부분처럼 사소해 보이지만 놓치게 되면 디버깅에 꽤 애를 먹을 수 있는 부분이므로 가볍게라도 읽고 넘어가자. 그리고 처음부터 문법에 너무 스트레스받지 않았으면 한다. 누구나 처음에는 같고, 특히나 아두이노는 짧은 구문으로 이것저것 바꿔볼 여지가 많기에 다른 언어보다도 충분히 쉽게, 그리고 빨리 숙지할 수 있다. 처음 보는 독자라면 한번 훑어보고 예제 몇 개를 업로드하면서 컴파일 에러가 뜨거나, 잘 모르는 부분을 찾아 나가는 방법을 택하자. 이 방법이 책을 읽는 것보다도 훨씬 빠르고 빨리 익히는 방법이다. 이번 절의 마지막 부분에 Blink 예제를 변형한 예제를 배치하였다. 이처럼 기존 예제와 코드를 변형해가며 그 흐름을 살펴보는 것도 속도를 높이는데 좋은 방법이다.

스케치 기본 구성

IDE를 실행하면 흰색 배경의 스케치 입력창에는 다음과 같이 빈 함수 두 개가 나타난다. 코드를 살펴보면 void setup( )과 void loop( )란 글자 이후 중괄호{ }와 회색 텍스트로 구성된 부분이 있다. 이 부분을 함수(Function)라고 부르며, 유사한 목적을 갖는 작업 영역을 묶어둔 것이라고 보면 된다.

코드 사이에 슬래시 두 개(//)로 구성된 부분은 주석(Statement)이라고 부르며, 스케치에서 실행되는 부분이 아닌, 해당 영역에 대한 설명을 나타내기 위해 쓰는 내용이다(주석은 회색으로 처리되어 있어 구분이 가능).

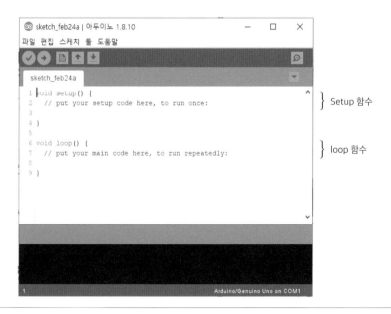

그림 3-37 IDE 초기실행 화면

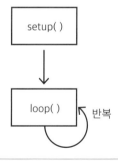

그림 3-38 setup( ) 함수와 loop( ) 함수의 구조

　아두이노 스케치는 컴퓨터가 알아들을 수 있는 언어로 작성되어야 제대로 컴파일, 실행된다. 컴퓨터가 알아들을 수 있는 언어를 문법이라고 하며, 문법 공부를 위해 하나하나 뜯어서 살펴보기보다는 예제나 다른 사람이 작성한 스케치 내에서 궁금한 부분을 찾아보는 편이 효율적이다. 앞선 함수의 구성부터 살펴보면,

```
출력할 데이터 타입 함수 이름(입력할 데이터 타입)
{
    처리할 내용
}
```

맨 앞에 출력할 데이터 타입 'void', 그다음에는 함수의 이름 'setup' 그리고 소괄호에는 입력할 데이터 타입( )으로 구성되며, 중괄호 내에 처리할 내용을 작성한다. 간단한 숫자 더하기 예제로 확인해보자.

```
int add(int a, int b)
{
    int c;
    c = a + b;
    return c;
}
```

덧셈 예제를 하나의 함수로 나타내었다. 예제의 구성을 하나하나 살펴보면,

- **출력할 데이터 타입**: int
- **함수 이름**: add
- **입력할 데이터 타입**: int a, int b

여기서 int는 정수형 데이터 타입을 의미하는 integer(정수)의 약자이다. 정수형 데이터를 연산하는 이 함수의 이름은 add이며, 입력되는 데이터는 정수형 데이터 타입을 갖는 변수 a와 b이다. 중괄호 내의 처리 구문에서는 정수형 데이터 c를 선언해주고, 이어서 c를 산출하기 위한 수식(c = a + b)을 기입하였다. 연산을 수행하고 나서 그 결과인 c를 출력(리턴)한다. 즉, add란 이 함수는 정수 a와 b를 입력받아 그 합인 c를 출력한다.

물론 이 add 함수 하나만으로 스케치가 완성되지 않고, 다음 코드처럼 setup( ) 함수와 loop( ) 함수 등 부가적인 요소들이 더 필요하다.

```
void setup()
{
  Serial.begin(9600);
  int sum;
  sum = add(4, 3);
  Serial.print("sum=");
  Serial.print(sum);
}

void loop()
{
}

int add(int a, int b)
{
  int c;
  c = a + b;
  return c;
}
```

앞의 코드를 함수별로 하나하나 살펴보자. 아두이노 스케치는 함수에 의해 작동한다고 해도 과언이 아니다. 앞의 코드에서 void setup( )과 void loop( ) 또한 각각 하나의 함수로, 각각의 역할이 있을 뿐이다. setup( ) 함수에 들어가는 것들은 변수 선언, 통신속도 설정과 같이 초기 설정(Setup)을 수행하는 내용이고, loop( ) 함수는 말 그대로 loop( ) 함수 내에 있는 내용을 지속해서 실행하는 역할을 한다.

아두이노에 전원이 인가되면 내부에 업로드된 스케치에서 setup( ) 함수를 먼저 실행한다. setup( ) 함수는 처음 1회만 실행되고, 이후에는 무한정 순환하듯 loop( ) 함수 내의 내용이 계속 수행된다. 즉, setup( ) 함수 내에는 맨 처음 실행될 내용만 기입하고, loop( ) 함수는 이후 반복적으로 처리되어야 할 작업을 적어둔다.

setup( ) 함수와 loop( ) 함수 외에 개발자가 개발자만의 함수를 별도로 만들어 사용할 수 있다. 추후 적절한 곳에서 설명하도록 한다.

setup( ) 함수는 Serial.begin( ) 함수로 시작을 한다. PC와의 통신을 시작(begin)하기 위한 함수로 통신속도를 소괄호 내에 기입한다. IDE는 9600bps를 기본값으로 갖고 있으며, 필요에 따라 이 수치를 수정하여 사용한다(초당 9600비트를 전송한다는 의미). 만약 Serial.begin( ) 함수를 뺀 채로 스케치를 업로드하면 시리얼 모니터를 열어도 아무런 결과를 확인할 수 없다. 이는 아두이노-PC 간 통신 개설을 하지 않았기 때문이다.

```
Serial.begin(9600);
```

이어서 정수형 변수에 sum을 선언하고, sum을 정의한다. sum은 앞서 작성한 add( ) 함수를 액세스하며 내부의 변수인 int a와 b를 각각 4와 3으로 지정해주고 있다.

```
int sum;
sum = add(4, 3);
```

마지막 Serial.print( ) 함수는 연산결과를 시리얼 모니터에 출력하는 함수로 소괄호 내에 출력할 내용을 기입한다. Serial.print( ) 함수는 소괄호 내에 큰따옴표 여부에 따라 문자를 출력할지 변수를 출력할지 달라지는데, 큰따옴표를 적용하면 따옴표 내의 텍스트가 출력되고, 따옴표 없이 사용하면 해당 변수를 출력한다. 여기서는 4와 3에 대한 add( ) 함수의 처리결과를 나타낸다.

```
Serial.print("sum="); // 텍스트를 출력한다.
Serial.print(sum); // 변수를 합한 값을 출력한다.
```

setup( ) 함수에 이어서 loop( ) 함수를 액세스하게 되는데, loop( ) 함수는 반복적인 처리 내용을 기입하는데, 이번 예제에서는 내용을 비워두었다. loop( ) 함수에서 아무것도 액세스되지 않으니 setup( ) 함수 내의 내용만 액세스 된다. add( ) 함수는 setup( ) 함수에 의해 한 번만 액세스 되며 그 결과를 시리얼 모니터에 출력한다.

시리얼 모니터는 IDE의 오른쪽 위에 있는 시리얼 모니터 아이콘 을 클릭하거나, 도구

탭에서 [도움말– 시리얼 모니터]를 클릭하면 별도의 시리얼 모니터 창을 열 수 있다. 단, 아두이노 보드가 연결되지 않은 상태에서는 시리얼 모니터를 열 수 없으며, 이 경우 해당 포트에 있는 보드를 사용할 수 없다는 메시지가 발생한다.

그림 3-39 시리얼 모니터 출력-1

setup( ) 함수와 loop( ) 함수 차이를 조금 더 알아보기 위해 setup( ) 함수 내의 내용 일부를 loop( ) 함수로 옮겨보자. setup( ) 함수에는 Serial.begin( ) 함수와 sum 변수 선언 문구만 있고, 나머지 처리 구문은 loop( ) 함수로 이동시켰다. 다음의 add( ) 함수는 동일하다.

```
void setup()
{
  Serial.begin(9600);
}

void loop()
{
  int sum;
  sum = add(4, 3);
  Serial.print("sum=");
  Serial.print(sum);
}

int add(int a, int b)
{
  int c;
  c = a + b;
  return c;
}
```

이 경우 결과는 다음 그림처럼 반복적으로 출력되며, 동일한 결괏값이 오른쪽으로 새로이 생성된다. setup( ) 함수 내에 있는 구문은 단 한 번만 실행되지만, loop( ) 함수 내의 구문은 반복적으로 실행되므로 발생하는 차이다.

그림 3-40 시리얼 모니터 출력-2

마지막으로 Serial.print( ) 함수의 내용 하나만 더 짚어보자. 앞의 실행결과에서 결괏값이 오른쪽으로 증가하며 갱신되므로 가독성이 상당히 떨어진다. 이에 줄 바꿈 기능이 필요한 데, 이때는 Serial.println( ) 함수를 사용한다. 이는 Serial.print( ) 함수에 'ln'을 붙인 것으로 'line'의 약자이다. 이 함수를 사용하면 다음과 같이 결과가 줄 바꿈 되어 출력된다.

```
Serial.print("sum=");
Serial.println(sum);
```

그림 3-41 시리얼 모니터 출력-3

■ 연산자(Operator)

프로그래밍에는 많은 연산자가 있다. 기본적으로 제공되는 다양한 종류의 연산자를 알아보자. 내용은 많지만, 어렵지 않으므로 여러 번 봐서 익숙해지는 것이 좋다.

연산자	연산자명	사용 방법	내용
=	대입(Assignment operatior)	const int Sensor = A0	const int Sensor에 A0를 넣는다.
+	덧셈(Addition)	c = a + b	a 값과 b 값을 더한다.
-	뺄셈(Subtraction)	c = a + b	a 값에서 b 값을 뺀다.
++	증가(Increment)	a++	a 값에 1을 더한다.
--	가감(Decrement)	b--	b 값에 1을 뺀다.
==	동일(Equal to)	a == b	a 값과 b 값은 같다.
!=	동일하지 않음(Not equal to)	a != b	a 값과 b 값은 다르다.
<	미만(Less than)	a < b	a는 b 보다 작다.
>	초과(Greater than)	a > b	a는 b 보다 크다.
<=	이하(Less than or equal to)	a <= b	a 값은 b 값과 같거나 작다.
>=	이상(Greater than or equal to)	a >= b	a 값은 b 값과 같거나 크다.
&&	둘 다 만족(Logical AND)	a && b	a와 b 모두 만족한다.
||	둘 중 하나만 만족(Logical OR)	a || b	a와 b 중 하나가 만족한다.

수학 연산자의 '='는 대입 연산자로써, 수학에서의 '같다'를 표현하는 아두이노 연산자 '=='와 구분된다는 점을 유의할 필요가 있다. 아두이노에서의 연산자 '='는 변수 선언에서 가장 많이 볼 수 있다. 가령 const int Sensor = A0;의 경우 A0핀에 정수형 변수 Sensor를 대입(대응)한다는 말과 같다.

이 외에 덧셈, 뺄셈 연산자 등은 일반적인 산술연산과 사용법이 같다. 관계 연산자에서 '미만', '초과'를 나타내는 <, > 또한 일반적인 산술연산과 동일한 반면, 이하와 이상을 나타내는 <=, >=는 '=' 표시가 하나 더 붙게 된다는 점이 다르다.

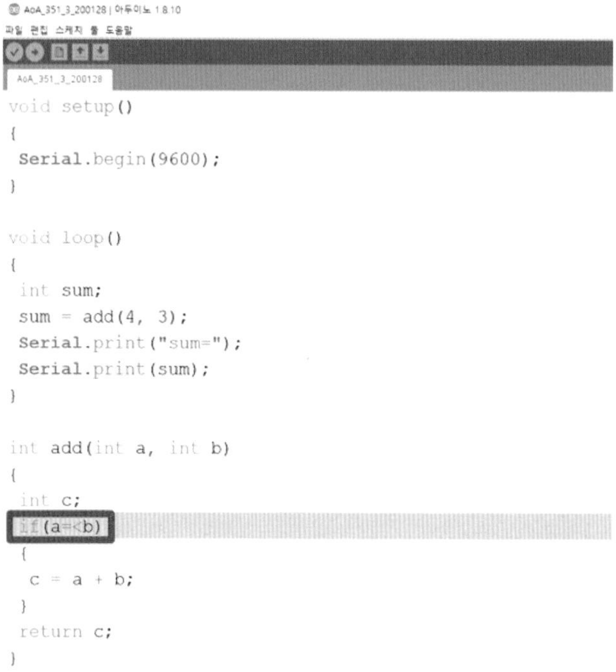
AoA_351_3_200128 | 아두이노 1.8.10
파일 편집 스케치 툴 도움말
AoA_351_3_200128
void setup()
{
 Serial.begin(9600);
}
void loop()
{
 int sum;
 sum = add(4, 3);
 Serial.print("sum=");
 Serial.print(sum);
}
int add(int a, int b)
{
 int c;
 if(a=<b)
 {
  c = a + b;
 }
 return c;
}

그림 3-42 관계 연산자 오류

관계 연산자(==, !=, <, >, >=, <=) 중 '이상'과 '이하' 연산자를 사용 시에는 '='의 위치에 유의하도록 하자. 앞선 그림과 같이 '='의 위치가 바뀌면 에러 메시지가 발생한다.

논리 연산자로 분류되는 AND(&&), OR(||)는 각각 '두 조건 모두 다 만족'하거나, '두 조건 중 하나만 만족'해도 해당 조건이 참으로 성립된다. 이 또한 조건문에서 많이 사용되는 연산자이다.

숫자 나타내기

105, 1542, 9953, 47 등 우리는 통상적으로 10진수 기반의 표현과 셈을 하고 있다. IDE에

서는 10진수 외에도 2진수, 8진수, 16진수 등 여러 가지로 나타낼 수 있으며, 부호 유무에 따라서도 구분된다.

8진수는 값 앞에 숫자 '0'을 붙이고, 16신수는 '0X' 또는 '0x'를 붙인다. IDE에서 스케치를 작성할 때 해당하는 사항이지만, 다른 사람들이 작성한 스케치를 볼 때도 이런 점을 유념하면 가독성이 좋을 것이다.

표 3-5 숫자 형식에 따른 예시

형식	예시	내용
2진수	B01010101, B11001101	앞에 'B'를 붙임
8진수	067, 0315	앞에 '0'을 붙임
10진수	55, 205	-
16진수	0X37, 0xCD	앞에 '0X' 또는 '0x'를 붙임
실수	1.58, -.52, 5.75E3($5.75 \times 10^3 = 5750$)	-
부호가 없는 정수	574U, 975u	뒤에 'U' 또는 'u'를 붙임

문자와 문자열 나타내기

문자는 1바이트 문자(영문 한 글자)를 의미하고, 문자열은 문자가 여러 개로 구성된 열 (string)을 의미한다. 문자는 작은따옴표를 사용하여 감싸고('j'), 문자열은 큰따옴표를 사용하여 감싼다("arduino hardware").

주요 키워드

키워드(Keywords)는 IDE 내에서 미리 선언된 문자열이다. 다음 표에 자주 사용되는 키워드를 정리하였다. 센서, 함수 등 개별 장에서 설명되는 부분이지만 한 번쯤 훑고 지나가는 것이 좋다.

표 3-6 주요 키워드

HIGH (5V 설정)	double (4바이트 실수형 선언)	switch (분기 제어문)
LOW (0V 설정)	unsigned (부호 없음)	case (switch문의 조건)
INPUT (입력 설정)	signed (부호 있음)	char (문자 선언)
OUTPUT(출력 설정)	if-else (분기 제어문)	const (상수 선언)
void (반환값 없음을 선언)	while (반복 제어문)	BIN (2진수 선언)
int (2바이트 정수형 선언)	do (do-while 처리)	DEC (10진수 선언)
long (4바이트 정수형 선언)	for (반복 제어문)	OCT (8진수 선언)
float (4바이트 실수형 선언)	break (처리 부분에서 나감)	HEX (16진수 선언)

- **처리 구문**

처리 구문은 함수 내에서 처리 가능한 하나의 단위를 의미한다. if문처럼 처리 구문이 여러 가지가 필요한 경우에는 중괄호 '{ }'로 묶어 사용한다. 또는, 처리 구문 여러 개를 한꺼번에 사용할 때는 세미콜론 ';'으로 구분하여 처리하며 아래처럼 for문에서 쉽게 접할 수 있다.

for (int i = 0; i <= 255; i++)

- **공백**

스케치 작성 후 디버깅을 하며 도저히 틀린 부분을 모를 때 공백이 있는지 점검해보자. 공백은 스페이스 바를 통해 만들어지는데(소위 띄어쓰기), 공백이 들어있는 곳에 따라 오류가 발생할 수 있다. 연산자 사이에 공백을 넣거나, 문자열 앞에 공백을 처리하는 경우이다. 가령 if (x <= y)가 올바른 형태인데, if (x < = y)처럼 공백을 넣어 처리하는 경우이다.

- **Blink 예제의 변형**

다음은 Blink 예제를 조금 변형한 코드이다. 원래 Blink는 우노에 내장된 D13 LED를 1초

간 켰다가 끄길 반복하는 예제이므로 우노와 USB 케이블 외에는 준비물이 없다. 다음 코드로 우노의 내장 LED를 3초간 켰다가 1초간 끄고, 다시 1초간 켰다가 2초간 끄는 것을 반복하도록 구성하였다. loop( ) 문 내의 지연시간을 수정하거나, HIGH와 LOW 상태를 각각 바꾸어 그 결과가 어떤지도 살펴보자. 참고로 지연시간은 ms 단위이므로 'delay(1000)'은 1초를 뜻한다. 그리고 HIGH는 5V를, LOW는 0V를 뜻한다. HIGH 상태는 LED 핀으로 5V를 인가하여 LED가 켜지도록 하겠다는 뜻이고, LOW 상태는 0V를 뜻하므로 LED에 전원을 인가하지 않는다는 것을 의미한다.

예제 3-1   **Blink 변형 예제**

```
void setup()
{
  pinMode(LED_BUILTIN, OUTPUT);        // LED핀을 출력으로 설정
}

void loop()
{
  digitalWrite(LED_BUILTIN, HIGH);     // LED 상태를 HIGH로(LED ON)
  delay(3000);                         // 3초간 아무것도 하지 않음(=LED ON 상태 유지)
  digitalWrite(LED_BUILTIN, LOW);      // LED 상태를 LOW로(LED OFF)
  delay(1000);                         // 1초간 아무것도 하지 않음(=LED OFF 상태 유지)
  digitalWrite(LED_BUILTIN, HIGH);
  delay(1000);
  digitalWrite(LED_BUILTIN, LOW);
  delay(2000);
}
```

변수와 자료형

다음 **그림 3-43**과 같이 아두이노 웹사이트 메뉴의 'RESOURCES' 탭의 'REFERENCE'

항목을 클릭해보자. 아두이노와 관련된 기초적인 내용 대부분을 이곳에서 안내하고 있으며 REFERENCES 메뉴 하부에는 LANGUAGE, FUNCTIONS, VARIABLES, STRUCTURE 등 아두이노 스케치 작성에 필요한 대부분의 소프트웨어 관련 정보가 나타나 있다.

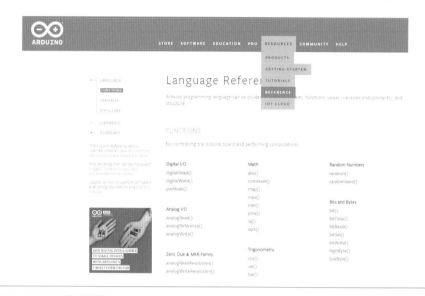

그림 3-43 REFERENCE 탭 내비게이션

왼쪽 내비게이션 메뉴에 'VARIABLES'를 클릭하면 아두이노에서 정의하는 내용(Arduino data types and constants, 데이터 형태와 상수)과 세부 항목이 나타난다. 변수는 y = ax + b에서 a 와 b를 말하는 것으로, 상수(Constants), 변환(Conversion), 데이터 형태(Data Types) 등의 카테고리로 나뉜다.

일반적으로 변수는 다음과 같은 형태로 사용되며, 앞서 곱셈 연산을 수행한 코드 4-1의 i, j, k가 바로 변수이다.

> 변수의 데이터 형태 변수 이름;

변수란 변하는 값, 가령 정수인 x의 값이, 0 < x < 10이라 하면, x는 1에서 9까지 변하는 값

중 하나이다. 상수는 변하지 않는 값, 즉 결정된 값이다. y = 1이라하면, y는 1로 고정된 값인 것처럼 변하지 않고 고정된 값을 뜻한다.

데이터 형태(Data type) 또한 아두이노 웹사이트에서 확인할 수 있으며, 이 중 빈번히 사용되는 몇 가지를 중심으로 살펴보자.

- boolean

참과 거짓을 표시할 때 사용한다. 참은 true, 거짓은 false로 나타낸다. 디지털에서는 참과 거짓처럼 오직 두 가지 값만 갖는다. 참(true)이거나 거짓(false), 5V(HIGH)이거나 0V(LOW), LED가 켜지거나(ON), 꺼지거나(OFF), 스위치가 열려있거나(OPEN), 닫혀있거나(SHORT). 이처럼 두 가지 상태만을 가지는 논리를 말한다. LED를 켜거나 끄는 것이 가장 좋은 예시이다.

```
digitalWrite(LED, HIGH);    // LED를 켠다(HIGH).
digitalWrite(LED, LOW);     // LED를 끈다(LOW).
```

- char

키보드로 입력이 가능한 문자(영문자, 숫자, 특수문자 등) 하나를 나타낼 때 사용하며, 아스키 코드(ASCII)를 이용해 문자 하나를 표현한다. char형 변수는 다음과 같이 작은따옴표를 붙여 사용한다.

```
char ABC = 'K' // ABC란 이름을 갖는 char형 변수를 생성하고, 그 변수에 문자 K를 넣는다.
```

- float

실수를 나타낼 때 사용하며, 소수점 단위를 다룰 때 필요하다. float으로 계산할 경우, 소수점을 넣지 않으면 결괏값에 이상이 생길 수 있다. 다음은 앞 절의 add( ) 함수를 소수점 나누기 예제로 변형한 코드이다.

```
void setup()
{
 Serial.begin(9600);
}

void loop()
{
 float var;
 var = divide(4.5, 2.857);
 Serial.print("divide=");
 Serial.println(var);
}

float divide(float a, float b)
{
 float c;
 c = a / b;
 return c;
}
```

4.5를 2.857로 나누면 1.575078753⋯의 결과를 얻는다. 앞선 예제를 실행해보면 다음과 같이 1.58이 출력된다. 4.5와 2.857를 각각 다른 숫자로 바꿔도 이와 같이 소수점 둘째 자리 반올림으로 출력되는데, 이는 소수점 계산 기본값이 둘째 자리 반올림으로 설정되어 있기 때문이다.

그림 3-44 기본값 출력

Serial.println(var); 구문을 Serial.println(var, 3); 로 바꿔보고, 이어서 Serial.println(var, 5); 로도 바꿔보자. 소수점 뒷자리가 var 뒤의 숫자만큼 늘어나는 것을 볼 수 있다.

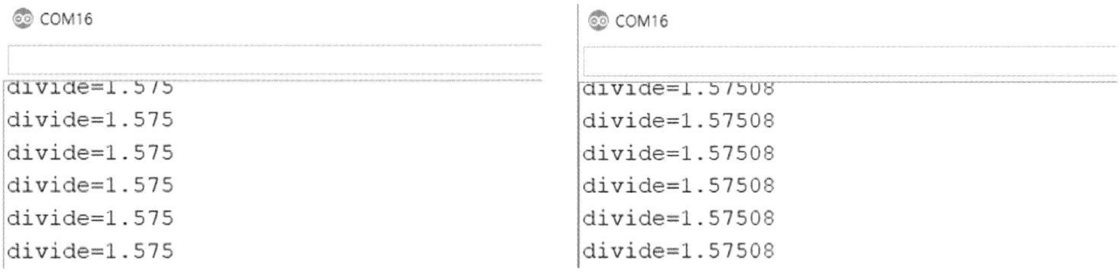

그림 3-45 자릿수 변경

- int

정수를 저장하는 데 사용하며, ATmega 계열의 MCU를 사용하는 우노, 나노, 프로 미니 등은 −32,768 ~ 32,767의 저장범위를 갖는다.

```
int ABCD = 0;   // ABCD라는 정수형 변수를 생성한다.
```

- long

정수를 저장할 때 사용하며, int와 다른 점은 저장범위에 있다. 우노, 나노, 프로 미니 등은 −2,147,483,648 ~ 2,147,483,648의 저장범위를 갖는다.

- string

문자열을 저장하고 나타낼 때 사용한다. 다음 코드를 컴파일해보고 그 결과를 살펴보자.

```
String ABstrings[] = {"AB 1", "AB 2", "AB 3",
                   "AB 4", "AB 5", AB 6"};
```

```
void setup()
{
 Serial.begin(9600);
}

void loop()
{
 for (int i = 0; I < 6; i++)
{
 Serial.println(ABstrings[i]);
 delay(1000);
}
}
```

```
COM16


AB1
AB2
AB3
AB4
AB5
AB6
AB1
AB2
AB3
```

그림 3-46 String 예제 실행결과

- unsigned int

정수를 저장할 때 사용한다는 점은 int와 동일하지만, 음수를 나타내지 않고 양수만을 나타낸다. 대신 숫자 범위가 두 배로 늘어나 0 ~ 65,535까지 나타낼 수 있다.

- void

사전적으로 '텅 비어있다'라는 뜻으로, 주로 setup( ) 함수와 loop( ) 함수의 앞에 함께 표시되어 있다. void( ), loop( ) 외에도 함수 선언에 사용된다.

3.6 전역변수와 지역변수

아두이노와 같이 반도체 소자로 이루어진 하드웨어들은 별도의 메모리를 갖고 있다. 가정에서 사용하는 PC는 램(RAM)과 하드디스크(HDD) 등의 메모리 용량이 비교적 큰 편이지만, 아두이노와 같은 작은 마이크로컨트롤러는 그 용량에 한계가 있다. 크기도 문제이고 제작비용과도 직결되기 때문이다.

이러한 메모리의 문제로 인해 변수를 기억하고 유지하는 방법에 있어서 그 방법을 두 가지로 나누어 놓았다.

- **지역변수(또는 로컬변수, Local Variables)**: 해당 함수가 실행될 때만 만들어지고 유지되는 변수
- **전역변수(Global Variables)**: 스케치 파일 전체에서 실행할 수 있도록 유지되는 변수

즉, 전역변수는 스케치 내에 존재하는 모든 함수에서 접근(Access)할 수 있는 함수로 함수 외부에 선언되며, 지역변수는 함수 내에 선언된 상태로 해당 변수가 선언된 함수 내에서만 접근할 수 있다. 이는 스케치가 짧으면 상관없지만, 스케치가 길어지고 복잡해지면 프로그래밍 오류, 개발자의 실수, MCU 내 메모리 차지로 인한 실행속도 저하 등을 최소화할 수 있다.

여기서 '접근할 수 있다'라는 말은 해당 변수를 '사용할 수 있다'라는 말과 같다.

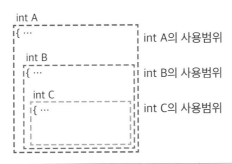

그림 3-47 지역변수 선언위치에 따른 사용범위

다음은 아두이노 IDE에서 제공하는 'Button' 예제이다. 이 예제는 디지털 2번 핀과 연결된 버튼(스위치) 동작에 따라 13번 핀에 연결된 LED를 껐다 켰다 하는 예제이다. 여기서 맨 첫 줄을 주석처리하고 그 결과를 살펴보자.

예제 3-2   **Button 예제**

```
// const int buttonPin = 2;
const int ledPin = 13;

int buttonState = 0;

void setup()
{
 pinMode(ledPin, OUTPUT);
 pinMode(buttonPin, INPUT);
}

void loop()
{
 buttonState = digitalRead(buttonPin);

 if (buttonState == HIGH)
 {
   // turn LED on:
   digitalWrite(ledPin, HIGH);
  }
  else
  {
   // turn LED off:
   digitalWrite(ledPin, LOW);
  }
}
```

그림 3-48 변수 선언 오류 메시지

앞선 코드에서 맨 윗줄, 'const int buttonPin = 2;' 구문을 주석처리하여 무력화시킨 후 컴파일한 결과이다. 원래대로라면 컴파일이 제대로 되어야 하지만, 아래 오류창에는 전역변수(정수형 변수 buttonPin은 setup( ) 함수 위에 선언되어 있다)인 buttonPin이 선언되어 있지 않아 컴파일되지 않는다는 메시지가 뜬다.

다시 말해서 loop( ) 함수 내에서 buttonPin을 호출하도록 되어 있지만, 전역변수나 지역변수로 선언이 되지 않은 상태로 인식하므로 오류가 발생하는 것이다.

다음은 전역변수와 지역변수를 쉽게 구분하는 코드이다. setup( ) 함수 외부(상부)에 선언된 정수형 변수 'val'은 모든 함수에서 접근(사용)이 가능한 전역변수이다. setup( ) 함수 아래의 loop( ) 함수나 loop( ) 함수 내의 for 문 내에서도 접근할 수 있다.

loop( ) 함수 내의 정수형 변수 'i'와 실수형 변수 'f'는 loop( ) 함수 내에서만 사용 가능한 지역변수이며, 그 아래 for 문에서의 정수형 변수 'j'는 for 문 내의 중괄호 안에서만 유효한 지역변수이다. 즉 변수 j는 for 반복문이 실행되는 동안에만 유지되어, 해당 변숫값이 사라지지 않고 계속 1씩 증가한다. j 값이 100을 넘어 for 반복문이 종료되면 변수 j도 함께 사라지게 된다.

전역변수와 지역변수 슈도코드

```
int val;    // 전역변수 val, 모든 함수에서 변수(val)에 대한 접근이 가능함
```

```
void setup()
{
   // 내용
}

void loop()
{
   int i;  // 지역변수 i는 오직 loop() 함수(loop 함수) 내에서만 접근이 가능함
   float f;  // 지역변수 f는 오직 loop() 함수(loop 함수) 내에서만 접근이 가능함
   // 내용

for (int j = 0; j <100; j++)
{
   // 지역변수 j는 본 중괄호 내에서만 접근이 가능함
   }
}
```

3.7 함수: FUNCTIONS

아두이노를 작동하려면 스케치를 컴파일하고, 이것을 다시 업로드하려면 실제 '스케치 작성' 이란 과정이 필요하다. 국어, 영어 등 언어는 해당 언어를 사용하는 사람 간의 어떤 법칙(문법)에 따라 작동된다. 스케치 또한 이와 마찬가지로, 스케치 작성 문법을 알고 있어야 원활한 코드 작성이 가능하다. 아두이노와 같이 순차적인 흐름에 의해 작동하는 마이크로컨트롤러는 대부분 함수로 동작한다. 이 함수의 구조와 순서, 그 문법을 조금이라도 알고 있어야 아두이노를 작동시킬 수 있다. 시중의 서적이나 인터넷 강의 등을 통해 스케치 작성법, 문법 등을 알아가는 것도 좋지만, 가장 좋은 방법은 제대로 작성된 예제(주로 IDE 내장 예제 또는 공식 웹 페이지 상의 예제들)를 살펴보며 익히는 것이 빠른 방법이다.

아두이노의 스케치는 기본적으로 함수의 조합으로 이루어져 있다. 함수, 영문으로 Function

은 '기능'이란 뜻으로도 사용된다. 아두이노가 제대로 기능(작동)하기 위해 꼭 필요한 것 중 하나가 함수이므로 이 또한 맞는 말일 것이다.

우리는 중학교에 다닐 즈음, 수학 시간에 함수와 관련하여 배웠던 기억이 있을 것이다. 두 변수 x와 y에 대해 x가 결정되면 이에 따라 y 값도 결정될 때, y를 x의 함수라고 한다.

$$y \ = \ f(x)$$

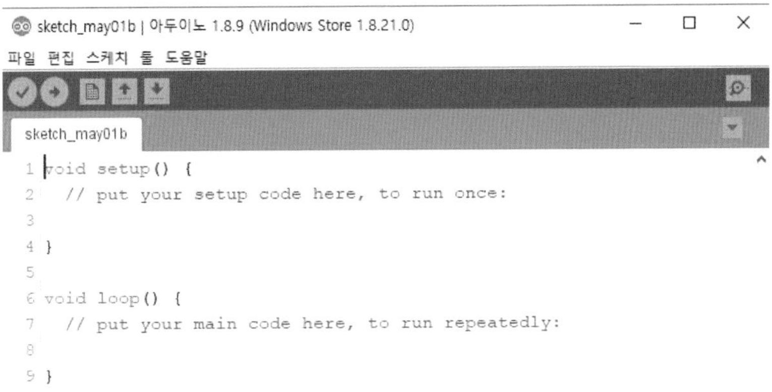

그림 3-49 IDE 실행화면

함수는 코드(스케치) 내에서 어떤 기능을 수행하기 위한 도구를 의미한다. 아두이노 스케치에서는 중괄호 '{ }' 내에 실행할 함수들이 위치하며, 아두이노 IDE 초기화면에서 void setup과 void loop 다음에 위치한 중괄호 내의 부분들이 그것이다. 아두이노 스케치에서 함수는 다음과 같은 형태로 사용된다.

```
리턴 타입 함수명(파라미터)

{

    처리구문

}
```

리턴 타입은 void, float, int 등이 해당되고, 그 이후에 해당 함수의 이름이 위치한다. 이후 소괄호 내에 함수의 파라미터를 입력하고, 중괄호 내에 처리 구문을 기입한다. 다음 코드는 정수형을 리턴하며, Function이란 이름을 갖는 함수이며, 정수형의 value란 파라미터를 포함하고 있다. value에 100을 곱하여 정수형 computedValue를 리턴하는 함수이다.

```
int Function(int value)
{
 int computedValue = 100 * value;
 return computedValue;
}
```

조금 더 구체적인 예제를 살펴보자. 다음은 i=2, j=3, 그리고 myMultiplyFunction이란 함수에 의해 i와 j가 곱해진 결괏값 k를 500ms 단위로 시리얼 모니터를 통해 출력하는 코드이다. setup( ) 함수에서는 개발자들이 시리얼 모니터를 통해 결괏값을 볼 수 있도록 그 통신속도를 설정해주고 있다. 이어 loop( ) 함수에서는 세 가지 변수를 선언해준다. 이어 k란 정수형 변수에 myMultiplyFunction이란 함수를 액세스하며 얻은 결과를 저장시키며, 이 값을 시리얼 모니터로 출력한다. 그리고 500ms 시간 지연을 갖는다.

참고로 이런 시간 지연을 두지 않으면 시리얼 모니터를 통해 출력되는 데이터양이 너무 많아 제대로 확인하기가 어려운 지경에 이르게 된다. 시리얼 모니터로 결괏값을 확인할 때는 적절한 수준의 시간 지연을 두도록 하자.

```
void setup()
{
  Serial.begin(9600); //시리얼 통신속도 설정
}

void loop()
{
  int i = 2;   // 정수형 변수 선언: i=2
  int j = 3;   // 정수형 변수 선언: j=3
  int k;       // 정수형 변수 선언: k

  k = myMultiplyFunction(i, j);
  Serial.println(k); // 시리얼 모니터로 k값 프린트
  delay(500);        // 500ms 지연
}

int myMultiplyFunction(int x, int y)
{
  int result; // 정수형 변수 'result' 선언
  result = x * y;
  return result;
}
```

loop( ) 함수를 빠져나오면 그다음 줄에 있는 int myMultiplyFunction 함수를 만난다. 이 함수는 정수형 변수인 x와 y를 입력받아 곱한 수 result로 리턴하는 함수로, 리턴값은 loop( ) 함수 내의 k 값으로 위치하게 된다. 즉, loop( ) 함수에서 다음과 같이 int myMultiplyFunction 함수를 호출할 때, 해당 함수를 액세스하게 된다.

```
k = myMultiplyFunction(i, j);
```

해당 함수를 뜯어서 살펴보면,

```
int myMultiplyFuntion(int x, int y)
```

- `int`: 정수형 (integer의 줄임말인 int), 즉 이 함수에 의해 출력될 값이 정수임을 나타냄
- `myMultiplyFunction`: 함수 이름이 myMultiplyFunction임을 나타냄
- `(int x, int y)`: myMultiplyFunction 함수에 입력할 데이터도 정수형 변수임을 나타내며, 정수형 데이터 2개를 입력받아 x와 y라고 나타냄

다시 풀어보면, myMultiplyFunction 함수에 정수 2개(x와 y)를 입력받아 함수 뒤쪽에 있는 중괄호 내의 과정을 거쳐 그 결과를 얻을 수 있다는 말과 같다.

이 스케치의 실행화면을 다음 그림에 나타내었다. 시리얼 모니터를 통해 출력되는 값은 '6'이고, 500ms 시간 간격을 두고 지속해서 출력된다(시간 지연을 두는 대부분 이유는 그 결괏값을 눈으로 확인하기 쉽게 함에 목적이 있다).

그리고 모든 구문의 끝에는 세미콜론(;)이 위치해야 한다. 세미콜론을 찍어주지 않은 구문에서 잦은 에러가 발생하므로, 컴파일 에러가 발생하면 이것부터 찾아보는 것이 빠른 해결책 중 하나이다.

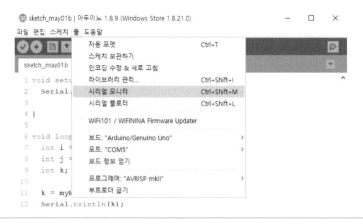

그림 3-50 시리얼 모니터(실행화면) 내비게이션

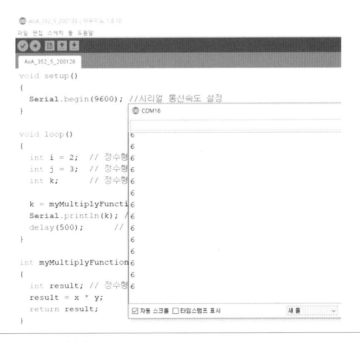

그림 3-51 myMultiplyFunction 실행화면

예제 3-3 또는 다른 예제들에서 슬래시 2개를 붙인 후 어떤 코멘트들이 기재되어 있는 것을 볼 수 있다. 이것들은 해당 라인(또는 해당 함수 등)에 대한 주석(Comment)을 나타낸다. 몇 줄에서 수십 줄 수준의 코드라면 어떤 함수인지, 어떤 변수인지 등 쉽게 떠올릴 수 있지만, 코드의 길이와 분량이 많아지거나, 중간중간 내용을 변경하게 되면 어떤 내용인지 직관적으로 떠올리기 어렵게 된다. 이때 실행할 코드 외에 무시해도 되는 글자, 숫자 등을 참고로 기입하는 것이 '주석' 이다. 슬래시 두 개를 긋고 그 뒤쪽에 주석을 기입한다. 이때 긋는 슬래시를 싱글 라인 코멘트(Single Line Comment)라고 부른다.

주석이 한두 줄로 끝나지 않는 경우에는 슬래시 두 개를 일일이 긋는 것보다 주석 시작 시점에 '/*'를, 주석이 끝나는 시점에 '*/'를 입력한다. 이 경우 두 표시 사이에 있는 글자, 숫자 등은 모두 주석 처리가 되며, 이 기호를 가리켜 블록 코멘트(Block Comment)라 한다. 주석 처리를 위한 동일 목적이 있지만, 간편성을 고려하여 두 가지 방식으로 나뉘어 놓은 내용이다.

블록 코멘트(/* */)는 다량의 코드를 무력화시키거나 주석 처리를 위해 손쉽게 사용되지만, 주의해야 할 점이 한가지 있다. 코드 작성과 컴파일 도중 불필요해 보이는 내용을 임시로 지우거나 무력화시키기 위해 사용하기도 하는데, 코드를 썼다가 고쳤다 지웠다 하는 도중 주석 표시가 남아 있어 실행에 영향을 주는 경우다. 컴파일 에러가 뜨는데 어떤 부분이 에러인지 찾기 힘든 경우에는 주석 표시 일부를 남겨두지 않았는지 살펴볼 필요가 있다.

3.8 제어문

조건문과 반복문은 작은 마이크로컨트롤러를 활용한 장치, 시제품에 빠지지 않고 들어가는 중요한 구문이다. 조건문은 if, else if, 그리고 else로 만들어지며, 센서로 측정한 결괏값, 시간의 흐름 등 사전에 설정된 어떤 조건에 의해 다음 구문이 실행된다. 어떤 조건을 주고 해당 조건에 도달하면 미리 약속된 실행을 수행하는 것이다. 또는 어떤 조건에서 반복하는 구문을 for나 while 함수를 이용해 만들어 볼 수도 있다.

조건문: if문

if와 else if, else로 이루어진 구문을 if문이라고 하며, 이는 주어진 조건을 확인하고 그 조건이 '참'이면 해당하는 영역의 코드를 실행한다. 다음 코드는 기본적인 if문의 구조를 나타내고 있다. if 뒤에 소괄호 ( ) 내에 조건을 만들고, 해당 조건이 일치하면 그 뒤의 중괄호 {} 내의 코드를 실행한다. 만약 if 뒤의 조건이 맞지 않으면 그다음에 있는 else if 문을 검사하고, 이 조건 또한 맞지 않으면 else 문 내의 코드를 실행시킨다.

앞으로 발생할 수 있는 모든 상황에(입력) 관한 결과(출력)를 설정해주는 것으로 생각해보자. 가위바위보 게임에서 상대방의 수를 예측하고 나의 수를 알려주는 프로그램이 있다고 가정하자.

먼저 가위바위보 게임에서는 '가위', '바위', '보' 외에 다른 상태는 존재하지 않는다. 상대방이 가위를 내면 나는 바위를, 바위를 내면 보를, 보를 내면 가위를 내는 것이 이기는 구조다. 서로 비기게 만들거나 내가 지는 조건도 있다.

기본적인 if문 구조

```
if (조건 1)
{
  조건 1이 참일 때 수행할 코드
}

else if (조건 2)
{
  조건 2가 참일 때 수행할 코드
}

else
{
  나머지 조건(조건 1과 조건 2에도 해당하지 않는 나머지 모든 조건)에서 수행할 코드
}
```

다음은 상대방의 수를 보고 가위바위보 게임을 이기는 조건을 if문으로 나타내었다. 가위바위보 게임에서 가위와 바위를 제외한 상태는 '보'밖에 없으므로 마지막 조건은 else 하나로 구성할 수 있다.

```
if 상대방이 가위이면
{
  나는 바위를 낸다.
}

else if 상대방이 바위이면
```

```
{
  나는 보를 낸다.
}

else
{
  나는 가위를 낸다.
}
```

조건문은 if 문 하나만 있거나, if, else문 각 하나씩 있거나, if, else if, else문이 각각 있거나, if, else if, 또 다른 else if, …, else문 등 여러 가지의 조건으로도 존재할 수 있다. 다음의 코드는 k 값에 따라 LED를 제어하는(HIGH 또는 LOW) 슈도 코드로 조건문의 기본적 형태를 나타내고 있다.

예제 3-4   **if문 예제, 함수를 적용한 if문 예제**

```
if k > 500
{
  LED_1 HIGH;    // k가 500 보다 크면 LED_1을 켜고(HIGH)
}

else if k < 500
{
  LED_2 LOW;    // k가 500보다 작으면 LED_1을 끄고(LOW)
}

else
{
  LED_1 HIGH;    // k값이 500이면(500보다 크거나, 작은 경우를 제외하면 같은 경우만 남는다)
  delay(1000);
  LED_1 LOW;     //1000ms 단위로 LED_1을 켰다 끄기를 반복한다.
  delay(1000);
}
```

이번에는 센서를 활용하는 if문과 LED 제어를 다뤄보자. 주위 조도에 비례하여

0~1023의 값을 출력하는 조도센서가 있다고 가정하고, 해당 센서에서 출력되는 결괏값을 아두이노로 입력받아 여러 개의 디지털 핀에 연결된 개별 LED 스위치를 제어한다.

조도센서는 A0핀에 연결되어 있으며, 주변의 조도 변화에 따른 전압의 변화, 즉 아날로그 포트를 통해 아날로그값을 출력한다(0~1023). 네 개의 LED(LED_1, LED_2, LED_3, LED_4) 는 각각 D3, D5, D6, D9에 연결된다. 조도센서와 아날로그값 출력 관련 내용은 6.2.2절에 구체적으로 나와 있으니 살펴보자.

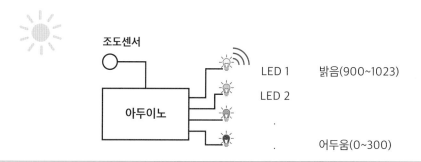

그림 3-52 조도센서와 LED 제어

예제 3-5   **if 문 예제: 조도센서 값에 따른 LED 제어**

```
const int Sensor = A0;

const int LED_1 = 3;
const int LED_2 = 5;
const int LED_3 = 6;
const int LED_4 = 9;

int Sensor_Value = 0;

void setup()
{
  pinMode(Sensor, INPUT);
```

```
  pinMode(LED_1, OUTPUT);
  pinMode(LED_2, OUTPUT);
  pinMode(LED_3, OUTPUT);
  pinMode(LED_4, OUTPUT);
}

void loop()
{
  digitalWrite(LED_1, LOW);
  digitalWrite(LED_2, LOW);
  digitalWrite(LED_3, LOW);
  digitalWrite(LED_4, LOW);

  Sensor_Value = analogRead(Sensor);

  if ((0 <= Sensor_Value) && (Sensor_Value < 250))
  {
    digitalWrite(LED_1, HIGH);
    delay(3000);
  }

  else if ((250 <= Sensor_Value) && (Sensor_Value < 500))
   {
    digitalWrite(LED_2, HIGH);
    delay(3000);
   }

  else if ((500 <= Sensor_Value) && (Sensor_Value < 750))
  {
    digitalWrite(LED_3, HIGH);
    delay(3000);
  }

 else if ((750 <= Sensor_Value) && (Sensor_Value < 1000))
 {
    digitalWrite(LED_4, HIGH);
    delay(3000);
  }
```

```
  else
  {
  digitalWrite(LED_4, HIGH);
  delay(1000);
  digitalWrite(LED_4, LOW);
  delay(3000);
  }
}
```

반복문: for 문

반복문은 크게 for문과 while문 두 가지로 나뉘며, 동일한 작업을 원하는 횟수만큼 반복할 때 적용한다.

for문의 형태는 다음과 같다. 조건문과 같이 for 이후에 소괄호( )가 위치하고, 그 안에 세 가지 요소를 지정한다. 사용할 변수의 초기화(Initialization), 조건(Condition), 증분(Increment)을 지정한 후 중괄호{ }에 반복할 내용을 기입한다.

```
for (초기화, 조건, 증분)
{
  // 반복할 내용
}
```

초기화 이후 for 루프 내에서 증가(또는 감소)를 카운트하여 해당 조건이 거짓이 될 때까지 반복하는 구조이다. 다시 말해서, 초기화(또는 초기식)는 한 번만 실행되고, 이어지는 조건이 참이면 중괄호 내의 '반복할 내용'을 수행한다(조건이 거짓이면 종료).

실행과정은 다음과 같다.

1. 초기화 수행

2. 조건 검사

3. 조건이 참이면 이어지는 증분(또는 반복) 구문을 수행, 거짓이면 종료

4. 증분(증감)을 수행

5. 조건을 확인하여 참이면 반복할 내용을 수행하고, 거짓이면 반복 종료

LED 하나의 밝기를 점진적으로 올리는 코드를 작성한다고 생각해보자. 아주 간단하게는 다음과 같이 analogWrite( ) 함숫값과 analogRead( ) 함수를 이용해서 디지털 신호를 아날로그 신호처럼 활용하는 방법이다. PWM(Pulse Width Modulation) 제어라고 하며, 5.1.3절을 참조하자) 지연시간을 일일이 지정하는 방법이 있다. 하지만 이 방법은 다음 코드처럼 너무 번거롭고 코드가 길어진다는 단점이 있다. analogWrite( ) 함수를 통해 0에서 255까지 255번 반복해야 밝기 제어가 완성된다. 반면, for문을 활용하면 이런 반복적 기능을 짧고 간단하게 구현할 수 있다.

```
int LED_1 = 3;

void setup()
{
 // 시리얼 모니터를 활용해서 디스플레이하지 않으므로 Serial.begin() 함수는 필요하지 않다.
}

void loop()
{
  analogWrite(LED_1, 0);
  delay(100);
  analogWrite(LED_1, 1);
  delay(100);
  analogWrite(LED_1, 2);
  delay(100);
  analogWrite(LED_1, 3);
  delay(100);
  analogWrite(LED_1, 4);
  delay(100);
  …
```

```
중략
...
analogWrite(LED_1, 255);
delay(100);
}
```

다음은 D3 핀에 LED가 연결되어 있고, 전원이 연결되면 100ms 단위로 D3 핀에 연결된 LED의 밝기가 점점 올라가는 예제이다. 앞선 예제와 같은 기능이지만, 코드 길이가 아주 짧다. PWM 제어를 활용하여 D3 핀에 연결된 LED에 100ms 단위로 0V에서 5V까지 1/255 간격으로 높아지는 전압이 공급되어 밝기가 증가한다(이 예제는 3.8.1절의 if문에서 사용된 회로의 구성과 같다). 참고로 PWM 제어를 위한 핀이 별도로 있다. 아두이노 우노는 D3, 5, 6, 9, 10, 11 핀으로 핀 번호 위에 물결 모양의 표시가 있다. D12, D13 등 PWM 제어가 불가한 핀은 analogWrite( ) 함수로 밝기 제어가 되지 않고 오직 켜지거나 꺼지는 현상만 확인할 수 있다.

예제 3-6   **for문 예제: LED 밝기 증가**

```
int LED_1 = 3;

void setup()
{
}

void loop()
{
  for (int i=0; i <= 255; i++)     // 초기값(i)=0, 값이 255가 될때까지, 매번 반복
{
  analogWrite(LED_1, i);
  delay(100);
  }
}
```

앞선 예제에서 loop( )문 내에 있는 for문은 다음과 같이 구성되어 있다.

1. int i = 0, 정수형 변수 i가 만들어진 후 초기화된다.

2. i <= 255, 변수 i의 조건(255 이하가 될 때까지)을 검사한다.

3. i++, i를 1씩 증가시키며, 다시 ②항을 검사하여 255를 초과하면 for 반복문에서 빠져나온다.

한 가지 for문 예제를 더 살펴보자. 이번에는 여러 개의 LED를 순차적으로 켜고 꺼보는 것이다. D3, D4, D5 단자에 저항과 LED를 연결하고 각각 차례로 제어해보자. for문이 아니라면 다음과 유사한 코드로 구성될 것이다. 0.5초 간격으로 3, 4, 5번 포트에 연결된 LED를 켜고 끈다.

```
void setup()
{
 pinMode(3, OUTPUT);
 pinMode(4, OUTPUT);
 pinMode(5, OUTPUT);
}

void loop()
{
 digitalWrite(3, HIGH);
 delay(500);
 digitalWrite(4, HIGH);
 delay(500);
 digitalWrite(5, HIGH);
 delay(500);

 digitalWrite(3, LOW);
 delay(500);
 digitalWrite(4, LOW);
 delay(500);
 digitalWrite(5, LOW);
 delay(500);
}
```

이 내용을 for문으로 구성해보면,

```
void setup()
{
 pinMode(3, OUTPUT);
 pinMode(4, OUTPUT);
 pinMode(5, OUTPUT);
}

void loop()
{
  for(int i=0; i <4; i++)
  {
  digitalWrite(3+i, HIGH);
  delay(500);
}

for(int i=0; i <4; i++)
 {
  digitalWrite(3+i, LOW);
  delay(500);
}
}
```

3개의 LED를 사용했기 때문에 코드 길이는 큰 차이가 없어 보이지만, 그보다 많은 수의 LED를 제어해야 한다고 생각해보면 for문을 사용하는 것이 훨씬 효율적이다.

반복문: while문

while문은 for문 보다 구조가 더 간단하다. while 루프는 소괄호 ( ) 내의 조건이 거짓이 될 때까지 중괄호 { } 내의 내용을 계속 반복한다(무한대로). for문과는 달리 초기화, 증분 조건이 없고 조건만으로 구성되어 있다.

```
while (조건)
{
  // 반복할 내용
}
```

다음은 앞선 for문 예제와 같은 D3 핀에 연결된 LED의 밝기를 100ms 단위로 증가시키는 예제이다.

예제 3-7   **while문 예제**

```
int LED_1 = 3;
int i = 0;

void setup()
{
 pinMode(LED_1, OUTPUT);
}

void loop()
 {
  while (i <= 255)
  {
   analogWrite(LED_1, i++);
   delay(100);
  }
}
```

while문은 for문에 비해 초기화, 변수 증분 관련 코드가 없고 while 뒤 소괄호 내의 조건만 검사한다. 앞의 코드에서 정수형 변수 i를 초기화해주고, i를 중괄호 { } 내에서 증가시켜 255가 될 때까지 반복하는 예제이다. for문보다 조금 더 간단하게 구성된다.

3.9 라이브러리

라이브러리는 아두이노가 가진 큰 장점 중 하나이다. 간단한 장치나 알고리즘은 쉽게 설계하고 코딩하지만, 다양한 신호, 인터페이스, 까다로운 조작법 등으로 인해 모든 것을 직접 코딩하기가 쉽지 않은 분야도 있다(예를 들어 GPS 신호의 원시 데이터를 다루는 것).

라이브러리는 이런 문제를 초보 개발자들이 쉽게 접근하여 자유롭게 사용할 수 있도록 만든 함수의 집합으로, 전 세계의 능력 있는 개발자들이 누구든지 쓸 수 있도록 패키지화해 놓은 것이다. 라이브러리는 인터넷에서나 IDE의 라이브러리 항목 검색을 통해 쉽게 구할 수 있으며, 아두이노 공식 웹사이트 내에서도 유용한 라이브러리를 확인할 수 있다(https://www.arduino.cc/en/Reference/Libraries).

가령 EEPROM, Ethernet, GSM, SD, Servo, SoftwareSerial 등은 아두이노 공식 웹사이트에서도 확인할 수 있다. IDE에서는 몇 가지 키워드로도 손쉬운 라이브러리 검색을 지원한다.

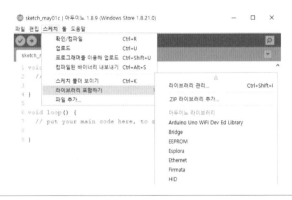

그림 3-53 IDE 내비게이션 #1

아두이노 IDE를 실행한 후 상단 메뉴의 [스케치 – 라이브러리 포함하기] 항목으로 들어가면 **그림 3-54**와 같은 하위 메뉴를 확인할 수 있다. Bridge, EEPROM, …, Wire 등 메뉴 상에서 보이는 하위 항목들은 아두이노 IDE에 포함된 라이브러리들이다. 이외에 독자가 필요한 라이브러리는 다음 그림처럼 '라이브러리 관리' 항목의 '라이브러리 매니저'로 들어가 검색을 통해 내려받을 수 있다.

그림 3-54 IDE 내비게이션 #2

다음은 라이브러리 매니저의 검색창에 'GPS'를 입력하여 관련된 몇 가지 라이브러리를 찾은 결과를 나타내고 있다. 해당하는 라이브러리 화면을 클릭하면 다음 그림과 같이 해당 라이브러리의 버전 정보와 설치용 버튼 메뉴가 표시된다.

그림 3-55 IDE 라이브러리 매니저와 설치화면

그림 3-56은 해당 라이브러리 설치 후 IDE의 메뉴에서 확인되는 해당 라이브러리를 나타내고 있다. 선택했던 'Adafruit GPS Library'가 잘 설치되었음을 보여주고 있다(Adafruit은 아

두이노와 관련된 H/W 및 S/W 회사로, 해당 회사에서 만든 GPS 라이브러리임을 간접적으로 확인할 수 있다).

'라이브러리 포함하기' 메뉴에서 막 가져온 GPS 라이브러리를 클릭하면, IDE에는 다음과 같이 라이브러리가 추가된 결과를 확인할 수 있다. IDE 상에서 클릭 몇 번으로 라이브러리를 가져올 수 있지만, 이미 가져온 라이브러리라면, 수기로 '#include <Adafruit_GPS.h>'를 기입해주는 것이 훨씬 편하다.

그림 3-56 라이브러리 설치 후 IDE 화면

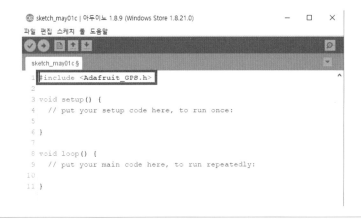

그림 3-57 라이브러리 포함 후

만약 해당 라이브러리를 포함했음을 선언하지 않고 해당 라이브러리 내에서 사용되는 함수 등을 호출하면 에러 메시지가 발생하게 된다.

04장

아두이노 입출력과 스위치

3장에서 IDE 설치부터 스케치 업로드, 트러블 슈팅, 그리고 각종 변수와 함수에 이르기까지 아두이노를 다루기 위한 기본적인 소프트웨어를 알아보았다. 이번 장에서는 센서와 액추에이터를 본격적으로 다루기 전에, 이들을 제어하기 위한 스위치와 신호를 알아보자.

아두이노는 사용자가 설계한 알고리즘과 회로를 이용하여 센서, 액추에이터 등을 제어하여 원하는 결과를 만들어낸다. 가령 센서로 사람의 움직임을 감지하고, 자동문을 개폐하는 액추에이터를 작동시킬 수 있지만, 이를 위해서는 액추에이터를 '작동하게 하는 스위치를 제어'해야 한다. 아두이노는 이러한 스위치를 원활히 제어하기 위해 다양한 신호를 사용하며, 다양한 스위치 중 적절한 스위치를 사용해야만 시제품의 작동성이 보장된다. 이러한 관점에서 독자들이 아날로그 신호와 디지털 신호를 읽거나 출력하는 방법을 익히고, 이를 이용해 제어할 수 있는 각종 스위치를 이해하도록 구성하였다.

4.1 디지털과 아날로그

아두이노를 활용하여 시제품을 만들기 위해 여러 가지 센서와 액추에이터를 사용한다. 이 구성품들은 개발자가 원하는 신호를 아날로그 신호나 디지털 신호로 출력하며, 아두이노를 통해 이 신호들을 해석하고, 이후 어떤 동작을 만들어낼지 결정한다. 이런 신호들을 읽거나 출력하기 위해서는 구성품, 부품별로 그 특성을 고려해서 설계해야 한다. 가령 가변 저항이나 ADXL-335 가속도 센서와 같이 아날로그 출력을 발생시키는 부품들은 analogRead( ) 함수를 사용해야 하므로 아날로그 포트와 연결되어야 한다. 택트 스위치나 초음파 센서와 같이 디지털 출력을 발생시키는 부품들은 pinMode( )와 digitalRead( ) 함수를 사용하며, 모터 제어와 같이 정밀한 제어를 위해 사용되는 PWM 신호는 별도의 디지털 포트를 이용해야 한다.

표 4-1 부품별 사용 함수 요약

	아날로그 부품	디지털 부품
함수	analogRead	pinMode, digitalRead
포트 (우노 기준)	A0~A5	D0~D13

아두이노 관련 서적이나 시제품 제작 관련 웹 포스트를 살펴보면 디지털, 아날로그 관련 이야기를 자주 접하게 된다. 아두이노의 핀 배열도 디지털 핀과 아날로그 핀으로 나누어져 있는 것을 보면 무엇인가 그 내용이 다르다는 것을 짐작하게 된다.

아두이노는 디지털 방식 또는 아날로그 방식으로 데이터 통신을 수행한다. LED를 켜거나, 모터를 구동시키거나, GPS 신호를 받는 것 모두 여기에서 벗어나지 않는다.

우리 주변에서 디지털 방식인 것을 찾는다면 손가락으로 수를 세는 것을 꼽을 수 있겠다. 손가락으로 수를 셀 때는 하나, 둘, 셋, … 손가락을 하나하나 굽혀 꼽는 행동을 하게 된다. 손가락으로 수를 셀 때, '0'과 '1' 외에 그 사이에 있는 값을 계수하기가 쉽지 않다. 그리고 보편적으로 손가락으로 수를 셀 때 그 사이의 값을 가리키는 경우는 거의 없다.

시계는 디지털과 아날로그를 확연하게 표시하는 예시 중 하나이다. 시침이 있는 시계와 숫자를 표시하는 디스플레이가 달린 시계를 생각해보자. 다음 그림은 14시 30분을 나타내고 있는 아날로그 시계와 디지털 시계를 나타내고 있다. 아날로그 시계는 시간의 흐름에 따라 초침과 분침, 시침이 함께 이동한다. 시침과 분침은 14시 30분을 가리키지만, 시계가 지시하는 시간은 계속 이동한다(초침이 연속적으로 변하는 AUTOMATIC 시계라면 더 두드러지게 느낄 것이다).

디지털 시계는 어떠한가? 시, 분, 초를 함께 디스플레이 하는 시계라고 하더라도 해당 시계가 가리키는 최소 시간 단위(분 또는 초)를 벗어난 범위에 대해서는 아날로그 시계와 같은 느낌을 받기가 힘들다. 디지털 시계는 그 변화가 아날로그 시계에 비해서 매우 불연속적이기 때문이다.

그림 4-1 아날로그 시계와 디지털 시계

디지털과 아날로그 개념을 아두이노로 옮겨와서 살펴보자. 전자기기에서는 어떤 양(Quantity)이나 자료를 전기신호로 표현할 때는 대체로 전압의 높낮이를 사용한다. 전압의 높낮이를 이야기할 때 디지털 방식이냐, 아날로그 방식이냐로 나눌 수 있다.

디지털 방식은 전압의 높낮이를 단 두 가지로 표현한다. 마치 손가락을 펴면 '하나'를 세는 것, 굽이면 하나를 빼는 것과 마찬가지 의미이다. 아날로그 방식은 전압의 높낮이를 정해진 단계로 나누어 표현한다. 가령 아두이노는 0 ~ 5V를 1023개의 신호로 나누어 다루고 있다 (6.4.3절의 ADC 참조).

이 내용을 다음 그래프를 사용하여 그려보자. 그래프의 가로축은 시간, 세로축은 전압이다. 세로축의 범위는 0 ~ 5V로 나타내었다. 여기서 또 디지털과 아날로그가 다른 점은 시간 축(가로축) 또한 나누어져 있다는 것이다. 다시 말해서 디지털은 불연속적인 시간을, 아날로그는 연속적인 시간을 사용한다고 보아도 무방하다.

아날로그 신호는 초침이 연속적으로 흐르는 오토매틱 시계처럼 0 ~ 5V를 연속적인 흐름 (세로축)으로 나타내고 있다. 반면 디지털 신호는 0(0V)과 1(5V) 두 가지 상태만을 갖고 불연속적으로(세로축) 나누어 보여주고 있다. 마치 분 이하의 단위는 보여주지 않는 분 단위만 나타내는 디지털 시계를 생각하면 되겠다.

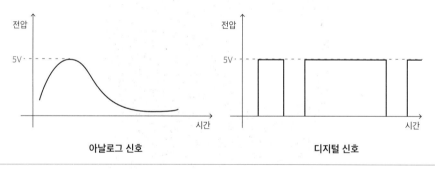

그림 4-2 아날로그 신호 vs 디지털 신호

아두이노의 디지털 핀과 아날로그 핀은 이러한 신호를 출력하는 전용 핀이다(물론 아날로그 핀을 디지털 핀처럼 사용하거나 반대의 경우도 가능하다). 디지털 핀은 D2, D3, D4, … 처럼 핀 이름 첫 글자가 D로 시작하며 그 뒤에 번호가 붙게 된다. 아날로그 핀은 A0, A1, A2, … 처럼 첫 글자가 A로 시작하는 핀들이다.

디지털 포트

디지털 핀에서는 LOW와 HIGH, 또는 0과 1, 또는 0V와 5V(또는 3.3V), 또는 OFF와 ON과 같이 2가지 상태만이 출력된다. 전기적으로 5V(또는 3.3V)와 0V의 상태만이 출력되는 것이 아날로그 신호와의 큰 차이다(디지털 입력 또한 동일한 포트를 통해 이루어짐). 그리고 디지털 입출력은 아날로그 포트(A0~A5)를 이용해서도 가능하다.

디지털 출력은 pinMode( ) 설정과 digitalWrite( ) 함수를 이용해 수행되며, 디지털 입력은 pinMode( ) 설정과 digitalRead( ) 함수를 사용한다.

다음은 setup( ) 함수에서 핀의 용도를 설정해주는 구문이다. pinMode 이후 소괄호( ) 내에 핀 번호와 용도(출력핀이면 OUTPUT, 입력핀이면 INPUT)를 기입한다.

> pinMode(핀 번호, 용도)

센서로부터 데이터를 받아들이는 목적이면 입력(INPUT)으로 설정해주어야 하고, 다음과 같이 LED를 켜고 끄기 위한 목적이면 출력(OUTPUT)으로 설정한다.

> pinMode(D2, INPUT)
>
> pinMode(D3, OUTPUT)

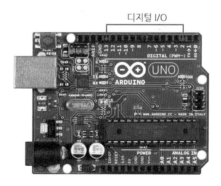

그림 4-3 디지털 입력과 출력 포트

Blink 예제가 있지만, 실제 LED와 저항 하나를 제어하는 예제를 따라 해보자. 다음은 LED를 제어에 디지털 출력을 활용하는 대표적 사례다. 디지털 입력은 뒷장의 스위치 파트에 예제를 배치했다. 세부적인 구문의 의미는 앞으로 천천히 익혀보자.

아두이노 우노와 LED 그리고 150Ω 저항을 다음과 같이 연결해보자. 저항값은 대략 150Ω ~ 330Ω 수준이면 적당하다. 이어서 USB 케이블을 꽂고 우노에 다음 스케치를 업로드해보자. 스케치는 3초간 LED를 점등시키고, 1초간 LED를 소등하는 과정을 반복하도록 구성되어 있다.

| 준비물 | 아두이노 우노, LED, 150Ω 저항, 점퍼선 |

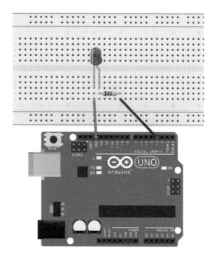

그림 4-4 디지털 출력 활용 LED 제어 예제

예제 4-1　　디지털 출력 활용 LED 제어

```
int LED = 3;  // 아두이노 D3 단자를 LED 제어에 사용
```

```
void setup()
{
 pinMode(LED, OUTPUT);     // 디지털 포트를 출력으로 설정
 digitalWrite(LED, LOW); //LED 초기상태 LOW
}

void loop()
{
 digitalWrite(LED, HIGH) // LED를 3초간 ON
 delay(3000);
 digitalWrite(LED, LOW)    // LED를 1초간 OFF
 delay(1000);
}
```

디지털 포트는 LED를 켰다가 끄는 것처럼, ON 또는 OFF의 상태만 제어할 수 있다. 두 가지 상태는 ON/OFF 외에 HIGH/LOW, 1/0으로도 표현한다.

아날로그 포트

아날로그 포트는 입력과 출력으로 사용할 수 있도록 별도로 구성되어 있다. 아두이노로 아날로그 신호를 입력받을 수 있는 포트는 A0에서 A5 포트, 아날로그 신호를 출력할 수 있는 포트는 D3, 5, 6, 9, 10, 11이다. 아날로그 입, 출력은 0~5V의 범위를 갖는데, analogRead( ) 함수를 사용하면 아두이노에서 0~1023 값으로 변환되어 나타난다(이를 ADC라고 하며 6.4절 가속도 센서 절에서 자세히 다루고 있다). 가령 0V가 입력되면 0을 반환하고, 5V가 입력되면 1023을, 2.5V가 입력되면 512 정도를 반환한다.

아두이노를 활용하여 아날로그 출력을 발생시킬 수 있는데, 이때는 analogWrite( ) 함수를 사용하며 이 또한 전압값으로 출력된다. 특이하게도 아날로그 출력을 위한 포트는 A0~A5가 아닌, 디지털 포트 중 일부인데, 이는 디지털 신호를 이용하여 아날로그 신호를 만들어내는 개념이기 때문이다. 전압값을 1.2V, 4V, 5V 등으로 지정하지 않고, analogWrite( ) 함수처럼 0~255까지 범위의 숫자로 구분하고 있으며 analogWrite( ) 함수를

통해 펄스신호로 출력되는데 이는 5.1.3절의 모터 제어 예제에 더 자세히 나타내었다.

아날로그 I/O

그림 4-5 아날로그 입력과 출력 포트

가변 저항의 출력을 읽어보면 analogRead( ) 함수의 특성을 제대로 이해할 수 있다. 가변 저항은 세 개의 핀을 갖고 있다. 아두이노의 5V 핀과 GND 핀, 그리고 아날로그 입력 포트 A0에 연결한다. 다양한 저항값의 가변 저항이 있으나, 500Ω, 1kΩ, 10kΩ 정도면 어떤 것을 써도 무방하다.

준비물 **아두이노 우노 가변 저항, 점퍼선**

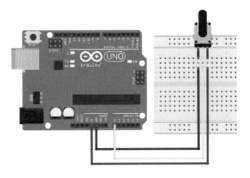

그림 4-6 가변 저항과 analogRead( ) 함수

가변 저항 제어

```
void setup()
{
 Serial.begin(9600);
}

void loop()
{
 Serial.println(analogRead(A0));
 delay(500);
}
```

앞선 예제는 가변 저항의 신호선이 연결된 A0 포트의 전압(0~5V)을 읽어들여 0~1023까지의 값을 500ms 간격으로 반환한다. 가변 저항의 노브를 처음에서 끝까지 돌려보면 0 또는 1023이 출력되며, 노브를 천천히 돌려보면 값이 변하는 것을 확인할 수 있다. 여기서 delay( ) 함수가 사용되었는데 이 명령어는 괄호 내의 숫자(ms)만큼 다음 명령처리를 지연시킨다. 위 예제에서는 500ms 지연 후 A0 포트의 값을 프린트한다.

다음에 그 결과를 나타내었다. 시리얼 모니터를 통해 정확한 수치로 확인하거나, 변화량을 직관적으로 볼 수 있도록 시리얼 플로터를 활용해 그래프로도 확인할 수 있다.

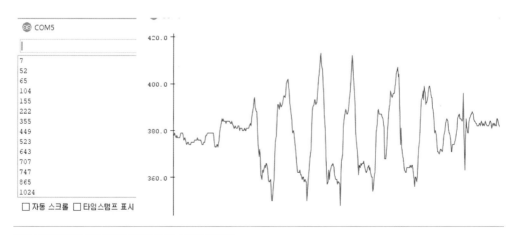

그림 4-7 가변 저항 출력 확인(시리얼 모니터, 시리얼 플로터)

아날로그 포트는 별도의 pinMode( ) 설정을 요구하지 않는다. 다만 아날로그 포트를 디지털 포트로 활용하기 위해서는 pinMode( ) 설정을 해주어야 한다. 다음과 같이 A2 핀을 디지털 출력으로, A3 핀을 디지털 입력으로 전환할 수 있다.

pinMode(A2, OUTPUT)

pinMode(A3, INPUT)

전원, 접지 포트

아두이노는 할당된 전원핀(V_{RAW}, 5V, 3V3 등), 접지핀(GND), 리셋(RST) 핀 등 특수한 포트 외에 D2~D13, A0~A7 등 디지털 또는 아날로그 신호를 입, 출력할 수 있는 범용적인 포트들을 갖고 있다. 이 포트들을 통칭하여 GPIO(General Purpose I/O)라고 하며, 이 포트들을 활용하여 외부 센서, MCU(Micro Contoller Unit, 다른 아두이노), 트랜지스터, 릴레이 등을 제어할 수 있다. 이와 함께 digitalWrite( ) 함수를 이용해 해당 포트를 HIGH 또는 LOW 상태로 만들어주면 전원과 동일한 레벨 또는 접지 레벨과 동일한 레벨도 활용할 수 있다.

예를 들어, 아두이노 우노는 'GND'로 표기된 포트가 3개가 존재하는데, GND 포트가 4개가 필요한 상황이라면 어떻게 해야 할까? 점퍼선과 브레드 보드를 이용해서 하나의 GND 포트를 여러 개로 만드는 방법이 있지만, 브레드 보드가 없는 상황이라면 어떻게 해야 할까? GPIO 포트 중 하나를 digitalWrite( ) 함수로 LOW 상태를 만들어주면 해당 포트를 GND 레벨과 동일한 포트로 사용할 수 있게 된다. 이는 HIGH 상태의 포트와 전원, 그리고 LOW 상태의 포트와 접지 레벨이 각각 같은 노드이기 때문이다.

예제 4-3 **GPIO의 활용**

```
void setup()
```

```
{
  pinMode(A0, OUTPUT); //A0 핀을 출력으로 설정
  pinMode(D2, OUTPUT); //D2 핀을 출력으로 설정
}

void loop()
{
  digitalWrite(A0, HIGH); //A0 핀 출력을 HIGH로 설정 (5V 출력)
  digitalWrite(D2, LOW); //D2 핀 출력을 LOW로 설정 (0V 출력)
}
```

앞의 코드는 A0핀과 D2핀을 출력(OUTPUT)으로 설정하고, 각각 HIGH 상태와 LOW 상태로 만들어주는 과정을 나타내고 있다(A0핀과 D2핀은 임의로 선정). MCU 작동전압이 5V인 모델(우노, 나노 등)은 HIGH 상태에서 5V 레벨을 출력하고, MCU 작동전압이 3.3V인 모델(프로 미니 3.3V 모델)은 HIGH 상태에서 3.3V 레벨을 출력한다. LOW의 경우에는 모두 접지 레벨(0V)을 출력한다(엄밀히 말해서는 MCU 작동전압이 아닌, 해당 보드의 레귤레이터 출력전압임).

GPIO를 전원으로 활용하는 데 있어서 한 가지 주의해야 할 점은 모든 GPIO의 전류는 40mA 수준으로 제한된다는 것이다. 즉 LED나 전류 소모가 적은 센서를 켜고 끄는 것은 문제없으나, 전류를 많이 사용하는 소자를 사용하게 되면 작동하지 않거나 오작동하는 등 문제가 발생할 소지가 있다.

4.2 풀업, 풀다운과 플로팅

앞서 digitalWrite( ) 함수로 LED를 켜고 끄는 예제를 보았다. 이번에는 외부의 스위치 입력에 따라 LED를 켜고 끄는 예제를 다루어 본다. digitalWrite( ) 함수와 반대의 개념인 digitalRead( ) 함수는 LOW 또는 HIGH(0 또는 1) 입력을 읽어 들이는 역할을 하며, 스위치에 연결하여 스위치의 켜짐과 꺼짐을 판단한다.

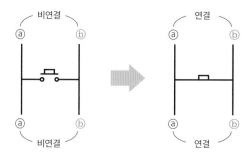

그림 4-8 택트 스위치 내부 구조

택트 스위치는 이러한 예제에 최적화된 스위치 중 하나이다. 택트 스위치는 상부의 스위
치 버튼과 함께 하부에 네 개의 핀을 갖고 있다. 네 개의 핀 중 한 면에 할당된 두 개의 핀
(a‒a)이 서로 연결되어 있고, 반대 면의 두 개 핀(b‒b)이 서로 연결되어 있다. 스위치가 눌러
지면 각 면의 핀(a‒b)들이 연결되는 방식이다.

| 준비물 | 아두이노 우노, 택트 스위치 |

이 스위치를 아두이노로 가져와 보자. 다음은 스위치의 열림과 닫힘(회로의 연결과 차단)을
알기 위한 회로도이다. D3 핀에 택트 스위치가 연결되어 있고, 반대편에 5V 전원이 연결되
어 있다. 스위치가 닫히면 회로가 연결되어 D3 핀에는 5V가 인가된다. 즉 HIGH 신호로 판
단하게 된다.

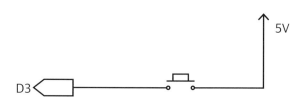

그림 4-9 간략 회로

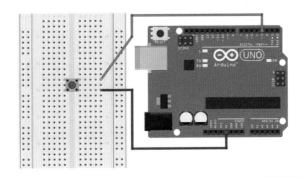

그림 4-10 아두이노 우노- 스위치 연결 회로

다음 코드는 택트 스위치로 인가되는 신호가 HIGH이면 시리얼 모니터에 "HIGH" 문자를 출력하고, LOW이면 시리얼 모니터에 "LOW" 문자를 출력하는 스케치다.

예제 4-4   **택트 스위치 활용**

```
const int Switch = 3;
int buttonState = 0;

void setup()
{
 Serial.begin(9600);
 pinMode(Switch, INPUT);
}

void loop()
{
 buttonState = digitalRead(Switch);

 if (buttonState == HIGH)
 {
  Serial.println("HIGH");
 }
```

```
else
{
Serial.println("LOW");
  }
}
```

택트 스위치를 누른 후(스위치 닫힘) 실행결과를 확인해보면, HIGH 문자가 출력되는 것을 확인할 수 있다.

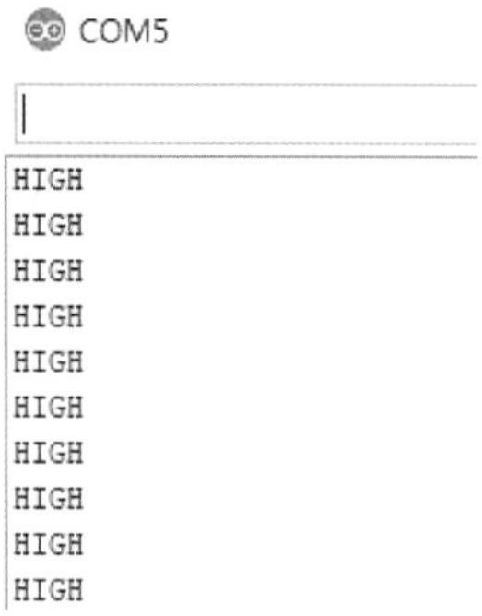

그림 4-11 실행결과(스위치 닫힘)

스위치를 다시 눌러 열림 상태로 만들면 어떨까? 회로를 살펴보면 스위치가 열린 상태에서 D3 핀은 그 어디에도 연결되어 있지 않다. 이는 회로에 아무것도 연결되지 않은 상태, 즉 0V나 LOW 상태가 아닌 개방(Open)된 상태임을 의미한다. 이 상태에서는 주변회로의 전기적 흐름이나 정전기 등에 의해서 입력값이 HIGH나 LOW 그 어떤 임의의 값으로 바뀔 수 있는데, 이러한 상황을 플로팅(Floating) 상태라고 이야기한다. 시리얼 모니터에서도 다음과 같이 LOW와 HIGH, HIGH와 LOW를 복잡하게 오가며 일정하지 않은 값이 출력된다. 플로팅 상태에 있기 때문에 발생하는 현상으로, 불안정한 결괏값을 보인다.

COM5

LOW
HIGH
LOW
LOW
HIGH
LOW
LOW
HIGH
LOW
LOW
HIGH

그림 4-12 실행결과(스위치 열림)

플로팅에 대해서 조금 더 살펴보자. 다음 그림은 전등을 켜기 위한 스위치의 상태를 나타내고 있는데, 여기에는 켜짐(ON)과 꺼짐(OFF) 두 가지밖에 존재하지 않는다. 만약 스위치가 중간에 멈춰 서면 어떨까? 이런 경우는 켜짐도 꺼짐도 아닌 상태가 될 수 있다. 이때는 전등이 켜질지 꺼질지 알기 어려운 상태다.

다시 말해서 1도 아니고 0도 아닌 애매모호한 상태를 말하는데, 이때 불안정한 값이 입력된다. 전기적으로 이런 상태와 유사한 것이 플로팅이다. 사전적으로 '떠 있는 상태'의 의미가 있다. 이도 저도 아니므로 부르는 이름이며, 불확실성을 뜻하기도 한다. 이는 회로의 작동 신뢰성과 연관되므로 불확실성을 최소화하기 위해 달아주는 것이 풀업, 풀다운이다. 이들은 스위치가 중간에 멈추지 않도록 ON 상태와 OFF 상태를 확실히 유지해주는 역할이라 보면 되겠다.

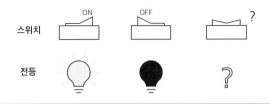

그림 4-13 스위치 모델

그럼 플로팅없이 스위치를 연결하는 방법은 어떤 것이 있을까? 우리는 풀업 저항이나 풀다운 저항을 배치하여 회로의 개방 상태를 피해갈 수 있다.

택트 스위치를 아두이노와 연결하는 방법은 크게 두 가지 정도로 요약된다. 첫 번째는 5V 라인이나 I/O 핀에 풀업 저항을 연결하거나, GND 라인이나 I/O 핀에 풀다운을 배치하여 스위치 작동 유무를 살피는 것이다.

다음 그림에서 풀업 저항과 풀다운 저항을 배치하여 재구성한 회로이다. 풀업(Pull Up)과 풀다운(Pull Down)이라 부르는 이유는, 스위치로 인가되는 신호가 허튼짓하지 못하도록 각각 상대적으로 높은 위치에 있는 곳에(5V) 저항을 매달아두거나 낮은 위치(0V)에 묶어준다는 의미가 있다. 아래 풀업 회로에서 스위치가 열려있을 때는 D3 단자에 5V 전압이 그대로 걸리지만, 스위치가 닫히게 되면 D3 단자는 접지와 동일한 레벨이 된다. 풀다운 회로에서는 이와 반대로 구성되는데, 스위치가 열려있을 때는 D3 단자의 전위는 GND와 동일하지만, 스위치가 닫히게 되면 D3 단자는 5V와 동일한 레벨이 된다.

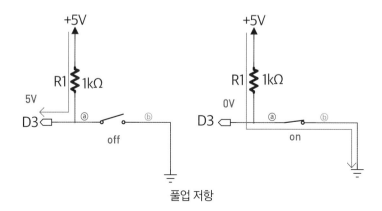

풀업 저항

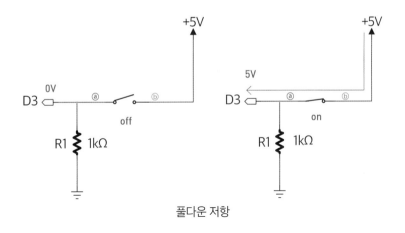

+5V   +5V

0V   5V

D3   ⓐ   ⓑ   D3   ⓐ   ⓑ

off   on

R1 ⌇ 1kΩ   R1 ⌇ 1kΩ

풀다운 저항

그림 4-14 풀업, 풀다운 저항과 스위치 작동에 따른 입력

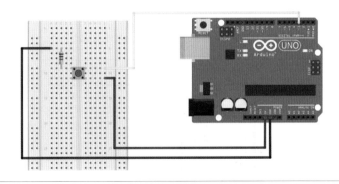

그림 4-15 풀업 저항과 스위치 연결 회로

이제 아두이노 우노와 택트 스위치, 그리고 풀업 저항(보통 수 kΩ ~ 수십 kΩ) 이번 예제에서 는 10kΩ 저항을 사용해서 연결했다. **예제 4-4**를 동일하게 적용해도 플로팅 현상은 발생하 지 않음을 확인할 수 있다. 스위치가 눌리면 5V 전원이 풀업 저항을 거쳐 디지털 포트에 연 결되고, 스위치가 열리면 0V에 바로 연결되기 때문이다.

표 4-2 풀업, 풀다운에 따른 입력 상태

	풀업 저항 상태	풀다운 저항 상태
스위치 off	HIGH(1)	LOW(0)
스위치 on	LOW(0)	HIGH(1)

　이번에는 풀업 저항을 달지 않고 택트 스위치 입력에 따라 우노의 LED를 밝히는 예제를 구현해보자. 사실 외부에 달린 풀업이 없을 뿐이지, 아두이노 내부의 풀업 저항을 활용하겠다는 취지이다. 코드만 조금 바꾸어주면 간단한 회로에서는 조금 더 편리하게 내부 풀업 저항을 활용할 수 있다. setup( ) 함수에서 다음과 같이 pinMode( ) 설정을 조금 변형해주면 내부 풀업 저항이 연결된다.

pinMode(핀 번호, INPUT_PULLUP);

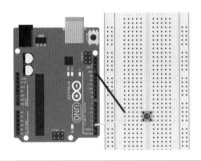

그림 4-16 택트 스위치로 LED ON/OFF

예제 4-5 　　내부 풀업 저항 활용

```
void setup()
{
 Serial.begin(9600);
```

```
  pinMode(3, INPUT_PULLUP);
  pinMode(13, OUTPUT);
}
void loop()
{
  if (digitalRead(2) == HIGH)
  {
    digitalWrite(13, LOW);
  }
  else
  {
    digitalWrite(13, HIGH);
  }
}
```

앞의 예제는 D3 핀이 HIGH일 때, 즉 택트 스위치가 눌리지 않았을 때 우노 보드의 LED(D13)를 OFF하고, 스위치가 눌러졌을 때 ON 하는 과정을 반복한다.

INPUT_PULLUP은 외부 풀업 저항 없이 아두이노 내부 풀업 저항(Internal Pull-up)을 활용하는 방법이다. 5V에 연결된 20kΩ 내부 풀업이 D3 핀에 연결되고, 이는 택트 스위치와 연결되기에 마치 풀업 저항을 달아놓은 것과 동일한 효과를 얻는다. 이렇듯 간단한 회로에서는 내부 풀업을 적절히 활용하는 것이 수월성 면에서 좋으나, 별도로 지정된 풀업 저항값이 있는 소자를 사용해야 할 때는 외부 풀업을 사용해야 한다.

4.3 여러 가지 스위치

지금까지 아두이노의 입출력을 구성하고 있는 아날로그 포트와 디지털 포트에 관해 알아보았고, 해당 포트로 아날로그 신호와 디지털 신호를 입력받거나 출력하는 예제를 다루어보았다. 아두이노는 전원, 센서 신호, 모터의 제어 명령 등을 전달하고 처리하는 역할을 하는데, 그 결정 과정에 스위치가 있다. 전원 스위치, 센서 작동 스위치, 모터 제어 명령 전달 스위치 등이 그것이다.

스위치라 하면 가깝게는 가정의 실내등을 켜고 끄는 전등 스위치, TV의 전원을 켜고 끄는 리모컨 등 주변에서 여러 가지 종류를 볼 수 있다. 이들은 켜짐과 꺼짐, 열림과 닫힘 동작을 통해 전자회로의 연결과 차단을 수행한다는 공통점을 갖고 있다.

스위치는 슬라이드 스위치, 토글 스위치 등과 같이 대체로 사람의 손으로 켜고 끄는 기계적 동작으로 작동하는 스위치와 트랜지스터, 릴레이와 같이 전기적 스위칭에 의해 ON/OFF 되는 전기적 스위치로 나누어진다. 전원 ON/OFF나 사람의 손이 필요한 부분에는 기계적 스위치를 이용하고, 자동화된 스위칭이 필요한 경우에는 아두이노와 같은 마이크로컨트롤러로 전기적 스위치를 제어한다. 가령 마이크로컨트롤러는 센서의 측정값을 통해 트리거 신호를 발생하고, 이 신호를 통해 전기적 스위치를 제어해서 액추에이터를 동작하는 구성이다.

센서를 활용한 어떤 시스템의 작동 과정을 살펴보면 대체로 다음과 같은 구성을 갖는다.

- 물리적 입력을 센서로 측정
- 측정값을 MCU로 판단
- 액추에이터 구동

다시 말해서 이는 '해당 시스템에 물리적 입력으로 액추에이터가 구동하는 것을 목적으로 한다'고 볼 수 있는데, 이 액추에이터의 종류, 특성이 제각각이라 MCU 자체로 구동시키는 데 한계가 있다. 아두이노 아날로그, 디지털 포트 하나당 최대 출력전류는 40mA로 모터를 구동시키거나 충분한 밝기로 LED를 밝히기에 부족한 수준이다. 이러한 점을 보완하기 위해 MCU만으로 구동 가능한 전기적 스위치를 작동시키고, 전기적 스위치는 보다 대용량의 액추에이터를 구동시키는 구성을 일반적으로 하고 있다. 물론 센서나 MCU의 ON-OFF를 위한 스위치로도 활용된다. 이런 목적으로 사용되는 전기적 스위치로 트랜지스터와 릴레이가 있다.

전기적 스위치는 MCU의 기능을 보완하는 목적 외에도 전기적 작동이 아닌 다른 힘에 의해 작동되도록 적용할 수 있다. 가령 영구자석과 같은 강자성체가 다가왔을 때 ON-OFF 동작을 하는 마그네틱 스위치가 이 경우다.

기계적 스위치는 외부의 기계적 ON-OFF 동작을 통해 전기적 스위칭을 수행한다. 주변의 전자기기에서 쉽게 볼 수 있는 스위치로 슬라이드 스위치(Slide Switch), 토글 스위치(Toggle Switch), 택트 스위치(Tact Switch), 마이크로 스위치(Micro Switch) 등이 있다. 이들은 궁극적으로 전기적, 기계적 동작에 의해 전기적으로 회로를 연결하는 역할을 수행한다는 공통점이 있다.

다음 그림은 기계적 스위치와 전기적 스위치가 잘 조합된 사례를 나타내고 있다. 기계적 스위치가 눌러지면 배터리 전원이 아두이노와 모터에 연결되고, 아두이노는 모터에 제어 명령(전기적 스위치)을 내려 모터의 회전을 제어하는 구성이다.

스위치는 단순한 장치 전원 ON-OFF 동작을 넘어 센서, 액추에이터의 동작 제어를 수행하는 핵심 구성품이다. 홈 오토메이션, 사물 인터넷 등 외부에서 집과 사무실의 전자기기를 제어하는 것도 통신을 활용한 스위치 제어 개념이다.

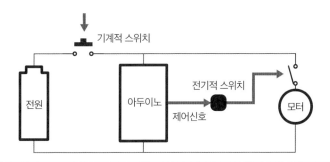

그림 4-17 전기적 스위치와 기계적 스위치

릴레이

강전(强電)과 약전(弱電), 또는 중전(重電)과 약전이란 표현이 있다. 발전소, 변전소, 고압 전동기 등을 다루는 강한 전기의 영역과 전자회로, 통신, 제어처럼 상대적으로 약한 전기의 영역을 구분하는 말이기도 하다. 상대적이긴 하지만, 강전은 인체에 치명적인 수준, 약전은 치명적이지 않은 수준 정도로 구분하기도 한다.

아두이노 예제에서 다루고 있는 택트 스위치나 작은 트랜지스터가 약전의 영역 내에서의 스위치라면, 릴레이는 약전과 강전을 이어주는 전기적 스위치이다. 릴레이는 주로 가정의 220V 전원이나 수십 수백 V의 전원을 제어하고자 할 때 쓰이는 부품으로 전등, 선풍기, 에어컨 등 전기제품을 켜고 끄는 스위치로 사용된다.

다음은 일반적인 전자기식 릴레이의 내부 구조를 나타내고 있다. 전자기식 릴레이는 1번 ~2번 핀을 이어주는 스위치 기능을 수행하고, 이 스위칭 기능을 3번~4번 핀 사이의 코일이 맡는다. 코일에 전원을 공급하면 코일은 전자석이 되어 자성을 띠게 된다. 이어 1번~2번 핀 간의 스위치를 끌어당겨 ON 상태로 만드는 원리이다. 제어 신호를 인가하여 릴레이를 구동시켜보면 동작 순간 '딸깍'거리며 접점이 붙는 소리를 확인할 수 있다.

그림 4-18 릴레이 내부 모델

릴레이 내부 스위치의 개수, 접점에 연결된 상태에 따라 여러 가지로 분류되며 이를 **그림 4-19**에 나타내었다. 기본적으로 하나의 입력과 하나의 출력을 하는 릴레이, 하나의 입력과 둘의 출력을 하는 릴레이가 있다. 릴레이는 접점의 상태에 따라 세 가지로 나뉘는데, 전원 인가 전 접점이 OFF 상태인 릴레이를 A 접점(Arbeit Contact) 또는 노말 오픈(Normal Open, NO)

타입이라고 한다. 이는 전원이 인가되지 않았을 때 각 접점이 떨어져 있기에(오픈 상태) 불리는 이름이다. 그리고 전원이 인가되지 않아도 상시로 ON 상태를 유지하는 릴레이를 B 접점(Break Contact) 또는 노말 클로즈(Normal Close, NC) 타입이라 부르며, 두 개의 접점 중 하나에 연결된 릴레이를 C 접점(Chang-over Contact)이라 부르는 등 접점의 형태에 따른 분류로도 나뉜다. 만들고자 하는 시제품의 전기적 특성에 따라 취사선택하도록 한다.

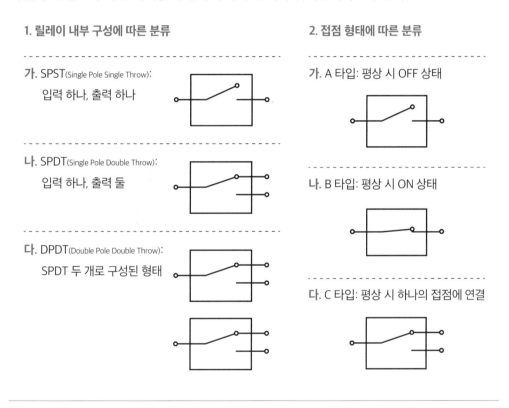

1. 릴레이 내부 구성에 따른 분류

가. SPST(Single Pole Single Throw):
입력 하나, 출력 하나

나. SPDT(Single Pole Double Throw):
입력 하나, 출력 둘

다. DPDT(Double Pole Double Throw):
SPDT 두 개로 구성된 형태

2. 접점 형태에 따른 분류

가. A 타입: 평상 시 OFF 상태

나. B 타입: 평상 시 ON 상태

다. C 타입: 평상 시 하나의 접점에 연결

그림 4-19 릴레이의 분류

이제 릴레이와 digitalWrite( ) 함수를 사용하여 아두이노 자신의 전원을 제어해보자. 이번 예제는 아두이노의 디지털 포트로 전원을 제어할 수 있다는 것을 보여주는 데 의미가 있으며, 이 예제를 응용해서 외부의 전원, 신호를 제어하는데 사용할 수 있다. 릴레이는 강전 제어에 활용할 수 있어 220V 전원과 전구 제어 예제 등을 사용할 수 있지만, 위험성 때문에 9V 수준의 예제를 사용하였다.

| 준비물 | 아두이노 우노, F-F 점퍼선, 릴레이(5V), 9V 배터리 |

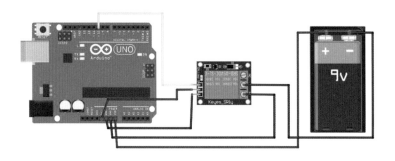

그림 4-20 전원 제어회로

다음은 아두이노와 릴레이를 이용하여 아두이노의 전원을 제어하는 예제이다. **그림 4-20**의 회로를 살펴보면, 릴레이 입력부의 V_{CC} 단자에 아두이노의 5V 전원을, GND 단자는 아두이노의 GND를 연결한다. 릴레이 제어용 전원은 5V, 12V 등 여러 사양이 있으며, 아두이노의 digitalWrite( ) 함수로 릴레이를 제어하기 위해서는 5V 모델을 고르도록 한다. IN 단자에는 디지털 출력단자를 연결한다. IN 단자는 제어 신호 단자를 의미하는데 제조사나 모델별로 IN, SIG 등 조금씩 다르게 표기되어 있다.

9V 배터리의 +극은 아두이노의 V_{IN} 단자와 연결하고, −단자를 릴레이 모듈의 NC(Normal Close) 단자에 연결, 릴레이의 COM 단자를 아두이노의 GND와 연결한다.

릴레이에 전원이 인가되지 않은 상태에서는 9V 전지의 −단자가 연결되고, 전원이 인가된 후 신호선으로 HIGH 신호가 들어오면 −단자가 개방된다. 즉, 이 회로는 아두이노의 디지털 출력에 따라 COM-NC 단자의 접점의 연결과(Short) 떨어짐(Open)으로 9V 전지의 −선 연결을 제어한다.

다음 예제를 아두이노 우노에 업로드하자. D2 단자를 통해 3초 간격으로 릴레이를 제어하여 우노의 전원을 On/Off 시키는 내용이다.

예제 4-6 　　아두이노 우노 전원 제어

```
int Dout=2;

void setup()
{
  Serial.begin(9600);

  pinMode(Dout, OUTPUT);
  digitalWrite(Dout, LOW);
}

void loop()
{
  digitalWrite(Dout, LOW);
  delay(3000);
  Serial.print("Dout is LOW");

  digitalWrite(Dout, HIGH);
  delay(3000);
  Serial.println("Dout is HIGH");
}
```

스케치가 업로드되면 아두이노는 릴레이 신호선에 LOW 신호를 준다. 노말 클로즈 단자는 LOW 신호에 상태가 바뀌지 않으므로 초기상태와 달라지는 점은 없다. 이어 신호선으로

HIGH 신호가 인가되면, 릴레이의 연결 상태가 바뀌며 접점이 바뀌는 소리가 들린다. 이때 우노의 GND 선에 연결된 전지의 -선(COM-NC)이 개방되며 우노의 전원이 차단된다.

우노의 전원이 차단되면 digitalWrite( ) 함수 또한 제 기능을 하지 못하므로 릴레이의 접점 또한 원래 상태(COM-NC 간 연결)로 돌아가고, 우노에는 전원이 다시 들어오게 된다.

이번 예제에서는 1채널짜리 릴레이 모듈을 사용했다. 릴레이는 1채널짜리 외에도 2채널, 4채널, 8채널, 16채널 등 패키지 형태의 모델이 있으며, 적용되는 장치가 많으면 다채널을 선택하자. 1채널 릴레이를 사용하는 것보다 다채널을 사용하는 경우에는 신호선 외에 전원과 접지선을 각각 한 개의 선으로 구성할 수 있어 배선에 유리하다.

그림 4-21 다양한 채널을 갖는 릴레이

트랜지스터

릴레이는 강전의 영역을 제어하고, 각 접점의 특성을 활용할 수 있었다. 약전의 영역에서는 트랜지스터가 유사한 역할을 수행하는데, 실제 아두이노를 활용한 시제품 제작 등에서는 릴레이보다 트랜지스터가 더 빈번하게 사용된다. 릴레이보다 훨씬 작고 전기적 제어가 쉽기 때문이다.

트랜지스터의 중요한 역할 중 하나는 전원에 연결된 전자 소자를 MCU에서 제어할 수 있는 미약한 전류로 켜고 끄는 전기적 스위치이다. 다소 약한 전류 영역인 MCU로 비교적 강한 전원을 제어하는 것이다.

트랜지스터는 전류 증폭 기능과 스위칭 역할을 수행하며, 크게 BJT(Bipolar Junction Transistor)와 MOSFET(Metal Oxide Semiconductor Field Effect Transistor)으로 나누어진다. 우리는 스위칭 역할에 초점을 맞추고, 동작 방식은 BJT, MOSFET 모두 비슷하므로 범용적으로 적용되는 BJT를 중심으로 살펴보도록 한다.

사실 트랜지스터와 관련된 이론적인 내용과 세부적인 사항은 이 책에서의 범위가 아니므로 다루지 않는다. 이를 위해서는 책 한 권으로도 모자라므로 웹상에 공개된 많은 자료가 있으니 참조하도록 하자. 여기서는 BJT 중에서도 범용적으로 많이 적용되는 NPN 타입을 위주로 살펴본다.

트랜지스터는 TR로 줄여서 부르기도 하며, 회로 내에서의 기호는 Q를 사용한다. 다음 그림에 NPN, PNP 타입의 트랜지스터와 그 기호를 나타내었다.

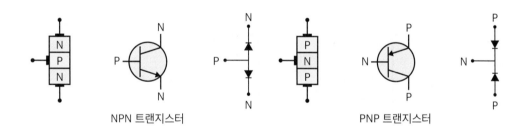

NPN 트랜지스터   PNP 트랜지스터

그림 4-22 NPN, PNP 타입 트랜지스터

트랜지스터는 3개의 핀을 갖고 있다. NPN 타입 트랜지스터의 경우, 하나는 전원에 (Collector), 하나는 접지에(Emitter), 또 하나는 MCU 등 스위칭 신호선에(Base) 연결된다. MCU는 MCU의 아날로그 또는 디지털 포트에서 출력되는 신호로 전원(Collector)과 접지 (Emitter)를 연결, 회로가 동작하도록 한다.

NPN 타입은 Base에 +극, 즉 MCU 신호선을 통해 HIGH 신호를 인가하면 턴 온(Turn-on)
되고, PNP 타입은 Base에 −극, 즉 MCU 신호선을 통해 LOW 신호를 인가하면 턴 온 된다.
턴 온이란 +극과 −극이 연결되도록 트랜지스터를 작동시키는 것을 의미한다. 턴 온과 턴 오
프 상황을 회로를 그려가며 살펴보면 다음과 같다.

기본적인 원리와 작동 모델은 다음과 같다. 베이스에 저항 하나를 연결하고(보통 수백 Ω)
digitalWrite( ) 함수로 LOW 또는 HIGH 신호를 인가하여 턴 오프, 턴 온 상태를 만든다. 베
이스를 전압에 의해 작동하는 스위치라고 생각해보면, 턴 오프 시에는(LOW 상태) 스위치 연
결이 되지 않아 콜렉터와 에미터가 서로 연결되지 않는다. 다시 말해서, 우노의 디지털 출력
이 LOW이면(**그림 4-23** 왼쪽) TR이 턴 오프되어 회로의 연결이 끊긴다. 반대로, 턴 온 시에
는(HIGH) 베이스 전압에 의해 스위치가 콜렉터-에미터를 연결하여 회로를 도통시킨다. 즉,
우노의 디지털 출력이 HIGH가 되면(**그림 4-24** 오른쪽) TR이 턴온되어 회로가 연결됨을 의
미한다.

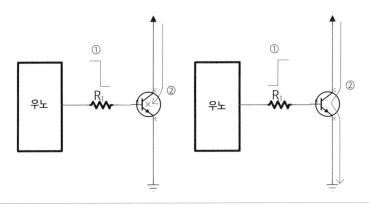

그림 4-23 트랜지스터의 턴 오프, 턴 온 모델

이제 NPN 타입의 BJT를 이용하여 릴레이를 제어하는 기능을 만들어 보자. 코드는 릴레
이의 것과 동일하다.

아두이노 우노, F-F 점퍼선, 릴레이 모듈, 2SC1815(또는 동등 트랜지스터), 300Ω, 1kΩ 저항 9V 배터리

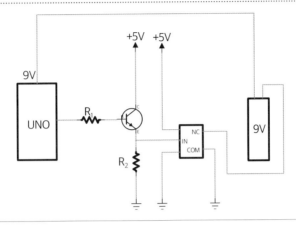

그림 4-24 트랜지스터-릴레이 제어 회로도

아두이노 우노의 D2 핀은 300Ω 저항을 거쳐 2SC1815 트랜지스터의 베이스에 연결된다. NPN 타입 트랜지스터의 베이스는 릴레이의 신호선(IN, SIG 등)과 유사하다. 2SC1815의 콜렉터는 5V에, 에미터는 1kΩ 저항을 거쳐 접지에 연결된다. 그리고 에미터에 연결된 1kΩ 저항이 릴레이의 신호선에 연결되어 있다. 참고로 2SC1815 대신 2222A 트랜지스터도 많이 사용된다. 에미터, 콜렉터, 베이스의 핀 배치를 확인하고 전원을 인가하자. 다음에 2SC1815와 2222A의 핀 맵을 나타내었다. 구글에서 해당 소자의 이름을 검색하면 데이터 시트를 확인할 수 있으며 이 데이터 시트에는 해당 소자의 전기적 특성(입력-출력, 저항, 온도에 따른 출력 등), 물리적 사양 등이 명시되어 있다.

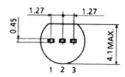

1. EMITTER
2. COLLECTOR
3. BASE

TO-92
1. Emitter 2. Base 3. Collector

그림 4-25 2SC1815와 2222A의 핀 맵(소자별 데이터 시트)

트랜지스터가 작동하지 않을 때는 LOW 상태가, 트랜지스터가 작동할 때는 HIGH 신호가 인가되어 릴레이를 작동시키고, 이때 9V 배터리의 −단자가 차단되어 아두이노 우노가 꺼지게 된다. 5V 전원은 아두이노 내부의 레귤레이터를 통해 공급되므로, 이미 차단된 9V 전원 때문에 5V 전원마저 차단된다. 릴레이에 전원이 공급되지 않으므로 NC 단자와 COM 단자는 다시 연결 상태가 되고, 9V 전원이 우노와 우노의 레귤레이터로 공급된다. 그리고 3000ms 후 다시 앞선 상황이 반복된다.

예제 4-7   릴레이 제어

```
int Dout=2;

void setup()
{
  Serial.begin(9600);
  pinMode(Dout, OUTPUT);
  digitalWrite(Dout, LOW);
}

void loop()
{
  digitalWrite(Dout, LOW);
```

```
  delay(3000);
  Serial.print("Dout is LOW");
  digitalWrite(Dout, HIGH);
  delay(3000);
  Serial.println("Dout is HIGH");
}
```

다음은 NPN 타입 트랜지스터를 전기적 스위치로 활용하는 간단한 예제를 나타내고 있다. 콜렉터 단과 전원 사이에 풀업 저항을 배치하고 저항 아래에 출력단(Vout)을 뽑아내었다. 아두이노의 디지털 출력단자(Dout)의 상태가 LOW이면 트랜지스터는 턴 오프 상태가 유지되고, 출력단 Vout에는 전원(V_{CC}) 전압이 그대로 출력된다. 반대로 디지털 출력단자의 상태가 HIGH이면 트랜지스터는 턴 온 상태로 전환되고, 출력단 Vout은 접지와 전위가 같아져 0V가 출력된다.

아두이노의 출력이 LOW에서 HIGH로 바뀌면 작동하는 것, 즉 출력단자 기준으로 HIGH에서 LOW로 바뀌는 경우를 가리켜 액티브 로우(Active Low)라고 한다. 물론 목적에 따라 Active HIGH, Active LOW 등으로 구성할 수 있다.

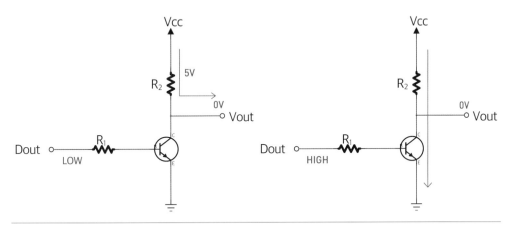

그림 4-26 NPN 사용사례(풀업, 액티브 로우)

다음 그림에서는 풀다운 저항을 적용한 회로를 나타내었다. 이 경우에는 동일한 디지털 출력에 대해 **그림 4-26**과 반대의 결과를 얻을 수 있는데, Dout의 상태가 LOW이면 트랜지스터는 턴 오프 상태이므로 Vout에서는 0V가 출력된다. Dout이 HIGH를 출력하면 트랜지스터는 턴 온 상태로 전환되고, Vout에는 저항에 인가된 V_{CC} 전압이 출력된다.

아두이노의 출력이 HIGH에서 LOW로 바뀌면 작동하는 것, 즉 출력단자 기준으로 LOW에서 HIGH로 바뀌는 경우를 가리켜 액티브 하이(Active High)라고 한다. 이처럼 트랜지스터를 활용하면 아두이노의 디지털 출력 신호를 전원 레벨에 맞게 증폭하여 출력할 수 있으며, 풀업 저항과 풀다운 저항을 이용하여 디지털 출력 신호에 따른 결괏값을 조정할 수 있다.

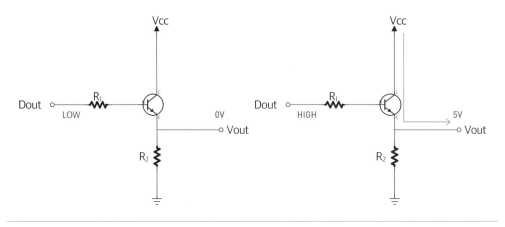

그림 4-27 NPN 사용사례(풀다운, 액티브 하이)

이를 실제 아두이노에 연결하여 시리얼 모니터를 통해 확인해보자. **그림 4-28**에 액티브 로우 구동 회로를 나타내었다. 전원은(5V) 저항과 LED를 거쳐 콜렉터로 연결되며, 저항 아랫단에 Vout 뽑아내어 D3에 연결하였다. 우노의 Dout(D2) 단자에서는 1초 간격으로 HIGH LOW 신호가 반복된다.

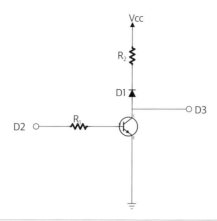

그림 4-28 액티브 로우(Active LOW) 회로

디지털 출력 제어

```
int Dout=2;
int Vout=3;

void setup()
{
  Serial.begin(9600);

  pinMode(Dout, OUTPUT);
  pinMode(Vout, INPUT);
  digitalWrite(Dout, LOW);
}

void loop()
{
  digitalWrite(Dout, LOW);
  delay(1000);
  Serial.print("Dout L, Vout=");
  Serial.println(digitalRead(Vout));
  digitalWrite(Dout, HIGH);
  delay(1000);
```

```
  Serial.print("Dout H, Vout=");
  Serial.println(digitalRead(Vout));
}
```

시리얼 모니터를 통해 실행결과를 살펴보면, **그림 4-29**와 같이 Dout이 LOW일 때 Vout이 1(HIGH), 그리고 Dout이 HIGH일 때 Vout은 0(LOW)를 출력함을 알 수 있다. 회로가 정상적으로 동작하는지 LED를 통해서도 확인할 수 있다.

그림 4-29 실행결과

액티브 하이 회로에 대해서도 살펴보자. **그림 4-30**과 같이 BJT의 에미터에 풀다운 저항과 LED를 배치하고 접지로 연결하였다. D3 단자와 연결되는 Vout은 풀다운 저항 전단에서 뽑아냈으며, D2 단자에서는 1초 간격으로 HIGH LOW 신호가 반복된다.

그림 4-31에 시리얼 모니터로 출력되는 실행결과를 나타내었으며, 앞서 살펴본 액티브 로우 회로와 반대 결과를 갖는다는 것을 확인할 수 있다.

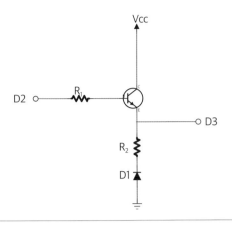

그림 4-30 액티브 하이(Active HIGH) 회로

그림 4-31 실행결과

살펴본 바와 같이 BJT는 각 단이 연결되는 부분에 따른 전기적 특성에 따라 사용 방법과 그 결과를 달리 할 수 있다. 아두이노의 I/O 포트에서 출력되는 미약한 신호로도 전원 신호를 제어할 수 있다는 장점이 있으며, 1 또는 0 그 어떤 상태도 아닌 플로팅 상태를 최소화할 수 있다.

자기적 스위치와 기계적 스위치

앞서 살펴본 스위치들이 전기적 특성 변화로 작동하는 스위치라면, 자기적인 변화나 기계적인 움직임에 의해 변하는 스위치들도 있다. 전자는 리드 스위치(Reed Switch), 후자는 슬라이드 스위치(Slide Switch), 택트 스위치(Tact Switch), 토글 스위치(Toggle Switch), 마이크로 스위치(Micro Switch) 등으로 각각 자기적 변화와 기계적인 움직임에 의해 ON/OFF 작동을 수행하는 스위치들이다.

■ 리드 스위치

리드 스위치는 자기적으로 스위칭을 수행한다. 전기적 신호 없이 자기적인 상태 변화만으로 회로의 연결과 차단을 수행하기에 대체로 동적인 특성을 갖는 기구와 함께 사용된다.

리드 스위치는 양 단자와 단자 사이의 접점, 접점을 둘러싼 유리관, 그리고 유리관 내에 채워진 비활성 가스로 이루어져 있다. 접점은 양 단자의 탄성에 의해 떨어져 있는데, 접점 인근으로 자성을 띄는 물체를 가져가면 스위치가 붙는 방식이다. 외부의 자기적인 힘의 변화로 전기적 접속을 만들어내는 리드 스위치는 보안장치 등에 많이 적용된다. 문의 가장자리에 자석을 배치하고, 문이 닫혔을 때 자석과 맞닿을 수 있는 곳에 리드 스위치를 배치하여 문의 열림과 닫힘을 센싱하는 보안장치, 알림장치가 대표적이다.

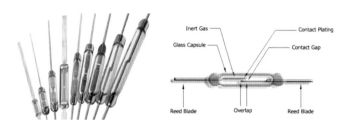

그림 4-32 리드 스위치의 구조

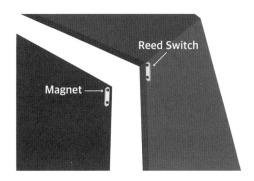

그림 4-33 리드 스위치의 활용

■ 기계적 스위치

그림 4-34 각종 기계적 스위치

앞의 그림은 각 기계적 스위치들의 형상으로 시계방향으로 슬라이드 스위치, 택트 스위치, 토글 스위치, 마이크로 스위치를 나타내고 있다. 스위치의 기계적 작동이 각각 떨어져 있는 접점을 연결해주는 역할을 한다. 앞서 다룬 택트 스위치와 특성은 거의 유사하지만, 작동방식이나 핀 배치 등이 조금씩 다르다. 해당 스위치 판매자가 제공하는 데이터 시트를 살펴보면 핀 맵(Pin Map)을 알 수 있으며, 데이터 시트를 확인할 수 없는 경우에는 멀티미터로 접점별 도통 상태를 확인하여 사용한다.

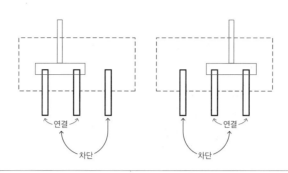

그림 4-35 슬라이드 스위치의 구조

슬라이드 스위치는 소형 전자제품 등의 전원 ON/OFF 스위치로 많이 적용되고 있으며, 노브가 미끄러지듯 움직여 슬라이드 스위치란 이름이 붙었다. 3개의 핀이 돌출되어 있으며, 노브가 왼쪽에 치우쳐져 있으면 왼쪽 핀과 중간 핀이 연결되고, 노브가 오른쪽에 위치해 있으면 오른쪽 핀과 중간 핀이 연결되는 방식이다.

토글 스위치는 슬라이드 스위치와 유사한 작동방식이나, 외관상 구별되는 특징이 있다. 슬라이드 스위치의 노브와는 달리 상대적으로 긴 레버를 젖혀 작동시키는 구조이다. 참고로 기판과의 배치 형상을 감안하여 직각(Right Angle) 타입의 스위치들을 적용할 수도 있다.

그림 4-36 직각(Right Angle) 타입 스위치

마이크로 스위치는 작은 버튼과 작은 버튼을 누를 수 있는 레버 암(Lever Arm), 그리고 작은 버튼의 동작으로 작동하는 내부 접점 등으로 이루어져 있다. 외력에 의해 레버 암이 눌리면, 이어 작은 버튼이 함께 눌리고, 이는 마이크로 스위치 내부의 접점을 연결해 전기적으로

상태가 바뀌는 구조이다. 마이크로 스위치는 기계적 닫힘과 열림 상태가 바뀌는 것을 감지하는 애플리케이션에 적용될 수 있다. 대표적으로 문 한 편에 마이크로 스위치를 배치하여 문이 열리고 닫힘을 감지하여 전등을 ON/OFF하는 기능, 또는 안전핀 삽입을 통해 상시로 마이크로 스위치의 레버가 눌린 상태로 유지하다가 핀이 뽑히면 마이크로 스위치 레버가 올라가는 안전핀 구조를 생각할 수 있다.

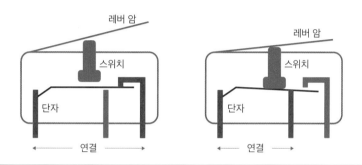

그림 4-37 마이크로 스위치 내부 구조

4.4 채터링(Chattering)

하드웨어 스위치를 작동시키면, 한 번에 스위치가 켜지거나 꺼지지 않을 수 있다. 스위치는 기계부품으로 구성되어 있어서 개폐 동작 시 접점이 붙었다가 떨어짐을 연속적으로 보이며 작동하기도 하는데, 이런 현상을 채터링(Chattering)이라고 한다. 전기적으로는 여러 번 HIGH와 LOW 상태가 반복되며 작동된다. 다음 그림을 참조하면, 스위치를 누를 때 기계적 접점이 붙었다가 떨어지는 동작 때문에 LOW 상태에서 바로 HIGH 상태로 가지 않고, HIGH 상태로 갔다가 다시 LOW. 그리고 HIGH, 또 LOW를 거쳐 HIGH로 변하게 된다. 접점이 안정화되면 HIGH 상태가 유지되다가, 손가락을 떼면 이 또한 바로 LOW로 가지 않고 HIGH, LOW를 반복하다가 LOW로 떨어진다.

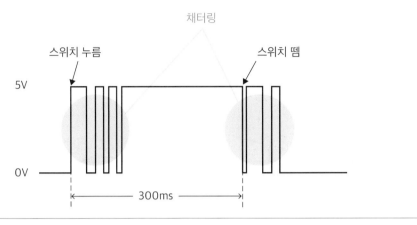

그림 4-38 채터링 현상

장치가 오작동하거나, 오작동하는 것처럼 보일 수 있으며, 상태 변화에 따라 치명적인 결과를 보이기도 한다. 채터링 현상을 방지할 수 있는 가장 간단한 방법으로는 S/W를 통해 일정 시간 동안 신호를 한 두 번 더 읽어주는 것이다. 가령 HIGH 신호가 인가되면, 5ms, 10ms 등의 시간 지연을 두고 한 번 더 HIGH 신호인지 확인하는 과정을 추가하여 확실히 스위치 입력이 들어왔다는 것으로 판단하는 것이다.

05장
액추에이터

지금까지 아두이노를 작동시키는 기초적인 소프트웨어와 디지털, 아날로그 신호의 흐름, 그리고 각종 스위치 제어에 관해 알아보았다. 이번 장에서는 이런 배경을 토대로 액추에이터의 상징과도 같은 모터 제어, 청각적 변화를 일으키는 부저와 스피커, 그리고 시각적인 효과가 있는 7-세그먼트까지 살펴본다.

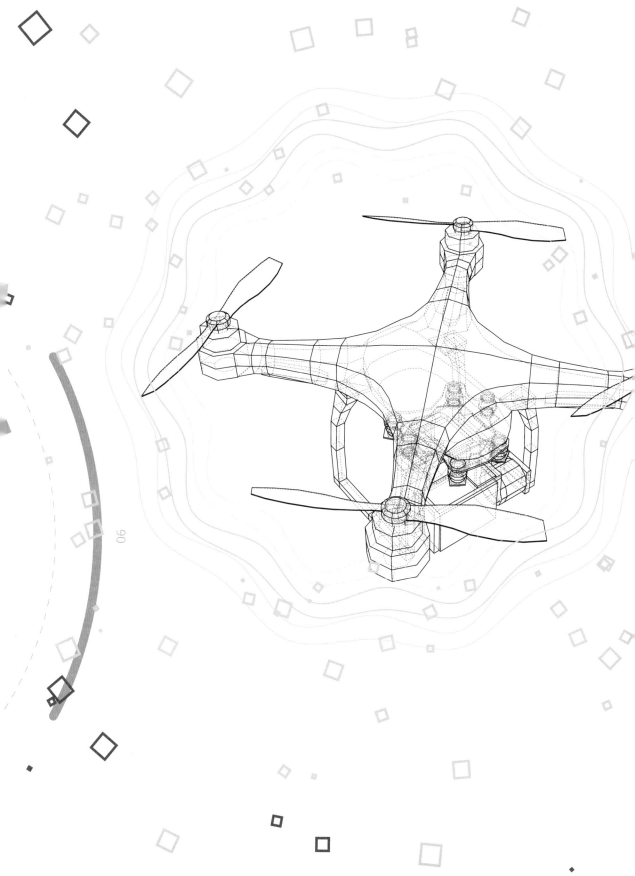

5.1 DC 모터

DC 모터와 트랜지스터

그림 5-1 다양한 DC 모터

이번 절에서는 DC 모터를 구동시키고 그 회전 방향(시계방향 또는 반시계방향)과 회전속도를 제어하는 방법을 알아본다. 모터는 배터리에서 얻은 전기 에너지를 직선 운동이나 회전 운동과 같은 운동 에너지로 변환시켜 주는 액추에이터이다. 특히 DC 모터와 서보 모터는 아두이노를 활용한 애플리케이션에도 범용적으로 사용하는 액추에이터이다. 서보 모터는 아두이노의 디지털 포트에서 출력되는 PWM 신호로 직접 제어가 가능하지만, DC 모터는 아두이노의 PWM 출력 외에도 별도의 모터 드라이버가 필요하다는 차이가 있다.

초등학교 자연 과목에 1.5V 건전지 몇 개와 작은 DC 모터를 구동시키는 실습이 있었던 것으로 기억한다. 당시 교재로 사용했던 소형 DC 모터 또는 미니카 등에도 사용되는 DC 모터 모두 크기나 전원사양에 있어서 유사한 모터들이다. 다만 초등학교 자연 과목이나 미니카에서 사용했던 모터는 단순한 정회전, 역회전 정도로 활용했으나, 우리는 모터의 속도도 함께 제어한다는 차이점이 있다. 또한 수 볼트 수준의 건전지로 작동시키는 DC 모터와 달리, RC카나 배틀로봇, 로봇 등에 사용되는 고용량 DC 모터는 12V, 24V 등으로 구동되기도 하며, 당시의 사용법과는 큰 차이가 있다.

주변에서 찾기 쉬운 사례로는 선풍기가 있다. 통상적인 가정용 선풍기는 220V AC 전원을 선풍기 내부 또는 외부 어댑터의 AC-DC 변환기를 통해 DC로 변환한 후, 선풍기 내부의 DC 모터를 구동시키는 구조이다. 선풍기에는 강, 중, 약과 같이 DC 모터의 회전속도를 조절할 수 있는 스위치가 달려있으며, 이 스위치의 위치에 따라 회전속도가 바뀐다. 스위치의 움직임은 저항을 선택하기 위함이며, 저항이 전류를 제한하여 회전날개의 속도를 조정한다.

이러한 DC 모터에는 2개의 단자가 존재한다. 일반적으로 +극과 −극인데, 여기에 전원을 연결하면 모터가 작동하게 된다. 여기에 극성을 반대로 바꿔 인가하면 반대 방향으로 회전한다. LED는 극성을 반대로 하여 연결하면 작동하지 않거나 타서 못 쓰게 되지만, DC 모터는 방향이 바뀐다는 차이점이 있다.

다음은 아두이노의 디지털 포트를 이용하여 DC 모터를 직접 제어하는 상황을 나타낸다. digitalWrite( ) 함수로 HIGH, LOW 신호로 DC 모터를 제어하는 방법이다. 가장 간단한 방법이지만, 디지털 포트로 출력되는 전류가 아주 소량이어서 모터를 구동하기에는 불충분하다.

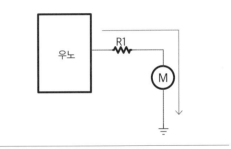

그림 5-2 디지털 포트로 직접 제어

아두이노의 I/O 포트에서는 최대 40mA 수준의 전류가 발생한다. 이 정도의 전류로는 아주 작은 DC 모터 정도만 구동시킬 수 있으며, 나아가 I/O 포트에 손상을 일으킬 수 있다. DC 모터는 전류를 많이 사용하며, 작동전압도 낮은 것은 1.8 ~ 3V 수준이지만, 높은 것은 5V에서 12V, 24V 등 아두이노의 I/O 포트가 감당할 수 없는 수준이다. 이런 이유로 아두이노의 I/O 포트에서 발생한 낮은 전류로 트랜지스터를 작동시켜 DC 모터를 제어하게 된다.

이제 트랜지스터로 작은 DC 모터를 제어하는 예제를 살펴보자. DC 모터를 구하기 어렵거나 번거롭다면, 시중의 USB 선풍기의 모터를 빼거나 USB 소켓에 꽂아 사용해도 무방하다.

준비물 아두이노 우노, DC 모터, 2SC1815(또는 동등 NPN 트랜지스터), 300Ω,

1N400X 다이오드

　다음은 소형 DC 모터를 구동시키기 위한 통상적인 회로를 나타내고 있다. **그림 5-3**의 왼쪽 그림을 살펴보면, 전원과 모터의 +극이 연결되어 있고, 모터의 −극은 트랜지스터에 의해 접지와의 연결이 차단되어 있다. 트랜지스터가 턴 온 되면 그제야 모터의 −극이 접지와 연결되어 작동되는 구조다. 오른쪽 그림 또한 이와 다를 바 없는데, 다이오드 하나가 병렬로 붙어 있다. 이 다이오드는 모터의 코일에서 발생한 역기전력이 트랜지스터를 파손할 수 있기에 고려해주어야 한다. 트랜지스터로 흐를 수 있는 전류를 역방향으로 배치한 다이오드 하나로 순환시키게 되는데, 이를 환류 다이오드(Free Wheeling Diode)라고 한다. 모터의 역기전력이 이 책의 범위에 포함되지 않지만, 모터를 다루는 데 있어서 필요한 소자라 짧게 언급하며, 가급적 배치하는 것이 좋다. 우노의 디지털 포트로 트랜지스터를 제어하고, 트랜지스터의 작동 유무는 전원과 접지 연결에 따른 DC 모터 작동을 결정하는 구조는 같다.

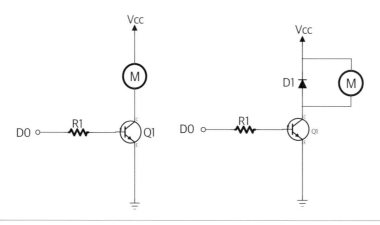

그림 5-3 DC 모터 제어 회로도

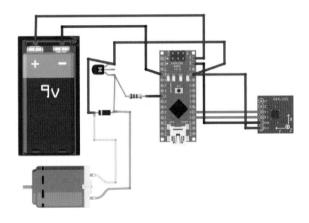

그림 5-4 DC 모터 제어 배선도

모터에 제어 명령은 대개 디지털 핀으로부터 출력되며 저항을 거쳐 트랜지스터를 동작시킨다. 디지털 핀으로 직접 모터를 구동시키기에는 전류가 부족하다. 이때 트랜지스터는 스위치 역할을 수행하며, 모터와 병렬로 연결된 다이오드는 역전류가 흘러 회로가 파손되는 것을 막기 위한 목적을 갖는다.

그림 5-4와 같이 회로를 구성하고 다음과 같은 스케치를 업로드 해보자. D3 핀으로 트랜지스터를 3초간 턴 온 시키고, 이에 맞춰 D13의 LED를 점등시킨다. 이때를 맞춰 DC 모터가 작동되는 것을 확인해보자. 이어서 3초간 트랜지스터를 턴 오프 시키며, LED와 DC 모터도 함께 작동을 멈춘다.

예제 5-1   **DC모터와 LED 제어**

```
int MOT = 3;
int LED = 13;

void setup()
```

```
{
  pinMode(MOT, OUTPUT);
  pinMode(LED, OUTPUT);
}

void loop()
{
 digitalWrite(MOT, HIGH);
 digitalWrite(LED, HIGH);
 delay(3000);
 digitalWrite(MOT, LOW);
 digitalWrite(LED, LOW);
 delay(3000);
}
```

DC 모터의 또 다른 특징은 양 단자로 입력되는 전원의 크기와 방향에 따라 회전력과 회전방향이 달라진다는 점이 있다. 가령 외부 입력(아두이노의 명령)이나 알고리즘에 따라 전진과 후진을 해야 하는 작은 자동차를 만든다고 생각해보자. DC 모터는 연결된 극에 따라 회전방향이 바뀌므로 구현에는 큰 문제가 없어 보인다. 하지만 DC 모터가 전원 극성에 따라 회전방향이 바뀐다라는 사실은 회전방향을 바꿔야하는 상황에서 문제가 된다(방향을 바꿀 때마다 수동으로 전원선의 극을 일일이 바꿀 수는 없다). 모터의 회전수는 가변 저항을 달아서 일일이 손으로 돌려가며 제어해야 할까? 이 문제를 해결해주는 것이 모터 드라이버(Motor Driver)와 PWM 제어이다.

모터 드라이버

모터 드라이버는 그 명칭에서 알 수 있듯이 고용량의 DC 모터를 원활히 운전시키기 위한 부가장치다. 특히 아두이노와 같은 마이크로컨트롤러로 제어하기 쉽게 구성되어 있어 독자들이 회로를 구성하는 수고를 덜어준다. 모터 드라이버는 아두이노로부터 HIGH 또는 LOW 신호를 인가받아 DC 모터의 회전 방향을 결정하고, PWM 신호를 수신하여 모터의 회전력을 제어한다. 모터의 회전 방향은 모터 드라이버의 극성을 바꾸어 제어하고, 회전력은 PWM 신호로 모터에 유입되는 전력으로 제어한다.

다음에 모터 드라이버가 적용된 회로의 블록 다이어그램을 나타내었다. 배터리 전원은 레귤레이터와 모터 드라이버의 전원 입력부로 인가된다. 레귤레이터는 아두이노를 작동시키기 위한 전압으로 낮추어주며, 모터 드라이버는 아두이노로부터 신호를 받아 DC 모터를 제어한다

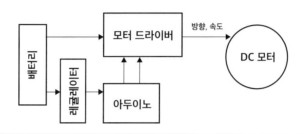

그림 5-5 모터 드라이버와 주변 구성

즉, 모터 드라이버는 아두이노로부터 크게 두 가지 신호를 인가받는다. 첫 번째는 정방향으로 회전할지 역방향으로 회전할지를 디지털 신호로 인가받고, 두 번째는 아날로그 단자의 PWM 신호를 통해 모터의 회전력을 인가받는다.

모터 드라이버는 어떻게 구성되어 있을까? 보통 모터 드라이버는 여섯 개 이상의 트랜지스터로 구성된 H-bridge 회로로 구성되어 있다. 다음 그림은 통상적인 H-bridge 회로 모델을 나타내고 있다. 네 개의 스위치로(트랜지스터) H자 형상의 회로를 구성했기에 그런 이름이 붙었다. 모터 드라이버에는 이런 회로가 들어가 있어 아두이노를 사용해 손쉽게 DC 모터의 방향 전환과 속도 제어가 가능하다.

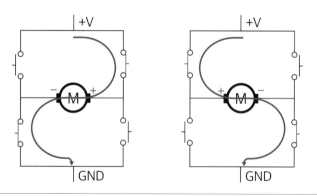

그림 5-6 일반적인 H-bridge 회로 모델

H-bridge 회로는 두 개의 BJT와 네 개의 FET(N-채널 FET 2개, P-채널 FET 2개)로 구성되는데, 그림과 함께 살펴보자. **그림 5-6**에서 A 단자에 HIGH 신호가 인가되면, 1번과 4번 스위치(FET)가 턴 온 되어 모터의 A 극에 +입력이, B 극에 −입력이 인가된다.

만약 A 단자가 LOW 상태가 되면, 2번과 4번 스위치가 턴 온 되고 1번, 3번은 턴 오프 되며 모터의 A 극에 −입력, B 극에 +입력이 인가된다. 즉 아두이노의 HIGH/LOW 출력을 제어하여 모터의 극성을 제어하는 것이 H-bridge 회로다.

독자들이 H-bridge 회로를 응용한 모터 드라이버를 설계하여 모터 제어에 활용할 수 있지만, 이를 직접 구현하고 검증하기에는 시간이 많이 필요하므로 시중에 적당한 모터 드라이버를 구매하여 활용할 것을 추천한다.

이제 실제 모터 드라이버 예시를 살펴보자. 다음은 Cytron사의 MD10C라는 모터 드라이버이며, 제조사나 모델이 달라도 모터 드라이버의 구성은 거의 유사하다. 이 모델은 5V에서 30V 사이의 외부전원을 DC 모터로 전달할 수 있으며, 허용전류는 10A 수준이다. 모터 드라이버 내부에는 H-bridge 회로가 들어가 있어 아두이노의 제어 신호를 모터로 전달한다.

모터 드라이버의 왼쪽 전원부는 POWER와 MOTOR 두 가지 단자가, 오른쪽 신호부는 DIR, PWM, GND 세 가지로 구성되어 있다.

표 5-1 모터 드라이버의 입력과 출력부

	단자	역할	비고
신호부	DIR	모터 방향 제어용 단자	디지털 포트와 연결
	PWM	모터 회전력 제어용 단자	PWM 포트와 연결
	GND	접지	
전원부	POWER	배터리 전원 단자	
	MOTOR	DC 모터 전원 단자	

    DIR은 방향(DIRection)의 약자로 모터의 방향 제어용 단자이다. 아두이노의 디지털 포트와 연결하고 HIGH 또는 LOW 신호로 제어한다. PWM 단자는 아두이노의 PWM 단자를 통해 analogWrite( ) 함수로 제어되며, 이 신호를 통해 고용량의 배터리 전원을 모터에 전달된다. 이러한 구성은 이 모델뿐만 아니라 통상적인 모터 드라이버가 택하고 있는 방식이다. 단지 DIR이나 PWM이란 글자의 형식이 조금씩 다를 뿐이다.

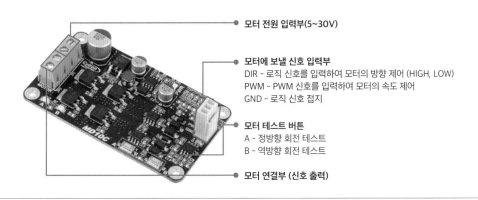

    ● 모터 전원 입력부(5~30V)

    ● 모터에 보낼 신호 입력부
    DIR - 로직 신호를 입력하여 모터의 방향 제어 (HIGH, LOW)
    PWM - PWM 신호를 입력하여 모터의 속도 제어
    GND - 로직 신호 접지

    ● 모터 테스트 버튼
    A - 정방향 회전 테스트
    B - 역방향 회전 테스트

    ● 모터 연결부 (신호 출력)

그림 5-7 모터 드라이버(Cytron사의 MD10C)

analogWrite( ) 함수와 PWM 제어

아두이노의 아날로그 포트는 analogRead( ) 함수를 사용해 외부 아날로그값을 읽어들이는데, analogWrite( ) 함수는 사용할 수 없다. 이는 디지털 포트 중 일부만 사용할 수 있다. 다음 그림과 같이 아두이노는 몇 개의 PWM 제어용 단자를 갖고 있다. 아두이노 우노 보드에서 PWM 출력을 발생시킬 수 있는 포트는 D3, D5, D6, D9, D10, D11 총 6개의 단자로, 단자에 표시된 각 숫자 앞에 틸다(~)표시가 되어 있는 것을 확인할 수 있다. 그럼 왜, 디지털 포트로 아날로그 출력을 발생시킨다는 것일까? 디지털 신호는 1과 0, HIGH 또는 LOW만을 출력할 수 있으므로 아날로그값을 만들어 낼 수 없지만, 디지털 신호를 아주 빠른 속도로 ON-OFF 제어하여 아날로그 신호처럼 활용한다는 것이다. PWM(Pulse Width Modulation)은 '펄스 폭 변조'의 앞글자를 따서 만든 단어로써 아두이노에서 출력되는 펄스 신호의 폭을 제어한다는 뜻이다. 즉, PWM은 디지털 포트에서 출력되는 신호의 폭을 바꾸어 아날로그 방식의 출력을 얻는 기술이다.

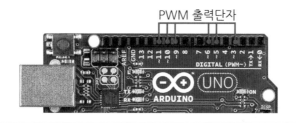

그림 5-8 PWM 출력단자

2.5~5V의 전압으로 작동되는 액추에이터가 있다고 가정하자. 아두이노를 활용하면 이 액추에이터는 digitalWrite( ) 함수로 제어할 수 있다. 그럼 회전력은 어떨까? 회전력은 전류에 의해 결정될 수 있는데, 액추에이터의 저항값은 고정되어 있으니 전압을 바꿔 조절할 수 있다. 하지만 디지털 방식의 출력으로는 0V와 5V 외에는 만들어 낼 수 없다. 만약 디지털 출력을 아주 짧은 시간 동안 OFF 시키면 어떨까? 그리고 굉장히 빨리 켰다 끄기를 반복한

다면?

　이런 발상에서 생겨난 것이 PWM 제어다. 다음 그림을 살펴보자. 어떤 단위시간 동안 액
추에이터로 유입되는 에너지는 인가되는 전압과 단위시간의 곱과 같다. 그림에서 파랗게 채
워진 부분의 면적이 단위시간 동안 공급되는 에너지인 것이다. 단위시간 동안 5V가 모두 공
급되면 5V, 5V가 그 반의 시간만 공급되면, 에너지 면적은 그 절반인 2.5V이다. 어떤 신호
에서 LOW 상태와 HIGH 상태의 비율을 듀티비(Duty Rate)라고 한다. 즉, 신호의 한 주기 내
에서 어떤 비율(rate)동안 HIGH 상태를 유지하고, 나머지는 LOW 상태를 출력하여 0V~5V
사이의 아날로그 값을 모사하는 것이다.

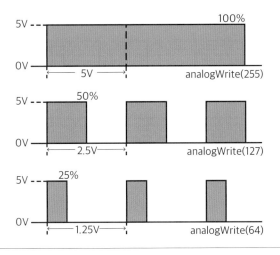

그림 5-9 신호의 듀티비에 따른 에너지

　다음 그림은 0%, 25%, 50%, 75%, 100% 듀티비를 갖는 PWM 신호를 나타낸다. 한 주기
내에서 신호가 HIGH일 때의 지속시간을 펄스폭이라고 한다.

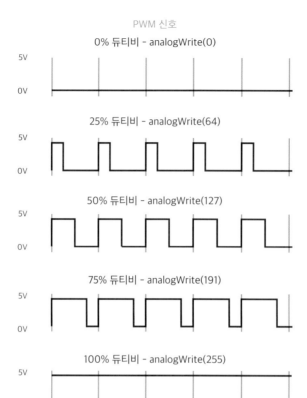

PWM 신호

0% 듀티비 - analogWrite(0)

25% 듀티비 - analogWrite(64)

50% 듀티비 - analogWrite(127)

75% 듀티비 - analogWrite(191)

100% 듀티비 - analogWrite(255)

그림 5-10 PWM 신호와 듀티비

녹색선으로 이루어진 것은 한 주기를 나타내고 있다. 이 주기 내에서 HIGH 신호가 표시된 폭의 비율이 듀티비이며, 0%에서는 모든 신호가 LOW 상태, 25%에서는 한 주기 시작점에서 1/4 지점까지 HIGH 신호가 확인된다. 50% 듀티비에서는 1/2 지점까지, 그리고 100%에서는 한 주기 내 모든 시간에서 HIGH 신호가 출력된다. 이처럼 PWM 제어는 디지털 신호를 굉장히 빨리 껐다 켜기를 반복하는데, 이 속도가 490Hz 또는 980Hz이다(포트 별로 다르며, 다른 주파수로 조정할 수 있음). 1초에 490번 껐다 켜기를 반복한다는 말이다. PWM은 analogWrite( ) 함수를 통해 490번 중 한 번 껐다 켰다 할 때의 폭을 조정한다. 한 주기 내에서 255단계로 HIGH, LOW를 나눌 수 있으며 다음과 같이 analogWrite( ) 함수로 제어한다.

analogWrite(출력포트, PWM 값)

 실제 PWM 출력을 발생시키고 멀티미터로 단자를 측정해보면 **그림 5-10**의 면적에 대응되는 전압을 확인할 수 있을 것이다. 다음 네 가지 값을 analogWrite(5, 0), analogWrite(5, 127), analogWrite(5, 191), analogWrite(5, 255) 설정해보고 멀티미터로 전압값을 측정해보자. 완전한 LOW 상태로 볼 수 있는 듀티비 0%는 0V, 듀티비가 50%일때는 약 2.5V, 완전한 HIGH 신호인100%일때는 5V를 확인할 수 있을 것이다.

예제 5-2   **PWM 제어 예제**

```
void setup()
{
  pinMode(5, OUTPUT);
}

void loop()
{
 analogWrite(5, 64);
 delay(5000);
 analogWrite(5, 127);
 delay(5000);
 analogWrite(5, 191);
 delay(5000);
 analogWrite(5, 242);
 delay(5000);
}
```

 이어서 해당 아날로그 포트에 150~300Ω 저항과 LED를 연결하고 밝기 변화추이를 살펴보자. PWM 신호의 듀티비에 의해 밝기가 변하는 것을 확인할 수 있다.

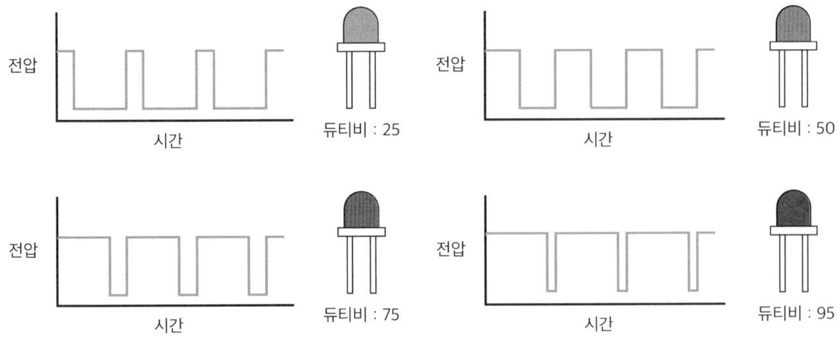
전압
시간
듀티비 : 25
전압
시간
듀티비 : 50
전압
시간
듀티비 : 75
전압
시간
듀티비 : 95

그림 5-11 PWM 신호에 따른 LED 밝기 변화

DC 모터 제어와 타이밍 차트

PWM 신호는 DC 모터를 제어하는 데 유용하게 사용된다. PWM 듀티 비율를 조절하여 손쉽게 DC 모터의 속도를 제어할 수 있기 때문이다. 다음은 아두이노 우노와 함께 DC 모터, 모터 드라이버, 배터리를 구성한 그림이다. analogWrite( ) 함수로 PWM 신호를 생성시켜 모터 드라이버를 제어해보자. 다음에 analogWrite( ) 함수를 사용하여 PWM 제어를 수행하는 코드를 나타내었다. DC 모터의 회전 방향을 제어하기 위한 디지털 핀을 D3에 배치하였고 PWM 제어 명령은 D5에서 인가된다. 우노의 디지털 5번 핀에서 약 50% 듀티 비율(analogWrite(127)) 신호가 만들어지고, 이는 모터 드라이버로 인가되며, 지연시간 3000ms 동안 모터가 작동한다. 이어서 PWM 0% 신호(analogWrite(0))가 인가되면 모터는 작동을 중지한다. 그 다음, 모터 드라이버의 회전방향을 바꾸고(D3 LOW), 역방향으로 5초간 약 78%의 힘으로(analogWrite(191)) 모터를 회전시킨다.

예제 5-3 **PWM 신호**

```
void setup()
```

```
{
  pinMode(3, OUTPUT);      // 모터 방향설정 핀
}

void loop()
{
  digitalWrite(3, HIGH);  // 모터 방향설정 (정방향)
  analogWrite(5, 127);    // 모터 속도조절, 듀티비 50%
  delay(3000);            // 정방향으로 3초 간 회전

  analogWrite(5, 0);      // 모터 작동중지 (PWM 0)
  delay(100);

  digitalWrite(3, LOW);   // 모터 방향설정 (역방향)
  analogWrite(5, 191);    // 모터 속도 조절, 듀티비 75%
  delay(5000);            // 역방향으로 5초간 회전
  analogWrite(5, 0);      // 모터 작동중지 (PWM 0)
  delay(100);
}
```

참고로 모터 드라이버의 소손을 방지하기 위해서 회전 방향을 바꿀 때는 약간의 지연시간을 두었다. 모터 드라이버의 내부 회로가 공개되어 있지 않다면, 모터 드라이버의 안전을 위해 1ms라도 지연시간을 두어야 한다. 만약 어떤 사유에 의해 모터 드라이버 내의 H-bridge 양단이 동시에 작동해버리면 내부 FET 회로가 타서 못 쓰게 되게 된다.

PWM 신호는 디지털 신호를 아날로그 신호처럼 사용하기 위한 방법의 하나다. 앞서 언급했지만, 모든 디지털 핀에서 PWM 신호 생성을 지원하지 않으며, 우노의 경우 D3, D5, D6, D9, D10, D11까지 총 6개의 PWM 전용 포트에서만 사용할 수 있다.

이제 모터 드라이버와 PWM 신호로 DC 모터를 제어해보자. 이번 예제를 위해 정격전압 12V의 DC 모터(디앤지위드사의 IG-42GM 모델)와 11.1V 리튬-폴리머(Li-Po) 배터리, 그리고 Cytron사의 MC10C 모터 컨트롤러를 사용하였다.

준비물	아두이노 우노, 12V DC 모터, 12V Li-Po 배터리, MC10C 모터 드라이버, F-F 점퍼선

그림 5-12 DC 모터, Li-Po 배터리

이번 예제에 사용하는 DC 모터는 소형 DC 모터들보다는 고용량의 모터로 12V에서 안정적으로 작동한다(24V 모델도 있다). 11.1V 배터리는 완전충전 시 12V 이상이 출력되므로 아두이노에 전원을 공급하기 위해 별도의 레귤레이터를 적용하였다. 배터리의 전원은 아두이노 전원 공급을 위해 레귤레이터로 공급되지만, DC 모터를 작동시키기 위해 모터 컨트롤러로도 연결되고(POWER+, POWER-) DC 모터는 배터리와 직결된 모터 컨트롤러로부터 전원을 공급받고 제어된다.

DC 모터의 양 단자는 모터 컨트롤러의 모터 출력(MOTOR A, MOTOR B) 단자에 연결한다.

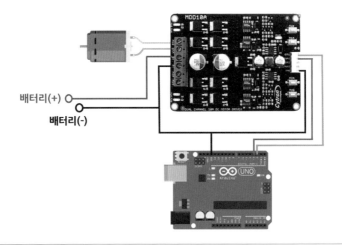

배터리(+)
배터리(-)

그림 5-13 DC 모터 제어회로

아두이노의 방향설정 핀(D3)은 모터 컨트롤러의 DIR 핀에 연결되고, PWM 출력(D5)은 모터 컨트롤러의 PWM 단자에 연결된다. 이외에 모터 컨트롤러의 GED 핀은 아두이노나 배터리의 GND에 연결한다. Li-Po 배터리가 없거나 구매가 망설여진다면 12V 출력을 내는 AC-DC 어댑터의 선을 잘라 사용하거나, 전원공급기를 활용하자.

다음은 **예제 5-3**에 의해 아두이노와 모터 컨트롤러, 그리고 DC 모터가 작동하는 전체적인 흐름을 나타내는 타이밍 차트(Timing Chart) 이다. 시간의 흐름에 따라 회로와 아두이노, 모터 등에서 일어나는 현상을 가늠해볼 수 있다.

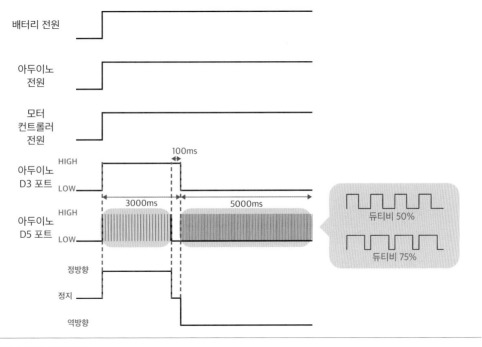

그림 5-14 작동 타이밍 차트

① 배터리 전원이 인가된다.

② 아두이노의 전원도 함께 인가된다.

③ 모터 컨트롤러의 전원도 ON 상태가 된다.

④ 이어 아두이노의 방향설정 핀(D3)은 3000ms 동안 HIGH 신호를 출력하여 모터 회전을 정방향으로 설정한다.

⑤ 동시에 PWM 핀(D5)에서 3000ms 동안 50% 듀티비의 PWM로 신호가 인가된다.

⑥ 각 신호에 의해 DC 모터는 정방향으로 3000ms 동안 회전한다.

이어서 PWM 신호가 100ms 동안 LOW 상태로 바뀌고(analogWrite(5, 0)), 방향설정 핀의 상태도 LOW로 떨어져 모터 회전 방향을 역방향으로 바꾼다. PWM 신호가 다시 75% 듀티비로 5000ms 동안 인가되고, DC 모터는 역방향으로 5000ms 동안 작동하게 되는 순서이다.

DC 모터 분야를 요약하면, 아두이노는 모터 드라이버와 함께 사용되어 DC 모터의 ON/OFF, 작동속도, 회전 방향을 제어하는 역할을 한다. HIGH/LOW 신호로 모터 드라이버의 트랜지스터를 선택하여 회전 방향을 제어하고, PWM 신호로 회전력을 제어한다.

5.2 서보 모터

이번 절에서는 RC 비행기, 자동차 등에 적용되어 조향, 비행 방향 조정 등과 같은 회전각 제어에 사용되는 서보 모터를 다루는 방법에 관해 알아본다. DC 모터가 자동차의 바퀴나 비행기의 프로펠러를 동작시키는 역할을 한다면, 서보 모터는 자동차의 조향, 비행기의 진행 방향 변경, 로봇팔과 같이 일정 범위 내에서의 회전각을 제어하는 역할을 한다. 아두이노를 통해서 마이크로 서보 모터를 많이 접할 수 있을 것이다. 마이크로 서보 모터는 수천 원 수준으로 저렴하고 DC 모터의 경우와 마찬가지로 각도 제어를 위해 PWM 신호를 활용한다. 더불어 마이크로 서보 모터는 DC 모터처럼 별도의 전원장치 없이 아두이노의 전원과 출력 핀만으로도 제어 가능하다는 장점이 있다.

그림 5-15 마이크로 서보 모터(출처: www.aliexpress.com)

아두이노에서 아날로그 핀을 통해 PWM 신호를 인가하면, 서보 모터는 펄스 폭에 따라 회전각을 움직인다. 서보 모터는 0도에서 180도 사이에서 제어되며, 제어하는 것 또한 Servo 라이브러리를 통해 쉽게 구현할 수 있다. 그리고 Servo 라이브러리는 IDE에 이미 포함되어 있으므로 따로 구할 필요 없이 #include <Servo.h>만 선언해주면 된다.

Anti-Balance Tab

그림 5-16 서보 모터를 활용한 각도 제어(RC 비행기)

서보 모터는 3개의 핀을 갖고 있다. 제조사마다 모델마다 다를 수 있으므로 항상 매뉴얼상의 핀 맵(Pin Map)을 찾길 바라지만, 대체로 붉은색은 5V(또는 3.3V) 전원, 검은색이나 갈색과 같이 어두운색은 접지(GND), 그리고 주황색, 노란색 등 전원을 나타내는 색깔과 다른 색깔을 갖는 핀은 신호선(PWM)이다.

이번 예제에서는 가변 저항(Potentiometer)의 저항값 변화에 따른 서보 모터 각도 제어를 구현해본다. 아두이노의 디지털 핀 중 PWM 출력을 낼 수 있는 단자(이번 예제에서는 D9)에 서보 모터의 신호선을 연결한다. 가변 저항 또한 5V와 GED 핀에 연결한 후 나머지 신호선은 아날로그 핀 A2에 연결하였다. 다음 그림과 같은 구성이 될 것이다.

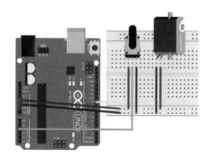

그림 5-17 아두이노, 서보 모터, 가변 저항

서보 모터 제어에서 한 가지 특이한 점은 servo.attach( )라는 함수를 사용한다는 점이다. 이 함수는 해당 서보 모터에 접근(Access)하는 데 필요한 함수로, 해당 함수에 신호선이 연결된 핀 번호를 입력한다. 해당 서보 모터와 연결을 해제하고 싶으면 servo.detach( ) 함수를 사용한다.

> servo.attach(서보 신호핀)
>
> servo.detach(서보 신호핀)

다음 예제는 아두이노 IDE에서 제공하는 knob 예제를 조금 수정한 내용이다. Servo 라이브러리를 사용하기 위한 코드로 시작한다. 이어 Servo myservo; 구문은 라이브러리를 활용하여 서보 모터를 사용할 준비를 나타내고 있다.

예제 5-4   **서보 모터 제어**(knob 예제)

```
#include <Servo.h>
```

```
Servo myservo;   // 서보 모터 사용할 준비

int potpin = A2;   // 가변 저항은 A2 핀에 연결
int val;

void setup()
{
  myservo.attach(9);   // 서보 모터의 신호선은 D9에 연결
}

void loop()
{
  val = analogRead(potpin);
  val = map(val, 0, 1023, 0, 180); // map함수로 0-1023을 서보 모터의 각도 0-180으로 변환
  myservo.write(val);   //서보 모터 신호선에 가변 저항 출력값에 맵핑값을 입력하여 각도 제어
  delay(300);   //서보 모터의 팔이 해당 각도까지 움직이는 시간을 위해 확보한 시간지연
}
```

가변 저항은 A2 핀에 연결되어 있는데, analogRead( ) 함수로 가변 저항의 저항값을 읽어 들인다. 가변 저항 값은 ADC 되어 0~1023의 범위를 갖는다.

이후 map( ) 함수를 볼 수 있는데, 이 함수는 서로 다른 범위를 갖는 변숫값을 조절(Scaling) 하여 맵핑시켜주는 역할을 한다. 가령 가변 저항의 아날로그 출력값은 0에서 1023이지만, 이에 대응될 서보 모터의 각도 변화는 0도에서 180도 이기 때문이다. map( ) 함수는 다음과 같이 사용할 수 있다.

> map(변환할 변수, 변환 전 최젓값, 변환 전 최곳값, 변환 후 최젓값, 변환 후 최곳값)

맵핑 과정이 끝나면 실제 서보 모터에 각도값을 전달하여 서보의 팔(Arm)을 이동시킨다. 이때는 servo.write( ) 함수가 사용되며, 한 가지 유의할 사항은 서보의 팔이 이동하는데 걸리는 시간을 감안해야 한다는 것이다. 그 뒤의 300ms 시간지연이 바로 그런 의미이다.

5.3 부저와 스피커

부저와 스피커는 모터와 함께 유용하게 사용되는 액추에이터다. 이들은 비프음(Beep)으로 멜로디를 출력하거나, MP3 파일을 재생한다.

부저와 멜로디 재생

부저는 전압이 인가되면 진동을 일으키는 압전(Piezoelectric) 소자로 만들어져있다. 부저는 시내버스의 하차벨과 같이 우리 주변에서 쉽게 찾아볼 수 있다. 아두이노의 PWM 신호로 이 소리를 제어할 수 있는데, tone( ) 함수를 사용해서 부저(Buzzer)의 주파수를 조정, 단순한 삐−소리를 멜로디로 만들어 낼 수 있다.

준비물 아두이노 우노, 부저, 점퍼선

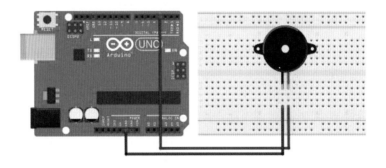

그림 5-18 아두이노 우노-부저 결선도

부저는 PWM 포트와 tone( ) 함수를 이용해 멜로디를 만드는데, 다음과 같이 사용한다.

> ### tone(핀 번호, 주파수)

tone( ) 함수는 noTone( ) 함수를 사용하지 않으면 해당 음이 지속된다. 그래서 noTone(핀 번호) 함수를 배치하여 음을 끊어주는 작업이 필요하다.

> ### noTone(핀 번호)

다음에 옥타브와 음계별 표준 주파수를 나타내었다. 표 내에 있는 주파수를 tone( ) 함수에 입력하면 해당 옥타브에서의 음이 출력됨을 확인할 수 있다.

표 5-2 옥타브와 음계별 표준 주파수

옥타브 음계	1	2	3	4	5	6	7	8
C(도)	32.7032	65.4064	130.8128	261.6256	523.2511	1046.502	2093.005	4186.009
C#	34.6478	69.2957	138.5913	277.1826	554.3653	1108.731	2217.461	4434.922
D(레)	36.7081	73.4162	146.8324	293.6648	587.3295	1174.659	2349.318	4698.636
D#	38.8909	77.7817	155.5635	311.1270	622.2540	1244.508	2489.016	4978.032
E(미)	41.2034	82.4069	164.8138	329.6276	659.2551	1318.510	2637.020	5274.041
F(파)	43.6535	87.3071	174.6141	349.2282	698.4565	1396.913	2793.826	5587.652
F#	46.2493	92.4986	184.9972	369.9944	739.9888	1479.978	2959.955	5919.911
G(솔)	48.9994	97.9989	195.9977	391.9954	783.9909	1567.982	3135.963	6271.927
G#	51.913	103.8262	207.6523	415.3047	830.6094	1661.219	3322.438	6644.875
A(라)	55.0000	110.0000	220.0000	440.0000	880.0000	1760.000	3520.000	7040.000
A#	58.2705	116.5409	233.0819	466.1638	932.3275	1864.655	3729.310	7458.620
B(시)	61.7354	123.4708	246.9417	493.8833	987.7666	1975.533	3951.066	7902.133

다음은 tone( ) 함수와 noTone( ) 함수를 사용하여 부저로 도레미파를 출력하는 스케치다. 주파수와 지연시간을 조정하여 원하는 멜로디를 재생시켜보자.

예제 5-5   도레미파 출력

```
void setup()
{
  pinMode(3, OUTPUT);
}

void loop()
{
  tone(3, 261.6);
  delay(300);
  noTone(3);
  delay(300);

  tone(3, 311.1);
  delay(300);
  noTone(3);
  delay(300);

  tone(3, 329.6);
  delay(300);
  noTone(3);
  delay(300);

  tone(3, 349.2);
  delay(300);
  noTone(3);
  delay(300);
}
```

스피커와 MP3 재생

부저는 비프음의 주파수를 달리하여 다양한 음을 재생하지만, 악기의 음이나 노랫소리를 재생할 수는 없다. 이번 절에서는 DF Player라는 부품과 스피커를 활용하여 MP3 파일을 재생해본다.

준비물	아두이노 우노, DF Player, 스피커, 마이크로 SD 카드, 점퍼선

 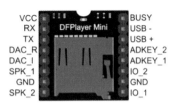

그림 5-19 MP3 재생장치(DF Player)와 핀 맵

DF Player는 마이크로 SD 카드에 저장된 MP3 파일을 재생시켜주는 부품이다. 국내보다는 알리 익스프레스 등에서 1달러 내외로 구할 수 있으니, 주문 후 느긋이 기다려보자. 스피커는 시중에 있는 것 중에 적당한 크기의 것을 선택하자.

DF Player의 각 핀은 다음과 같은 역할을 하며, 다음 예제에서 대표적인 몇 가지 핀을 다루어 보자. 다음 표를 살펴보면, DF Player는 3.3 ~ 5V 전원을 사용한다. Tx, Rx 핀을 통해 외부 명령을 받을 수 있으며, 외부 스피커 연결을 위한 단자를 제공한다(SPK1, SPK2).

표 5-3 DF Player 각 핀의 기능

Number	Name	Description	Note
1	Vcc	Input Voltage	DC 3.2-5.0V; Typical: DC4.2
2	RX	UART serial Input	
3	TX	UART serial Output	
4	DAC_R	Audio output right channel	Drive earphone and amplifier
5	DAC_L	Audio output left channel	Drive earphone and amplifier
6	SPK2	Speaker	Drive speaker less than 3W
7	GND	Ground	Power Ground
8	SPK1	Speaker	Drive speaker less than 3W
9	IO1	Trigger port 1	Short pree to play previous(long press to decrease volume)
10	GND	Ground	Power Ground
11	IO2	Trigger port 2	Short pree to play previous(long press to increase volume)
12	ADKEY1	AD port 1	Trigger play first segment
13	ADKEY2	AD port 2	Trigger play fifth segment
14	USB+	USB+ DP	USB Port
15	USB+	USB+ DM	USB Port
16	BUSY	Playing Status	Low means playing, High means no

다음은 아두이노 우노와 함께 DF Player, 스피커를 연결하였다. DF Player의 V_{CC}와 GND는 아두이노의 5V와 GND에 연결하고, Tx, Rx는 각각 1kΩ 저항을 배치하고 우노와 연결한다. SPK1과 SPK2는 각각 스피커의 단자와 연결된다.

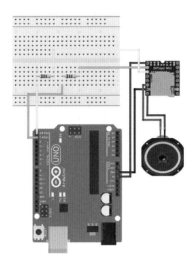

그림 5-20 DF Player와 스피커 배선도

MP3 파일을 재생하기 위해서는 몇 가지 규칙을 따라야 한다. 먼저 마이크로 SD 카드 내에 mp3란 폴더를 만들자. 이어서 해당 폴더에 재생할 MP3 파일의 이름을 0001.mp3, 0002.mp3, 0003.mp3, …, 000N.mp3 등으로 저장한다. 또는 원래 파일명 앞에 0001, 0002 등을 붙여줘도 무방하다. 더불어 마이크로 SD 카드는 사전에 FAT32로 포맷되어 있어야 한다.

그림 5-21 폴더 및 파일명 설정

DF Player는 DF Robot에서 제공하는 라이브러리를 설치해야 한다. IDE의 라이브러리 매니저에서 'DF Player' 키워드로 검색하여 'DFRobotDFPlayerMini' 라이브러리를 설치하자. 다음은 0001.mp3 파일과 0002.mp3를 순서대로 재생하고, 다시 0001.mp3 파일을 재생시킨 후 0004.mp3 파일을 플레이하는 코드다. mp3_play( ) 함수는 소괄호 내에 재생시킬 mp3 번호를 입력하여 사용하고, mp3_next( )와 mp3_prev( ) 함수는 각각 다음 곡과 이전 곡을 재생시킨다.

예제 5-6   **MP3 파일 재생**

```
#include <SoftwareSerial.h>
#include <DFPlayer_Mini_Mp3.h>

void setup ()
{
 Serial.begin (9600);
 mp3_set_serial (Serial);        // DFPlayer-mini mp3 module 시리얼 세팅
 delay(1);                       // 볼륨값 적용을 위한 delay
 mp3_set_volume (30);            // 볼륨 조절 값 0~30
}

void loop ()
{
  mp3_play (1);      //0001 파일 재생
  delay (5000);
  mp3_next ();       //0002 파일 재생, next
  delay (5000);
  mp3_prev ();       //0001 파일 재생, prev
  delay (5000);
  mp3_play (4);      //0004 파일 재생
  delay (5000);
}
```

참고로 기능 사용이 제한적이긴 하지만, DF Player는 아두이노 없이 단독으로도 사용된다. 아두이노와 부가회로가 불필요하므로 간단한 시제품 제작에 활용될 수 있다. 10장에서 그 사례를 살펴본다.

5.4 세븐-세그먼트

세븐-세그먼트(7-Segment)는 부저보다 더 흔한 소자로 디지털 시계, 온도계 등에 쓰이는 숫자 표기용 디스플레이다. 일곱 개의 LED가 하나의 숫자를 표시하기 위해 배치되어 있는데, 각 LED를 켜고 끄는 것을 제어하여 하나의 숫자를 만들어낸다. 맨 위의 LED부터 시계 방향으로 A ~ G LED로 구성되며 점은 DP(Decimal Point)를 포함하여 8개를 쓰기도 한다.

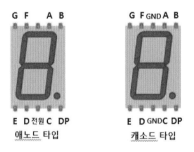

그림 5-22 세븐-세그먼트

세븐-세그먼트는 LED로 구성되어 있는데, +극과 − 극을 어떻게 묶느냐에 따라 커먼 애노드(Common Anode) 타입과 커먼 캐소드(Common Cathode) 타입으로 나뉜다. 일곱 개의 LED는 모두 동일한 전원을 사용하므로 +극이나 − 극을 하나로 묶어 간소화할 수 있으며, 묶여있지 않은 단자 하나에 신호를 전달하여 LED를 켜고 끄는 형태로 구성된다. 커먼 애노트 타입 세븐-세그먼트는 +극이 모두 묶여있으므로 전원을 공통으로 묶고, 커먼 캐소드 타입은 GND를 공통으로 묶는다.

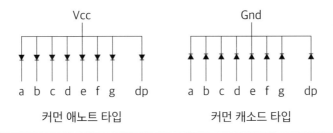

그림 5-23 커먼 애노트 타입과 커먼 캐소드 타입의 세븐-세그먼트 회로 구성

커먼 애노트 타입은 – 단자가 신호선에 연결되어 있으므로, LED를 켜려면 LOW 신호를 주어야 하고, 커먼 캐소드 타입은 +단자가 신호선에 연결되어 있으므로, LED를 켜려면 HIGH 신호를 인가한다.

세븐–세그먼트의 개별 LED 제어용 전류가 충분하다면 커먼 캐소드 타입을 써도 무방하고, 그렇지 않다면, LOW 신호로 제어할 수 있는 커먼 애노트 타입이 적절할 것이다. 각각의 타입에 대한 ON–OFF 진리표를 다음 표에 나타내었다.

표 5-4 세븐-세그먼트 ON-OFF 진리표

	HIGH	LOW
커먼 애노드 타입	1	0
커먼 캐소드 타입	0	1

이제 아두이노 우노로 세븐–세그먼트를 제어하여 숫자를 만들어 보자.

준비물

아두이노 우노, 세븐-세그먼트, 저항, 점퍼선

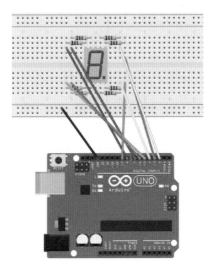

그림 5-24 세븐-세브먼트와 아두이노 우노의 연결

아두이노 우노의 연결하며 세븐-세그먼트 A ~ G 단자에 150Ω ~ 330Ω 정도의 저항을 달자. 과전류로 LED가 파손되는 것을 막아준다. 이제 세븐-세그먼트의 A ~ G 단자에 연결된 LED 중 어떤 것을 켜고 끄느냐에 따라 디스플레이되는 숫자가 달라진다. 이것을 표로 나타내면 다음과 같다.

표 5-5 세븐-세그먼트 진리표(1= HIGH, 0 = LOW)

	a	b	c	d	e	f	g		a	b	c	d	e	f	g
0							1	0	1	1	1	1	1	1	
1	1			1	1	1	1	1		1	1				
2			1			1		2	1	1		1	1		1
3				1	1			3	1	1	1	1			1
4	1			1	1			4		1	1			1	1
5		1			1			5	1		1	1		1	1
6		1						6	1		1	1	1	1	1
7				1	1	1	1	7	1	1	1				
8								8	1	1	1	1	1	1	1
9					1			9	1	1	1	1		1	1

다음은 커먼 애노드 타입의 세븐–세그먼트를 사용하여 0부터 9까지의 숫자를 표시하는 예제다. 스케치 컴파일 후 업로드하면 세븐–세그먼트의 LED가 0에서부터 9까지 1초 간격으로 변화하는 것을 확인할 수 있다.

예제 5-7   세븐-세그먼트 제어

```
int segmentLEDs[] = {2, 3, 4, 5, 6, 7, 8, 9};
int segmentLEDsNum = 8;
int digitForNum[10][8] = {
  {0, 0, 0, 0, 0, 0, 1, 1}, //0
  {1, 0, 0, 1, 1, 1, 1, 1}, //1
  {0, 0, 1, 0, 0, 1, 0, 1}, //2
  {0, 0, 0, 0, 1, 1, 0, 1}, //3
  {1, 0, 0, 1, 1, 0, 0, 1}, //4
```

```
     {0, 1, 0, 0, 1, 0, 0, 1}, //5
     {0, 1, 0, 0, 0, 0, 0, 1}, //6
     {0, 0, 0, 1, 1, 1, 1, 1}, //7
     {0, 0, 0, 0, 0, 0, 0, 1}, //8
     {0, 0, 0, 0, 1, 0, 0, 1}  //9
};

void setup()
{
 for (int i = 0 ; i < segmentLEDsNum ; i++)
 {
  pinMode(segmentLEDs[i], OUTPUT);
 }
}

void loop()
{
 for (int i = 0 ; i < 10 ; i++)
 {
  for (int j = 0 ; j < segmentLEDsNum ; j++)
  {
  digitalWrite(segmentLEDs[j], digitForNum[i][j]);
  }
 delay(1000);
 }
}
```

06장
센서

센서는 특정한 물리적 힘이 가해지면 전기적 신호를 발생시켜 특정한 힘의 변화량 등을 출력하는 소자이다. 아두이노를 다루는 데 있어서 없어선 안 될 부품 중 하나로 측정할 수 있는 힘과 물리량이 꽤 다양하다.

센서의 내부 구조나 측정원리를 숙지하면 아두이노와 이를 활용한 시스템을 만드는 데 있어서 꽤 유용하지만, 알아가는 데는 많은 시간과 노력이 요구된다. 하지만 아두이노는 어려운 것들을 쉽게 하려고 만들어진 물건이 아닌가? 이를 위해 센서도 모듈 자체가 아닌, 아두이노와 인터페이스 되기 쉽도록 호환보드 등에 꽂혀서 판매되고 있다. 즉, 생각보다 측정값을 얻는 것이 어렵지 않으며, 작동방식 또한 비슷하여 하나만 제대로 숙지하면 나머지도 금방 따라 할 수 있게 된다.

이번 장에서는 다양한 센서 중, 범용적으로 사용되거나, 서로 사용법이 중복되지 않는, 또는 라이브러리를 활용하면 쉽게 사용할 수 있는 센서 등 몇 가지를 선정해 알아보고, 그 과정에서 다양한 센서의 이론적인 면도 많이 다루고자 하였다. 센서를 바로 사용하는 것도 중요하지만, 그 개념과 원리를 알고 넘어가는 것이 필요하기 때문이다.

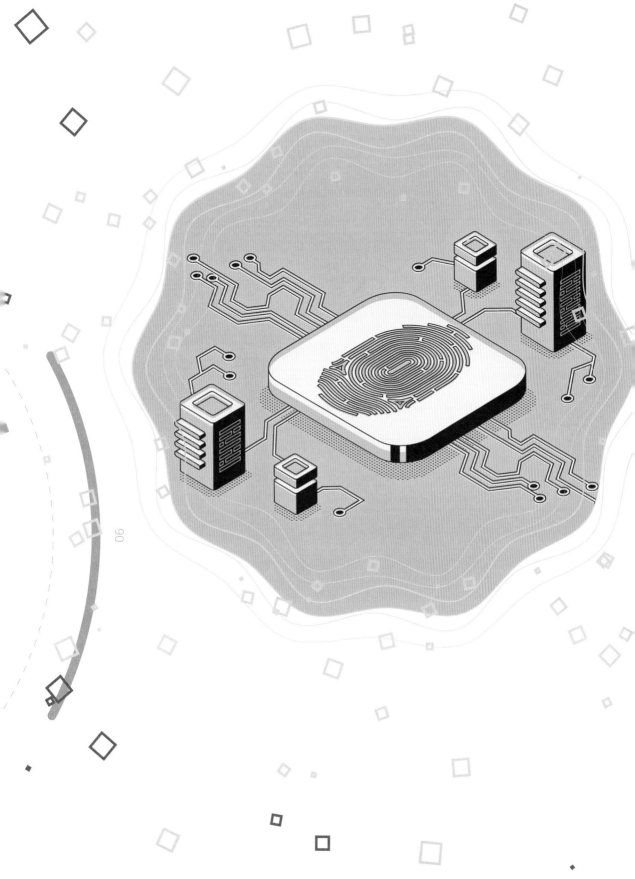

6.1 초음파(Ultrasonic) 센서

표 6-1 초음파 센서 요약

초음파 센서	
목적	가까운 거리측정
세부내용	수 cm ~ 수 m의 거리 측정
원리	반사된 초음파가 되돌아오는 시간 측정
애플리케이션	근접 센서, 후방감지 센서

　인간의 가청 주파수(Audio Frequency)는 20Hz ~ 20,000Hz로 알려져 있으며, 인간은 이 주파수 범위를 벗어나는 소리는 들을 수 없다. 대표적으로 박쥐나 돌고래가 내는 초음파가 이에 해당한다. 박쥐는 어둠 속에서 초음파를 통해 물체와의 거리를 측정한다. 그 정보를 통해 비행 방향을 결정하는데, 우리가 사용할 초음파 센서도 이와 마찬가지다. 초음파 센서는 초음파를 발생시켜 물체의 거리나 속도를 측정하는데, 대표적인 애플리케이션으로 수상함이나 잠수함의 소나(SONAR, Sound Navigation and Ranging) 시스템, 어군 탐지기, 차량의 후방 감지기 등이 있다.

　초음파 센서는 크게 초음파를 발신하는 송신부와 발신된 초음파가 물체에 부딪혀 돌아오는 신호를 읽어 들이는 수신부로 구성된다. 초음파를 발생시켜 송신하고, 되돌아오는 신호를 수신하는데, 송신 후 수신되는 신호 간의 시간차를 측정하여 거리를 산출하는 것이 그 원리이다.

　공기 중에서 음파의 속도는 약 340m/s이다. 번개가 치고 5초 후에 천둥소리가 들린다면 번개 발생지점이 약 1,700m 떨어져 있음을 유추하는 것과 같은 원리이다. 초음파의 속도는 특별히 온도에 영향을 받는다. 만약 더욱 정확한 거리를 측정하고 싶으면 온도 센서를 적용하여 온도에 따른 보상기법을 적용할 필요가 있다.

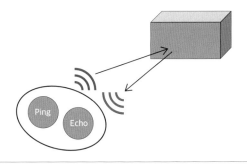

그림 6-1 초음파 센서 개념도

이제 저가로 구할 수 있는 HC-SR04 초음파 센서를 소개한다. **그림 6-2**의 센서 앞부분 왼쪽이 초음파 송신부(Ping), 오른쪽이 수신부(Echo)이다. 총 4개의 핀으로, 전원(V_{CC}), 송신(Trig), 수신(Echo), 접지(GND)로 구성되어 있다. V_{CC}에는 5V 전원(전압 범위 4.5~5.5V)을 연결하고, 송신/수신 단자는 송신, 수신을 위한 디지털 핀에 연결한다.

그림 6-2 초음파 센서 HC-SR04

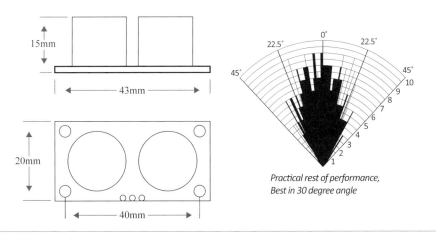

그림 6-3 HC-SR04 사양

HC-SR04의 데이터 시트를 참조하면, 전방 좌우 30° 내에서 최적의 성능을 보이며, 이는 센서 전방이 가급적 측정대상을 향하고 있어야 하고 수직에 가깝게 측정해야 함을 의미한다. 만약 측정대상과 센서와의 경사각이 크거나 균일하지 않다면 다음 그림과 같이 수신부로 신호가 들어오지 않거나 왜곡된다. 이는 본 센서의 신호 수신 지향각이 좁기 때문에 발생하는 문제이기도 하며, 반사가 쉽게 일어나는 음파의 특성 때문이기도 하다. 특히 신호가 벽체에 반사되어 들어오면 그만큼 지연시간이 늘어나 더 먼 거리로 인식하기도 한다.

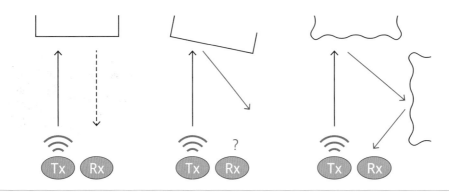

그림 6-4 초음파의 신호 왜곡

그간 밀리 초(ms) 단위의 지연시간을 사용하였는데, 이번 예제에서는 마이크로초(us) 단위의 지연을 사용해본다. 사용 방법은 밀리 초와 같으며, delay 뒤에 Microseconds를 붙여준다.

delayMicroseconds(지연시간)

다음에 초음파 센서를 활용하여 물체와의 거리를 측정하는 회로와 코드를 나타내었다.

아두이노 우노, HC-SR04 초음파 센서, 점퍼선

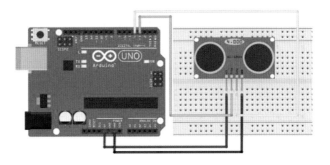

그림 6-5 거리측정을 위한 회로

예제 6-1   초음파 센서 예제

```
const int trig = 3;
const int echo = 4;

void setup()
{
  Serial.begin(9600);
  pinMode(trig, OUTPUT);
  pinMode(echo, INPUT);
}

void loop()
{
  float duration, distance;
  digitalWrite(trig, HIGH);
  delay(10);
  digitalWrite(trig, LOW);
  duration = pulseIn(echo, HIGH); //초음파의 이동거리 계산
  distance = ((float)(340 * duration) / 10000) / 2;
  Serial.print("Duration:");
```

```
  Serial.print(duration);
  Serial.print("\nDistance:");
  Serial.print(distance);
  Serial.println("cm\n");
  delay(500);
}
```

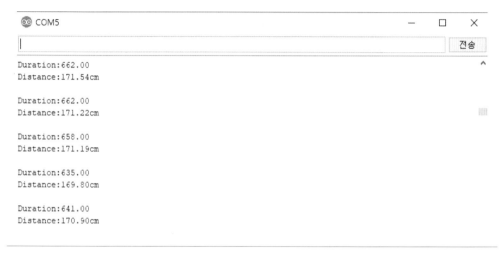

그림 6-6 예제 6-1 실행결과

    예제 6-1을 참조하면, Ping 단자가 연결된 디지털 핀을 통해 HIGH 신호를 인가하면(**예제 6-1**에서 10ms), Echo 단자는 디지털 핀을 통해 수신되는 반향파(Echo)의 유지시간을 저장한다. 이후 시리얼 모니터 상에 Echo 신호가 인가된 시간, 거리를 표시한다. 초음파는 측정하는 물체까지 갔다 되돌아오는 개념, 즉 왕복하므로 (340 × 시간(초))/2와 같은 계산이 이루어지며, 세부내용은 **그림 6-7**을 참조한다.

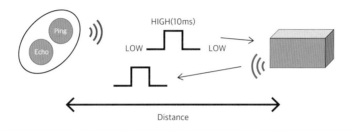

그림 6-7 도달시간 계산

음파는 음파가 전달되는 매질(공기, 물) 온도에 영향을 크게 받는 특성이 있으나, 이번 예제에서 사용되는 센서는 수 센티미터에서 수 백 센티미터 수준의 유효 감지거리를 갖는다(측정거리, 센서 가격, 크기 등 차량용 후방 감지기에 아주 적절함). 이보다 더 먼 거리를 측정하려면 레이더와 같이 'RF 신호'를 활용한 센서를 적용하는 것이 합리적이다.

다음으로 초음파 센서와 부저를 활용하여 근접 감지기를 만들어 보자. 근접 감지기는 포탄이나 유도탄의 근접 신관과 작동방식이 유사하다. 전투기, 폭격기, 헬리콥터와 같은 비행체는 표적과의 거리, 표적의 속도, 회피기동, 센서 오차 등을 감안할 때 대공포나 대공 유도탄으로 직접 타격하는 것에 많은 어려움이 있다. 표적 근처까지 탄을 보낼 수 있으나, 직접 타격하는데 기술적, 확률적 어려움이 있기에 명중에 이르기까지 많은 탄이 소비되는 문제가 있다. 그래서 제2차 세계대전을 거치며 개발된 것이 근접 신관(Proximity Fuze)이다. 전파 따위를 송출하여 가까운 거리의 물체에 맞고 반사되는 파가 확인되면 기폭 신호를 출력하여 탄을 터뜨리는 방식이다.

일상에서 근접 신관과 비슷한 방법으로 구현된 것이 차량용 후방 감지기, 스마트폰의 근접 센서이다. 차량용 후방 감지기는 초음파 센서의 반사파 입력에 대한 거리 변화에 따라 운전자에게 소리 종류나 크기를 변화시켜 알려주는 역할을 한다. 스마트폰의 근접 센서는 사용자가 전화 통화를 할 때 활성화되는데, 거의 대부분 스마트폰의 전면 디스플레이가 터치 스크린으로 이루어진 만큼 통화 중 사용자의 뺨 등에 의해 오작동하는 것을 막기 위해 사용된다.

이러한 원리를 토대로 초음파 센서에서 수신된 거리에 따라 부저음을 달리 내는 장치를 만들어 보자.

준비물　아두이노 우노, 초음파 센서, 부저, F–M 점퍼선

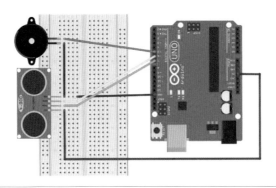

그림 6-8 근접 감지기 회로 구성

다음은 근접 감지기 스케치이다. 초음파 센서로 측정된 거리와 부저음 디지털 핀을 맵핑하여 거리에 따른 부저음 간격을 조정하였다. 또는 tone( ) 함수를 사용하여 부저의 주파수를 변경하여 알리는 방법도 고려할 수 있다.

예제 6-2　　**근접 감지기**

```
const int trigPin = 7;
const int echoPin = 6;
const int buz = 5;

void setup()
{
  pinMode(trigPin, OUTPUT);
  pinMode(echoPin, INPUT);
```

```
  pinMode(5, OUTPUT);
  Serial.begin(9600);
}

void loop()
{
  digitalWrite(trigPin, HIGH);
  delayMicroseconds(10);
  digitalWrite(trigPin, LOW);
  int distance = pulseIn(echoPin, HIGH)*17/1000;
  Serial.println(distance);

  if (distance>60 && distance <100)
  {
    tone(buz, 2093, 800);
    delay(1000);
  }

  else if (distance <=60 && distance>30)
  {
    tone(buz, 2093, 800);
    delay(700);
  }

  else if(distance<=30 && distance >10)
  {
    tone(buz, 2093, 800);
    delay(300);
  }

  else if(distance<=10)
  {
    tone(buz, 2093, 800);
    delay(100);
  }

  else
  {
    tone(buz, 2093, 800);
```

```
    delay(1500);
  }
}
```

6.2 온도 센서와 조도 센서

4차 산업혁명의 가장 큰 수혜 업종 중 하나로 농업 분야를 꼽는다. 각종 환경 센서로 작물 주변의 온도와 습도, 조도 등을 측정, 관리하여 생산력을 높이겠다는 개념이다. 여기에 액추에이터까지 추가하면 농업 자동화까지 이어진다. 온도 센서는 안전 분야에서도 적용된다. 급격한 온도 상승을 감지하여 스피커를 통해 알람을 보내는 화재 감지기로 사용할 수 있고, 실내 온도를 측정하여 디스플레이하는 온도계로도 사용할 수 있다. 조도 센서는 차량 외부의 밝기를 측정하여 전조등을 제어하거나, 방안의 조도를 측정하여 전등의 밝기를 제어하는데 활용할 수 있다. 둘 다 환경 센서의 범주에 속한다.

온도 센서

표 6-2 온도 센서 요약

온도 센서	
목적	주변 온도 측정
세부내용	센서 주변의 온도를 측정
원리	온도 변화에 따른 저항, 전압의 변화를 측정
애플리케이션	실내 온도계, 토양 온도 측정, 화재 감지기

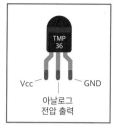

반드시 주의하여 연결

그림 6-9 TMP-36 온도 센서

아두이노와 함께 쓸만한 온도 센서로 'TMP-36'을 살펴보자. TMP-36은 앞서 살펴본 트랜지스터와 굉장히 유사하게 생겼다. −50℃ ~ +125℃까지 측정 가능하며, 2.7V ~ 5.5V의 전원으로 구동된다. 온도 센서 연결 시 핀 맵을 유의하도록 하자. 양쪽의 두 핀은 각각 전원과 접지와 연결되고 중간의 핀이 온도값을 전압으로 출력한다. 온도에 따른 전압은 −50℃에서 0V를 출력하고, +125℃에서 1.75V를 출력한다. 즉, 온도 1℃의 변화에 대해 10mV씩 변화하며, 우리는 이 전압을 아두이노의 analogRead( ) 함수로 읽어 들인다.

이제 온도 센서로 주변 온도를 측정해보자. 아두이노와의 연결은 다음과 같이 굉장히 간단하다.

준비물 | 아두이노 우노, TMP−36 온도 센서, 점퍼선

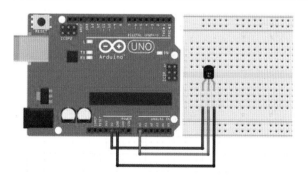

그림 6-10 아두이노와 온도 센서와의 연결

다음 **예제 6-3**은 A0 포트를 통해 TMP-36 센서로부터 출력되는 전압을 측정하고, 이 전압을 analogRead( ) 함수를 이용해 온도값으로 변환하는 과정을 나타내고 있다. A0 포트와 TMP-36의 중간다리를 연결하고 다음 예제의 코드를 업로드 해보자.

예제 6-3　　온도센서 제어

```
int TMP36 = A0;
int temp_ADC;
float voltage;
float temperature;

void setup()
{
 Serial.begin(9600);
 pinMode(TMP36, INPUT);
}

void loop()
{
 temp_ADC = analogRead(TMP36);
 voltage = temp_ADC * (5 / 1024);
 temperature = ((voltage + 0.5) / 0.01);

 Serial.print("voltage = ");
 Serial.println(voltage);
 Serial.print("temp_ADC = ");
 Serial.println(temp_ADC);
 Serial.print("temperature = ");
 Serial.println(temperature);
 delay(1000);
}
```

temp_ADC라는 변수는 analogRead( ) 함수를 통해 ADC된 값을 리턴하는데, ADC와 관련된 내용은 '6.4절 가속도 센서'에서 자세히 살펴보겠다. 그리고 'voltage'는 이 ADC 값을 전압값으로 다시 바꿔주는 변수로, 5V 입력전압을 1024로 나누어 주었다. 변환된 voltage는 0.5를 더하고 0.01로 나누어주었다. 앞서 TMP-36 센서가 -50℃에서 0V를 출력한다고 하였다. 이 값을 그대로 사용하면 0℃ 기준의 전압값과 차이가 있으므로 이것을 보기 편하게 맞춰주기 위한 오프셋(offset)으로 0.5를 더하였다. 10mV = 0.01V이므로 -50℃를 보상하기 위해서는 0.5(50 × 0.01)를 더해주어야 한다.

다음에 스케치 실행결과를 나타내었다. TMP-36 온도 센서로 측정된 ADC 값과 해당 ADC 값을 전압으로 변환한 값, 그리고 이 값을 토대로 다시 온도로 바꾼 값이 출력되는 것을 확인할 수 있다.

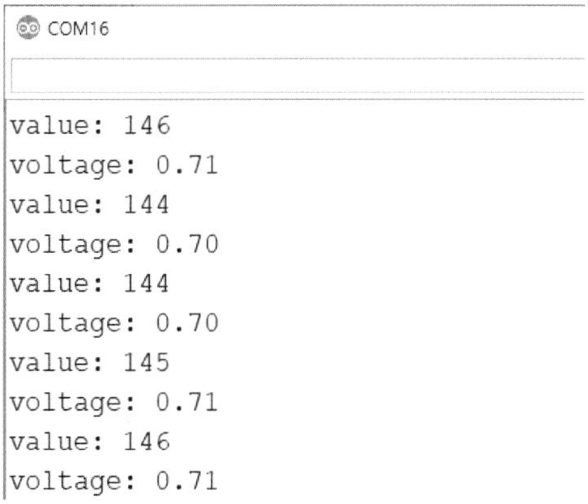

```
COM16

value: 146
voltage: 0.71
value: 144
voltage: 0.70
value: 144
voltage: 0.70
value: 145
voltage: 0.71
value: 146
voltage: 0.71
```

그림 6-11 TMP-36 온도 센서 예제 실행결과

TMP-36 온도 센서 외에 동일한 형상의 LM-35 센서도 자주 사용된다. LM-35는 측정 범위가 0℃~+100℃이고, 온도에 대한 출력 전압이 0.5V~1.5V이다. 온도 1℃의 변화에 대해 10mV씩 변하는 것으론 TMP-36과 동일하지만, 0℃에서 0.5V를 출력한다는 차이점이 있다. 이 부분 또한 오프셋 값을 조정하여 온도값으로 변환해줄 수 있다.

온도 출력 전압

125c 1.75V

100 .... 1.5V

0 .... 0.5V

-50 .... 0V

그림 6-12 온도와 TMP-36의 출력

조도 센서

표 6-3 조도 센서 요약

조도 센서	
목적	주변 조도 측정
세부내용	센서 주변 빛의 밝기를 측정
원리	빛의 유입에 따른 저항 변화를 측정
애플리케이션	전등 제어, 낮/밤 구분

조도 센서는 포토 레지스터(Photo Resistor), 포토 디텍터(Photo Detector), CDS(Cadmium Sulfide, 황화카드뮴) 등 여러 가지로 불리는데, 주변 빛의 밝기에 따라 저항값이 달라지는 특성이 있다.

이 또한 온도 센서처럼 아두이노의 analogRead( ) 함수로 측정 값을 확인할 수 있다. 이 조도 센서는 극성이 없어서 다음과 같이 한 쪽은 5V 전원, 나머지 한쪽은 저항과 아날로그 핀에 연결한다.

그림 6-13 CDS 타입 조도 센서

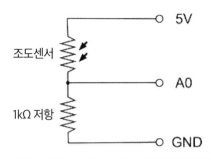

그림 6-14 analogRead( ) 함수 사용을 위한 회로 구성

다음과 같이 회로를 구성하고, analogRead( ) 함수를 활용하여 주변의 조도를 측정해보자.

준비물 | 아두이노 우노, 조도 센서, 1kΩ 저항

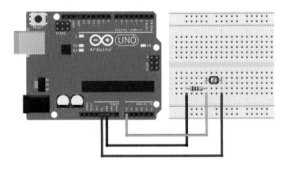

그림 6-15 아두이노 우노와 조도 센서의 연결

```
int LUX = A0
int LUX_ADC;

void setup()
{
 Serial.begin(9600);
}
void loop()
{
 LUX_ADC = analogRead(LUX);
 Serial.print("Lux is ");
 Serial.println(LUX_ADC);
 delay(500);
}
```

조도 센서를 손으로 가리면 측정값이 작아지고, 손을 떼면 밝아지면서 값이 커지는 것을 확인할 수 있다. 이는 조도 센서가 빛의 세기가 강할수록 저항값이 작아지고, 약할수록 저항값이 높아지기 때문이다.

그림 6-16 조도 측정 결과

6.3　적외선 센서

표 6-4 적외선 센서 요약

적외선 센서	
목적	근거리 통신
세부내용	수 cm ~ 수 m 내에서의 통신
원리	38kHz 대역 적외선 간 가시선 통신
애플리케이션	IR 리모컨, 하이패스

　빛(가시광선)은 파장에 따라 빨, 주, 노, 초, 파, 남, 보로 나뉜다. 여기서 빨간색(적색)보다 파장이 긴 특성을 갖는 부류를 적외선(Infrared Ray), 보라색보다 파장이 짧은 특성을 갖는 부류를 자외선(Ultra Violet)이라 지칭한다. 우리는 적외선 영역을 알아보자.

　독자들은 전쟁영화나 매체에서 열추적 미사일을 많이 접해보았을 것이다. 이 적외선은 전투기의 엔진이나 태양과 같은 열원(Thermal Source)에서 두드러지게 나타나는데, 이런 특성을 활용하여 표적에서 내뿜는 적외선 흔적을 단서로 표적을 찾는 적외선 유도 미사일이 좋은 사례이다.

　적외선은 열원이 아닌 통신 매체로 활용할 수 있는데, TV 리모컨과 IR 방식 하이패스가 있다. 유효 통신거리가 수 미터 정도로 짧고 적외선 송신 모듈에서 송출한 신호가 수신 모듈에 정확히 도착할 수 있도록 각 모듈 간 서로 마주 보고 있어야 한다는 제약점이 있다.

적외선 수신부

　그림 6-17은 적외선 신호 수신에 사용되는 포토 트랜지스터(Photo Transistor), 송신에 사용되는 IRED(Infrared Ray Emitting Diode)를 나타내고 있다. 포토 트랜지스터는 전원(V_{CC}), 접지

(GND), 신호(Signal)로 구성된 3개의 핀을 갖고 있으며, **그림 6-18**과 같이 연결한다. 수신부는 외부에서 인가되는 신호를 받는 역할을 하므로, 특별한 회로를 필요로 하지 않는다.

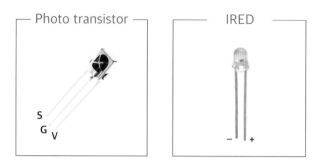

그림 6-17 포토 트랜지스터(좌), IRED(우)

포토 트랜지스터는 전원이 인가되고 외부의 적외선 신호를 수신하면 전기적 신호를 발생시키며, 해당 신호가 신호선을 따라 아두이노로 인가된다. 적외선 빛을 수신한다는 뜻으로 '수광부'라고도 지칭한다. IRED는 적외선 신호를 발생시키는 소자인데, 조명으로 사용하는 LED와 같이 전원이 연결되면 신호를 발생시키게 된다. 하여 +단자에 신호선이 연결되는데, 신호를 멀리까지 정확하게 보낼 수 있도록 트랜지스터를 사용하여 신호 강도를 더 높이기도 한다. 적외선 빛을 발신한다는 뜻으로 '발광부'라고도 지칭한다.

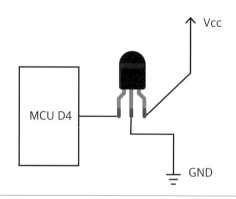

그림 6-18 포토 트랜지스터 구동회로

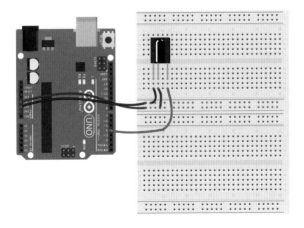

그림 6-19 포토 트랜지스터와 아두이노 연결

다음은 TV 리모컨에서 발생하는 적외선 신호를 읽어 들이는 코드이다. 적외선 통신을 위해서는 'Robot IR remote' 라이브러리를 필요로 한다.

예제 6-5　리모컨 신호 읽기

```
#include <IRremote.h>

int RECV_PIN  = 4;              //IRED(IR Receiver)로 수신된 값을 4번 핀으로 받는다.
IRrecv irrecv(RECV_PIN);        //IR Receiver 선언
decode_results results;         //수신 결과 저장

void setup()
{
  Serial.begin(9600);
  irrecv.enableIRIn();          //IR Receiver enable
}

void loop()
{
```

```
if(irrecv.decode(&results))               //입력값이 있으면
{
    Serial.println(results.value, HEX);    //HEX(16진수)로 출력
    irrecv.resume();                       //다음 값 수신 준비
  }
}
```

앞에서처럼 라이브러리를 사용하는 경우에는 라이브러리 상에서 필요한 몇 가지 함수에 대한 선언을 포함하여 나머지의 것들은 라이브러리의 것들을 그대로 가져다 쓰면 된다. 아래는 적외선 신호가 수신되는 핀을 선언해주는 내용으로, 이처럼 핀 이름과 번호는 독자들이 결정하고, 그 외의 것들은 라이브러리의 것을 그대로 가져다 쓴다.

int 핀 이름 = 핀 번호;

IRrecv irrecv(핀 이름)

적외선 송신부

적외선 신호 송신부는 수신부보다 조금 더 신경을 써야 한다. **그림 6-20**의 왼쪽은 MCU의 디지털 핀으로 IRED를 제어하는 그림이고, 오른쪽은 트랜지스터를 통해 IRED를 작동시키는 그림이다. 왼쪽 회로는 간단하지만, MCU의 핀에서 출력되는 전류로 구동되므로 IRED의 출력, 즉 신호의 전송 거리에 제한이 따른다. 그래서 우측 회로와 같이 D3 핀으로 트랜지스터를 구동시켜 V_{cc}에 연결된 IRED가 작동되도록 구성하면 신호의 도달거리가 훨씬 길어지게 된다.

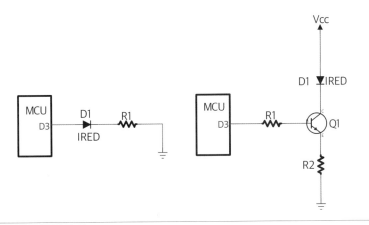

그림 6-20 IRED 구동회로

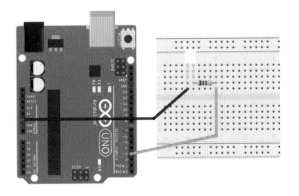

그림 6-21 IRED와 아두이노 연결

 TV 리모컨의 전면부를 살펴보면 돌출된 IRED를 확인할 수 있다. 리모컨을 작동시킬 때 리모컨의 전면이 TV를 향하게 두는데, 이는 광신호의 일종인 IR 신호의 특성 때문이다. 눈 앞에 빛을 반사시킬 수 있는 무엇인가가 없다면, 머리 뒤에서 손전등을 켰다가 껐다 해도 알 수 없는 것과 같은 이치이다.

 라이브러리를 활용한 적외선 송신에서 조금 특별한 내용이 있는데, 송신용 핀이 지정되어 있다는 것이다. 송신은 D3로 지정, 수신은 RECV 뒤쪽의 핀 번호를 바꿔주면 가능하다. 다음은 적외선 신호를 송신하는 코드이다.

예제 6-6   **적외선 신호 송신**

```
#include <IRremote.h>
#include <IRremoteInt.h>
#include <ir_Lego_PF_BitStreamEncoder.h>

IRsend irsend;   // IRsend(송신단자)는 라이브러리 상 D3에 고정되어 있음

void setup()
{
 Serial.begin(9600);
}

void loop()
{
  irsend.sendNEC(77441592, 32);
  Serial.println("IR_Send-1");
  delay(100);
  irsend.sendNEC(77441592, 32);
  Serial.println("IR_Send-2");
  delay(100);
  irsend.sendNEC(77441592, 32);
  Serial.println("IR_Send-3");
  delay(100);
}
```

IR 신호 송수신회로와 코드를 사용하여 특정 신호가 인가되면 반응하는 물건을 만들어 보자. 트리거(Trigger) 신호를 인가받기 전까지는 아무 반응을 않다가, 약속된 트리거 신호를 수신하면 개발자가 원하는 동작을 하도록 구성하는 것이다. 실생활에서 가장 적합한 애플리케이션을 찾으면 TV-리모컨과 하이패스 시스템이다.

■ 하이패스

하이패스는 RF 방식과 IR 방식으로 나누어져 있다. 비교적 최근에 나온 모델이 전파로 작동하는 RF 방식이며, 초기의 모델은 IR 통신을 사용한 방식이었다. 스마트폰처럼 통신하느냐, 리모컨처럼 통신하느냐의 차이로 정리된다.

고속도로 하이패스 게이트를 살펴보면 상부에 어떤 구조물이 설치되어 있는데, 이것이 하이패스 게이트의 IR 신호 송,수신부이다. IR 방식 하이패스 단말기는 차량 내 전면 유리창 또는 대시보드에 설치되는데, 이는 하이패스 게이트의 송,수신부와 시선(Line of Sight, LoS)을 맞춰주기 위함이다.

그림 6-22 하이패스 게이트

If문 몇 줄을 추가하면 약속된 수신코드를 확인하고 특정 동작을 발생시키는 기능을 추가할 수 있다. 다음은 제품 설계를 위해 하이패스 단말기 3종 분해 후 내부를 찍은 사진으로, 단말기 모두 공통으로 신호 발신용 IRED 6개, 발신용 포토 트랜지스터 4개씩 장착되어 있음을 확인할 수 있다. TV 리모컨에 비해 더 많은 정보를 제한된 각도와 시간 동안 주고받아야 하는 특성상 외란에 취약할 수 있어 Rx 4조, Tx 6조가 어떤 표준으로 자리 잡은 것으로 추정할 수 있다.

그림 6-23 하이패스 단말기 내부

시제품 고려 시 이러한 기존 제품 분석을 통해 설계에 반영한다면 시험평가 기간 또는 양산에서의 어려움도 크게 줄일 수 있을 것으로 판단된다.

6.4 가속도 센서: 중력과 움직임

이번 절에서는 물리 센서(Physical Sensor)의 대명사라 할 수 있는 가속도 센서(Accelerometer)를 다룬다. 물리적 움직임을 측정하는데 가장 기본적인 센서로 충격, 기울임, 가속 등의 힘을 측정할 수 있다. 가속도 센서는 스마트폰에도 가장 먼저 탑재된 물리 센서 중 하나로, 움직임과 관련된 가장 기본적인 힘을 측정할 수 있어 아두이노를 활용한 시스템에도 유용하게 사용된다. 다만 기울기 센서, 중력 센서 등으로 불리기도 하는 센서 이름과 측정대상의 중의성으로 인해 어떤 힘을 측정하는지 다소 혼동될 수 있고, 소리, 빛, 거리 등과 같은 것들에 비해 가속도란 힘은 좀처럼 직관적으로 와 닿지 않는다. 특히 초보자들은 IDE의 시리얼 모니터로 출력되는 값이 어떻게 어떤 방식으로 변하는지 알아가는데 많은 시간이 소요된다. 첫 절에서 가속도 센서의 개념과 동작원리를 확인하고 넘어가자.

표 6-5 가속도 센서 요약

가속도 센서	
목적	기울기, 움직임 측정
세부내용	물체의 움직임, 기울기를 g값으로 반환
원리	MEMS 방식의 측정
애플리케이션	충격 감지, 기울기 측정, 관성항법장치

가속도 센서 개요

가속도 센서가 측정 가능한 힘은 크게 '중력 가속도'와 '동적 가속도'라는 두 가지 범주로 나누어진다. 중력 가속도(Gravitational Acceleration)는 물체에 대해 지구 중심 방향으로 작용하는 가속도를 의미하는데, 정적 가속도(Static Acceleration)로도 표기된다. 정적 가속도(Static Acceleration)는 물체가 정지된 상태에서 측정되는 힘, 즉 지표면에 대한 물체의 기울기의 정확한 측정이 가능하단 의미로 생각해도 되겠다.

지표면이 없다면 물체는 중력 가속도로 인해 마냥 지구 중심으로 자유낙하(Free fall) 할 것이다. 현실적으로는 우리 발밑에 지표면이 있으므로 땅에 발을 딛고 생활할 수 있다. 이 중력 가속도는 물체의 기울기를 측정하는 데 활용되는데, 다음 그림에 그 개념을 나타내었다.

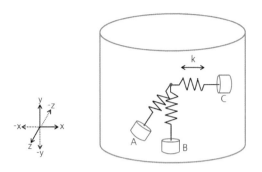

그림 6-24 가속도 센서와 중력 가속도

　가속도 센서의 기본적 모델은 일정 무게를 갖는 추(Mass)에 스프링을 달아놓은 것으로 외부에서 가해지는 힘에 따라 스프링의 길이가 추의 무게에 비례하여 변한다. 그 길이의 변화를 전기적으로 계측하여 외부의 힘을 산출하는 것이 가속도 센서의 개념이다.

　그림 6-24에서 양방향을 측정할 수 있는 가속도 센서 3개를 각각 3차원 공간에 배치하였고, 이 뭉치를 물이 담긴 통에 달아놓았다고 가정하자. 물통을 z축을 중심으로 시계방향으로 기울여보자. 지구 중심 방향으로 가해지는 중력 가속도로 인해 물은 지구 중심에 대해 수평을 유지하려 할 것이고, 이는 물통 속에 있는 물 표면이 기울어지는 것과 같이 관측될 것이다. 즉 물체의 기울어짐은 중력 가속도의 변화로 투영되어 각 축에 설치된 가속도 센서에 계측된다.

　그림 6-24의 추 C는 물통이 기울어짐에 따라 스프링의 길이 k가 늘어나고, 기울어짐에 따른 영향으로 추 A와 B의 스프링도 길이가 변하게 된다. 이때 중력의 영향을 직접적으로 받는 추(수직 축(z축)) B의 자중으로 인해 추 B의 스프링 길이는 추 A와 C보다 더 길다. 이는 시리얼 모니터나 오실로스코프로 가속도 센서의 출력 확인 시 한 축(추 B가 매달린 스프링)에 나타나는 오프셋을 의미한다.

　만약 **그림 6-24**의 통이 자유낙하를 하는 상황이라면 3축 스프링의 길이는 모두 같을 것이다. 이 현상과 같이 물통에 설치된 가속도 센서는 물통의 기울어짐이 추에 미치는 힘의 변화로 발생하는 스프링 길이 변화를 통해 기울어진 정도를 측정해낸다. 중력 가속도를 활용하면 물통 예시처럼 어떤 물체의 기울기 측정이 가능하다. 가속도 센서는 지표면에 대해 어떤 방향에 대해서도 그 기울어짐을 측정해 낼 수 있으나, y축을 중심으로 한 회전, 즉 방위각과 관련된 정보를 측정하는 것은 불가능하다. 물통의 예시로 살펴보면, 물통을 y축을 중심으로 시계방향, 시계 반대 방향 등 어떤 쪽으로 돌려봐도 물통(물통 속에 담긴 물)의 기울기 변화는 발생하지 않는다. 이는 가속도 센서의 스프링 또한 늘어나지 않음을 의미한다.

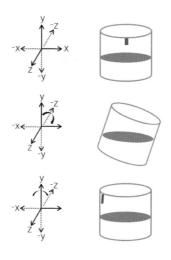

그림 6-25 물통과 중력 가속도

　가속도 센서로 측정 가능한 두 번째 힘은 동적 가속도(Dynamic Acceleration)다. 사전적으로 정적 가속도에 반대되는 개념이므로 움직임 발생 시 나타나는 가속도로 볼 수 있는데, 흔히 가속, 감속 운동이라 말하는 속도의 변화에서 발생한다. 물체가 어느 정도의 빠르기로 움직였는지, 어느 방향으로 움직였는지를 측정해내므로 움직임과 관련된 가장 기본적인 센서라 말할 수 있다. 다만 가속도 센서에서 출력되는 값들은 중력 가속도와 동적 가속도 성분이 모두 합쳐진 값이므로 다른 센서를 사용하여 보상(Compensation)하거나 필터링(Filtering)을 통해 유의미한 값으로 바꿔 사용해야 한다.

ADXL-335 가속도 센서

아두이노를 활용한 시스템에서 가장 쉽고 간단하게 사용되는 가속도 센서인 ADXL-335를 살펴보자. 이 센서는 아날로그 디바이스(Analog Device)사의 MEMS 타입 ADXL-335 가속도 센서 모듈(보드 중간의 검은색 정사각형 칩)을 GY-61 보드에 실장한 것으로 웹에서 GY-61 또는 ADXL-335로 검색하면 다음 그림과 같은 형상의 센서를 찾을 수 있다.

그림 6-26 ADXL-335가속도 센서와 GY-61 호환보드

ADXL-335 센서의 측정 범위는 3축, ±3g다. 이러한 정보는 구글에서 'analog device', 'adxl335', 'gy61' 등의 키워드로 데이터 시트 검색을 통해 확인할 수 있다. 이 센서는 x, y, z 축과 해당 축의 반대 방향(-x, -y, -z) 모두에 대한 병진운동(x, y, z 각 축에 대한 수직/수평 이동)을 측정할 수 있고, 그 최대 측정 범위가 ±3g다. 이 경우, ±3g 이상의 운동이 발생해도 출력은 ±3g까지만 유효한 값으로 인정한다는 뜻이다. 쉽게 말해서 ±3g 이상은 측정하지 못한다는 것이다.

데이터 시트상으로 ADXL-335 칩은 DC 1.8~3.6V의 전원을 필요로 하지만, 대부분 아두이노는 센서 이용을 위해 5V 출력만을 구성되어 있어 전원 공급에 어려움이 있다. 이로 인해 기존 아두이노의 5V 출력에 전압 분배용 저항을 달아 센서에 맞는 전원으로 조정하거나 3.3V 출력을 하는 우노, 나노, 프로 미니 3.3V 버전을 이용해야 한다. ADXL-335는 MEMS

타입의 센서로 핀의 크기 또한 매우 작아서 직접 납땜하기가 쉽지는 않다.

GY-61과 같이 아두이노 등을 타깃으로 한 보드들은 5V 전압에서도 사용할 수 있도록 별도의 전압조정 회로를 구성하여 제공한다. GY-61 보드에는 주변회로가 다 꾸며져 있어 개발자는 결선과 전원 입력만으로 손쉬운 데이터를 확인할 수 있다. I/O 소켓이 붙어 있는 각종 쉴드 보다는 간단하지만, 센서 모듈보다는 큰 편이다. 더불어 ADXL-335 센서 모듈 자체는 5V 입력을 지원하지 않지만, 이렇게 GY-61과 같은 중국산 호환보드에는 3.3V 레귤레이터가 장착되어 아두이노의 5V 핀이나 디지털 출력핀을 전원으로 사용할 수 있다.

또, **그림 6-26**에 나타나 있는 보드의 센서 모듈 바로 위를 살펴보면, x, y, z라고 인쇄된 부분을 확인할 수 있다. 센서 모듈 제작사인 아날로그 디바이스사에서 제공하는 데이터 시트를 보고 기준 좌표계를 확인할 수 있지만, 약간 번거로운 일이기도 하다. 그래서 GY-61 보드와 같이 확장형 보드들은 사용자가 손쉽게 확인할 수 있도록 보드 상에 기준 좌표계를 표시하여 출시되기도 한다.

이제 ADXL-335가속도 센서의 출력값을 알아보는 예제를 다루어 보자.

가속도 센서는 IDE에서 간단한 예제를 제공한다. IDE의 [파일 - 예제 - 06. Sensors]에 센서와 관련된 몇 가지 예제가 있다. 이 중 'ADXL3xx'를 선택하면 가속도 센서와 관련된 예제가 확인된다.

그림 6-27 예제 내비게이션: Sensors-ADXL3xx

다음 그림에 예제를 위한 회로를 나타내었다. ADXL–335 가속도 센서는 구입 시 제공된 핀 헤더를 납땜하여 사용한다.

준비물　아두이노 우노, ADXL–335 가속도 센서(GY–61 보드), F–M 점퍼선

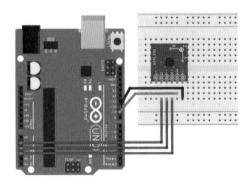

그림 6-28 ADXL335와 아두이노 연결

다음 예제는 'ADXL3xx' 예제를 실행한 후 기존의 전원핀(19번)과 GND핀(18번)을 각각 10번과 9번으로 바꾼 내용이다. 이외에는 기존 예제와 같으며, x축, y축, z축이 각각 A3, A2, A1에 할당되어 있다.

예제 6-7 　**가속도 센서 예제**

```
const int groundpin = 9;          // digital input pin 9 -- ground
const int powerpin = 10;          // digital input pin 10 -- voltage
const int xpin = A3;              // x-axis
const int ypin = A2;              // y-axis
const int zpin = A1;              // z-axis
```

```
void setup()
{
  Serial.begin(9600);
  pinMode(groundpin, OUTPUT);
  pinMode(powerpin, OUTPUT);
  digitalWrite(groundpin, LOW);
  digitalWrite(powerpin, HIGH);
}

void loop()
{
  Serial.print(analogRead(xpin));
  Serial.print("\t");
  Serial.print(analogRead(ypin));
  Serial.print("\t");
  Serial.print(analogRead(zpin));
  Serial.println();
  delay(100);
}
```

이 예제에서는 전원핀과 GND핀을 우노 보드에 할당된 핀을 적용하지 않고 10번과 9번 핀에 연결하였다. digitalWrite( ) 함수를 이용해 포트를 HIGH 또는 LOW로 설정하여 전원 또는 접지핀으로 사용한 예제다. 이는 가속도 센서가 소모하는 전류가 높지 않기 때문에 가능한 일이다. ADXL-335의 데이터 시트를 살펴보면, 해당 가속도 센서의 요구 전류는 3V에서 $350\mu A$이다. 이는 아두이노 프로 미니의 I/O 핀에서 흐를 수 있는 최대 전류 40mA와 비교하여 훨씬 낮은 수치이다. 다시 말해서, 전류공급에 문제가 없다면 각 I/O 포트를 센서의 전원 포트로 사용하는 것도 포트 활용성을 높이는 한 방법이 되며, 이는 브레드 보드가 없거나 전원 또는 GND 단자를 사용하기 어려운 경우에 적절히 활용할 수 있다.

예제 6-7에서 두 번째로 주목할 점은 지연 구문이다. 'delay(100)'은 센서 데이터의 지연시간을 ms(밀리 초, 1/1000초) 단위로 설정해주는데, 코드대로 실행하면 첫 번째 데이터와 두 번째 데이터의 획득 간격이 100ms, 세 번째, 네 번째, … , N 번째 모두 100ms의 간격을 가지고 획득되어 시리얼 모니터에 디스플레이 된다. 이런 지연 구문을 통해 가속도 센서에서 소모되는 전류를 줄일 수 있다. 그리고 시리얼 모니터나 시리얼 플로터 상의 데이터 갱신속도를 조절하여 눈으로 쉽게 확인할 수 있다는 장점이 있다(데이터가 너무 빨리 갱신되면 화면에 데이터가 넘어가는 속도를 눈이 따라가지 못한다). delay( ) 함수 내의 값을 'delay(10)', 'delay(1000)'으로 변경 후 컴파일/실행해보면 갱신속도의 확연한 차이를 느끼게 된다.

다음은 **그림 6-28**과 같은 회로 구성(센서의 위치 방향에 유의)에서 시리얼 모니터로 출력한 결과이다. 각 축에 대한 결괏값이 100ms 단위로 갱신되어 출력되며, 각 축의 값에 약간의 차이가 있다. 가속도 센서의 기울기나 놓인 방향, 움직임을 이리저리 조절해보면 3개 값의 변화가 생기는데, 이는 센서가 놓인 기울기와 방향에 의한 차이다.

그림 6-29 시리얼 모니터 출력결과

이제 가속도 센서의 운동방향, 기울기에 따라 달라지는 결괏값과 그 이유를 확인해보자.

다음은 ADXL-335 센서와 ±z축 방향을 나타낸다. 센서를 +z축 방향으로 들어 올리면 z축에서 출력되는 값이 증가하고, 반대로 −z축 방향으로 내리는 모션을 취하면 z축에서 출력되는 값이 감소한다. 참고로 100ms 지연값을 갖더라도 센서의 출력값은 금방금방 변하고 갱신된다. 그러므로 이것을 시각화하여 보는 것이 이해에 더 도움이 될 것이다.

그림 6-30 ADXL-335 센서의 z축 방향

다음 그림은 ADXL-335 가속도 센서가 +z축 방향과 −z축 방향으로 병진(직진)운동을 할 때의 상황과 측정 결과를 나타난 것이다. 먼저 z축을 지면과 평행한 상태로 둔 후 +z축 방향으로 센서를 힘껏 들었다가, 다시 −z축 반향으로 힘껏 내린 상황을 나타내고 있는데, 플러스 방향으로 센서에 가속도를 인가하면, ❷번과 같이 센서 출력값이 증가하고, 다시 마이너스 방향으로 움직이면 ❺와 같이 값이 음으로 떨어지는 것을 보여주고 있다.

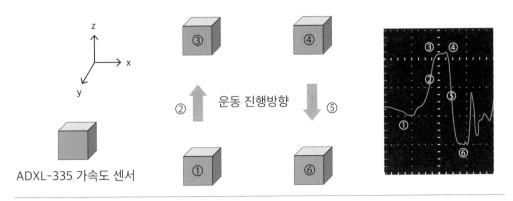

그림 6-31 가속도 센서 시험 상세

여기서 또 한 가지 확인이 되는 점은 ADXL-335의 측정 능력이다. 가속도 센서의 측정 범위는 ±3g이다. 이는 우리 일상생활에서 측정되는 g값과 비교하면 그리 큰 값이 아니다. 센서를 이리저리 휘두르는 것만 해도 3g를 충분히 넘고도 남는다. 독자들이 센서를 위나 아래 방향으로 힘껏 움직여도 일정한 값 이상을 넘지는 않는다(앞 그림의 그래프 ④, ⑥). 이 현상은 근본적으로 센서의 측정 범위와 함께 ADC라는 개념이 포함되어 있기 때문이다.

ADC와 대역폭

■ analogRead( ) 함수와 ADC

이번 절에서는 analogRead( ) 함수와 ADC 개념을 알아본다. analogRead( ) 함수를 사용하며 얻어지는 0~1023 값에 대해 구체적으로 살펴보는 절이다. 사실 당장에 아두이노를 다루기 위해서는 0~1023이란 수치 정도만 알아도 큰 지장은 없다. 조금 어려운 내용일 수 있으므로 슬쩍 훑어만 보고 넘어가도 무방하다.

> analogRead( ) 함수는 아날로그 포트로 입력되는 전압을 측정하여 0~1023 내의 숫자로 리턴하며, 이 과정을 ADC(Analog to Digital Conversion)라고 한다.

아두이노의 MCU로 쓰이는 대부분의 ATmega 시리즈 칩은 10-bit ADC를 지원한다. analogRead( ) 함수를 통해 얻을 수 있는 최솟값과 최댓값은 각각 0과 1023이다(2^{10}=1024, 1024개의 데이터를 얻을 수 있고 0을 포함한 양의 정수의 범위는 0~1023이다). 실제 ADXL-335 가속도 센서의 감도(Sensitivity)는 3V에서 1g당 300mV, 3.3V에서 330mV 정도로 센서 출력값은 0V에서 약 3.2V까지의 전압 내에서 변화한다. 전압은 아날로그값이므로, GY-61 보드만을 사용한다면 해당 단자에서 출력되는 전압값으로 해당 g값을 바로 추정할 수 있다. 멀티미터로 x, y, z축 중 한 축과 − 단자를 찍어보면 움직임에 따라 전압이 바뀌는 것을 확인할 수 있다. 다만 아두이노의 아날로그 핀을 연결하여 analogRead( ) 함수를 거치면 10-bit ADC가 적용, 0 ～ 1023 사이의 값이 출력된다. GY-61 보드에 전원을 인가하고 아두이노 시리얼 모니터를 통해 출력되는 값들을 살펴보면, 0에서 675 사이의 값을 갖는다.

이 부분을 조금 더 살펴보자. 입력전압 5V에 대한 10-bit ADC 단위값은 0.004886(5÷1023=0.004886)이다. 다시 말해서 ADC값 1은 전압 약 4.89mV에 대응된다.

ADXL-335 가속도 센서의 감도는 입력전압이 3V일 때 300mV/g, 3.3V일 때 330mV이다. GY-61 보드에서는 입력이 3.3 ～ 5V에 대해 센서 입력전압(Vs)은 3.3V이다. 즉 1g당 330mV의 변화량을 갖는데, 5V에 대한 10-bit ADC값 1이 약 4.89mV임을 감안하면, 1g당 ADC값은 61.35 정도에 대응된다.

멀티미터로 GY-61 보드 한 축을 골라 전압을 측정해보면, 측정된 ADXL-335 가속도 센서 출력값은 0g에서 약 1.61V, 1g에서 약 1.96V, -1g에서 약 1.32V를 출력한다. ADXL-335 데이터 시트상에서 1g 당 300 ～ 330mV를 출력한다고 하는 것과 수치가 비슷함을 알 수 있다. 1g, 0g, -1g는 센서의 자세를 통해 손쉽게 추정할 수 있다(바로 세워두거나(1g), 옆으로 세워두거나(0g), 거꾸로 세워두거나(-1g)).

그리고 GY-61 보드와 아두이노를 연결하여 센서 출력값을 analogRead( ) 함수로 읽어 들이면, 0g에서 약 330, 1g에서 약 400, -1g에서 약 270을 확인할 수 있으며, 이는 10-bit ADC에 대한 전압값과 비교해보면 수치가 비슷함을 알 수 있다.

$$0.004886 \times 400 = 1.95V \ (1g)$$
$$0.004886 \times 330 = 1.61V \ (0g)$$
$$0.004886 \times 270 = 1.32V \ (-1g)$$

이 결과와 데이터 시트상의 값(330mV/g)과 +1g, 0g, -1g에 대한 측정값을 참조하면 다음과 같은 값을 추정할 수 있다.

2g는 약 470 : 2.30V,

3g는 약 540 : 2.60V,

-2g는 약 200 : 0.98V,

-3g는 약 130 : 0.64V.

다음은 시리얼 플로터를 통해 **그림 6-31**의 시험 구성 상황에서 획득한 시험결과이다.

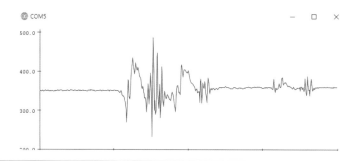

그림 6-32 시리얼 플로터 출력결과

다음 그림은 analogRead( ) 함수와 오실로스코프를 통해 확인한 한곗값을 나타내었다. 먼저 특정 축에 대해 양방향으로 센서를 힘차게 흔들어 얻은 최대/최솟값은 각각 675와 0이었다.

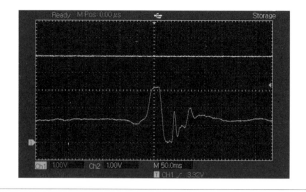

그림 6-33 ADXL-335 가속도 센서 최대, 최솟값 파형

이번에는 오실로스코프를 연결하고 가속도 센서 +z축과 −z축 방향으로 큰 힘을 주어 흔들어 센서에서 최소/최댓값이 발생하도록 설정하였다. +z축 방향으로 3.2V, −z축 방향으로 0V까지 떨어지는 것을 확인할 수 있는데, 각각 ADC값 675와 0에 대응될 것이다(정확한 가속도 값을 인가하기 어려워 최대/최소 한곗값을 인가하여 확인함). 최댓값과 최솟값을 지속적으로 인가하면 센서 출력이 더는 증가하지 않게 되어 해당 한곗값에서 지속할 것이다. 즉 +3g와 −3g 이상의 힘이 지속해서 인가되면, 센서의 출력은 675 또는 0이 지속될 것이다.

그리고 +3g 이상과 −3g 이하의 힘은 센서의 데이터 시트에 나타나 있지 않은 영역이다. +3g와 −3g 사이의 값들은 330mV/g 내외로 변화한 데 비해 +3g와 −3g 이상과 이하의 값에 대한 변화량은 훨씬 크다. 이 값들은 센서에서 보증하지 않는 비선형적인 값들이며, 센서마다 그 특성이 다를 것으로 예상한다.

그림 6-34는 GY-61 보드에 실장된 ADXL-335 가속도 센서의 z축을 간이로 실험한 결과 (실측치)와 ADC에 따른 예측치를 나타낸 것으로, 이 값들은 센서마다, 측정방법마다 약간의 차이가 있다. ADXL-335에서 발생하는 최저 전압은 0V, 최대 전압은 약 3.20V로 이에 대응되는 ADC값은 0과 675 정도이다. 실제로 5V 전압에 대해 10-bit ADC로 확인할 수 있는 값은 0~1023이지만, 센서 최대출력이 3.20V이므로 최대 675로 제한되는 것이다.

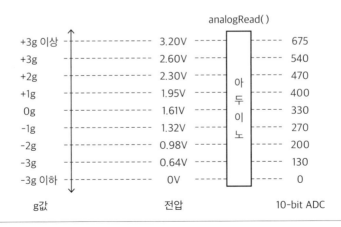

그림 6-34 ADC 비교(가속도(g값) : 전압 : ADC)

ADC나 해상도 개념은 센서의 측정 범위와도 연관이 된다. 지진파 탐지나 계측용 장비처럼 아주 좁은 측정 범위(측정 범위는 좁지만 같은 해상도를 생각하면 훨씬 정밀한 성능을 갖는다)를 필요로 하거나, 자동차, 포탄과 같이 큰 충격량을 받는 물체처럼 아주 넓은 측정 범위(수만~수십만 g 정도의 아주 넓은 범위를 가질 수 있으나 상대적으로 낮은 해상도를 갖는다)를 갖는 센서를 필요로 하는 상황이 있다. 이럴 때는 GY-61처럼 요구조건에 맞는 확장보드나 기성품이 없으면 그 조건에 맞는 센서 제조업체에서 생산하는 센서 모듈을 구입, 자체적으로 주변회로를 제작해서 사용해야 한다.

- **대역폭(Bandwidth)**

이번에는 센서의 대역폭에 관해 살펴보자. 센서의 대역폭(Bandwidth)은 일정 시간 동안 얼마나 많은 데이터를 수집할 수 있는지를 의미한다. 각각 1Hz와 1000Hz의 대역폭을 갖는 가속도 센서를 생각해보자. 1Hz짜리 센서는 초당 1개의 신호를 수집하고, 1000Hz짜리는 초당 1000개를 수집한다. 대역폭이 클수록 더 정밀한 측정이 가능함을 의미하지만, 그에 따라 전력소모도 커진다는 단점이 있다. 이 대역폭은 대개 가속도 센서의 주변회로 구성(커패시터 값)을 통해 설정할 수 있고, GY-61 보드의 경우에는 50Hz로 설정되어 있다. 50Hz보다 더 빠른속도로 측정값을 얻어내기 위해서는 GY-61 보드에 실장되어 있는 커패시터를 제거하고 원하는 커패시터를 삽입하거나, GY-61 보드를 사용하지 않고 개발자가 직접 가속도 센서와 주변회로를 구성하는 수밖에 없다. 다만 MCU 상에서의 데이터 획득속도를 인위적으로 느리게 하는 방법은 있다. 50Hz 신호는 20ms(0.02초)당 신호 하나이므로 아두이노 스케치에서 ms 단위의 delay 명령을 주어 조정하는 것이다.

중력 가속도와 동적 가속도

이번 절은 가속도 센서의 원리나 개념에 관해 조금 더 깊이 있게 알아보는 절이다. 다소 이론적이고 난해할 수 있는데, 이 부분에 관해 잘 숙지가 되면 추후 가속도 센서를 활용한 여러 가지 애플리케이션을 설계하고 구현하는 데 많은 도움이 될 것이다.

■ **중력 가속도와 기울기**

앞 절에서 가속도 센서는 중력 가속도에 대한 영향, 즉 기울기를 측정하기 위해서는 어떤 탄성 k(해석의 수월성을 위해 가급적 선형적일 것이다)를 갖는 스프링에 영향받음을 확인하였다. 이는 기울기와 스프링의 길이가 그 힘에 비례 관계에 있다는 것을 의미한다. 이것은 **그림 6-36**으로 설명할 수 있는데, 수학적으로 삼각함수 관계를 갖는다. 90도 수직일 때 1g를 나타내면, 30도 기울기에서 절반의 힘, 즉 0.5g를 나타낸다. 이 또한 아두이노를 통해 나타나는 가속도 값을 분석하면 쉽게 알 수 있다.

다음 그림은 정지상태, 즉 아무런 움직임이 없을 때 x, y, z축의 측정값을 나타내고 있다. x축과 y축은 각각 약 335 내외의 값을 나타내는데, z축은 약 405 정도를 가리키고 있다. 이는 중력 가속도의 영향으로 인한 오프셋으로 지구 중심방향으로 작용하는 힘에 의해 **그림 6-24**의 추 B의 자중이 스프링에 작용한 결과로 생각하면 되겠다.

그림 6-35 가속도 센서 시험결과: 정지상태

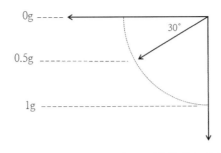

0g ----

0.5g ----------------

1g -------------------------

30°

그림 6-36 가속도 센서와 기울기

그림 6-36는 가속도 센서의 기울기를 각도에 따라 변화시킨 모습으로 기울기에 따른 중력 가속도 변화를 측정하기 위한 시험 구성이다. 다음 표는 기울어진 각도에 대해 예상되는 출력을 나타내고 있다.

표 6-6

각도	사인함수	g값	ADC값
0	sin0	0	330
30	sin30	0.5	365
45	sin45	0.707	380
60	sin60	0.866	390
90	sin90	1.0	400

예제 6-7코드를 사용하여 **그림 6-37**과 같은 설정에 따른 시험결과를 **그림 6-38**에 나타내었다. 앞서 사인함수와 g값에 따라 예상한 ADC 값의 예상치와 크게 다르지 않다. 센서를 기울이는 과정에서 측정값이 발생하지 않게 하려고 5초 단위로 delay 함수를 설정하여 기울기에 따른 측정 결과를 얻었으며, 3초 간격으로 각도에 변화를 주었다. 즉 3개의 샘플이 하나의 각도에 대응된다.

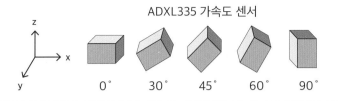

ADXL335 가속도 센서

0°   30°   45°   60°   90°

그림 6-37 가속도 센서 시험: 중력 가속도

```
COM5 (Arduino/Genuino Uno)                    —    □    ×

                                                        전송
x=335    y=343    z=406
x=334    y=345    z=406
x=334    y=345    z=405
x=350    y=345    z=402
x=350    y=344    z=404
x=350    y=345    z=402
x=372    y=346    z=393
x=371    y=346    z=393
x=371    y=347    z=394
x=386    y=348    z=383
x=384    y=349    z=382
x=383    y=350    z=382
```

그림 6-38 가속도 센서 시험결과: 0, 30, 45, 60, 90도 기울임

그림 6-38의 운동 전 상황(0도)에서 ADC값이 약 335를 가리키고 있는 x축 가속도 값이 약 30도 기울기에서 약 350으로 변하였다. 이는 0g에서 ADC를 통해 출력되는 가속도 값 약 330과 1g에서의 값 400간 간격을 통해 1g 당 ADC 값 70이 변한다는 것을 알 수 있다. 약 45도 기울기에서는 380, 약 60도 기울기에서는 390, 그리고 수직에 가까운 기울기에서는 405를 나타내고 있다. 시리얼 모니터도 좋지만, 시리얼 플로터로 출력해보면 시각적 변화를 확인할 수 있다.

회전 운동에 대한 가속도 센서 반응은 어떨지는 독자들이 실험을 통해 살펴보면 좋겠다. 평평한 테이블 위에 센서를 올려두고 시계방향이나 반시계방향으로 회전시켜보는 것이다. 회전 운동을 가할 때 x, y축으로 발생하는 오차를 무시했을 때, 수직축에 대한 방위각 변화는 무시할만한 정도의 가속도 변화만 나타나는 것을 확인할 수 있다.

■ 동적 가속도와 움직임

가속도는 크게 중력 가속도와 동적 가속도, 이 두 가지로 나뉜다. 중력 가속도가 물체의 기울기, 즉 지구의 중력 가속도와 연관된 정적인 가속도 개념이라면, 물체의 움직임을 측정하는 내용으로는 이와 상반된 개념의 동적 가속도가 있다. 사실 가속도 센서에서 중력 가속도와 동적 가속도가 분리되어 나오지 않는다. 그렇기에 물체의 자세나 움직임을 측정하는 데 많은 어려움이 따르고, 상황에 따라 각각의 가속도 성분을 분석하여 적용할 필요가 있다. **그림 6-39**를 통해 동적 가속도와 중력 가속도가 분리하여 측정될 수 있는 상황을 고려해보자.

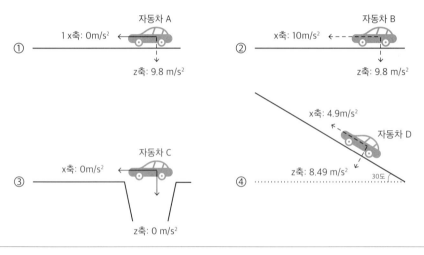

그림 6-39 가속도 모델 I: 자동차

① 평평한 지면 위에 서 있는 자동차 A를 나타내었다. 이 자동차에는 수직 방향 z축으로 중력 가속도 $9.8m/s^2$가 가해지고, 가상의 진행방향인 x축으로는 $0m/s^2$가 측정된다(y축은 자동차의 양 문을 관통하는 가상의 축이나 예제에서는 불필요함). x축의 측정값이 0인 이유는 자동차가 정지해 있기에 수직 방향의 중력 가속도 외의 가속도 성분은 측정되지 않기 때문이다.

② 는 자동차 B는 $10m/s^2$으로 가속하고 있는 상황으로, 진행방향인 x축에서는 $10m/s^2$가, z축으로

는 9.8m/s²가 측정된다.

③ 은 정지된 자동차 C가 있는 지면에 굉장히 깊은 싱크 홀(Sink Hall)이 생긴 상황을 가정하는데, 싱크 홀이 발생한 시점부터 자동차 C는 지구 중심 방향으로 자유낙하를 시작한다. 이에 따라 지면 위에서 측정되던 중력 가속도는 자유낙하로 인해 상쇄되어 z축에서는 0m/s²가 측정된다.

④ 는 경사 30도의 도로에 정지해 있는 자동차 D의 모델을 나타낸다. 자동차 D는 움직이고 있지 않지만, 경사 30도의 영향으로 x축에서는 4.9m/s²(sin30 × 9.8 = 4.9), z축에서는 8.66m/s²(sin60 × 9.8 = 8.49)의 측정 결과를 보인다.

그림 6-39의 예제는 아주 단순하고 명료한 편이다. 그렇다면 경사가 있고(중력 가속도), 움직이는 상황(동적 가속도)에서의 가속도 변화는 어떨까? 이 상황은 가속도 센서가 설치된 플랫폼(**그림 6-39**에서는 자동차)에서 기울기로 인한 중력 가속도의 영향과 움직임으로 인한 동적 가속도의 영향이 함께 출력되는 것을 의미하는데, 이는 그 출력값만으로 플랫폼의 기울기와 움직임을 분리, 구분해야 한다는 것을 뜻한다. 그렇다면 어떤 어려움이 있을까? 이해나 구현이 쉽도록 스마트폰을 예시로 보자.

그림 6-40은 x축을 회전축으로 하여 45도 기울어진, 마치 서서 스마트폰을 보고 있는 것과 같은 상황을 나타내고 있다. 지표면에 대해 45도 기울어져 있으므로, y축과 z축에서는 각각 $6.9m/s^2$(sin45 * 9.8)과 $-6.9m/s^2$(sin45 x -9.8)가 출력된다. x축은 단지 회전축으로, 중력 가속도와는 무관하므로 가속도 출력값은 0이다. 그리고 중력 가속도에 영향받는 y축과 z축 출력값의 합력은 중력 가속도와 동일한 $9.8m/s^2(\sqrt{(6.9)^2 + (6.9)^2} = 9.8)$ 이다(정지된 상태에서 3축으로 영향받는 가속도 값의 합력은 중력 가속도 값과 같다). 그런데 **그림 6-40**의 상황에서 $-z$축으로 $13.8m/s^2$의 동적 가속도를 가해주면 어떻게 될까? y축의 출력값은 변화가 없을 것이고, z축에서는 기존의 중력 가속도 성분인 $6.9m/s^2$와 동적 가속도 성분 $13.8m/s^2$이 합산되어 $-6.9m/s^2$의 결과가 출력될 것이다. 바꿔 말해서 이 이야기는 **그림 6-41**처럼, 뒤집힌 상태의 정지된 스마트폰에서 발생하는 출력과 같다.

이는 전체 중력 가속도의 합력은 일정하지만, 기울기에 따라 각 축에 가해지는 값이 달라지는 현상과 움직이는 물체라면, 얼마가 입력될지 모르는 동적 가속도의 영향이 섞여 출력되기에 발생하는 어려움이다. 즉 움직이는 물체에 대한 운동, 자세 정보는 가속도 센서만으로 판단이 어렵다. 이는 다른 물리량을 측정하는, 다른 특징을 갖는 센서를 함께 사용하여 보정해가는 방법으로 해결할 수 있다.

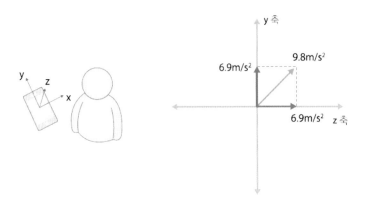

그림 6-40 가속도 모델 II: 기울어진 스마트폰

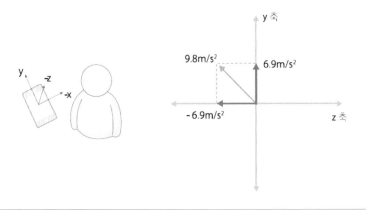

그림 6-41 가속도 모델 III: 반전 후 기울어진 스마트폰

6.5 GPS: 절대적 위치

표 6-7 GPS 요약

GPS(Global Positioning System)	
목적	절대적 위치(좌표) 측정
세부내용	PVT(Position, Velocity, Time) 정보 측정
원리	GPS 위성과 수신기 간 삼각측량
애플리케이션	내비게이션, 지도, 항법장치

GPS 개요

차량용 내비게이션, 블랙박스, 스마트폰. 모두 길을 찾거나 현재 위치에 대한 정보를 애플리케이션으로 이용할 수 있는 장치들이다. 이 장치들은 현재 위치 정보를 GPS를 통해 얻는다. 근래에는 미국 국방부에서 운영하는 위성항법 시스템인 GPS(Global Positioning System) 외에 러시아의 GLONASS(GLObal NAvigation Satellite System), 유럽의 Galileo, 중국의 BeiDou 등 다양한 국가의 위성항법 신호를 함께 사용하는 모듈, 장치들이 늘어나는 추세다. 이제는 GPS가 아닌, GNSS(Global Navigation Satellite System)로 통칭하여야 함이 마땅하다.

GPS 신호는 실외에서만 수신 가능하다는 단점이 있지만, 가속도 센서나 자이로 스코프와 같이 상대적인 힘을 측정하는 관성 센서에 비해 위도와 경도 정보라는 절대적인 신호 특성을 갖고 있다. 의도적 교란을 받거나 멀티패스와 같이 외부에 의한 수동적 방해 요인을 제외하면 신호 자체는 신뢰할 만하여 여러 가지 애플리케이션에 적용되고 있다. 대표적으로 차량용 내비게이션과 지도 애플리케이션이 있으며 유도탄과 항공기, 드론 등의 항법 자원으로 이용되기도 한다.

지금까지 살펴본 내용을 보면, 가속도 센서와 서보 모터가 그나마 쉽게 접근할 수 있는 센서와 액추에이터로 보인다. 실제 이 두 장치에 대한 기본적인 개념과 사용법을 알고 있으면 나머지 것들도 쉽게 사용할 수 있다. 가령 어떤 축에 대한 가속도 값을 아날로그 채널로 모니터링하는 일은 사운드 센서의 경우와도 아주 유사하다. 이처럼 센서에서 측정된 물리량이 ADC되어 수치로 표시되면 다양하게 적용할 수 있는데, GPS의 경우에는 이 출력의 형태가 기존의 것들과는 차이가 있다. GPS를 통해 알 수 있는 대표적인 정보는 경도, 위도, 고도, 그리고 속도로, 단순히 생각해도 이런 값들은 아날로그나 디지털 채널을 통해 알아보기 쉬운 수치로 들어오지 않을 것 같다. 즉, 센서에 해당하는 GPS 수신기 외에 신호처리를 위한 부가회로들이 더 필요하고, 이렇게 구성된 GPS 모듈과 통신하여 산출된 값을 해석(Parsing)해서 그 정보들을 도출해야 한다.

이번 장에서는 GPS의 개념과 위치 결정개념에 관한 이야기로 시작하여, 오차와 관련된 부분과 실제 GPS 신호를 수신했을 때 어떤 형식으로 구현되는지를 설명한다. 그리고 국내/외에서 판매 중인 GPS 모듈과 아두이노를 연결하고, 관련된 라이브러리를 활용하는 과정을 살펴본다.

■ GPS의 구성과 위치 결정

GPS는 GPS 위성 부문(Space Segment, SS)과 지상관제 부문(Control Segment, CS), 그리고 사용자 부문(User Segment, US)으로 구성된다. 현재 24대 이상으로 구성된 GPS 위성은 20,200km 고도에서 11시간 58분(0.5 항성일)의 공전주기로 지구 적도 면에 55°로 기울어진 원 궤도를 돌고 있다. 24개의 위성은 평행한 6개의 궤도에 4대씩 배치되어 있어 지구 상 어디에서도 최소한 4대 이상의 위성을 볼 수 있도록 설계되어 있다.

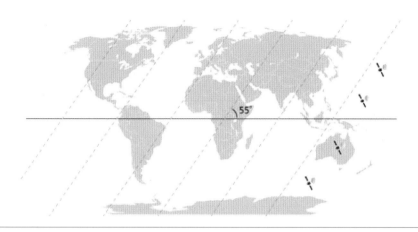

그림 6-42 GPS 위성의 궤도

    GPS 위성은 방송위성처럼 지속해서 신호를 송출하는데 그 신호는 반송파(Carrier)와 항법 데이터(Navigation Message), 그리고 PRN(Pseudo Random Noise) 코드로 구분된다. 반송파는 일반 위치 정보 서비스(Standard Positioning Service, SPS)를 사용하는 L1(1.57542GHz) 민간용 주파수와 정밀위치 정보서비스(Precision Positioning Service, PPS)인 L2(1.2276GHz) 군용 주파수이다. 각각의 반송파에는 항법 데이터와 PRN 코드가 실려져 송출되는데, 항법 데이터는 24개 위성이 각각 고유한 값을 가지므로 이를 통해 각 위성을 구별할 수 있으며 위성 내부의 원자시계에 의해 산출된 기준시각과 시계오차, 위성의 배치 및 궤도정보 등이 담겨 있다. PRN 코드는 내비게이션, 스마트폰 등 우리가 사용하는 C/A(Coarse Acquisition) 코드와 군용으로 사용되는 P(Precision) 코드로 나누어진다. P 코드는 암호화되어 있어 허가된 사용자만이 해독기(Decoder)와 함께 이용할 수 있다.

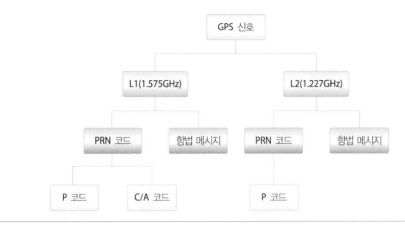

그림 6-43 GPS 신호의 구성

민간용 GPS 수신기는 L1 반송파만을 사용하여 전리층(Ionospheric Delay)과 대류층 (Tropospheric Delay)의 전파 굴절 현상 때문에 오차율이 높지만, 군용 수신기는 L1 반송파와 L2 반송파 모두를 사용하여 오차에 대해 강인한 특성을 보인다고 할 수 있다. L1 반송파 수 신기는 일반적인 상용 수신기이지만, L2 반송파 수신기는 암호화된 전용 수신기로 미군과 주요 동맹국만이 사용하고 있다.

지상관제 부문은 GPS 위성과 유일하게 양방향 통신을 하는 지상관제 루트로 위성의 궤도 와 위성 내부의 원자시계 오차를 관리를 맡은 미 콜로라도주의 팰컨 공군기지에 있는 주관 제국(Master Control Station)과 전 세계의 적도 인근 지역에 분산 배치되어 무인으로 운용 중 인 다섯 개의 부관제국(Monitor Station), 그리고 적도를 따라 일정 간격으로 설치된 여러 개의 지상안테나(Ground Antenna)로 구성되어 있다. 지상관제 부문에서는 위성의 궤도정보 수정, 위성 시각 동기화를 수행한다.

사용자 부문은 GPS 수신기와 사용자를 나타내며, 위성의 신호를 수신·분석하여 현재 위치 와 속도, 시간 정보를 산출하는 역할을 한다. 군용장비나 민간용 모바일 기기, 선박·항공기의 항법장치 등이 사용자 부문의 범주에 속한다.

어떻게 보면 GPS는 경도와 위도, 그리고 고도와 같은 3차원 위치 정보를 알려주는 아주 단순한 역할을 한다. GPS는 그 역할을 PVT(Position, Velocity, Time) 정보 전달을 통해 수행한다. 위치(Position) 정보 파악을 위해서는 삼각형의 성질을 이용하여 어떤 한 점의 좌표와 거리를 알아내는 삼각측량법을 이용한다. 삼각측량법은 주어진 목표물과 두 기준점(관측자 A, B)이 이루는 삼각형에서 밑변과 다른 두 변이 이루는 각과 밑변의 길이를 측정한 후 사인(Sine) 법칙을 통해 특정한 점의 좌표와 거리를 알아내는 방법이다. 대표적으로 삼각측량법은 **그림 6-44**와 같이 육지에서 배까지의 거리를 측정하는 데 이용될 수 있다. 관측자 A가 측정한 해변과 배 사이의 각도 α와 관측자 B가 측정한 β를 알고 A와 B 사이의 거리 k(또는 A, B 각각의 좌표)가 주어진다면, 사인 법칙 등을 이용하여 배의 좌표 C를 알 수 있으며 해변에서 배까지의 거리 x도 알아낼 수 있다.

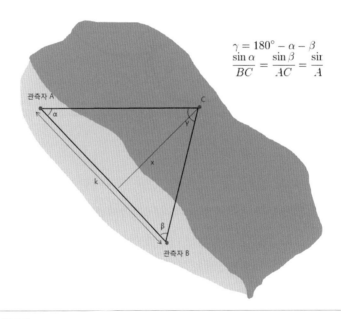

그림 6-44 좌표와 거리 측정

   그림 6-44와 같이 배의 위치 측정은 두 군데의 관측점만 있어도 가능하지만 '바다에 떠 있는 배'를 대상으로 하기에 가능한 일이고, 사실은 해변 좌측에 있는 좌표 한 개도 고려해야

할 것이다.

이번에는 운동장 임의의 장소에서 눈을 가리고 자신의 위치를 찾는 상황을 생각해보자. 눈을 가린 사람이 자신의 위치를 알려면 이미 아는 특정 위치와의 거리 정보로 파악하는 방법이 있다. 어떤 장소에 서 있는 3명의 사람에게 자신이 각각 얼마나 떨어져 있는지를 물어보면 정확한 자신의 위치를 알 수 있다.

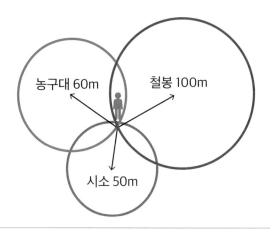

그림 6-45 GPS의 위치 측정 개념

그림 6-45에서 농구대와 철봉, 시소의 위치는 눈을 가린 사람이 정확히 알고 있다고 가정하자. 가령 자신으로부터 농구대와 시소의 거리를 파악하면 두 원이 만나는 점 두 개 중 하나를 자신이 있는 곳으로 추정할 수 있다. 이 두 점 가운데 하나를 결정해주는 것이 철봉으로부터의 거리 정보가 된다. 이것은 2차원 공간(지표면)에서의 위치 측정을 위해서는 3개 포인트의 좌표를 알아야 한다는 것을 의미한다.

GPS 위성을 이용한 위치 측정은 앞서 이야기한 삼각측량의 범주에서 크게 벗어나지 않는다. 전통적인 삼각측량은 지상에서 이루어지지만, GPS를 통한 측량은 3개 이상의 위성 위치와 상공 20,200km에 떠 있는 위성과 수신기까지의 거리를 이용하여 이루어진다. 각 위성의 위치와 위성 간의 각도는 항법 데이터에 포함된 위성 궤도 정보를 이용하여 케플러 방정식을 통해 계산하고, 위성과 수신기까지의 거리는 위성에서 송출하는 신호의 송출 시점과 수신기에 도달하는 시간차를 측정하여 전파의 속도(빛의 속도)를 곱해 산출할 수 있다. 이때 측정된 거리를 의사거리(Pseudorange)라고 하는데, 그것은 실제거리가 '전파의 속도 × 시간차'가 되므로 수신기 시계의 오차가 포함되어 있기 때문이다.

$$Pr = R + C \triangle t$$

수신기의 시계오차 $\triangle t$로 인해 발생하는 미지수 때문에 기존의 방정식, 즉 4개 이상의 위성 신호가 있어야 2차원 적인 좌표인 경·위도 정보와 고도 정보를 포함한 3차원 위치 계산이 가능하다.

GPS 위성을 통한 위치 정보 획득 시 시계 오차 이외의 다른 오차 요인이 여러 가지 있다. 고도 정보는 하나의 위성 정보를 더 이용함으로써 해결될 수 있음을 확인하였지만, 수신기에 의한 오차 요인으로는 다중경로 오차(Multipath Error)가 있다. 이는 대도시의 빌딩 숲이나 큰 나무 등에 GPS 신호가 반사되어 나타나는 신호지연 현상으로 주위 환경에 따라 그 특성이 달라지며 수신기의 오차에 이어 GPS 위성 자체에 의한 오차도 발생한다.

GPS와 NMEA 프로토콜

GPS 신호를 이용하기 위해서는 먼저, GPS 신호를 수신하고 처리하는 GPS 모듈이 필요하다. GPS 모듈은 GPS 신호를 수신하기 위한 안테나, 수신 신호를 처리하기 위한 신호처리장치와 주변회로로 구성되어 있으며, 안테나를 통해 GPS 위성으로부터 송출된 신호를 수신하여 처리 후 통신 단자로 관련 정보를 내보내는 역할을 한다. GPS 모듈은 시리얼 통신을 통해 아두이노와 인터페이스 된다. GPS 모듈의 송신단자(Tx)와 아두이노의 수신단자(Rx)가 연결되는 식이다. 시리얼 통신을 통해 얻어지는 정보들은 아주 많은 정보를 담고 있고, 누적/갱신되기 때문에 해당 정보를 분석(Parsing)하여 원하는 데이터를 뽑아내는 과정을 거쳐야 한다. 이 일을 라이브러리(TinyGPS 라이브러리 사용)를 통해 수행하는 것이다. GPS와 관련된 라이브러리인 TinyGPS를 통해 GPS 신호 구성을 살펴보자. Ublox사의 NEO-6M GPS 모듈을 적용한 중국산 GY-GPS6MV2 보드를 적용하였다.

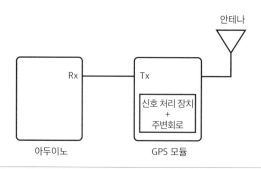

그림 6-46 아두이노와 GPS 모듈의 구성

그림 6-47 NEO-6M90(GY-GPS6MV2) 호환보드

- **GPS 원 신호(Raw Data): NMEA 프로토콜**

GPS는 NMEA-0183이란 프로토콜을 사용한다. NMEA(National Marine Electronics Association)는 해양 전자공학의 발전과 교육, 관련 산업 활성화를 위한 미국의 비영리 단체로, NMEA-0183은 NMEA에서 정의한 전기적 인터페이스 및 통신 프로토콜 중에서 GPS와의 통신을 위해 제정된 표준 프로토콜이다. 간단히 GPS 수신기와의 대화를 위한 문법으로 생각하면 된다.

GPS 원 신호를 수신하기 위해서 GPS 모듈을 아두이노를 연결해보자. 이 모듈 또한 헤더 핀이 제공되며, 모듈에 납땜하여 사용한다. 이 GPS 모듈은 아두이노와 소프트웨어 시리얼 통신으로 연결된다. 사전에 소프트웨어 시리얼 관련 라이브러리를 설치해야 한다(3.9절 참조). 소프트웨어 시리얼 통신 관련 내용은 7장 데이터 통신에서 자세히 나타내었다.

준비물 아두이노 우노, GPS 모듈, F–M 점퍼선

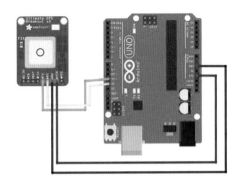

그림 6-48 NEO-6M GPS 모듈과 아두이노 우노 결선도

다음 예제는 GPS NMEA 신호를 받기 위한 코드이며, 아두이노 우노의 디지털 5번 단자를 Rx로, 11번을 Tx로 설정하였다.

예제 6-8 **GPS NMEA 데이터와 시리얼 통신**

```
#include <SoftwareSerial.h>

SoftwareSerial gps_rawdata(5,11);
```

```
void setup() {
  Serial.begin(9600);
  Serial.println("Start");
  gps_rawdata.begin(9600);
}

void loop() {
  if(gps_rawdata.available())
  {
    Serial.write(gps_rawdata.read());
  }
}
```

스케치를 업로드하고 시리얼 모니터를 열어보자. 대체로 실내에서 코딩하고 실행하므로 다음 그림은 독자가 시리얼 모니터를 실행했을 때의 광경과 유사할 것이다. 이는 GPS 신호가 잡히지 않거나 신호 수신이 불가한 실내에서 수신한 신호를 시리얼 모니터 상에 나타낸 것으로, 중간중간의 데이터가 많이 비어있는 등 각 카테고리의 NMEA 코드 정보가 불확실한 상태다. 그다음 그림과 함께 비교해보자.

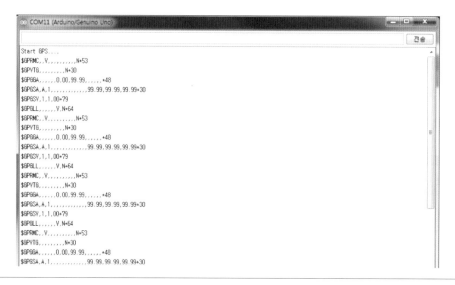

그림 6-49 NMEA Raw Data #1

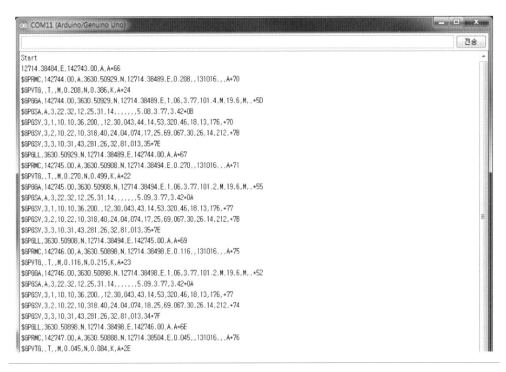

그림 6-50 NMEA Raw Data #2

그림 6-49와 그림 6-50을 비교하면 데이터가 꽉 차있는 기분이 든다. 이 결과가 실제로 실외에서 받은 신호이기 때문이다.

GPS 신호는 크게 네 가지 종류의 NMEA 코드를 갖고 있으며, $GPGGA, $GPGSA, $GPGSV, $GPRMC로 구성되어 있다. 각각의 코드는 '$'로 시작하여 '*'로 끝난다. 코드 내의 데이터 필드는 콤마(,)로 구분되고 문장의 맨 마지막에는 체크섬(Check Sum)이 추가된다. 그림 6-50의 다섯 번째 줄에 표기된 $GPGGA 코드를 별도로 읽어보면 다음과 같다.

```
$GPGGA, 142744.00, 3630.50929,N, 12714.38489,E, 1, 06,
3.77, 101.4,M, 19.6,M *5D
```

'$GPGGA'

'Global Positioning System Fix Data'라고 하며, 현재 시각, 위도, 경도, 고도 정보를 포함하고 있다.

'142744.00'

그리니치 표준시(Zulu Time) 기준으로 14시 27분 44초를 의미한다. 우리나라와 그리니치 표준시와의 차이는 +9시간이므로 한국기준으로 23시 27분 44초가 실제 신호 수신 시점이다.

'3630.50929,N'

위도 정보로 36도 30.50929분, 북위(N)를 의미하고, '12714.38489,E'는 경도 정보로써 동경(E) 127도 14.38489분을 가리킨다.

'1'

Fix Quality를 뜻하는데 사용자 부문에서는 0, 1, 2의 숫자 정도만 알고 있으면 충분하다.

- 0: Invalid
- 1 : GPS Fix
- 2: DGPS* Fix

> DGPS(Differential GPS)는 특정한 지상 고정위치에서 위치 정보를 미리 정확하게 측정하여 GPS 신호를 수신, 위치 오차를 보정하여 보다 정확한 위치를 얻기 위한 기술이다.

'06'

위치 정보 계산에 사용한 위성의 개수(6개)다.

'3.77'

2차원적 오차 결정(Horizontal Dilution of Precision)으로 GPS 신호 신뢰성 척도를 나타낸다.

표 6-8 GPS 신호 신뢰성 척도

DOP 값	신뢰 등급
DOP < 1	이상적임(Ideal)
DOP 1 ~ 2	아주 높음(Excellent)
DOP 2 ~ 5	높음(Good)
DOP 5 ~ 10	보통(Moderate)
DOP 10 ~ 20	낮음(Fair)
DOP > 20	신뢰 불가(Poor)

'101.4,M'

해발고도 101.1미터를, '19.6,M'은 WGS-84**에서 정의된 지구 타원체와 구체로 모델링된 지구와의 고도 차이를 뜻한다.

WGS-84(World Geodetic System 1984)는 세계적으로 통일된 지구 좌표체계로 미국이 GPS를 이용하여 개발한 좌표계다.

*5D

체크섬이다.

그림 6-50의 여섯 번째 줄을 살펴보자.

```
$GPGSA, A,3,22,32,12,25,31,14,,,,,,,5.08,3.77,3.42*0B
```

'$GPGSA'

현재 동작하는 GPS 위성의 번호와 오차 값을 나타내는 코드이다. A(Auto 2D/3D), M(Forced 2D/3D), 2(1=No Fix, 2=2D, 3=3D), 그 뒤로 이어지는 숫자들은 위성의 번호(3번,

22번, 32번, 12번, ...)를 가리킨다.

'5.08, 3.77, 3.42'

각각 DOP를 나타내는데, 순서대로 PDOP(Position DOP), HDOP(Horizontal DOP), VDOP(Vertical DOP)를 의미한다.

그림 6-50의 일곱 번째 줄에서 아홉 번째 줄을 살펴보자.

```
$GPGSV, 3,1,10, 10,36,200,,12,330,043,44,14,53,320,
46,18,13,176,*70
```

'GPGSV'

Global Positioning System Satellites in View, 즉 현재 위치에서 보이는 모든 GPS 위성 정보다. 한 줄당 4개의 위성 정보를 갖고 있다. 10번 위성, 현재 위치에서 36°Elevation, 200° Azimuth 그리고, SNR(Signal to Noise Ratio, 신호대잡음비) '-'이다. 그 이후로는 12번 위성, 14번 위성, 18번 위성의 정보를 갖고 있다.

```
$GPRMC, 142744.00,A,3630.50929,N,12714.38489,
E,0.208,,131016,,,A*70
```

'$GPRMC'

Global Positioning System Recommended Minimum Data라고 하며 필수적인 정보를 포함하고 있어 추천되는 가장 최소한의 데이터이다. **그림 6-50**의 세 번째 줄에 도식된 GPRMC 정보이다.

'142744.00'

그리니치 표준시, 그다음 문자는 신뢰성을 나타내는데 'A'는 신뢰할 수 있음, 'V'는 신뢰할 수 없음을 뜻한다.

'3630.50929,N'과 '12714.38489,E'

각각 위도와 경도 정보를 포함하고 있다.

'0.208'

이동 속도를 나타낸다. 단, 킬로미터(km) 단위가 아닌 노트(knots, 1knots = 약 1.852km) 단위를 사용하므로 0.385km/h 정도가 되겠다. 그다음 정보는 그림에 나타나 있지 않으나, 순서상 Track Angle in Degree True로, 정북(True)으로부터 시계방향으로 나타난 각을 이야기한다. '131016'은 13rd, October, 2016이며, 그다음 순서로 자기 편차(Magnetic Variation)이 출력된다. 마지막으로 'A*70'은 체크섬이다.

지금까지 살펴본 바와 같이, 시리얼 통신으로 수신한 GPS 신호는 직관적으로 알아보기 힘들고 어떤 해석이 필요해 보인다. NMEA 데이터에서 우리가 필요로 하는 정보, 즉 위치 정보와 시간 정보, 그리고 속도 정보 등을 아두이노 라이브러리를 적용하여 쉽게 획득할 수 있다.

■ GPS 라이브러리: TinyGPS

예제 6-9와 **그림 6-10**은 TinyGPS 라이브러리의 simple_test 코드를 조금 변형한 것이다(주석 삭제 및 시리얼 포트 변경, 시리얼 통신속도 변경).

예제 6-9   **simple_test 예제-1**

```
#include <SoftwareSerial.h>
#include <TinyGPS.h>

TinyGPS gps;
SoftwareSerial ss(11, 10);

void setup()
{
  Serial.begin(115200);
  ss.begin(9600);
```

```
    Serial.print("Simple TinyGPS library v. ");
    Serial.println(TinyGPS::library_version());
    Serial.println();
}
```

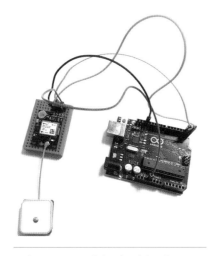

그림 6-51 GPS 모듈과 아두이노 연결 구성

GPS 데이터를 받기 위해서는 먼저 통신단자 설정을 해주어야 한다. 앞의 예제에서는 우노의 Rx핀(11번핀)과 Tx핀(10번핀)이 각각 GPS 수신기의 Tx, Rx 단자에 연결된다. 하지만 실제 결선에서는 우노의 Rx핀과 GPS 모듈의 Tx핀만 연결하여도 무방하다. 우노와 GPS 모듈 간 통신에서 우노는 GPS 신호를 받아들이는 입장일 뿐이며, 우노에서 GPS 모듈로 어떤 신호가 나가는 것이 아니기 때문이다.

우노의 핀 맵을 살펴보면, 0번과 1번 핀을 각각 Rx, Tx핀으로 사용하고 있는데, 이는 PC와 우노 간의 시리얼 통신에 사용되는 핀이기도 하다. 즉 PC와의 시리얼 통신을 위해 USB 연결이 필요하다면, GPS와의 시리얼 통신은 다른 핀을 통해 설정해야 하며, 디지털 핀 중에서 택하면 된다. 이후 시리얼 모니터 상에서의 통신속도를 설정해야 하는데, 기존 simple_test 예제에서 GPS 모듈과의 통신속도(4800bps)는 9600으로 조정하였다. 이는 **그림 6-52**의 오른쪽 아래의 '보드 레이트' 설정 부분을 조정하면 완료된다. 통신속도 동기화가 되지 않으면 **그림 6-53**처럼 시리얼 모니터상에서 깨진 글자가 나타나므로 유의하자.

그림 6-52 시리얼 모니터: 통신속도 설정

simple_test 예제-2

```
void loop()
{
  bool newData = false;
  unsigned long chars;
  unsigned short sentences, failed;

  for (unsigned long start = millis(); millis() - start < 1000;)
  {
    while (ss.available())
    {
      char c = ss.read();
      if (gps.encode(c))
        newData = true;
    }
  }

  if (newData)
  {
    float flat, flon;
    unsigned long age;
    gps.f_get_position(&flat, &flon, &age);
    Serial.print("LAT=");
    Serial.print(flat == TinyGPS::GPS_INVALID_F_ANGLE ? 0.0 : flat, 6);
    Serial.print(" LON=");
    Serial.print(flon == TinyGPS::GPS_INVALID_F_ANGLE ? 0.0 : flon, 6);
    Serial.print(" SAT=");
    Serial.print(gps.satellites() == TinyGPS::GPS_INVALID_SATELLITES ? 0
                                                  : gps.satellites());
    Serial.print(" PREC=");
    Serial.print(gps.hdop() == TinyGPS::GPS_INVALID_HDOP ? 0 : gps.hdop());
  }

  gps.stats(&chars, &sentences, &failed);
  Serial.print(" CHARS=");
  Serial.print(chars);
```

```
  Serial.print(" SENTENCES=");
  Serial.print(sentences);
  Serial.print(" CSUM ERR=");
  Serial.println(failed);
  if (chars == 0)
    Serial.println("** No characters received from GPS: check wiring **");
}
```

예제 6-16에서는 실제 유효한 GPS 데이터를 읽어 선별하고(Parsing), gps.get_position 함수를 통해 위도(Latitude), 경도(Longitude), 위성 숫자, HDOP 순으로 프린트한다. 이때 출력되는 경도, 위도값을 라이브러리 삽입 예제처럼 float 타입을 사용하여 실제 우리가 쓰고 있는 단위 (35.654881°)로 쓸 수도 있고, long 타입을 사용하여 소숫점 없는 값으로도 적용 가능하다.

- 트러블 슈팅

그림 6-53 시리얼 모니터: 통신속도 오류

그림 6-54 시리얼 모니터: 배선 오류

통신속도 설정이 일치하지 않으면 시리얼 모니터상에서 **그림 6-53**와 같은 오류 메시지가 발생한다. 알아보기 힘든 출력 메시지가 발생하면, 통신속도 동기화 문제를 의심해보자.

그리고 GPS Tx - 우노 Rx 간 케이블 배선이 잘못되었을 때는 **그림 6-54**와 같이 'No characters received from GPS: check wiring'이란 메시지가 출력된다. 이때는 GPS Tx - 우노 Rx 간 배선, 또는 시리얼 통신 포트로 할당된 핀 번호를 다시 점검해본다.

그림 6-55 시리얼 모니터: 정상 수신

모든 설정은 잘되었지만, GPS 신호가 수신되지 않을 경우, 즉 실내에서는 미약한 GPS 신호를 수신하기가 거의 불가능하다. 이런 경우에는 시리얼 모니터상에 주요 데이터가 빠진 상태로 업데이트 된다.

07장

데이터 통신

센서와 센서, 컨트롤러와 액추에이터, 사람과 기계, 이 모든 것이 연결된다는 사물 인터넷 시대, 아두이노와 센서, 액추에이터의 묶음도 필요하지만, 기계 간의 대화가 있어야 '연결'의 의미가 생긴다. 즉, 사물 인터넷의 가장 하단 노드에 존재하는 센서, 액추에이터가 그 대상이다. 대화하는 사물이 되어야 비로소 사물 인터넷의 기본이 갖추어졌다 할 수 있겠다. 기계 간 대화를 구현하기 위해 여러 가지 통신방식에 관해 알아보자.

7.1 통신이란

통신이란 것을 크게 나누어 보면, 직관적으로 유선통신과 무선통신으로 나눌 수 있다. 전선을 거쳐서 데이터가 왔다갔다 하는 유선통신과 선을 거치지 않고 전파를 통해 통신을 하는 방법이다. 대표적인 유선통신으로 아두이노와 USB 케이블을 이용해 PC와 통신하는 시리얼 통신이 있고, 무선통신으로는 블루투스나 Wi-Fi, IR(Infrared), XBee 등이 있다.

통신을 조금 기술적으로 나누어 보면, 직렬통신(Serial)과, 병렬통신(Parallel)으로 나눌 수 있다. 다음 그림처럼 10001110이란 숫자를 보낸다고 생각해보자. 먼저 한 라인으로 일렬로 죽 나열하여 보내는 방법(직렬)이 있겠다. 이를 위해서는 데이터의 시작과 끝을 알려주는 무언가가 있어야 할 것처럼 보인다. 반면 여러 개의 라인으로 한 번에 보내는 방법(병렬)은 이미 순서가 정해져 있기에 시작과 끝을 알려줄 필요가 없다. 단, 통신라인이 여러 개 필요하다는 단점이 있다. 직렬통신은 한 번에 하나의 데이터만 전송하므로 병렬통신에 비해 속도는 느리다. 하지만 아두이노는 제한된 포트(라인)를 갖고 있기에 직렬통신이 더 유용하다.

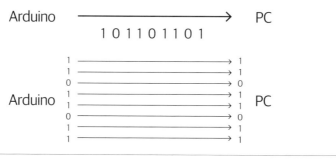

그림 7-1 직렬통신과 병렬통신

아두이노에서 주로 사용되는 직렬통신은 다시 동기식과 비동기식으로 구분된다. 쉽게 말해서 직렬통신은 한 라인으로 전송되므로 신호의 처음과 끝을 구분하는 방법이 필요한데 이 방법이 동기식과 비동기식으로 나누어진다는 이야기다. 동기식은 동기화 신호(클록, CLK)에 맞춰 데이터가 전송되며, 아두이노에서는 I2C, SPI 통신이 이에 해당한다. 비동기식은 신호를 동기화 신호에 맞추지 않고 통신속도를 맞추어 전송한다. 동기식은 별도의 동기화 신호를 위한 핀이 필요하다(CLK). 비동기식은 USB 케이블을 이용하여 아두이노-PC 간 통신을 수행하는 시리얼 통신(UART)이 대표적이며, Tx, Rx 두 개의 핀 만 사용하여 통신한다. 비동기식은 동기화 신호 핀이 필요 없는 반면, 보드 레이트 설정을 맞추는 작업이 필요하다. 이는 1초 동안 전송할 수 있는 신호의 수를 의미하는데, 신호를 보내는 쪽이 받는 쪽에 비해 너무 빨리 전송하거나, 또는 그 반대의 경우 통신이 이루어지기 어렵다. Setup( ) 함수에서 <Serial. begin(동기화 속도);> 구문을 삽입하고 IDE 시리얼 모니터 오른쪽 아래의 보드 레이트를 맞춰주는 작업이 바로 그것이다(일반적으로 9600 정도를 맞춰줌).

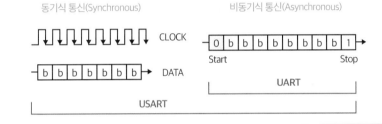

그림 7-2 동기식 통신과 비동기식 통신

7.2 시리얼 통신(UART)

UART는 Universal Asynchronous Receiver/Transmitter의 약자로 범용 비동기식 송수신기 정도로 정의되는 직렬통신이며, 주로 아두이노와 PC, 아두이노와 아두이노 간의 1:1 통신을 위해 사용된다. 아두이노와 PC 간 USB를 활용한 시리얼 통신이 바로 이 UART 통신이다. 우노 보드를 살펴보면, 이 UART 통신용 USB 소켓 외에도 ISP(또는 ICSP) 핀 헤더가 부착된 것을 확인할 수 있다. ISP 단자는 부트로더 등을 올리기 위한 단자와(8.2절 참조) 일치하는데, 우리 또한 이 단자로 스케치를 업로드하지 않고 손쉽게 USB 케이블을 활용하기 위해 중간 지점에 ATmega16U2와 같은 통신 칩을 배치하였다. PC에 연결된 USB로 들어오는 데이터를 ATmega16U2 칩이 시리얼 형태로 바꿔주는 것이다. 이렇게 변환된 데이터는 아두이노를 통해 다른 장치들과 통신하게 되는데 이때 Tx핀과 Rx핀이 사용된다. 아두이노는 초보자들의 사용성을 위해서 USB 인터페이스를 활용한 시리얼 통신을 제공한다는 정도로 이해하고 넘어가자.

그림 7-3 우노의 통신 단자

UART 통신은 비동기식 시리얼 통신 중 가장 대표적이라 특별히 UART라 말하지 않고 간단히 '시리얼 통신'이라 불리기도 한다. UART 통신은 이외에도 아두이노와 아두이노 간의 통신에도 사용된다.

UART 통신은 우노의 0번과 1번 핀을 이용하여 데이터를 주고받는 것인데, 0번은 수신핀 Rx(Receive Data), 1번은 송신핀 Tx(Transmit Data)로 지정되어 있다. PC에서 데이터를 받을 때 Rx핀으로 받고, 반대로 보낼 때는 Tx핀으로 보내는 것이다. 즉 송수신핀은 서로 교차하여 연결돼야 하고, Tx, Rx핀 외에도 전압 레벨을 맞추기 위해 GND핀을 서로 연결해야 한다.

2개의 아두이노로 서로 통신하는 상황을 만들어 보자. 각각의 아두이노에 센서나 액추에이터를 부착해야 하는 상황이거나, 무선통신이 불가능한 상황 등 여러모로 유용한 예제다.

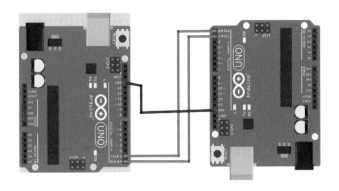

앞의 그림에서 왼쪽을 아두이노 A, 오른쪽을 아두이노 B라고 하고 다음 예제를 업로드해 보자. 아두이노 A에는 'A'라는 문자를 보내고 3초 지연, 이어서 'B'를 보내고 3초 지연 후 루프로 돌아오는 스케치가 업로드된다. 아두이노 B는 통신 포트를 통해 'A'를 수신하면 LED를 ON하고, 'B'를 수신하면 LED를 OFF 하는 스케치가 올라간다.

예제 7-1   아두이노 A 예제

```
void setup()
{
  Serial.begin(9600);
}

void loop()
{
  Serial.write('A');
  delay(3000);
  Serial.write('B');
  delay(3000);
}
```

예제 7-2에서는 Serial.available( ), Serial.read( )과 같이 Serial 관련 명령어 몇 가지가 쓰였다. 빈번하게 사용하는 시리얼 명령어를 다음과 같이 표로 정리하였으니 참조하자.

표 7-1 주요 시리얼 통신 명령어

명령어	내용
Serial.available( )	시리얼 통신을 통해 수신된 데이터가 있는지 확인하는 함수이다. 수신 데이터가 있으면 그다음 루프로 넘어간다.
Serial.write( )	데이터를 시리얼 통신을 이용해 송신하는 함수이다. write( ) 함수와 print( ) 함수의 차이는 데이터 형식에 있다. write( ) 함수는 1값을 그대로 전송해서 시리얼 모니터에서 아스키코드로 해석해서 보여주고, 아스키코드값 49가 문자 1이어서 49를 write( ) 함수로 전송해야 시리얼 모니터에서 아스키코드 문자 1로 해석하고 문자 1을 보여주는 것이다. 시리얼 모니터에 표시, 출력할 때는 print( ) 함수를 사용하고, 블루투스와 같은 통신을 할 때 문자 외에 직업 데이터 값을 보내야 할 경우 사용한다.
Serial.read( )	현재 시리얼 통신을 이용해서 송, 수신 중인 데이터를 읽어 들이는 함수이다.
Serial.end( )	시리얼 통신 사용중단을 수행하는 함수로 Serial.begin( ) 함수의 반대 개념이다.
Serial.flush( )	시리얼 통신을 통해 전송 중인 데이터가 전송 완료될 때까지 기다리는 함수이다.

예제 7-2   아두이노 B 예제

```
char data;

void setup()
{
  Serial.begin(9600);
  pinMode(13, OUTPUT);
}

void loop()
{
  if (Serial.available())
  {
```

```
    data = Serial.read();
  }
  if (data == 'A')
  {
    digitalWrite(13, 1);
  }
  else if (data =='B')
  {
    digitalWrite(13, 0);
  }
}
```

UART 통신은 아니지만, 일반 I/O 포트를 이용하여 통신하는 방법도 소개한다. 아두이노 A의 D4와 아두이노 B의 D10 포트를 연결하고(I/O 포트는 임의로 선정함), GND를 같이 잡아주었다. 아두이노 A는 D4 포트를 통해 3초간 HIGH, 3초간 LOW를 출력하고, 아두이노 B는 D10 포트를 통해 이것을 감지하여 LED 켜는 예제이다. 앞 예제와 다른 점은 송, 수신부에서 시리얼 통신을 이용하지 않고 I/O 포트의 출력을 제어하고, 입력을 확인하여 나머지 I/O를 제어한다는 점이다.

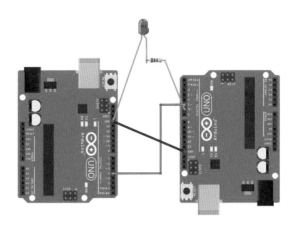

그림 7-5 아두이노 간 시리얼 통신

아두이노 A 예제

```
void setup()
{
  Serial.begin(9600);
  pinMode(4, OUTPUT);
  digitalWrite(4, LOW);
}

void loop()
{
  digitalWrite(4, HIGH);
  delay(3000);
  digitalWrite(4, LOW);
  delay(3000);
}
```

아두이노 B 예제

```
char data;

void setup()
{
  Serial.begin(9600);
  pinMode(5, INPUT);
  pinMode(6, OUTPUT);
}

void loop()
{
  if (5 == HIGH)
  {
    digitalWrite(6, HIGH);
  }
```

```
else
{
  digitalWrite(6, LOW);
  }
}
```

예제 7-3은 포트 출력을 3초 간격으로 HIGH, LOW로 바꾸어주고 있고, **예제 7-4**는 D5 포트를 통해 신호를 모니터링하다가, HIGH 신호가 감지되면 D6에 HIGH 신호를 출력하고, else문에 의해 LOW 신호가 감지되면 D6를 LOW로 전환하는 코드이다. 굳이 복잡한 UART 통신을 이용하지 않고도 I/O 포트를 활용하여 통신구현이 가능함을 보여준다.

7.3 소프트웨어 시리얼 통신

앞서 시리얼 통신 절에서 각각의 아두이노가 0번 포트와 1번 포트를 활용하여 통신하고 그 결과를 토대로 LED를 점등시키는 예제를 살펴보았다. 그럼 PC와 통신해야 할 때는 어떡하는가? PC 통신과 함께 다른 아두이노나 센서와 시리얼 통신이 필요하다면?

아두이노 우노는 USB 케이블을 이용하여 스케치 업로드, 디버깅, 경과 확인 등 PC와 통신하며, 이를 위해 0번과 1번 포트를 사용하고 있다. 우노의 경우, 0번과 1번 포트는 USB 단자의 Tx, Rx 통신 포트와 동일한 노드이다. 즉, Serial.begin( ) 함수 등을 이용하여 PC와 통신할 때는 0번, 1번 포트와 다른 디바이스 간에 통신은 불가능하다. UART 통신이 1:1 통신 기반이기 때문이다. 이런 포트를 '하드웨어 시리얼' 포트로 분류하며 우노에서는 0번과 1번만 해당된다. 이 하드웨어 시리얼이 PC와 통신을 하거나 기타 등등의 이유로 사용하지 못할 때를 위해 존재하는 것이 소프트웨어 시리얼(SoftwareSerial) 통신이다.

소프트웨어 시리얼은 0번, 1번 포트로 통신하는 하드웨어 시리얼과 구분된다. 원래 시리얼 통신 포트가 아닌데, 소프트웨어적으로 그것이 가능하도록 만든 것이다. 아두이노는 소프트웨어 시리얼 라이브러리를 활용하여 하드웨어 시리얼 포트가 아닌 포트를 시리얼 통신을 사용할 수 있도록 한다.

다시 말해서, 하드웨어 시리얼은 0번, 1번 포트로 정해져 있지만, 소프트웨어 시리얼은 SoftwareSerial( ) 라이브러리를 활용해서 디지털 포트로 할당된 포트들을 시리얼 포트로 활용할 수 있다. 참고로 아두이노 우노는 하드웨어 시리얼 포트 한 쌍(Tx0, Rx0)을 보유하고 있지만, 아두이노 메가는 Tx0, Rx0, Tx1, Rx1, Tx2, Rx2, Tx3, Rx3 네 쌍을 보유하고 있다.

소프트웨어 시리얼은 IDE에 기본적으로 포함된 라이브러리로 헤더파일 선언을 통해 손쉽게 액세스 가능하다. 통신이 가미된 예제나, 조금 복잡한 센서가 들어가는 예제들은 소프트웨어 시리얼을 사용하는 경우가 많다.

다음은 10번, 11번 핀을 통해 소프트웨어 시리얼을 구현한 예제이다(IDE 내의 SoftwareSerial Example( )). 소프트웨어 시리얼 통신 식별은 'mySerial'로, 하드웨어 시리얼은 기설정된 'Serial'이다. 이외에 하드웨어 시리얼(0번, 1번)은 보드 레이트 57,600으로 설정하였고, 소프트웨어 시리얼(10번, 11번)은 4,800으로 설정하였다. 소프트웨어 시리얼이 연결되어 있으면, 소프트웨어 시리얼로 수신되는 데이터를 하드웨어 시리얼 통신을 통해 시리얼 모니터에 출력한다(Serial.write(mySerial.read( ))).

예제 7-5   SoftwareSerialExample

```
#include <SoftwareSerial.h>
SoftwareSerial mySerial(10, 11); // RX, TX

void setup()
{
Serial.begin(57600);
while (!Serial)
{   ; // 시리얼 연결까지 대기
  }
```

```
  Serial.println("Goodnight moon!");

  mySerial.begin(4800);
  mySerial.println("Hello, world?");
}

void loop()
{
  if (mySerial.available())
  {
   Serial.write(mySerial.read());
  }
  if (Serial.available())
  {
   mySerial.write(Serial.read());
  }
}
```

구체적으로 어떤 때에 이런 기능이 필요할까? 두 디바이스 간 통신 상황에서 LED를 밝히는 것처럼 간단하게 확인할 수 없는 부분이 있을 때, 즉 구체적인 데이터 확인이 필요할 때 사용된다. 다음은 소프트웨어 시리얼에서 자주 쓰이는 함수를 표로 나타내었다.

표 7-2 소프트웨어 시리얼 주요 함수

명령어	내용	파라미터	예시
SoftwareSerial(Rx. Tx)	소프트웨어 시리얼 인스턴스 생성	Rx: 수신 핀 Tx: 송신 핀	SoftwareSerial mySerial(2,3);
SoftwareSerial.begin(speed)	소프트웨어 시리얼의 전송 속도(Baud Rate)를 설정함	전송 속도	mySerial.begin(9600);
SoftwareSerial.read( )	수신 핀(Rx)으로 입력되는 데이터를 리턴함	-	char c = mySerial.read( );
SoftwareSerial.print( )	데이터를 송신 핀(Tx)에 프린트하며, Serial.print( ) 함수와 동일함	다양함	Serial.print("Hello, world!");

SoftwareSerial.println( )	SoftwareSerial.print( )와 같으며, 데이터 프린트 후 줄 바꿈 수행	다양함	Serial.println("Hello, world!");
SoftwareSerial.listen( )	해당 소프트웨어 시리얼 포트가 데이터를 수신	읽어 들일 인스턴스의 이름	mySerial.listen( );
SoftwareSerial.end( )	해당 소프트웨어 시리얼 포트의 통신을 종료	종료할 인스턴스의 이름	mySerial.end( );

소프트웨어 시리얼에 대해 자신만의 이름을 정할 수 있다. SoftwareSerial.mySerial, SoftwareSerial.SS, SoftwareSerial.ArduinoSerial 등이다. 또한 소프트웨어 시리얼은 전송 속도를 별도로 지정할 수 있는데, Serial 함수와 동일한 부분이다.

7.4 I2C 통신

아두이노의 동기식 직렬통신 방식 중 하나인 I2C는 Inter-Integrated Circuit의 약자로, '아이스퀘어씨' 정도로 불린다. 필립스사에서 개발한 1:N 통신표준이며 아두이노 하나로 여러 개의 장치를 제어할 수 있는 특징이 있다. 하드웨어적으로는 같은 통신 포트를 사용하지만, 소프트웨어적인 주소를 사용하여 연결되는 장치 수가 늘어나도 사용 핀은 증가하지 않는다. I2C는 여러 개의 센서, 액추에이터를 아두이노 하나로 연결하는 용도로 사용하는 등 다른 통신방법에 비해 적은 연결 인터페이스를 필요로 하지만, UART, SPI에 비해 전송속도가 느리다는 단점이 있다. 여러 개의 센서를 통해 빠르지 않은 속도로 데이터 수집을 하는 경우에 유용한 통신방식이다.

I2C 통신은 두 개의 연결 포트를 필요로 하며, 하나는 데이터 핀 SDA(Serial Data), 나머지 하나는 동기화 신호 핀 SCL(Serial Clock)을 필요로 한다. 우노에서는 SDA핀이 A4, SCL핀은 A5로 지정되어 있고, 메가에서는 SDA핀이 D20, SCL D21로 할당되어 있다.

표 7-3 SDA, SCL 핀 배치

Data Line	Arduino Uno	Mega
SDA	Analog input 4(A4)	Digital pin 20(D20)
SCL	Analog input 5(A5)	Digital pin 21(D21)

UART나 단순 시리얼 통신의 경우에는 장치별로 최소한 하나 이상의 통신 포트가 필요하지만, I2C 통신은 데이터 핀과 동기화 신호 핀 두 개로 여러 가지의 장치 제어가 가능하다는 장점이 있다. I2C 통신은 여러 개의 하위 디바이스가 연결되더라도, **그림 7-6**과 같이 SCL, SDA 두 채널만 사용하므로 추가적인 채널 소요가 없다는 장점이 있다.

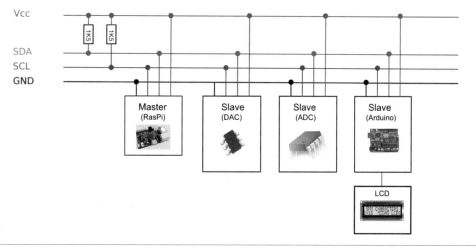

그림 7-6 I2C 통신개념도

I2C 통신은 <Wire.h> 라이브러리를 통해 접근 가능하며, IDE 설치 시 자동으로 설치된다.

표 7-4 <Wire.h>의 주요 함수

함수	설명
begin	wire 라이브러리 초기화, 마스터나 슬레이브로 I2C bus에 참여
requestFrom	슬레이브나 마스터로 요청
beginTransmission	data 전송 준비
send	슬레이브에서 마스터로 데이터 전송 또는, 마스터에서 슬레이브로 전송을 위한 큐바이트 전송
endTransmission	큐에 기록된 데이터 전송
available	유효한 바이트수 반환
receive	requestFrom 호출 후에 슬레이브 디바이스에 의해 전송된 바이트 반환
onReceive	마스터로부터 슬레이브가 데이터를 받았을 때 함수 등록
onRequest	슬레이브로부터 마스터가 데이터를 요청했을 때 호출되는 함수 등록

여담이지만 시제품 개발에 있어서 모터 따위가 들어가 움직이는 기능이 있거나, 다른 디바이스와 통신하는 기능이 들어가면 난이도가 몇 배가 올라간다. 모터와 같은 액추에이터가 적용되면 움직임 그 자체로도 문제를 발생시키지만, 전류 문제나, 노이즈와 같은 복잡한 문제를 동반하기 때문이다. 통신은 최소 송수신부로 구성된 2개 이상의 장치가 필요한데, 둘 중 하나라도 코딩이나, 인터페이스상의 실수가 있으면 문제가 생기기 때문이다. 그리고 이 문제를 해결하기 위해서 살펴봐야 할 내용이 더 많아지기에 해결에 애를 더 먹게 된다. 이런 애플리케이션을 개발하는 데 있어서 그 수고와 시간을 절감하기 위해서는 코딩 후 기능 확인을 신속히 진행해야 한다. 모터를 사용한다 해서 굳이 모터를 연결하지 말고, LED를 점등시키거나 깜빡이는 정도로 통신 상태를 확인할 수 있다.

I2C 통신은 UART 통신과 달리 마스터(Master)와 슬레이브(Slave) 구조로 구성되어 있다. 다음 그림과 예제는 마스터와 하나의 슬레이브 간 I2C 통신을 구현한 것이다. SCL핀과 SDA핀은 10kΩ 풀업 저항을 연결하여 통신이 원활하지 않을 때 HIGH 상태를 유지하도록 구성하였다.

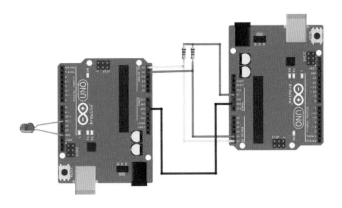

그림 7-7 I2C 통신 (1:1)

다음은 마스터에서 송신하는 데이터에 따라 슬레이브의 LED가 점멸하는 속도를 제어하는 예제이다.

예제 7-6   마스터-슬레이브 간 1:1 통신, 마스터

```
#include <Wire.h>

int data = 100;

void setup()
{
  Wire.begin();
}

void loop()
{
  Wire.beginTransmission(0);
  Wire.write(data);
  Wire.endTransmission(0);
  Wire.beginTransmission(1);
  Wire.write(data);
```

```
  Wire.endTransmission(1);
  data++;
  if (data > 255) data = 100;
  delay(100);
}
```

마스터-슬레이브 간 1:1 통신, 슬레이브

```
#include <Wire.h>

int LED = 11;
int x = 0;

void setup()
{
  pinMode (LED, OUTPUT);
  Wire.begin(0);
  Wire.onReceive(receiveEvent);
  Serial.begin(9600);
}

void loop()
{
  digitalWrite(LED, 1);
  delay(x);
  digitalWrite(LED, 0);
  delay(x);
}

void receiveEvent(int bytes)
{
  x = Wire.read();
  Serial.println(x);
}
```

7.5 SPI 통신

SPI 통신은 Serial Pheripheral Interface의 약자로, 직역하자면 '직렬 주변기기 인터페이스' 정도로 말할 수 있겠다. PC의 주변기기처럼 근거리에서 활용하는 제품들을 제어하는 데 유용하고, 메모리 카드(SD, 마이크로 SD 등), 카메라 등의 인터페이스에 활용된다. 노이즈에 다소 취약하여 짧은 거리 내에서 지원된다는 단점이 있다.

SPI 통신은 4개 핀을 통해 구현되며, 통신 핀은 D10, D11, D12, D13핀으로 이루어져 있다. 각각 SS(Slave Select), MOSI(Master Output Slave Input), MISO(Slave Output Master Input), SLK(Serial Clock)를 의미한다. SS는 칩을 선택하는 역할을 하며, MOSI는 마스터 장치에서는 데이터를 보내는 역할, 슬레이브 장치에서는 데이터를 받는 역할을 수행하는 핀, MISO는 슬레이브 장치에서 데이터를 보내는 역할 또는 마스터 장치에서 데이터를 받는 역할이며, 마지막으로 SLK는 하나의 데이터 패키지가 전송될 때 그 시작과 끝을 알려주는 핀이다.

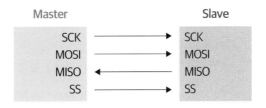

그림 7-8 SPI 통신 (1:1)

SPI 통신은 하나의 마스터 장치와 여러 개의 슬레이브 장치 간 통신이 가능한 1:N 방식의 통신이다. 앞의 그림처럼 마스터-슬레이브 장치 간 1:1로 연결도 가능하나, 다음 그림과 같이 1:2, 1:N의 연결도 가능하다.

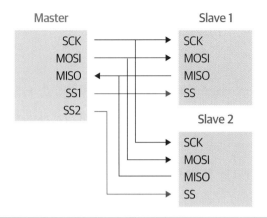

그림 7-9 SPI 통신 (1:2)

 앞서 SS 핀이 칩(슬레이브 장치)을 선택하는 역할을 수행한다 하였는데, HIGH 신호일 때는 대기, LOW 또는 GND는 명령수신 상태를 의미한다. 이 SS 핀 연결을 달리하여(SS1, SS2, SS3, …) 여러 개의 SPI 통신을 구현하는 것이며, 이 SS 핀은 임의로 선택할 수 있다(MOSI, MISO, SCK는 핀 변경 불가). 시리얼 통신은 Tx핀과 연결되는 상대 핀은 Rx에 연결되어야 하고, Rx핀에 연결되는 상대 핀은 Tx에 연결되어야 하는데, SPI 통신은 SS핀 외에는 모두 동일한 핀에 연결된다는 점이 다르다.

 SPI 통신 특성상, 마스터 장치는 원할 때 데이터를 보내거나 받을 수 있고, 슬레이브 장치는 마스터의 지시만 따르게 된다. 통신 흐름은 먼저 SCK에서 통신의 시작을 알려주고, 마스터의 MOSI에서 데이터를 보내게 된다(1byte 단위). 데이터 전송 후에 슬레이브 장치에서 데이터를 보내오는 구조이다.

<u>RFID 카드 인식 예제</u>

 출입증으로 사용되는 카드키는 RFID(Radio Frequency Identification) 기술이 접목된 아이템이다. 카드키는 고유한 RFID 값을 갖고 있어서 카드키를 리더기에 태깅하면 리더기는 이 값을 비교하여 승인된 출입자인지 아닌지를 판단한다. 실습을 위해서는 아두이노 우노 2조,

RC-522 RFID 리더기 및 카드키 등이 필요하다. RC-522과 함께 사용되는 카드키는 '4F 42 35 B4'와 같이 네 쌍의 16진수 숫자로 이루어져 있다. 확률적으로 65,536개의 카드 키값이 존재한다(16⁴).

아두이노 A와 RC-522을 연결하고(SPI 통신, 후술) 아두이노 A는 태깅된 카드키 값을 받아 소프트웨어 시리얼을 통해 아두이노 B로 전송한다. 아두이노 B는 전송받은 키값을 하드웨어 시리얼을 통해 시리얼 모니터에 출력한다. 이를 위해 RFID 라이브러리를 활용하며, 아두이노 A와 RC-522 간은 SPI 통신으로 연결되어 있다.

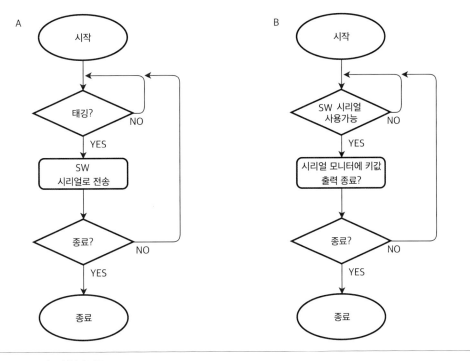

그림 7-10 RFID 카드 인식 순서도

RC-522과 아두이노 A 간의 결선은 다음 그림과 표를 참조하자.

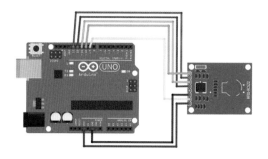

그림 7-11 RC-522 RFID 리더기 결선도

표 7-5 RC-522 RFID 리더기 핀 맵

No.	아두이노	RC-522
1	Pin 10	SDA
2	Pin 13	SCK
3	Pin 11	MOSI
4	Pin 12	MISO
5	-	RQ
6	GND	GND
7	Pin 9	RST
8	3.3V	3.3V

다음은 RFID 리더기와 연결된 송신측(아두이노 A) 예제이다. 두 디바이스 간 인터페이스는 아두이노 A는 2번 핀이 Tx, 3번 핀이 Rx에 연결되어 있고, 아두이노 B는 2번 핀이 Rx, 3번 핀이 Tx에 연결되어 있다. 사전에 MFRC-522 라이브러리를 설치해야 한다.

그림 7-12 MFRC-522 라이브러리 설치

예제 7-8   SPI 통신과 RFID 카드인식

```
#include <SPI.h>
#include <MFRC-522.h>
#include <SoftwareSerial.h>

#define RST_PIN 9
#define SS_PIN 10

MFRC-522 mfRC-522(SS_PIN, RST_PIN);

SoftwareSerial mySerial(2, 3);

void setup()
{
  Serial.begin(9600);
  mySerial.begin(4800);
  while (!Serial)
  SPI.begin();                          // SPI 통신 초기화
  mfRC-522.PCD_Init();                  // MFRC-522 초기화
  mfRC-522.PCD_DumpVersionToSerial();   //MFRC-522 세부사항 출력
  Serial.println(F("Scan PICC to see UID, SAK, type, and data
                                        blocks..."));
}

void loop()
{
```

```
  if (! mfRC-522.PICC_IsNewCardPresent())
  {
  return;
  }

  if (! mfRC-522.PICC_ReadCardSerial())
  {
  return;
  }
}

mfRC-522.PICC_DumpToSerial(&(mfRC-522.uid));
for (byte i = 0; i < mfRC-522.uid.size; i++)
{
  Serial.print(mfRC-522.uid.uidByte[i] < 0x10 ? " 0" : " ");
  Serial.print(mfRC-522.uid.uidByte[i], HEX);
  mySerial.write(mfRC-522.uid.uidByte[i]);
}
}
```

아두이노 A에서 RFID 카드 키값을 읽어 들이고 그 결과를 시리얼 모니터에 출력하는데, 이 정보를 다른 디바이스로 전송할 때 정확한 값이 전달되는지를 확인하기 위함이다. 다음은 이 확인 과정을 위한 수신측(아두이노 B) 예제로 소프트웨어 시리얼로 수신되는 RFID 키값을 시리얼 모니터를 통해 확인할 수 있다.

예제 7-9   **RFID 카드키 값 확인**

```
#include <SoftwareSerial.h>
SoftwareSerial mySerial(3, 2);
byte data;

void setup()
{
Serial.begin(9600);
mySerial.begin(4800);
```

```
while (!Serial);
}

void loop()
{
  if(mySerial.available())
  {
  data = mySerial.read();
  Serial.println(data);
}
}
```

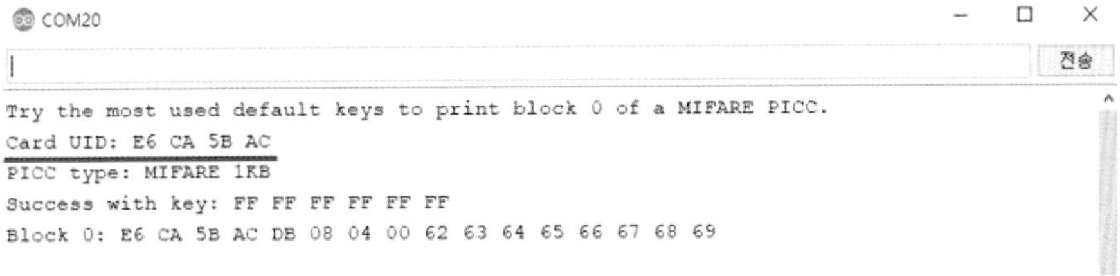

그림 7-13 RC-522 키 값 확인결과

7.6   블루투스 통신

블루투스(Bluetooth) 통신은 사물 인터넷 환경을 구현하는 데 있어서 Wi-Fi와 함께 가장 빈번하게 사용되는 통신이다. 앞서 아두이노에서 활용할 수 있는 여러 가지 통신들에 관해서는 들어본 적이 없더라도, 블루투스 통신을 들어보지 않은 독자는 거의 없을 것이다. 특히, 근래에 많은 디바이스들이 무선으로 연결되고 있는데, Wi-Fi와 같이 복잡하지 않고 비교적 간단하게 통신을 수행하여 구현에 수월성이 높다.

블루투스 통신은 무선으로 구성된 근거리 통신 규격이다. 이론적으로는 100m 이내의 통신거리를 보장하지만, 실제 사용 환경에서는 10m 이내, 통신 상태가 좋다면 20m 정도까지도 통신할 수 있다. 리모컨에 활용되는 적외선 통신은 가시선 내에서만 활용할 수 있지만, 블루투스는 비가시선 밖에서도 통신이 되기에 블루투스 통신방식은 주로 무선 이어셋, 헤드폰, 마우스 등의 데이터 통신에서 많이 사용한다. 특히 스마트폰과의 연결, 블루투스 모듈 간 연결을 통해 근거리 무선통신이 필요한 시제품에 유용하게 적용된다.

무선신호를 활용한 시제품 개발 시 유의해야 할 점이 있는데, 바로 국내 전파법이다. 전파 자원은 국가에서 관리하며 목적별로 할당되어 있어 허가된 주파수 대역만 사용이 가능하다. 우리가 쉽게 접할 수 있는 블루투스, Wi-Fi, 지그비(Zigbee) 등은 이런 전파법에 저촉받지 않는 2.4GHz 대역의 ISM 대역(Industrial Scientific Medical band)을 사용하고 있기에 별도 허가를 받을 필요가 없다. 주파수 대역이나 송출 신호의 출력 등 또한 법률에서 제한하고 있기에 중국산 무선 송수신 장치 등은 개발 시 국내법을 감안하여 진행해야 한다. 인증이 불가하거나 인증 시 비용과 시간이 소요되기 때문이다.

블루투스 통신은 하나의 마스터 디바이스가 다수의 슬레이브 디바이스와 연결될 수 있으며, 슬레이브 디바이스는 마스터 디바이스에만 연결할 수 있다. 슬레이브와 슬레이브 간 통신은 불가능하다. 다음 그림에 블루투스 통신 네트워크 개념도를 나타내었다. 스마트폰과 블루투스 헤드셋에서 마스터는 스마트폰, 슬레이브는 블루투스 헤드셋, 컴퓨터와 블루투스 키보드에서 마스터는 컴퓨터, 블루투스 키보드는 슬레이브와 같은 관계다.

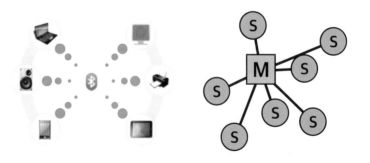

그림 7-14 블루투스 통신 네트워크 개념도

블루투스 2.0

그림 7-15 HC-06 모듈

아두이노 레벨에서 빈번하게 사용하는 블루투스 하드웨어로 HC-06 모듈이 있다. 블루투스는 지속적으로 버전업이 되는데, HC-06 모듈은 블루투스 2.0 버전이다. 이는 다루기 쉽고 저가로 구하기 쉬우므로 많이 사용하는 편이며, 하나의 하드웨어로 마스터와 슬레이브 모두로 활용할 수 있으며 IDE를 통해 쉽게 변경할 수 있다. IDE와 블루투스 모듈 간 시리얼 통신으로 상태 확인, 변경을 할 수 있는데 이때 사용되는 명령어가 AT 명령어(ATcommand)이다. FTDI 컨버터, HC-06 모듈, F-F 점퍼선를 준비하여 실습해보자.

표 7-6 핀 맵

FTDI	+5V	GND	RXD	TXD
HC-06	+5V	GND	Tx	Rx

FTDI 컨버터와 HC-06 모듈을 표 7-6과 같이 결선한 후 PC의 USB 단자에 연결하자. 이후 IDE를 실행해서 연결된 포트를 선택하고 시리얼 모니터를 실행한다.

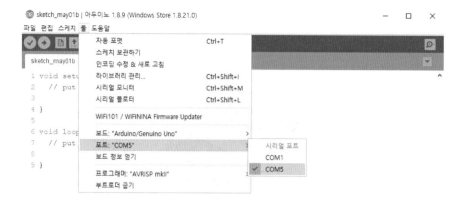

그림 7-16 마스터-슬레이브 변경 내비게이션-1

시리얼 모니터에서 'AT'을 입력하고(대문자) 'OK'라고 프린트됨을 확인한다. 이 과정은 블루투스 모듈과 PC 간 통신 상태를 확인하기 위한 절차다.

그림 7-17 마스터-슬레이브 변경 내비게이션-2

OK 상태를 확인하고 'AT+ROLE=M'이라고 입력하면 마스터로 변경이 완료된다. 슬레이브로의 변경 명령어는 'AT+ROLE=S' 이다.

표 7-7 ATcommand 명령어 셋(HC-06)

ATcommand	내용	예시	결과
AT	통신시험	AT	OK
AT+BAUDx	통신속도 변경 1: 1200 2: 2400 3: 4800 4: 9600 5: 19200 6: 38400 7: 57600 8: 115200	AT+BAUD3	OK4800
AT+NAMEdevicename	장치명 변경	AT+NAMEArduinoDevice	OKArduinoDevice
AT+PINxxxx	PIN 코드 변경	AT+PI1592	OK1592

트러블슈팅 -1: 인식 문제

IDE 상에서 COM1 포트만 보인다면 인식 문제를 의심해야 한다. FTDI 컨버터를 다시 연결해보거나, PC를 리셋하고 IDE를 다시 실행해본다. 그리고 중국산 FTDI 컨버터는 별도의 드라이버를 요구하는데, 해당 드라이버를 설치했다면 삭제 후 재설치해보자.

트러블슈팅 - 2: 명령어 무응답

ATcommand를 입력하였으나 시리얼 모니터에서 아무런 반응이 없는 경우다. 먼저 ATcommand의 대문자 여부를 확인하고, 문제가 없다면, 송/수신 핀이 연결을 점검해본다 (FTDI 컨버터의 Rx는 블루투스 모듈의 Tx에 연결 등). 특히 핀의 굵기가 제조사마다 조금씩 차이가 있어서 전원, 접지선, 신호선 등의 연결이 원활하지 않은 경우가 종종 있으므로 F-F 점퍼선이 제대로 연결되어 있는지 확인해보자.

트러블슈팅 - 3: 마스터-슬레이브 연결 문제

이번 절에서는 HC-06 모듈에 관해 설명하였다. 간혹 HC-05 모듈 등 하드웨어 사양이 다른 모듈을 사용할 수 있는데, HC-06과 HC-05간 통신은 가능하지만, 설정을 위한

ATcommand가 다르다. 즉 HC-06에 적용되는 ATcommand를 HC-05에 아무리 입력해도 설정이 바뀌지 않는다. HC-05에 적용되는 ATcommand를 다음 표로 나타내었으니 참조하자.

표 7-8 ATcommand 명령어 셋 (HC-05)

Command	Return	Parameter	Description
AT	OK	None	Test
AT+VERSION?	+VERSION:\<Param>OK	Param:Version number	Get the soft version
AT+ORGL	OK	None	Restore default status
AT+ADDR?	+ADDR:\<Param>OK	Param: Bluetooth address	Get module Bluetooth adress
AT+NAME=\<Param>	OK	Param: Bluetooth device name	Set device's name
AT+NAME?	+NAME:\<Param>OK	Param: Bluetooth device name	Inquire device's name
AT+ROLE=\<Param>	OK	Param: 0=Slave role; 1=Master role; 2=Slave-Loop role	Set module role
AT+ROLE?	+ROLE:\<Param>	Param: 0=Slave role; 1=Master role; 2=Slave-Loop role	Inquire module rolde
AT+UART=\<Param>, \<Param2>, \<Param3>	OK	Param1: baud rate(bits/s); Param2: stop bit; Param3:pariry bit	Set serial parameter
AT+UART?	+UART=\<Param>,\<Param2>,\<Param3>OK	Param1: baud rate(bits/s); Param2: stop bit; Param3:pariry bit	Inquire serial parameter

마스터-슬레이브 통신

각각의 블루투스 모듈이 마스터와 슬레이브로 설정이 되었으면 아두이노와의 연결하고 시리얼 모니터를 통해 통신을 시도해보자. 실습을 위해서는 아두이노 2조, 블루투스 모듈 2조(마스터, 슬레이브), F−F 점퍼선 등이 필요하다. 블루투스 통신은 일종의 UART 통신으로써 아두이노의 시리얼 단자와 통신하게 된다. 통신 간 주고받는 데이터를 확인하기 위해서는 하드웨어 시리얼이 아닌 소프트웨어 시리얼 함수를 적용해야 한다. 다음은 각 블루투스 모듈과 아두이노 간의 배선도이다. 마스터, 슬레이브 간 차이 없이 소프트웨어 시리얼 핀만 맞추어 주면 된다.

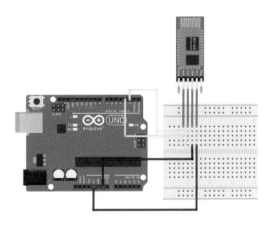

그림 7-18 블루투스 통신 배선도

마스터와 슬레이브에 연결된 아두이노 스케치는 다음과 같이 같다(Tx, Rx 핀 번호 및 배선에 주의). 다음 예제에서 소프트웨어 시리얼 이름을 BT_Serial로 지정하였다.

```
#include <SoftwareSerial.h>
SoftwareSerial BT_Serial(2, 3);

void setup()
{
  Serial.begin(57600);
  BT_Serial.begin(4800);
}

void loop()
{
  if (BT_Serial.available())
  {
  Serial.write(BT_Serial.read());
  }
  if (Serial.available())
  {
  BT_Serial.write(Serial.read());
  }
}
```

이외에 설정사항이 하나 남아있는데, 마스터-슬레이브 간 통신 연결을 위해서는(이를 페어링이라고 함) 동일한 장치명과 동일한 PIN 번호를 가져야 한다. PIN 번호는 마스터-슬레이브 간 비밀번호와 같은 것으로 대부분 기본값으로 1234를 갖고 있다. 다른 기기들과 간섭을 최소화하기 위해서는 별도의 PIN 번호를 지정하는 것이 좋다. PIN 번호까지 수정을 마치면 각각의 모듈과 아두이노 간 배선, 스케치 업로드가 끝나면 PC와 연결해보자.

먼저 ATcommand의 정상입력 유무를 확인한다. 이 단계부터는 마스터, 슬레이브 모두 동일하게 적용해야 한다.

그림 7-19 AT 입력

이어서 ATcommand로 장치명을 지정하는데, 'AT+NAME장치명'으로 입력한다. 여기서는 장치명을 'ArduinoPrototype'으로 지정하였다.

그림 7-20 AT+NAME장치명 입력

그리고 PIN 번호를 지정하며, 명령어는 'AT+PIN번호'로 입력한다. PIN번호는 '1592'로 지정하였다.

그림 7-21 AT+PIN번호 입력

여기까지 완료했으면 각각의 블루투스 모듈은 자동으로 페어링을 시도한다.

가속도 센서값 전송

이제 블루투스 통신을 적용하여 데이터 송수신을 해보자. 실습을 위해서는 아두이노 2조, 블루투스 모듈 2조, 가속도 센서, M-F, F-F 점퍼선 등이 필요하다. 다음은 ADXL-335 가속도 센서에서 측정된 값을 블루투스 모듈로 송신하고, 반대편에서 수신된 값을 확인하고, 이 값이 가변저항에 의해 맵핑된 값(thr)을 넘으면 USB 선풍기가 작동하는 예제이다. ADXL-335는 x, y, z 3개 축에서 측정된 가속도 값을 반환하는데 이번 예제에서는 x, y 2개 축의 정보만을 전송한다. 소프트웨어 시리얼을 활용하여 가속도 값을 블루투스 모듈로 전송하는데, ADXL-335에서 측정되어 ADC된 값은 최대 675까지 발생할 수 있다. 블루투스 통신을 통해 전송되는 데이터는 바이트(byte) 타입으로 0~127의 범위를 갖는다. ADXL-335에서 발생한 0~675 값은 블루투스 통신을 통해 모두 전송될 수 없기에 측정값을 대부분 반영할 수 있는 5로 나누어 처리하였다.

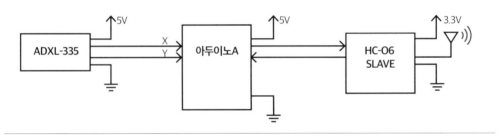

그림 7-22 센서값 송신측 구성

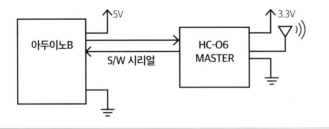

그림 7-23 센서값 수신측 구성

다음은 가속도 센서 측정값을 전송하는 스케치다. 아두이노 A는 블루투스 모듈과 소프트웨어 시리얼로 통신하며, 측정된 센서값을 5로 나누어 송신한다.

예제 7-11 **아두이노 A: 가속도 측정값 전송**

```
#include <SoftwareSerial.h>
SoftwareSerial bluetooth(2, 3);          //블루투스 통신 포트 설정(RX, TX)

int xpin = A0;                           //가속도 센서 x축, y축 포트
int ypin = A1;
int xx = 0;                              //센싱값의 1/5값
int yy = 0;

void setup()
{
  pinMode(xpin, INPUT);                  //가속도 센서 포트 입출력 설정
  pinMode(ypin, INPUT);
  Serial.begin(9600);                    //시리얼 통신 시작
  bluetooth.begin(9600);                 //블루투스 통신 시작
}

void loop()
{
  int x = analogRead(xpin);              //가속도 센서 x축 데이터 저장
  xx = x/5;                              //x축 데이터의 1/5값 저장
  delay(1);
  int y = analogRead(ypin);              //가속도 센서 y축 데이터 저장
  yy = y/5;                              //y축 데이터의 1/5값 저장
  delay(1);

  Serial.print(" x = ");                 //x,y축 데이터의 1/5값 시리얼 모니터에 출력
  Serial.print(xx, DEC);
  Serial.print(" y = ");
  Serial.println(yy, DEC);
  delay(10);
```

```
bluetooth.write(xx);                    //블루투스로 데이터 송신
bluetooth.write(yy);
bluetooth.write(xx);
bluetooth.write(yy);
bluetooth.write(xx);
bluetooth.write(yy);

delay(40);
}
```

다음은 블루투스 수신측 신호를 처리하는 아두이노 B의 스케치다. 여기서 Serial.flush( ) 함수가 사용되었는데, 이 함수는 시리얼 통신으로 들어오는 데이터가 모두 전송될 때까지 기다리는 역할을 한다. 이어서 측정된 가속도 값이 가변저항에 의해 설정된 thr값 이상이 되면 USB 선풍기를 작동시킨다.

예제 7-12   아두이노 B: 가속도 측정값 수신

```
#include <SoftwareSerial.h>
SoftwareSerial bluetooth(2,3);          //블루투스 통신 포트 (RX, TX)

int LED1 = 8;                           //블루투스 연결 확인 LED 포트 8
int LED2 = 9;                           //FAN 동작 확인 LED 포트 9
int FAN = 4;                            //FAN 포트 4
int POT = A1;                           //가변 저항 포트 A1
int thr;                                //Threshold 변수

int a = 0;                              //이전 값 저장 변수
int b = 0;
int c = 0;
int d = 0;
int e = 0;
int f = 0;
int z = 0;                              //맵핑 값
int xx;                                 //x축 차이값
```

```
int xx1;                              //x축 차이값의 절댓값
int yy;                               //y축 차이값
int yy1;                              //y축 차이값의 절댓값
int flag = 1;
int x;                                //x축 수신값
int x1;
int x2;
int y;                                //y축 수신값
int y1;
int y2;

void setup()
{
 Serial.begin(9600);                  //시리얼 통신 시작
 bluetooth.begin(9600);               //블루투스 통신 시작
 pinMode(LED1, OUTPUT);               //포트 입출력 선언
 pinMode(LED2, OUTPUT);
 pinMode(FAN, OUTPUT);
 pinMode(POT, INPUT);
}

void loop()
{
  z = analogRead(POT);                //가변 저항 아날로그값 입력
  thr = map(z, 0, 1023, 0, 10);       // 0~ 1023을 0~ 10으로 맵핑

  if(bluetooth.available())           //블루투스 버퍼에 입력을 받으면
  {
  digitalWrite(LED1, HIGH);           //led(blue) ON
  delay(70);

  a = x;         //블루투스 수신 데이터 이전 값 저장
  b = y;
  c = x1;
  d = y1;
  e = x2;
  f = y2;

  byte data[6] = {0};                 /수신값  배열  구조체
```

```
byte len = bluetooth.readBytes(data, 6);  //수신값 배열

x = data[0];                        //각 변수에 수신값 저장
y = data[1];
x1 = data[2];
y1 = data[3];
x2 = data[4];
y2 = data[5];

if(flag == 1)
{                        //초기에 이전 값이 없으므로 지금 수신값을 저장
a = x;
b = y;
c = x1;
d = y1;
e = x2;
f = y2;
}

flag = 0;                           //다시 flag로 가면 안 되므로

xx1 = x - a;                        //방금 수신된 데이터와 이전 값의 차이
yy1 = y - b;
xx = abs(xx1);                      //차이의 절댓값
yy = abs(yy1);

Serial.print("   x = ");  //시리얼 모니터에 데이터 표시(x, y, 맵핑값, x차이값, y차이값)
Serial.print(x);
Serial.print("  y = ");
Serial.print(y);
Serial.print(" thr = ");
Serial.print(thr);
Serial.print(" xx =  ");
Serial.print(xx);
Serial.print(" yy =  ");
Serial.println(yy);
Serial.print(" x1 = ");
Serial.print(x1);
Serial.print(" y1 = ");
```

```
        Serial.print(y1);
        Serial.print(" thr = ");
        Serial.print(thr);
        Serial.print(" xx =  ");
        Serial.print(xx);
        Serial.print(" yy =  ");
        Serial.println(yy);
        Serial.print(" x2 = ");
        Serial.print(x2);
        Serial.print(" y2 = ");
        Serial.print(y2);
        Serial.print(" thr = ");
        Serial.print(thr);
        Serial.print(" xx =  ");
        Serial.print(xx);
        Serial.print(" yy =  ");
        Serial.println(yy);
        delay(30);

  if((yy >= thr)||(xx >= thr))
  {                     //둘 중 하나라도 차이의 절댓값이 맵핑값 보다 크거나 같으면
     serialFlush();     //동작 중 블루투스 버퍼의 누적 된 수신값을 삭제
     digitalWrite(LED2, HIGH);      //동작 확인 led(red)
     digitalWrite(FAN, HIGH);       //FAN 동작
     delay(5000);                   //10초간 유지
     flag = 1;                      //초기화를 위해 flag로 가야 한다.
     }
     else
     {                     //둘 다 아니면 동작하지 않는다.
     digitalWrite(LED2, LOW);
     digitalWrite(FAN, LOW);
     }
     serialFlush();     //동작 후 블루투스 버퍼의 누적된 수신값 삭제
     }
}

void serialFlush()
{//블루투스 버퍼에 1개 이상의 버퍼입력이 있으면 t변수에 저장
                        (데이터를 다른 곳에 저장시켜 원하지 않는 데이터를 받지 않음)
```

```
  while(bluetooth.available() > 0)
  {
    char t = bluetooth.read();
  }
}
```

아두이노 A에서 1ms 간격으로 수집된 가속도 센서 값이 블루투스를 통해 전송되는데, Serial.flush( ) 함수는 전송 양에 따라 중간에 지연되는 데이터를 삭제해준다. 앞선 예제를 Serial.flush( ) 함수가 있을 때와 없을 때를 비교해보자. Serial.flush( ) 함수가 없을 때는 버퍼링 되어 쌓이는 데이터에 의해 시리얼 모니터에 엉뚱한 값이 디스플레이 되지만, 해당 함수를 적용하면 원하는 값만 깔끔하게 디스플레이 된다. Serial.flush( ) 함수는 센서의 많은 데이터를 처리할 때 유용하다 .

블루투스 4.0

블루투스 4.0 버전에서는 전력 소모량이 이전 버전에 비해 10% 수준으로 획기적으로 절감되었으며, 무엇보다도 1:1 통신 기반의 블루투스 2.0과 달리 1:N 통신이 가능하다. 더불어 아두이노의 슬립모드와 같이 블루투스 모듈을 슬립모드로 전환해 활성과 비활성 상태로 전환 가능하다는 장점이 있다. HM-10 또는 저가의 AT-09 모듈을 사용하며, 기존에 페어링 과정이 생략되어 있는데, 이는 블루투스 2.0과 사용 목적이 다소 다름을 의미한다.

블루투스 2.0은 하나의 디바이스와 페어링되어 지속적인 통신을 수행하는 반면, 4.0은 불특정 다수의 디바이스와 데이터 송, 수신 시에만 연결된다.

그림 7-24 블루투스 4.0 모듈

    하드웨어를 살펴보면, 모듈에 부착된 여섯 개의 핀은 각각 V_{CC}, GND, Tx, Rx, STATE, EN핀이다. 입력전압은 3.3V~5V이고 UART 통신을 기반으로 하고 있다. Tx, Rx는 5V를 사용해도 무방하지만 3.3V를 사용하기를 권장하고, STATE핀은 연결 상태를 알려주는 핀으로써 다른 디바이스와 연결되어 있으면 HIGH 신호를 출력하고, 연결되어 있지 않으면 LOW 신호를 출력한다. EN 핀은 HIGH 신호를 입력받으면 디바이스와의 연결이 해제되는 핀이다. AT Command는 블루투스 2.0 버전의 내용과 유사하다. 마스터와 슬레이브 역할은 'AT+ROLE[숫자]'로 0이면 슬레이브, 1이면 마스터이다.

표 7-9 블루투스 4.0 AT command

AT	테스트 명령어 또는 해제 명령어	페어링 되지 않았으면 "OK"를 반환한다. 모듈이 페어링된 상태이면 그 연결을 해제한다. 그리고 "OK+LOST"를 반환한다.
AT+NAME?	모듈 이름 질문	모듈 이름 반환
AT+NAMEnewname	모듈 이름 변경	모듈 이름 변경, 12문자까지 가능
AT+ADDR?	Mac address 질문	12자리 hexidecimal 반환. 예제; OK+ADDR:606405D138A3
AT+VERS?	firmware 버전 질문	예제: HMSoft V540
AT+RESET	모듈 재시작	Returns "OK+RESET" 반환. 현재 연결은 종료한다.
AT+RENEW	공장 설정값 적용	
AT+BAUD?	Baud rate 질문	0~8 중 반환. 예제, OK+Get:0 0 - 9600 1 - 19200 2 - 38400 3 - 57600 4 - 115200 5 - 4800 6 - 2400 7 - 1200 8 - 230400 기본값은 0 - 9600
AT+BAUDx	Baud rate 변경	x is a value from 0 to 8.
AT+NOTI	notification status 설정	Notifications이 on되어 있으면 HM-10이 message를 보낸다. 예제,"OK" "OK+LOST" AT+NOTI0 - turn off notifications AT+NOTI1 - turn on notifications
AT+NOTI?	notification status 질문	0 or 1 반환 0 - notifications are off 1 - notifications are on
AT+PIN?	PIN 질문	6자릿값 반환. 예제,"OK+GET:123456"
AT+PIN?	PIN 변경	PIN은 6자리이어야 한다. AT+PIN123456 sets the new PIN number to 123456
AT+ROLE?	Master 또는 Slave 인지 질문	0 또는 1 반환 0 = Slave or Peripheral 1 = Master or Central. The default setting is 0 (Slave).

다중연결

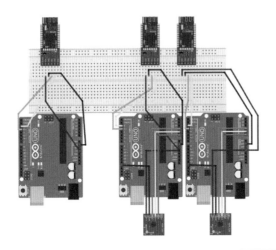

블루투스 4.0이 블루투스 2.0과 다른 점은 여러 개의 디바이스에 연결될 수 있다는 점이다. 이번 절에서는 7.6.3절에서 블루투스 2.0 기술로 구현한 가속도 센서 값 전송 예제를 조금 더 확장해보도록 한다. 앞 절에서는 1:1 개념의 통신이었다면, 이번에는 1:N 개념의 통신이란 것이 다른 점이다. 이를 위해서는 먼저 각 블루투스 모듈의 MAC 주소를 알아야 하는데, MAC 주소를 알 수 있는 방법은 AT command를 이용, 시리얼 모니터에서 'AT+ADDR?'을 입력하면 MAC 주소를 알 수 있다. 이를 이용하여 슬레이브 모듈의 MAC 주소를 알아낸다.

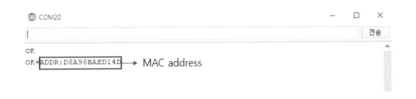

그림 7-26 MAC addr 실행결과

```
#include <SoftwareSerial.h>
#define BT_RX 2
#define BT_TX 3

SoftwareSerial hm10(BT_RX, BT_TX);

int a = 0;
int b = 0;
int c = 0;
int d = 0;
int flag = 1;
int x;
int y;
int z;
int q;

void setup()
{
  Serial.begin(9600);
  hm10.begin(9600);
}
void loop()
{
  hm10.flush();
  Serial.flush();
  Serial.write("AT+CON6CC374F4061C"); //slave1 mac주소 연결
  if(hm10.available())
  {
  a = x;
  b = y;
  byte data[2] = {0};
  byte len = hm10.readBytes(data, 2);
  x = data[0];
  y = data[1];
  if(flag == 1)
```

```
{
  a = x;
  b = y;
  }
  flag = 0;
  }
  delay(1000);
  Serial.write("AT+RESET");
  Serial.write("AT+COND8A98BAEC21B");  //slave2 mac주소 연결

  if(hm10.available())
  {
  c = z;
  d = q;
  byte data1[2] = {0};
  byte len1 = hm10.readBytes(data1, 2);
  c = data1[0];
  d = data1[1];

  if(flag == 1)
  {
  c = z;
  d = q;
  }
flag = 0;
}
  delay(1000);
  Serial.write("AT+RESET");
  Serial.print(" x= ");
  Serial.print(x);
  Serial.print(" y= ");
  Serial.print(y);
  Serial.print(" z= ");
  Serial.print(z);
  Serial.print(" q= ");
  Serial.print(q);
}
```

```
#include <SoftwareSerial.h>
#define BT_RX 2
#define BT_TX 3

SoftwareSerial hm10(BT_RX, BT_TX);

int a = 0;
int b = 0;

void setup()
{
  Serial.begin(9600);
  hm10.begin(9600);
  pinMode(A0, INPUT);
  pinMode(A1, INPUT);
}
void loop()
{
  a = analogRead(A0);
  b = analogRead(A1);

  hm10.write(a);
  hm10.write(b);
  delay(50);
}
```

7.7 Wi-Fi로 LED 제어하기: ESP-8266

Wi-Fi(Wireless Fidelity)는 웹과의 연결을 수행하기에 사물 인터넷 애플리케이션을 구현하는 데 있어서 굉장히 중요한 요소이다. 집, 사무실, 카페 등지에서 무선으로 웹과 연결하기 위한 통신 수단이다. Wi-Fi 통신을 위해서는 Wi-Fi 모듈이 필요하며, 아두이노와 연결하여 사용할 수 있다. Wi-Fi 통신은 기존 통신방법들과 비교할 때, 그 설정 방법이나 연결 과정이 다소 복잡하여 초보자들에게 구현의 어려움을 느끼게 한다. 이러한 취지로 이번 절에서는 ESP-8266 Wi-Fi 모듈의 설정 방법부터 아두이노와의 연결과 웹을 통한 LED 제어 과정을 살펴보는 예제까지 다루도록 한다. PC나 스마트폰의 웹 브라우저를 활용하여 Wi-Fi에 연결된 아두이노로 명령을 전송하는 기능을 구현해보자.

Wi-Fi는 블루투스보다는 통신범위가 넓지만, 이 또한 장애물 유무나 거리에 따라 통신에 장애가 생긴다. 하지만 웹과 무선으로 연결할 수 있으므로 개인 통신장치, 사무장비, 가전제품, 드론에 이르기까지 굉장히 유용하게 사용된다.

다음은 아두이노를 활용한 Wi-Fi 애플리케이션에서 가장 범용적으로 사용되는 ESP-8266 Wi-Fi 모듈과 그 핀 맵을 나타내고 있다. 전원은 V_{cc}에 3.3V가 인가되며(최대 3.6V), UART 통신을 위한 Tx, Rx 단자와 GND, RST 단자, 그리고 두 개의 I/O 단자(GPIO-1, GPIO-2)로 구성된다.

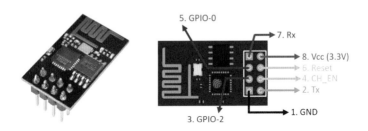

그림 7-27 ESP-8266 Wi-Fi 모듈과 핀 맵

이번 예제에서는 스마트폰이나 PC의 웹 브라우저의 주소창에 IP 주소와 제어 명령어를 입력하여 아두이노에 연결된 LED를 제어하는 과정을 살펴본다.

펌웨어 업그레이드

ESP-8266 모듈은 사전에 몇 가지 설정을 해주어야 한다. 그 중 첫 번째가 펌웨어 업그레이드인데, 이 업그레이드 방법에도 여러 가지가 있다. 이 중 아두이노 우노를 활용하여 펌웨어 업그레이드를 수행하는 방법을 살펴보자.

준비물	아두이노 우노, 브레드 보드, F−M 점퍼선, ESP−8266 모듈

하드웨어 준비물 외에도 ESP8266_flasher라는 응용 프로그램과 펌웨어가 필요하다 (ESP8266_flasher는 출판사 홈페이지에서 내려받을 수 있다), 대략적인 절차는 다음과 같다.

1. 우노 내 스케치 비우기

2. 우노와 ESP-8266 간 결선 (3.3V 전원 유의, 결선도 참조)

3. ESP8266_flasher 실행, 펌웨어 선택

4. 아두이노 포트 확인

5. 펌웨어 업데이트

먼저 우노 내에는 아무 스케치도 올라가지 않은 초기 상태이어야 한다. 우노에는 IDE를 실행하고 [파일 − 새 파일]을 눌렀을 때 생성된 스케치를 올려주면 해결된다.

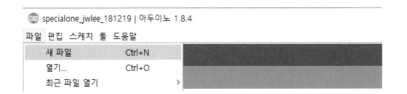

그림 7-28 IDE [파일 - 새 파일]

이어서 점퍼선을 사용해서 우노와 ESP-8266을 연결해주자. 핀 맵과 결선도는 다음과 같다. ESP-8266의 전원단자는 우노의 3.3V와 연결하거나 저항을 분배하여 인가하자. 5V로 인가하면 몇 시간은 작동할 수 있으나, 모듈이 언제 망가질지 모르니 유의하자.

표 7-10 펌웨어 업그레이드 핀 맵

아두이노 우노(Uno)	ESP-8266
GND	GND & GPIO0 (GPIO0는 펌웨어 업데이트 시 사용)
3.3V	CH_PD & 3.3V(Vcc)
Tx	Tx
Rx	Rx

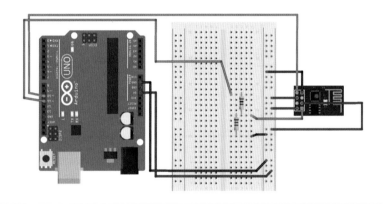

그림 7-29 아두이노 우노-ESP-8266 결선도

결선이 완료되면 ESP8266_flasher 프로그램을 실행한다. 두 가지 버튼이 있는데, 이중 'Bin'은 펌웨어를 선택하기 위한 버튼, 'Download'는 펌웨어 업데이트를 실행하는 버튼이다. 먼저 Bin 버튼을 눌러 펌웨어를 선택하자(V0.9.2.2 AT Firmware.bin 파일). 이어서 Download 버튼을 바로 누르지 말고, 오른쪽에 있는 포트(초기값은 COM1)를 선택해야 한다. Windows 제어판의 장치관리자에서 현재 우노가 연결된 포트 번호를 확인하고 그 포트 번호로 고쳐주자(아래 그림에서는 COM4로 확인된다).

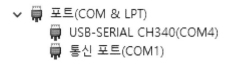

포트(COM & LPT)
USB-SERIAL CH340(COM4)
통신 포트(COM1)

그림 7-30 포트번호 확인

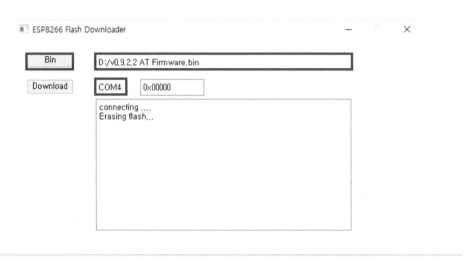

그림 7-31 ESP8266_flasher 설정: 펌웨어 선택, 포트 번호 변경

그림 7-32 ESP8266_flasher 설정: 펌웨어 업로드 및 완료

펌웨어 업그레이드가 끝나면 GPIO 포트 연결은 해제하고 ESP-8266 모듈의 전원을 리셋한다.

※ 펌웨어 업데이트 과정에서 ESP8266_flaher 프로그램 화면에 'Failed to connect' 문구가 뜨며 진행이 중단되는 순간이 있을 것이다. 여러 가지 원인이 있을 수 있는데, 먼저 결선상태를 확인해보자. 그리고 우노를 메가로 바꿔보거나, 연결된 포트를 이리저리 바꿔보며 포트를 변경해서 다시 진행해보도록 한다. 3.3V 전원 공급이 원활하지 않거나, 포트 인식 등이 빈번한 문제이다.

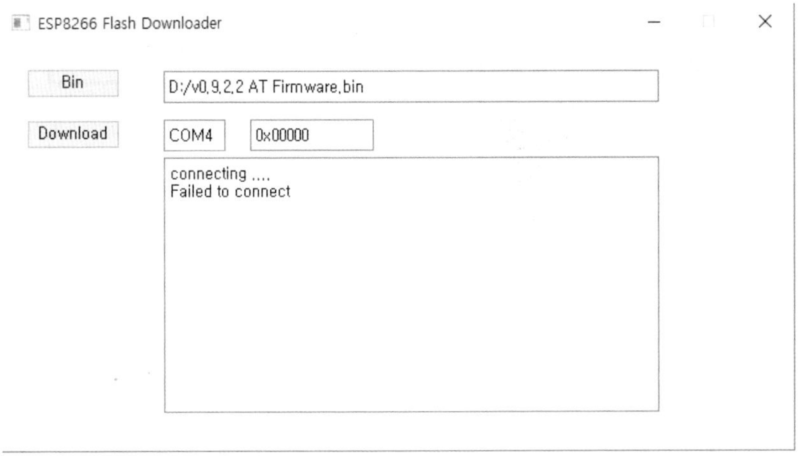
ESP8266 Flash Downloader
Bin
D:/v0.9.2.2 AT Firmware.bin
Download
COM4
0x00000
connecting ....
Failed to connect

그림 7-33 ESP8266_flasher 오류 화면

아두이노 우노와의 연결

펌웨어 업그레이드가 끝나면 다음 결선도를 참조하여 아두이노 우노와 연결해보자. ESP-8266 모듈은 3.3V 전원을 사용하므로 우노의 3.3V 단자를 활용하거나, 저항으로 5V 전압을 분배하여 사용한다. 다음은 AT 명령어를 사용하기 위한 예제로 펌웨어 업그레이드 시 연결했던 GPIO 단자는 제거하고, ESP-8266의 Tx, Rx 포트도 각각 우노의 2번과 3번 포트에 연결하였다.

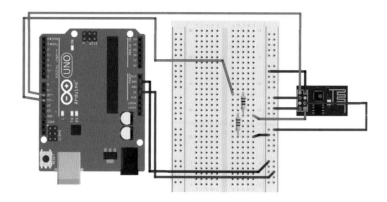

그림 7-34 아두이노 우노와 ESP-8266 간 결선도

그리고 아두이노 우노에 AT 명령어를 사용하여 설정하도록 다음 예제를 업로드 한다. ESP-8266 모듈과 아두이노는 소프트웨어 시리얼로 연결된다.

예제 7-15 　아두이노 우노와 ESP-8266 연결

```
#include <SoftwareSerial.h>
#define BT_RXD 10
#define BT_TXD 11
SoftwareSerial ESP_wifi(BT_RXD, BT_TXD);

void setup()
{
 Serial.begin(9600);
 ESP_wifi.begin(9600);
 ESP_wifi.setTimeout(5000);
 delay(1000);
}

void loop()
{
 if (Serial.available())
```

```
  {
   ESP_wifi.write(Serial.read());
  }
  if (ESP_wifi.available())
  {
   Serial.write(ESP_wifi.read());
  }
 }
```

업로드가 완료되면 시리얼 모니터를 열고 오른쪽 아래 설정 중 'No line ending'을 'Both NL & CR'로 변경하고, 보드 레이트 또한 Serial.begin( ) 함수에 의해 지정된 값과 동일한 9600으로 설정한다.

그림 7-35 시리얼 모니터 통신 설정

시리얼 모니터 설정이 완료되면 AT 명령어로 할당된 IP 주소 등을 확인해보고, 공유기와의 연결을 수행할 차례다.

Wi-Fi 공유기 설정

이제 Wi-Fi 공유기와의 연결정보 확인과 IP 주소 확인을 해보자. 웹 브라우저에 IP 주소와 제어 명령어 입력으로 LED를 제어하기 위한 선행 과정이다. 먼저 AT 명령어가 제대로 입력되는지 살펴보자. 시리얼 모니터를 열고 커맨드 창에 AT을 인가해보았다. 그런데 AT을 인가하기도 전에, 그리고 인가 한 후에 'OK' 라는 문구는 떴지만 계속 물음표가 연달아 찍히고 있다. ESP-8266에 공급되는 전원이 부족해서 발생하는 문제인데, 다른 아두이노 우노 등에 전원을 공급하고 3.3V와 GND를 같이 연결해주자. 그러면 정상 동작하는 것을 확인할 수 있다.

먼저 'AT+RST' 명령어로 초기화해야 하며 'AT+CWMODE=1' 명령어로 Wi-Fi 기본모드 설정을 수행한다. 참고로 AT+CWMODE=1은 스테이션 모드(Station Mode), 2는 AP(Access Point), 3은 듀얼 모드(Dual Mode)이며, 공유기에 접속하기 위해서는 스테이션 모드(1) 또는 듀얼모드(3)가 되어야 한다. 이어서 AT+CWLAP 명령어를 입력하면 접속가능한 공유기 목록을 보여준다. 접속 가능한 공유기를 찾고, AT+CWJAP= "ssid", "password"로 연결된 Wi-Fi 공유기의 이름과 비밀번호를 입력한다. 참고로 기존 텍스트를 붙여넣기 할 경우, 따옴표 등이 제대로 입력되지 않아 에러가 발생하는 경우가 있으니 유의하자. AT+CWJAP? 를 입력하면 연결된 공유기의 이름을 볼 수 있다.

그림 7-36 AT 명령어 오류화면과 정상화면

그림 7-37 초기화와 기본설정 단계

그 다음 AT+CIFSR 명령어로 현재 ESP-8266 모듈에 할당된 IP 주소를 확인한다. 192.168.1.27이 공유기로부터 할당받은 IP 주소이다. 여기서 2개의 IP 주소를 확인할 수 있는데, 두 번째 것을 의미한다.

그림 7-38 IP 주소 확인 단계

웹 브라우저로 LED 제어하기

이제 Wi-Fi 공유기에 연결된 ESP-8266 모듈로 제어 명령어를 받아서 아두이노에 연결된 LED를 제어하는 단계이다. 다음 코드는 웹 브라우저를 통해 인가된 제어 명령어를 ESP-8266 모듈로 받아 아두이노로 전달하는 역할을 한다. 아두이노 우노에 다음 예제를 업로드해보자.

```
#include <SoftwareSerial.h>
#define DEBUG true
const int ledPin = 13;
String income_wifi = "";
SoftwareSerial ESP8266_LED(10,11);

void setup()
{
  Serial.begin(9600);
  ESP8266_LED.begin(9600);
  pinMode(ledPin, OUTPUT);
  digitalWrite(ledPin, LOW);
  sendData("AT+RST\r\n",2000,DEBUG); // WiFi 모듈 리셋
  sendData("AT+CWMODE=3\r\n",1000,DEBUG);
  sendData("AT+CWSAP=\"U+Net9288\",\"1157001260\",11,0\r\n",1000,DEBUG);
  sendData("AT+CIFSR\r\n",1000,DEBUG);
  sendData("AT+CIPMUX=1\r\n",1000,DEBUG);
  sendData("AT+CIPSERVER=1,80\r\n",1000,DEBUG);
  Serial.println("available");
}

void loop()
{
  if (ESP8266_LED.available())
  {
    if (ESP8266_LED.find("+IPD"))
    {
      income_wifi = ESP8266_LED.readStringUntil('\r');
      String wifi_temp = income_wifi.substring(income_wifi.indexOf("GET
                             /")+5, income_wifi.indexOf("HTTP/1.1")-1);

      if(wifi_temp == "LED_ON")
      {
       digitalWrite(ledPin, HIGH);
       delay(500);
```

```
      Serial.println("HIGH");
    }

    else if(wifi_temp == "LED_OFF")
    {
      digitalWrite(ledPin, LOW);
      delay(500);
      Serial.println("LOW");
    }

    else
    {
      Serial.println(wifi_temp);
      Serial.println("wifi_temp");
    }
  }
}
else
Serial.println("else");
delay(1000);
}


String sendData(String command, const int timeout, boolean debug)
{
  String response = "";
  ESP8266_LED.print(command);      // 문자를 읽고 WiFi 모듈로 전송
  long int time = millis();
  while( (time+timeout) > millis())
  {
    while(ESP8266_LED.available())
{
      char c = ESP8266_LED.read(); // 다음 문자 읽어들임
      response+=c;
    }
  }
  if(debug) Serial.print(response);
  return response;
}
```

업로드를 하고 웹 브라우저에 AT 명령어로 할당받은 IP 주소와 제어 명령어를 입력하면 LED가 켜지거나 꺼지는 것을 확인할 수 있다. http://IP 주소/LED_ON을 입력하면 LED가 켜지고, http://IP 주소/LED_ON를 입력하면 꺼진다.

ⓘ 192.168.219.150/LED_ON   ⓘ 192.168.219.150/LED_OFF

그림 7-39 웹 브라우저와 제어 명령어 입력

7.8 ESP-32

이번 절에서는 신형 모델인 ESP-32 보드를 적용해본다. ESP-32 보드는 신호처리 회로까지 내장하고 있기에 ESP-8266보다 사용하기가 훨씬 간단하다.

그림 7-40 ESP-32 보드 형상

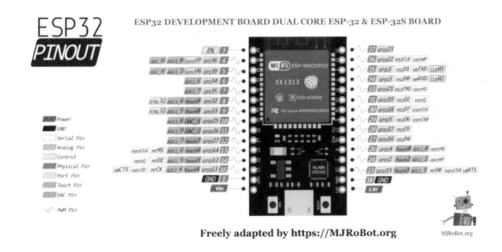

그림 7-41 ESP-32 모듈의 핀 맵

ESP-32 보드를 사용하기 위해서는 CP-2102 드라이버를 설치해야 한다. 프리렉 자료실에서 내려받을 수 있다.

Mac, Windows 7, 8, 10을 지원하며, Windows 10 드라이버를 선택해서 설치하였다.

이름	수정한 날짜	유형	크기
arm	2019-08-12 오전 8:54	파일 폴더	
x64	2019-08-12 오전 8:54	파일 폴더	
x86	2019-08-12 오전 8:54	파일 폴더	
CP210x_Universal_Windows_Driver_Rele...	2018-05-30 오전 2:53	텍스트 문서	18KB
CP210xVCPInstaller_x64	2018-05-08 오전 7:05	응용 프로그램	1,026KB
CP210xVCPInstaller_x86	2018-05-08 오전 7:05	응용 프로그램	903KB
dpinst	2018-05-08 오전 6:46	XML 파일	12KB
silabser	2018-05-25 오전 3:16	보안 카탈로그	12KB
silabser	2018-05-25 오전 3:16	설치 정보	10KB
SLAB_License_Agreement_VCP_Windows	2016-04-27 오후 11:26	텍스트 문서	9KB

그림 7-42 CP-2102 드라이버 압축해제 후

그림 7-43 CP-2102 드라이버 설치화면

CP-2102 드라이버 설치가 끝나면 아두이노 IDE 버전을 최신화 설치하고 별도 라이브러리를 설치하자. 다음은 아두이노 IDE의 환경설정 화면이다. [파일 - 환경설정]을 클릭해보자.

그림 7-44 아두이노 IDE 환경설정 화면-1

여기서 라이브러리 추가를 위해 환경설정 창의 오른쪽 아래에 있는 버튼(🔲)을 누르자. 다음과 같은 창이 뜨는데, 다음 주소를 써넣고 확인을 누르자. https://github.com/espressif/arduino-esp32/releases/download/1.0.0/package_esp32_dev_index.json

그림 7-45 아두이노 IDE 환경설정 화면-2

이어서 아두이노 IDE 메뉴에서 [툴 – 보드 – 보드매니저] 메뉴를 선택하자. 검색창에서 ESP32 키워드로 검색한 후, 설치 버튼을 누르자.

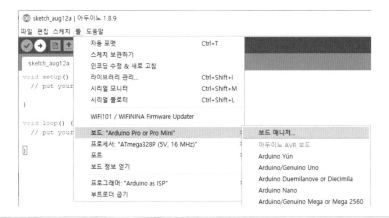

그림 7-46 ESP-32 라이브러리 설치-1

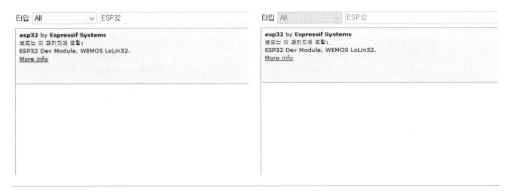

그림 7-47 ESP-32 라이브러리 설치-2

다음으로 IDE에서 [툴-보드]로 들어가면 다음과 같이 ESP-32를 선택할 수 있는 메뉴를 확인할 수 있다. 이로써 별도 ESP-32 구동용 소프트웨어의 업로딩없이 IDE 환경에서의 사용이 가능해진다. IDE의 예제 탭에서도 ESP32 관련 예제가 확인된다.

그림 7-48 ESP-32 보드 확인

　　이제 USB 케이블과 ESP-32 보드를 결합하고 PC에 연결해보자. PC의 [제어판 - 장치관리자]에서 ESP-32를 인식하면 정상적으로 설치된 것이다. 필자는 ESP32 Dev Module을 선택하였다(이는 제조사 별로 다름).

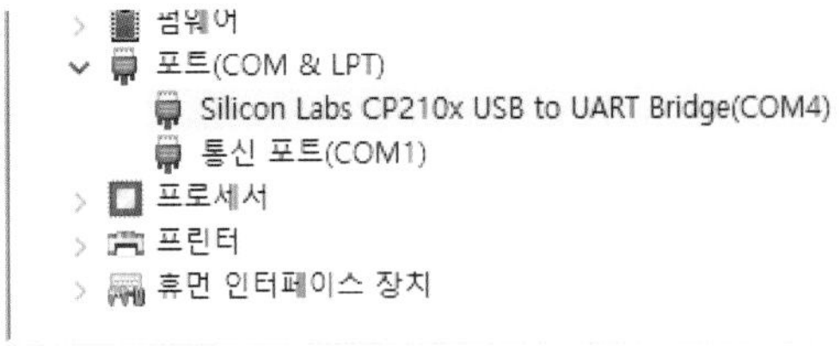

그림 7-49 드라이버 설치 확인

이제 GetChipID 예제로 MAC 주소를 확인해보자. IDE의 [파일 – 예제] 탭에서 'ESP32'를 선택하고, 하위 메뉴에서 'ChipID'를 거쳐 'GetChipID' 예제를 선택해보자. 이 예제는 3초 간격으로 시리얼 모니터에 MAC 주소를 출력한다. 통신속도는 115,200에 맞춰져 있으니 시리얼 모니터의 속도 또한 동일하게 설정하자.

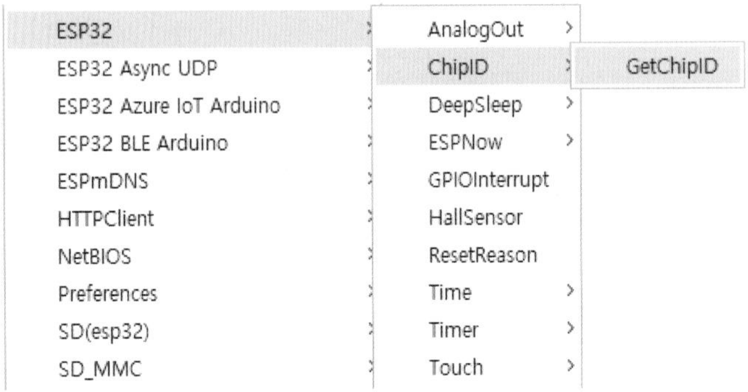

그림 7-50 GetChipID 예제 내비게이션

예제 7-17   GetChipID

```
uint64_t chipid;

void setup()
{
```

```
chipid=ESP.getEfuseMac();
Serial.printf("ESP32 Chip ID = %04X",(uint16_t)(chipid>>32));
Serial.printf("%08X\n",(uint32_t)chipid);
delay(3000);
}
```

스케치 업로드 후 시리얼 모니터를 실행하면 다음과 같이 해당 보드의 MAC 주소가 출력된다.

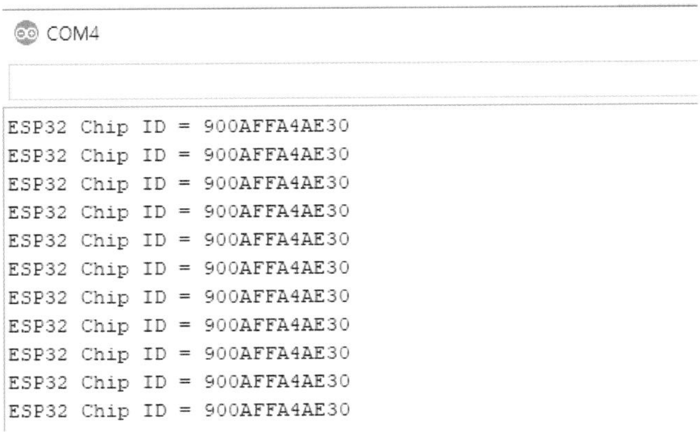

```
COM4

ESP32 Chip ID = 900AFFA4AE30
ESP32 Chip ID = 900AFFA4AE30
ESP32 Chip ID = 900AFFA4AE30
ESP32 Chip ID = 900AFFA4AE30
ESP32 Chip ID = 900AFFA4AE30
ESP32 Chip ID = 900AFFA4AE30
ESP32 Chip ID = 900AFFA4AE30
ESP32 Chip ID = 900AFFA4AE30
ESP32 Chip ID = 900AFFA4AE30
ESP32 Chip ID = 900AFFA4AE30
ESP32 Chip ID = 900AFFA4AE30
```

그림 7-51 GetChipID 예제 실행결과

다음은 ESP-32로 Wi-Fi 공유기와의 연결 여부를 확인하는 구문이다. 여기까지 완료되었다면, LED 제어 예제를 다음과 같이 구현해보자. SSID와 Password는 부분은 독자의 무선랜 정보를 입력해야 한다. 필자의 무선랜 SSID는 MSLAWY, 비밀번호는 77341592이다.

예제 7-18   **ESP-32와 LED 제어**

```
#include <WiFi.h>
#include <WiFiClient.h>
#include <WebServer.h>
```

```
#include <ESPmDNS.h>

const char* ssid = "MSLAWY";          // SSID
const char* password = "77341592";    //Password

WebServer server(80);

const int LED = 2;      //Built-in LED

void handleRoot()
{
  digitalWrite(LED, 1);
  server.send(200, "text/plain", "hello from esp8266!");
  digitalWrite(LED, 0);
}

void handleNotFound()
{
  digitalWrite(LED, 1);
  String message = "File Not Found\n\n";
  message += "URI: ";
  message += server.uri();
  message += "\nMethod: ";
  message += (server.method() == HTTP_GET) ? "GET" : "POST";
  message += "\nArguments: ";
  message += server.args();
  message += "\n";
  for (uint8_t i = 0; i < server.args(); i++)
  {
    message += " " + server.argName(i) + ": " + server.arg(i) + "\n";
  }
  server.send(404, "text/plain", message);
  digitalWrite(LED, 0);
}

void setup(void)
{
  pinMode(LED, OUTPUT);
  digitalWrite(LED, 0);
```

```
Serial.begin(115200);
WiFi.mode(WIFI_STA);
WiFi.begin(ssid, password);
Serial.println("");

// 연결을 위해 기다림
while (WiFi.status() != WL_CONNECTED) {
  delay(500);
  Serial.print(".");
}
Serial.println("");
Serial.print("Connected to ");
Serial.println(ssid);
Serial.print("IP address: ");      // IP 주소 출력
Serial.println(WiFi.localIP());

if (MDNS.begin("esp32"))
{
  Serial.println("MDNS responder started");
}

server.on("/", handleRoot);
server.on("/LED_ON", [](){
{
  server.send(200, "text/plain", "LED_ON");
  digitalWrite(LED,1);
  Serial.println("LED_ON");
});

server.on("/LED_OFF", [](){
{
server.send(200, "text/plain", "LED_OFF");
digitalWrite(LED,0);
Serial.println("LED_OFF");
});

server.onNotFound(handleNotFound);

server.begin();
```

```
    Serial.println("HTTP server started");
}

void loop(void)
{
  server.handleClient();
}
```

소스코드를 ESP32에 업로드하면 다음과 같이 올려지고 업로드 완료 메시지를 확인할 수 있다.

그림 7-52 IDE 메시지

이어서 시리얼 모니터를 열면 다음과 같이 MSLAWY에 연결되었다는 메시지와 함께 IP 주소(192.168.1.24)가 출력된다.

그림 7-53 시리얼 모니터 실행 결과

이 IP 주소를 스마트폰이나 PC의 웹 브라우저에 입력하고, 슬래시와 함께 /LED_ON 또는 /LED_OFF를 입력해보자. 이때 IP 주소는 독자의 IP 주소를 입력해야 한다.

🌐 192.168.1.24/LED_ON   🌐 192.168.1.24/LED_OFF

그림 7-54 IP 주소 입력

192.168.1.24/LED_ON을 입력하면, 웹 브라우저상에 LED_ON 메시지가 뜨고 ESP32의 빌트인 LED가 점등되는 것을 확인할 수 있다. LED_OFF 입력에 대해서는 LED_OFF 메시지와 함께 LED가 꺼지는 것을 볼 수 있다.

그림 7-55 웹 브라우저 화면

08장

유용한 기능들: EEPROM, 부트로더, 슬립모드

이번 장에서는 아두이노 내부의 메모리 영역과 사용법, 부트로더, 그리고 슬립모드에 관한 내용을 담고 있다. 한 장에서 모두 담기에 부족하지만, 이런 기능이 있다는 것을 알고 있으면 좋을 몇 가지 기능을 묶었다. 주요기능 구현이나 시제품 제작에 있어서 필요한 요소이니, 당장 쓰임새가 없을지라도 간단히 읽어보고 넘어가자.

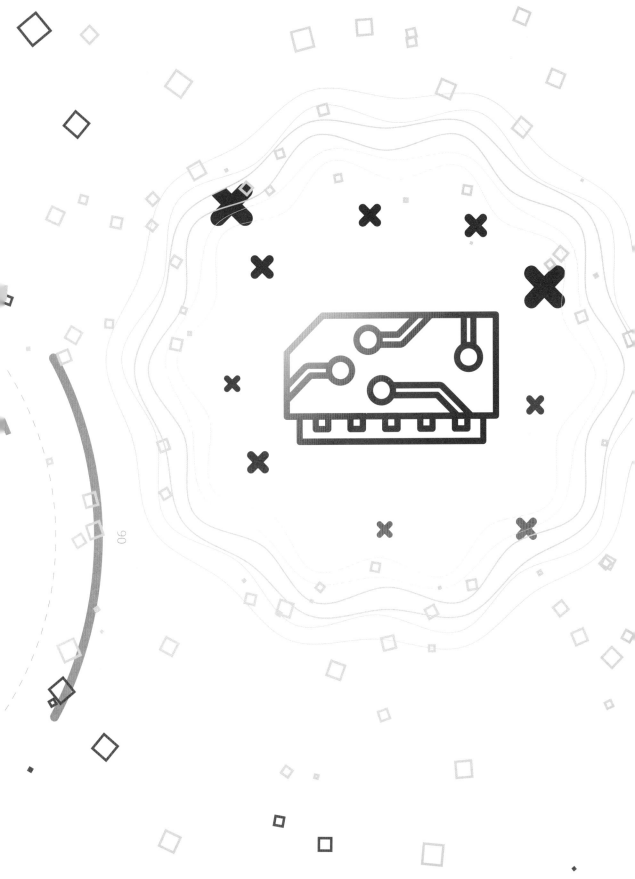

8.1 메모리

아두이노의 메모리 영역은 플래시 메모리, SRAM, EEPROM 세 가지로 구성되어 있으며, 이 중 시제품 개발에서 요긴하게 쓰일 수 있는 EEPROM의 개념과 사용법을 중심으로 알아본다.

PC, 저장장치에 관한 수업이나 책에서 CPU, 메모리, 저장장치, 입력장치 등을 다뤘던 기억이 있을 것이다. 아두이노 또한 이와 유사한 특성이 있다. 아두이노 내의 메모리는 스케치와 같은 구동 프로그램을 저장하는 플래시 메모리와 변수와 같이 프로그램 처리 중 발생하는 데이터를 임시로 보관하는 SRAM, 그리고 PC의 HDD나 SSD와 같은 역할을 하는 EEPROM으로 나누어진다. 비휘발성 메모리에 속하는 EEPROM, Electrical Erasable Programmable Read Only Memory는 말 그대로 전원을 꺼도 저장된 데이터가 소실되지 않는다는 뜻이다. 전기적으로 지울 수 있고, 프로그램이 가능한 메모리 정도로 이해하면 되겠다. 다만 Read Only Memory란 이름과는 달리 쓰고 읽기가 자유로우며, 최대 10만 번가량 쓰기를 할 수 있다.

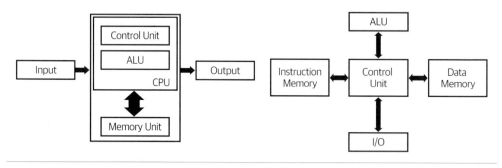

그림 8-1 PC 구조와 MCU 구조의 차이점

표 8-1 아두이노 내부 메모리

메모리	용량	내용
Flash Memory	32kB(이 중, 0.5kB는 부트로더 영역)	스케치 저장, 스케치 부팅
SRAM	2kB	MCU 연산
EEPROM	1kB	설정값, 비밀번호 등 저장

우리가 EEPROM에 주목하는 이유는 아두이노와 같은 마이크로컨트롤러에서 전원을 껐다가 다시 켜도 사용자가 원하는 데이터를 기록하거나 다시 읽어 들일 수 있는 유일한 메모리이기 때문이다. 즉 EEPROM에 특정 변수나 스케치 설정 등을 저장해두고 그때그때 불러들일 수 있으며, 뒤이어 나오는 화살의 운동 측정 예제에서처럼 획득된 데이터를 영구적으로 저장하는 기능이 있기 때문이다. 아두이노 내부의 EEPROM 공간과 사용 칩, 종류는 다음과 같다.

- **우노 계열(1kByte):** ATmega328칩 - 우노, 프로미니, 나노
- **메가 계열(4kByte):** ATmega2560칩 - 메가 2560, 메가 ADK

우노 계열이든 메가 계열이든 칩에서 제공하는 저장 용량이 크지 않은데, 추가 용량이 필요하다면 별도로 25LC640A와 같은 외부 EEPROM 칩을 구성하여 사용하기를 추천한다.

표 8-2 아두이노 메모리 비교표

Arduino Board	Family	MEMORY			Clock	UART	PWM	Digital	Analog	V_{cc}	Vin Range	USB-Serial
		SRAM	FLASH	EEPROM								
Duemilanove (328)	ATmega328	2k	32k	1kB	16MHz	1	6	14	6	5V	7-12V	ATmega 16U2
Uno	ATmega328	2k	32k	1kB	16MHz	1	6	14	6	5V	7-12V	ATmega 16U2
Arduino Mega 2560	ATmega2560	8k	256k	1kB	16MHz	4	14	54	16	5V	7-18V	ATmega 16U2
Arduino Mega ADK	ATmega2560	8k	256k	1kB	16MHz	4	14	50	16	5V	7-18V	ATmega 16U2
Arduino Ethernet	ATmega328	2k	32k	1kB	16MHz	1	4	9	6	5V	6-18V	N/A
Arduino BT	ATmega328	2k	32k	1kB	16MHz	1	6	14	6	5.5V	1.2V-5.5V	Bluegiga WT11
Arduino Pro Mini 328 5V	ATmega328	2k	32k	1kB	16MHz	1	6	14	6	5V	5-12V	N/A
Arduino Nano 3.0	ATmega328	2k	32k	1kB	16MHz	1	6	14	8	5V	7-12V	FTDI FT232RL
Arduino Mini	ATmega328	2k	32k	1kB	16MHz	1	6	14	8	5V	7V-9V	N/A
Arduino Pro 3.3V	ATmega328P	2k	32k	1kB	8MHz	1	6	14	6	3.3V	3.35-12V	N/A
Arduino Pro 5V	ATmega328P	2k	32k	1kB	16MHz	1	6	14	6	5V	5-12V	N/A
Arduino Fio	ATmega328P	2k	32k	1kB	8MHz	1	6	14	8	3.3V	3.35-12V	N/A
LilyPad Simple Board	ATmega168P	1k	16k	512kB	8MHz	1	5	9	4	2.7-5.5V		N/A
LilyPad 328 Main Board	ATmega328P	2k	32k	1kB	8MHz	1	6	14	6	2.7-5.5V		N/A

EEPROM 사용하기

EEPROM 사용은 라이브러리를 활용하여 쉽게 사용할 수 있다. EEPROM 라이브러리는 아두이노 IDE에서 기본적으로 제공하고 있으므로 별도 설치가 필요 없다. 다른 라이브러리와 마찬가지로 #include <EEPROM.h> 선언을 통해 EEPROM 라이브러리에 쉽게 접근할 수 있다.

EEPROM 기능 중 가장 중요한 기능 두 가지는 쓰기(write)와 읽기(read) 기능이다. 다음은 쓰기와 읽기 함수 사용법을 정리한 표이다. 어떤 내용을 EEPROM에 전기적으로 쓰고 읽고 지우는데 필요한 명령어들이다.

표 8-3 EERPOM 쓰기, 읽기 함수

명령어	내용	파라미터	예시
EEPROM.write( )	EEPROM에 데이터 기록 (byte)	address: 0부터 시작 value: byte 단위(0~255)	EEPROM.write(10, 127)
EEPROM.read( )	EEPROM에 데이터 읽기 (byte)	address: 0부터 시작	EEPROM.write(10)

다음 예제는 아두이노를 끄거나 리셋할 때마다 숫자를 1씩 증가하여 EEPROM에 기록하는 내용이다. 예제의 결괏값을 살펴보면 전원이 꺼져도 1씩 증가하여 기록하고 있음을 볼 수 있고 EEPROM의 쓰기와 읽기에 특성을 잘 나타내주고 있다. 참고로 EEPROM.write( ) 함수에 의한 기록은 3.3ms가 소요된다.

예제 8-1　　**EEPROM 데이터 읽기**

```
#include <EEPROM.h>

void setup()
{
```

```
  Serial.begin(9600);
  byte E_val = EEPROM.read(0);
  Serial.print("EEPROM Value is");
  Serial.println(E_val);
  EEPROM.write(0, ++E_val);
}

void loop()
{}
```

다음은 앞선 스케치 예제의 실행결과를 보여주고 있다. 아두이노의 USB 케이블을 뽑았다가 다시 연결하거나, 리셋 스위치를 누를 때마다 숫자가 1씩 증가하는 것을 확인할 수 있다. **그림 8-2**의 오른쪽 그림은 숫자가 250부터 증가하는 모습 을 보여주고 있는데, 255 다음 256이 아닌 0으로 바뀌는 것이 보인다. EEPROM이 byte 형태로 기록하기 때문에 255 이후에는 256이 아닌 0이 되는 것이다. 이는 EEPROM에 기록할 수 있는 숫자가 0~255까지라는 말과 같다.

더불어 아두이노 우노는 1kB의 EEPROM 공간을 갖고 있으므로 0번지에서 1023번지까지의 주소값을 가질 수 있다. 0번지에 한 byte, 1번지에 한 byte, … 1023번지에 한 byte를 기록하는 형태다(0번지에서 1023번지까지 1바이트씩 합계 = 1024byte = 1kB).

EEPROM은 사용자가 저장된 값을 지우기 전까지는 예전 값을 그대로 간직하고 있다.

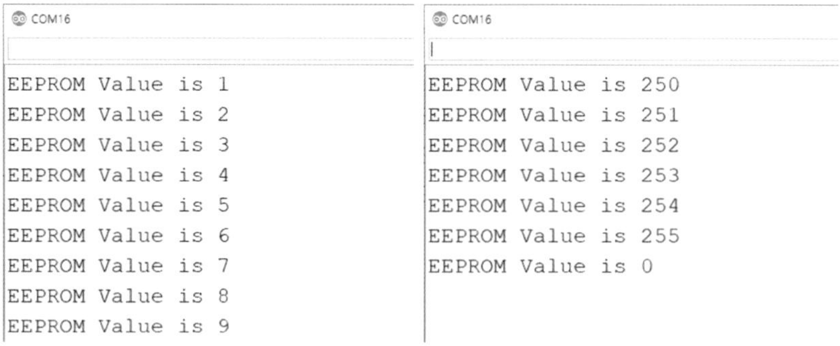

COM16	COM16
EEPROM Value is 1	EEPROM Value is 250
EEPROM Value is 2	EEPROM Value is 251
EEPROM Value is 3	EEPROM Value is 252
EEPROM Value is 4	EEPROM Value is 253
EEPROM Value is 5	EEPROM Value is 254
EEPROM Value is 6	EEPROM Value is 255
EEPROM Value is 7	EEPROM Value is 0
EEPROM Value is 8	
EEPROM Value is 9	

그림 8-2 실행결과

EEPROM의 내용 지우기

다음은 EEPROM의 내용을 일괄적으로 삭제하는 eeprom_clear 예제다. EEPROM에 기록된 내용을 삭제하기 위한 clear 명령어가 별도로 있는 것이 아니라 각 주소값에 '0'을 기록하는 방법으로 내용을 지운다. 다음 예제를 업로드하고 수 초가 지나면 0 ~ 1023번지 내에 기록된 값들이 모두 초기화되어 '0'으로 바뀌며, 초기화가 완료되면 우노 보드의 LED(D13)을 점등시켜 이를 알리는 내용이다. 조금 더 구체적인 예시는 9.3절 화살의 비행이력 기록장치 예제를 살펴보자.

예제 8-2   **EEPROM Clear**

```
#include <EEPROM.h>

void setup()
{
  pinMode(13, OUTPUT);

  for (int i = 0 ; i < EEPROM.length() ; i++)
  {
    EEPROM.write(i, 0);
  }
  digitalWrite(13, HIGH);
}
void loop()
{}
```

8.2 아두이노 부트로더

이탈리아의 아두이노 정품보드, 저가의 중국산 호환보드 모두 오픈소스 하드웨어와 소프트웨어를 기초로 한다. 하드웨어의 경우 회로도가 공개되어 있으니, ATmega328 MCU를 포함하여 회로에 들어가는 소자를 구매하여 조립, 납땜하면 동일한 하드웨어를 만들 수 있다. 물론 개인이나 작은 회사가 시간이나 비용적인 측면에서 볼 때 굳이 이렇게까지 하는 것보다 중국산 호환보드를 구매하는 것이 훨씬 편하고 저렴하기에 그렇게 하지 않는 것일 뿐이다.

또한, ATmega 시리즈로 구성된 MCU와 주변회로를 만들어 구현한 하드웨어에 특정 포트들을 연결, 설정하여 부트로더를 업로드하면 기계어와 C언어로 구성된 코드가 아닌, 아두이노 스케치를 인식할 수 있게 된다. MCU가 '아두이노처럼' 작동할 수 있다는 것이다. 오픈소스 소프트웨어는 이러한 측면에서도 ATmega 칩을 더 쉽게 작동시킬 수 있다는 취지가 담겨 있다.

부트로더는 ATmega MCU를 아두이노 IDE와 스케치를 활용할 수 있도록 바꿔주는 역할을 한다. 사용하기 어려운 마이크로컨트롤러를 아두이노로 변환하여 초보자들의 접근성과 개발 기간을 단축하는 목적을 갖고 있다.

아두이노 보드 중 작은 편에 속하는 프로 미니는 매우 작은 크기임이 틀림없지만, 다음 장에서 제시하는 화살 비행 기록 예제와 같이 부피, 중량이 제한되는 물건에 장착하기에는 어려운 점이 많다. 실제 화살 자체의 비행 기록을 확보하려면 아무것도 부착하지 않는 것이 바람직할 것이다. 나아가 실제 측정을 위해서는 화살 전방의 촉을 비우고 그 속에 FPCB(Flexible PCB)로 구성된 회로와 배터리를 삽입하여 시험하는 방법이 있지만, 이는 비용 문제와 직결된다. 어찌 되었든, 아두이노 보드의 크기 문제나 보드가 포함하고 있는 소자, 부품들을 굳이 그대로 사용할 필요가 없는 애플리케이션들은 부트로더를 올려서 아두이노 스케치를 그대로 활용할 수 있다.

과거 '컴퓨터 학원'이란 것이 있을 때 PC를 사용해본 독자는 DOS 부팅 디스켓을 기억할 것이다. 부트로더를 심는 일은 DOS 기반 PC의 부팅 디스켓처럼 AVR 칩을 아두이노 환경에서 사용하기 위한 작업 중 하나다. 뒤에서 진행하는 비행이력 프로젝트와 같이 아두이노 프로 미니조차 그 크기가 부담되는 경우나, 굳이 아두이노 기반 보드를 쓰지 않고 칩 단위로 회로를 구성하고 싶을 때, 부트로더 작업을 통해 원 칩 컨트롤러로 사용하는 것이다.

먼저 부트로더를 위해서는 부트로더를 올려줄 아두이노 우노와 타깃 칩, 그리고 주변회로를 꾸미기 위한 22pF 커패시터 2개와 16MHz 크리스털, 10kΩ 저항 등이 필요하다. 다음은 부트로더를 올리기 위한 회로 구성을 나타낸다. 주변회로가 갖춰진 타깃 MCU(ATmega328)가 있고 연결에 필요한 핀들이 부트로더를 올려줄 아두이노 우노에 물려 있다.

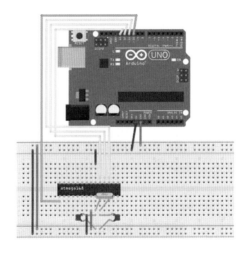

그림 8-3 부트로더 올리기

다음은 부트로더 업로드를 위한 작업 순서이다.

1. 아두이노 우노를 USB 케이블로 PC와 연결하고, IDE를 실행한다.

2. 도구(툴) 메뉴에서 보드(Arduino/Genuino Uno)를 설정한다.

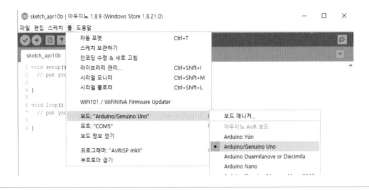

그림 8-4 부트로더 업로드 #1

3. 파일 메뉴의 예제 메뉴에서 '11. ArduinoISP'를 찾아 우노에 업로드한다. 본 스케치에 업로드 후에
   는 우노에 내장된 D13 LED가 점등된다.

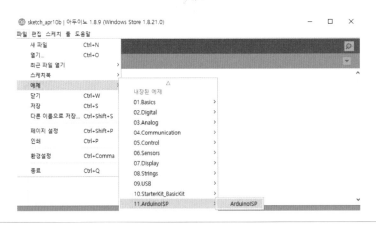

그림 8-5 부트로더 업로드 #2

4. 아두이노 우노와 부트로더를 적용할 ATmega328 칩을 연결한다.

표 8-4

아두이노 우노		ATmega328
D10	↔	RST
D11	↔	D11
D12	↔	D12
D13	↔	D13
V_{CC}	↔	V_{CC}
GND	↔	GND

5. 도구(툴) 메뉴에서 보드를 설정한다(ATmega328은 'Arduino Uno', ATmega8은 'Arduino NG or older w/ ATmage8' 등).

6. 도구(툴) 메뉴의 '프로그래머'에서 'Arduino as ISP'를 선택한다.

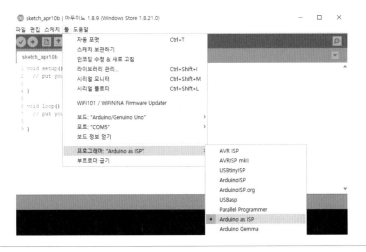

그림 8-6 부트로더 업로드 #3

7. 도구(툴) 메뉴에서 '부트로더 굽기'를 수행한다.

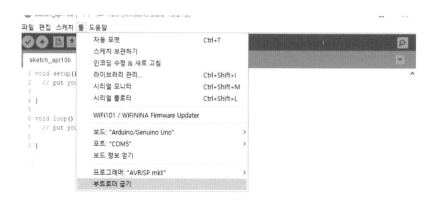

그림 8-7 부트로더 업로드 #4

8. 아두이노 우노의 LED가 점멸하며 수십 초 내에 부트로더 업로드 성공했다는 메시지를 확인할 수 있다.

아두이노 IDE는 부트로더 없이 아두이노 스케치를 업로딩하는 방법도 제공한다. 스케치를 저장하면 확장자가 *.ino로 생성되는데, 부트로더 없이 업로딩, 실행이 가능하도록 hex 파일로 변환해주기도 한다. IDE에서 [스케치]-[컴파일된 바이너리 내보내기]를 선택해보자.

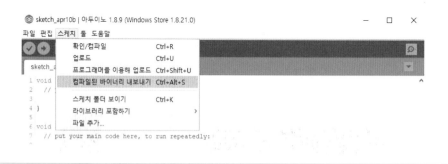

그림 8-8 hex 파일로 내보내기 절차

이어서 해당 스케치가 저장된 폴더를 액세스해보면, 추가 생성된 hex 파일 두 개를 확인할 수 있다.

그림 8-9 생성된 hex 파일

8.3 부트로더와 프로토타이핑

프로 미니(또는 프로 마이크로 등)가 소형 플랫폼을 타깃으로 제작되었음에도 화살과 같은 초소형 커스터마이징 플랫폼에 탑재하기엔 부적절하다. 이는 시제품 제작에도 마찬가지로 적용되는데, 단시간 내의 구현 및 성능 확인 목적의 아두이노 보드를 양산 전 프로토타입 제품에 적용하려면 보드 적용에 대한 재검토가 필요하다. 즉 아이디어의 구현 확인에 아두이노 보드를 적용하면 시제품 개발속도를 높일 수 있지만, 이에 반해 적합성, 생산성, 효율성을 감안하면 크기와 불필요한 부분이 식별된다.

아두이노가 시제품 개발에 있어서 편하고 쉬운 이유 중 하나로 아두이노 우노, 프로 미니, 마이크로, 나노 등 MCU별, 크기별, 기능별로 접근하기 쉬운 보드 기반이기 때문이다. 우노는 입/출력 포트에 점퍼선을 연결하거나, 그 외의 소형 보드들은 몇 번의 납땜 또는 핀 간 점퍼선 연결 후 USB로 PC에 연결하기만 하면 쉽게 개발을 할 수 있는데, 이는 다시 말해서 불필요한 기능도 개발에 가져가야 한다는 점이다. 가령 코드 입력을 위한 USB 소켓, 불필요한 단자, 그리고 그 단자를 위해 존재하는 보드 상의 패턴들과 공간들이다. 디지털 3개 채널만 사용하는 시제품이고 크기가 작아야 한다면 굳이 프로 미니와 같은 보드를 고집할 필요가 없다.

ATmega 칩이나 PIC 칩에 어셈블리나 C 언어로 코딩하기 위해서도 주변회로 구성을 하여야 한다. 우리는 감안할 사항이 많은 어셈블리 코딩, 개발환경 설정보다 아두이노 IDE를 활용한 코딩이 훨씬 수월하기에 아두이노를 사용하고 있는데, 개발 기간을 단축하고 손쉽게 다룰 수 있다는 장점이 있지만 프로토타이핑의 끝 무렵에는 단점으로 작용하기도 한다.

다음은 시제품 개발 단계를 MCU 관점에서 도식한 그림이다. 대개 우노 레벨에서 시작해 소형 보드를 거쳐 PCB 제작으로 넘어가는 과정을 거치는데, 비용과 생산성, 효율성을 감안하여 SMD 타입의 전체 PCB 실장과 일부 SMD 소자와 아두이노 보드를 적용한 부분 PCB 실장으로 나누었다. 화살 예제의 경우 FPCB를 적용하여 전체 PCB 실장으로 가야겠지만, 플랫폼이나 크기에 크게 영향을 주지 않는다면 부분 PCB 실장을 추천할 수 있다.

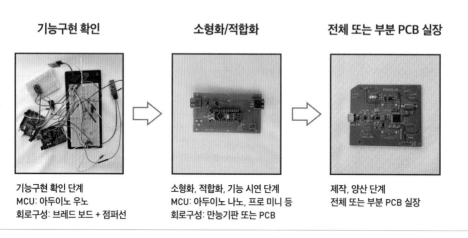

기능구현 확인 **소형화/적합화** **전체 또는 부분 PCB 실장**

기능구현 확인 단계
MCU: 아두이노 우노
회로구성: 브레드 보드 + 점퍼선

소형화, 적합화, 기능 시연 단계
MCU: 아두이노 나노, 프로 미니 등
회로구성: 만능기판 또는 PCB

제작, 양산 단계
전체 또는 부분 PCB 실장

그림 8-10 MCU 관점의 시제품 개발과정

먼저 전체 PCB 실장화를 살펴보면, 다음 그림의 프로 미니 회로도 내 소자를 기판에 재배치하고, 앞서 부트로더 적용과 코드 업로드에 사용하기 위해 부트로딩에 적용된 핀들(V_{cc},

GND, RST, D11, D12, D13)에 대응되는 홀(Hole)을 별도로 빼내어야 한다(이 단자들은 ATmega 계열에서 사용하는 AVR Studio의 단자와 같다). 사용하지 않는 기능, 핀에 대한 회로 패턴이 줄어들게 되므로 기판 내 여유가 생긴다는 장점이 있다. 다만 ATmega328 칩을 구매하는 비용과 프로 미니 호환보드를 구매하는 비용에 큰 차이가 없기 때문에 생각보다 절감되는 비용은 많지 않을 것이다.

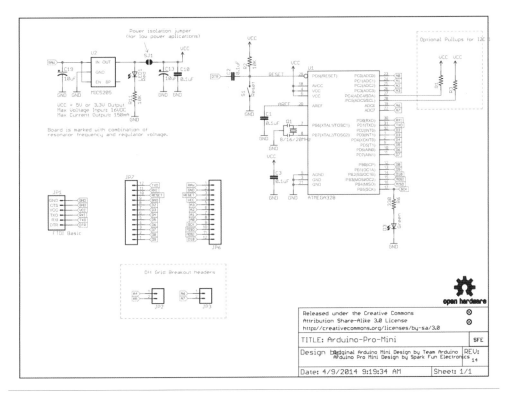

그림 8-11 아두이노 프로 미니 회로도

스케치 업로드 편의성과 신속한 PCB 설계를 고려한다면 부분 PCB 실장화를 생각할 수 있다. 생산 수량이 많지 않을 때(수십에서 수백 개 수준) PCB 설계 후 DIP 타입 소자와 프로 미니 보드를 일일이 조립하는 방법이 있고, SMD 타입 소자까지 실장하고 프로 미니 보드를 납땜하는 방법이 있다. 소자 실장은 수천, 수만 대 이상 수량이 담보되어야 진행되는 업체가 많은 관계로, 초기 모델은 DIP 소자를 적용하여 직접 또는 단기 아르바이트 등으로 쉽게 조립하거나, 조금 더 비용을 지출하고 SMD 소자를 수동 조립할 수밖에 없을 것이다.

다음은 ATmega328P DIP 타입 칩의 핀 맵을 나타낸 그림이다. 우노 핀 맵(1.2절)에 나타나 있는 번호(PD6, PD0, PD1, PD2, …)와도 같다. 다시 말해서 우노는 쉽게 나타내기 위해 D0, D1, D2, A0, A1, A2, … 등으로 표기하지만, 실제 ATmega328의 핀 맵은 1번～28번, 이에 대응되는 PC6, PD0, … 등으로 표기된다. 이런 점을 알아두면 아두이노가 아닌 ATmega328칩으로 개발한 회로도를 보거나, 이런 회로에 부트로더를 올릴 때 유용하다.

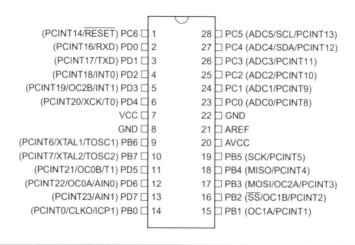

만약 아두이노로 시제품을 개발한 후, ATmega328 등을 PCB에 실장하여 하나의 기판을 만들고, 이를 수십에서 수 만장까지 생산하고자 할 때는 하나하나의 칩에 부트로더를 올릴 필요는 없다. 앞 절에서 '바이너리로 내보내기' 기능을 활용해서 업로드하면 부트로더 없이 해당 스케치 코드대로 작동하게 된다.

8.4 슬립모드

주변의 전자기기는 AC 전원을 이용하는 제품이 많기도 하지만, 우리가 개발하는 제품들은 배터리로 작동하는 경우가 많다. 사용자로서는 충전만 지속해서 하면 되니 큰 걱정거리는 아니지만, 개발하는 입장에서 제한적인 전원은 상당한 부담으로 다가온다. 특히 건전지로 작동하는 제품은 더더욱 그럴 것이다. 가령 사각형의 9V 배터리를 전원으로 사용하면 아두이노 자체 전원만 사용해도 며칠 작동하지 못한다. 부수회로와 장비가 연결되어 있으면 몇 시간 유지하고 꺼져버리기도 한다. 이렇게 건전지와 같이 제한적인 전원을 사용하는 애플리케이션에서는 슬립모드(Sleep Mode)가 유용하게 사용된다. 슬립모드는 특정 시점이나 설계자가 원하는 시점까지 MCU가 잠을 자는 것처럼 작동하지 않기 때문에 이렇게 불리는데, 잠을 자는 시간만큼 에너지 소모가 줄어든다는 장점이 있다. 다음 장에서 만들어 볼 화재 감지기는 9V 배터리를 사용한다. 알카라인 9V 배터리는 약 550mAh의 용량을 갖는데, 지속적으로 주변 온도를 감시하고 작동해야 하는 제품에 적용하기는 부적절하다.

그럼 슬립모드를 사용하면 전원 지속시간을 얼마나 늘릴 수 있을까? 다음 예시를 통해 살펴보자. 아두이노 우노는 다음 그림처럼 평소에 약 26.2mAh를 소모하는데(사용 I/O 포트에 따라 다름), 보드에 장착된 LED를 끄고, MCU를 슬립모드로 보내면 소모 전력을 획기적으로 줄일 수 있다.

그림 8-13 아두이노 우노 소모 전력 측정(일반모드)

9V 배터리와 우노를 연결하고 동작시키면, 550mA / 26.2mA = 20.99h이다. 산술적으로 약 21시간 정도 작동하고는 꺼져버린다. 전원 절감을 위해 우노 보드에 장착된 LED를 꺼버리면 어떨까? 다음과 같이 1.85mAh가 줄어들어 22.6시간 정도 작동할 수 있다.

그림 8-14 아두이노 우노 소모 전력 측정(LED OFF)

이어서 우노를 슬립모드로 전환하면, 5.79mAh로 소모 전력이 떨어진다. 약 78% 정도 소비를 절감하여, 550mA / 5.79mA = 94.99이다. 72시간 이상 더 작동하여 약 95시간, 사용시간이 4.5배 이상 증가하였다. 이는 상온에서 측정한 결과이며 주변 온도에 따라 사용시간은 조금씩 달라진다.

그림 8-15 아두이노 우노 소모 전력 측정(슬립모드)

슬립모드는 다음과 같이 구현할 수 있다. avr/sleep.h, avr/power.h, avr/sdt.h와 같이 IDE에 내장된 몇 가지 헤더파일을 선언해야 한다. 다음 예제는 약 8초간 깨어있다가 16초간 슬립 모드로 전환되는 예제를 나타내는데, 루프문 내에서 sleep( ) 함수와 루프문 내의 함수를 번 갈아 액세스하는 구조이다. 와치독카운터(WATCH_DOG_COUNTER)는 자체 카운터로 8초 까지 카운팅이 가능하며, 각 카운터 값이 증가함에 따라 자체 카운터를 1씩 증가하는 구조로 작성하였다.

예제 8-3   주기적 슬립모드

```
#include <avr/sleep.h>
#include <avr/power.h>
//#include <avr/sdt.h>

#define WATCH_DOG_COUNT 2        //와치독 카운터 숫자(8초는 1, 16초는 2....)
int wake_count = 0;

ISR(WDT_vect){}

void sleep()
{                                //슬립모드 상태
  set_sleep_mode(SLEEP_MODE_PWR_DOWN);
  power_adc_disable();
  sleep_mode();          //CPU sleep
  sleep_disable();       //When wake
  power_all_enable();
}

void setup()
{
  pinMode(13, OUTPUT);
  digitalWrite(13, LOW);
  noInterrupts();
  MCUSR &= ~(1 << WDRF);          //MCU 상태 레지스터에 와치독 리셋 비트를 0으로 설정
```

```
    WDTCSR |= (1 << WDCE) | (1 << WDE);      // 제어 레지스터 비트 설정
    WDTCSR = (1 << WDP0) | (1 << WDP3);      //와치독의 최대시간 8초 설정
    WDTCSR |= ( 1 << WDIE);                  //인터럽트로 와치독 사용설정
    interrupts();
}

void loop()
{
 wake_count ++;

 if(wake_count >= WATCH_DOG_COUNT)
   {
    wake_count = 0;
    delay(8000); //wake 카운터가 와치독카운터이상이면, wake 카운트 초기화, 8초간 깨어있음.
   }
   sleep();        //다시 슬립모드 전환
}
```

　물론 95시간, 약 4일밖에 작동하지 못하는 애플리케이션은 큰 효용성이 없을 것이다. 다만 이러한 예제와 같이 쉽고 간단하게 센서, 액추에이터, 그리고 슬립모드와 같은 기법을 사용해 어떤 시제품을 제작해보고, 전원의 지속시간 등을 최대한 활용할 수 있다는 데 의의가 있으며 다른 제품에 응용해 볼 수 있는 기초가 된다.

09장
아두이노 응용

이번 장에서는 아두이노와 여러 가지 센서, 액추에이터를 혼합하여 하나의 시제품을 만드는 과정을 그리고 있다. 전자부품을 브레드 보드에 구성하고, 실제 작동 여부를 확인하는 내용까지 담고 있다. 스스로 물리정보를 측정하고, 그 결과에 따라 액추에이터를 작동시키는 예제부터 블루투스와 Wi-Fi에 연결된 사물 인터넷 애플리케이션까지 구현해본다. 범용적인 사례는 아니지만, 추후 아두이노를 활용하는 데 있어서 도움이 될 것이다.

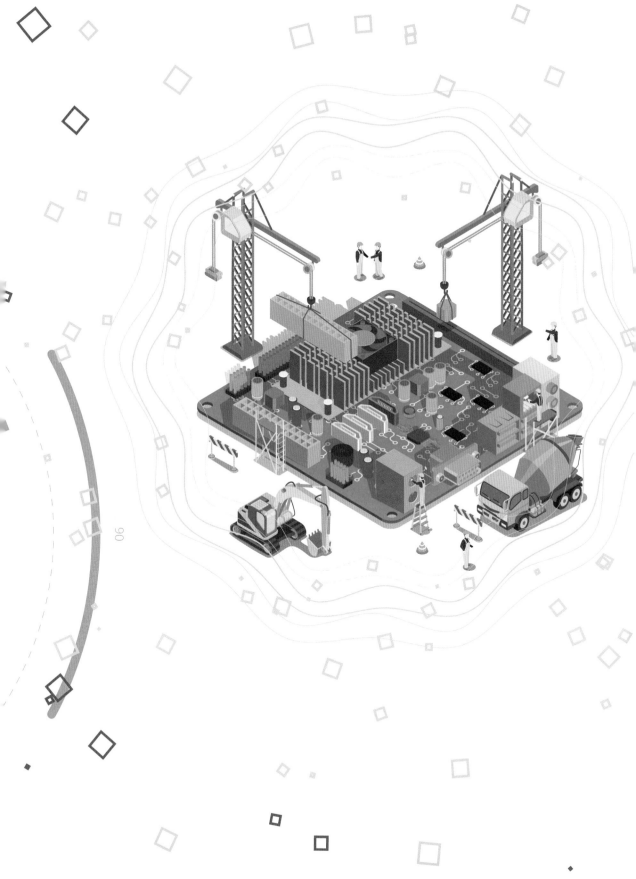

9.1　안전핀과 폴리스 라인 경보기

안전핀이라면 먼저 떠오르는 물건은 수류탄, 소화기 따위다. 안전핀이 특정 부분에 삽입되어 기계적 결속을 이루고, 이를 통해 스위치나 특정 구조물이 동작하지 않도록 하는 역할을 한다. 이번 절에서는 안전핀 동작으로 기계적 스위치를 작동시켜 전원과 MP3 재생회로가 연결되도록 하는 경보기를 만들어 본다. 5장에서 다루었던 DF Player를 활용하며, 저가화를 위해 아두이노는 적용하지 않았다. 그리고 3D 프린터 또한 활용하지 않고 기존의 범용적 케이스를 적용하였다. DF Player와 몇 가지 기본적인 전자 소자를 활용해서 구현을 해보자.

집회 현장에서 폴리스 라인은 질서 유지선 개념으로 자리 잡았다. 집회 측과 경찰 측은 폴리스 라인과 차벽이 어떤 심리적 방어선으로 여겨진다. 만약 누군가가 폴리스 라인을 침범했을 때 음성 알림을 발생시키는 경보장치가 있다면 집회 참석자는 폴리스 라인 침범을 한 번 더 생각할 수 있고, 경찰은 굳이 몸싸움이나 큰 소리를 낼 필요가 적어져 유용할 것이다.

폴리스 라인 경보기는 전원을 차단시키고 있는 안전핀이 있고, 이 안전핀은 외력에 의해 쉽게 뽑히게 구성되어 있다. 경보기는 폴리스 라인의 지지대에 얹히거나 폴리스 라인에 고정되고, 안전핀은 긴 끈에 의해 경찰 측의 손목에 결속된다. 만약 강경 시위대가 폴리스 라인을 넘으며 폴리스 라인에 물리적 변화를 일으키면, 경보기에 꽂혀있던 안전핀은 경찰 손목의 끈에 의해 뽑히게 되고, 경보기에는 전원이 인가되어 음성 알림을 발생시킨다. 이 애플리케이션은 폴리스 라인 경보기뿐만 아니라, 방범용 부비트랩과 같은 사례로도 사용된다.

이런 개념에서 출발하여 안전핀이 뽑히면 전원이 연결되어 미리 녹음된 MP3 경보음이 송출되는 장치를 만들어 보자.

비작동   작동

그림 9-1 경보기의 구성

입력은 안전핀이 뽑히는 동작으로 인해 작동하는 전원회로, 전원이 인가되면 미리 녹음된 경고음을 송출하는 출력으로 구성할 수 있다. 먼저 전원회로를 살펴보면, 휴대하기 쉽도록 배터리로 구동될 수 있게 설계하였고, 1.5V 배터리 여러 개 또는 코인 배터리보다는 직육면체 모양의 9V 배터리를 선정하였다. 이는 배터리의 무게와 부피, 그리고 가장 단순한 배터리 홀더(Holder) 구조를 감안한 결과이다.

아두이노와 같이 레귤레이터가 내장된 보드는 9V 전원을 그대로 연결해도 되지만, 센서나 액추에이터, MP3 재생장치 등은 대개 3.3V 또는 5V를 적용하고 있다. 다시 말해서 9V 배터리 전원을 MP3 재생장치에 인가될 낮은 전압으로 바꿔줘야 한다. 이번 프로젝트에서는 범용적으로 사용하는 7805레귤레이터(이하, 7805)를 적용하였다. 7805는 7 ~ 25V의 입력전압을 5V로 바꿔주는 역할을 하며, 입력전압과 출력 전압 5V 간의 차이는 열로써 소모된다. 7805가 전압조정 기능을 하고 있을 때 금속 방열판을 만져보면 열이 발생하고 있음을 확인할 수 있다. 참고로 입력전압이 높으면 전압차가 방열판에 그대로 전달되어 굉장히 뜨거울 수 있으니 주의하자. 다음 그림은 경보기 내부 구조를 나타내고 있다.

그림 9-2 경보기 시제품 내부

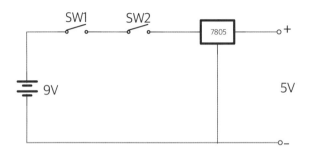

그림 9-3 전원회로의 구성

　이 애플리케이션은 휴대용으로 제작되므로 **그림 9-3**과 9V 배터리를 사용한다. 9V 전원의 +극은 두 개의 스위치를 거쳐 7805에 연결된다. 하나는 토글 스위치나 슬라이드 스위치 등으로 구성된 전원 스위치(SW1), 나머지 하나는 안전핀에 의해 작동하는 마이크로 스위치를 위한 자리다. 전원 스위치(SW1)가 ON 상태가 되고, 이어서 안전핀이 뽑혀 마이크로 스위치가 작동하면 배터리와 레귤레이터 간 회로가 연결되는 구조이다. 7805의 출력은 **그림 9-4**의 DF Player V_{CC} 단자와 GND 단자로 연결되며, SPK_1, SPK_2 단자에 스피커가 연결된다. 알림용 음성은 미리 MP3 포맷으로 녹음하며 마이크로 SD 카드에 저장 후 DF Player에 삽입한다.

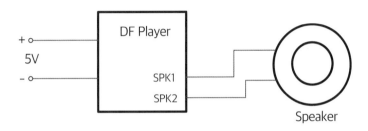

그림 9-4 DF Player 구성

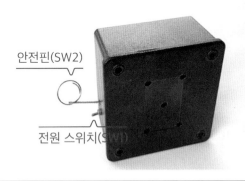

그림 9-5 전원 스위치(SW1)와 안전핀(SW2)

그림 9-6은 경보기 외부에 돌출된 전원 스위치(SW1)와 안전핀(SW2)을 나타내고 있다. 안전핀 작동 구조는 안전핀과 마이크로 스위치를 통해 구현하였다. 전원 스위치(SW1)가 ON된 상태에서 **그림 9-6**의 위쪽 그림처럼 안전핀이 마이크로 스위치를 누르고 있다면 회로가 연결되지 않은 채로 유지되고, 아래 그림처럼 안전핀이 뽑히면 마이크로 스위치의 레버가 올라가며 SW2가 작동한다. 이어 9V 배터리와 7805 사이의 회로가 연결되어 DF Player로 전원을 공급하고, DF Player는 마이크로 SD 메모리에 이미 저장된 음성을 지속해서 재생한다. 이는 안전핀이 다시 꽂혀 SW2가 OFF 될 때까지 지속한다. 5.3절에서 아두이노와 DF Player로 마이크로 SD 카드에 저장된 여러 개의 MP3 파일을 재생시켰지만, 이번에는 하나의 음성파일만 들어있어 전원이 꺼질 때까지 한 파일만 반복 재생하도록 구성하였다.

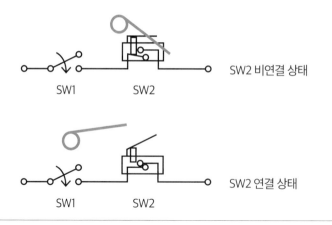

그림 9-6 안전핀과 마이크로 스위치

이에 **그림 9-4**와 같이 결선하고 DF Player에 삽입되는 메모리카드에 하나의 MP3 음원만 저장하여 반복 재생하도록 하였다

9.2　탄착확인장치: 가속도 센서 응용-1

필자의 취미 중 하나는 활쏘기다. 활의 종류, 기원 국가, 사법 등등에 따라 많은 분류가 있으며, 우리 전통 활인 국궁을 다룬다. 국궁은 145m 거리에 있는 세로 2.67m, 가로 2m 크기의 표적을 맞히는 것을 원칙으로 한다. 국궁 사대에서 표적까지의 거리는 145m이다. 표적지에서의 화살은 맨눈으로 관측하기 매우 작은 크기로 표적 명중 여부를 확인하기 어려운 경우가 많다.

입력은 화살이 과녁에 맞을 때 발생하는 충격과 진동, 그리고 소리로 확인할 수 있다. 30g에 채 미치지 못하는 화살이지만 금속으로 이루어진 촉이 50m/s의 속도로 나무/고무판 과녁에 맞을 때 발생하는 충격과 소리는 절대 작지 않다. 양궁은 화살이 얼마나 과녁의 중심에 가까운지 그 점수까지 확인해야 하지만, 국궁은 단지 과녁에 맞았음을 확인하면 되므로 상대적으로 탄착 유무 확인에 유리한 점이 있다.

출력은 화살이 과녁에 맞는 순간의 소리 또는 불빛과 같은 시청각적인 방법을 고려하였다.

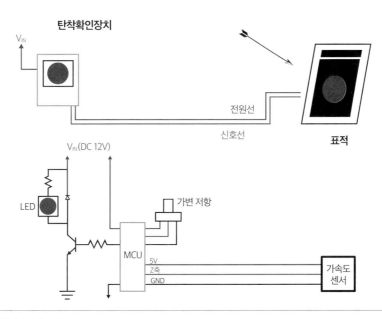

그림 9-7 탄착확인장치의 구성

탄착확인장치 LED의 선정도 고려해야 한다. 특히 145m의 거리에서 눈에 잘 띄기 위해서는 출력이 높은 LED를 적용해야 하는데, 이를 위해서는 대체로 높은 수준의 전압을 요구한다. 필자는 0~15V 입력에 8W 출력을 내는 5730 LED 8개를 사용하였다(LED 개별 모듈은 56개).

MCU는 전원이 인가되면 상시로 가속도 센서의 출력을 확인하고, 가변 저항과 map 함수를 통해 직전 측정값보다 현재 측정값이 설정한 차이보다 크면 명중으로 판단한다. 이어 D3 단자에 HIGH 신호를 3초간 출력하고, 이 3초 동안 트랜지스터가 턴 온 되어 12V 전원이 LED 모듈들에 인가되어 점등된다. MCU와 가속도 센서, 가변 저항 등은 모두 5V 또는 3.3V

전원을 사용하지만, LED는 조도를 높이기 위해 AC-DC 어댑터의 12V 출력을 그대로 사용하였다.

센서로는 이전 장에서 다룬 ADXL-335 가속도 센서를 선정하였다. ±3g의 측정 범위, 50Hz 샘플링, MCU를 통한 10-bit ADC면 충분하다고 판단하였다. 3축 가속도 센서이지만, 탄착 시 가장 출력량이 크게 전달될 수직 방향 1축만 적용하였다. 센서를 다루는 데 있어서 한 가지 더 고려할 점은 센서의 감도다. 과녁의 두께, 위치에 따라 탄착 시의 충격량이 다른 점을 감안해야 한다. 가령 화살이 정면으로 날아와 표적에 맞는 경우도 있지만, 표적의 끝부분에 맞아 충격량이 적을 경우도 있다. 이런 경우 감도를 낮게 설정하면 되지만, 비 오는 날의 습사도 있으므로 빗방울에 의한 센서 작동도 곤란할 것이다. 하여 한 가지 감도 레벨을 선택하기보다 가변 저항을 활용하여 사용자가 감도를 설정할 수 있도록 구성하였다.

예제 9-1을 살펴보면, map( ) 함수를 통해 가변 저항의 ADC 값 0 ~ 1023을 −2g와 +2g에 대응되는 값(200 ~ 470)에 맵핑하였다.

최근값 한 개를 읽어 가변 저항의 값이 맵핑된 값과 비교하여 LED 출력을 위한 트리거 신호를 내보내는 내용이다. 그 차이는 가변 저항과 map 함수를 통해 0 ~ 1023 사잇값을 −2g와 +2g에 대응되는 값(200 ~ 470)에 배치하였다.

예제 9-1   가속도 센서와 탄착확인장치

```
int z_axis = A0;      // 가속도 센서 z축(탄착 충격 감지용)
int pot = A1;         // 가변 저항
int trig = 3;         // LED 작동을 위한 트리거
int pot_Value = 0;    // 가변 저항 맵핑 변수

void setup()
{
  Serial.begin(9600);
  pinMode(3, OUTPUT);
```

```
  digitalWrite(3, LOW);
  delay(1000);
  digitalWrite(3, HIGH);
  delay(1000);
  digitalWrite(3, LOW);
  delay(1000);
  digitalWrite(3, HIGH);
  delay(1000);
  digitalWrite(3, LOW);
  delay(1000);
  digitalWrite(3, HIGH);
  delay(1000);
  digitalWrite(3, LOW);
 }

void loop()
{
 int mapping_Value;
 pot_Value = analogRead(pot);
 mapping_Value = map(pot_Value,0,1023,200,470);
 Serial.print("mapping_Value=");
 Serial.println(mapping_Value);
 delay(1);

 if  (z_axis > mapping_Value)
 {
  digitalWrite(trig, HIGH);
  delay(3000);
  digitalWrite(trig, LOW);
 }
 else
 delay(1);
}
```

가속도 센서에서 일정량 이상의 충격(가속도)이 감지되면 LOW 상태인 MCU의 디지털 단자의 출력을 HIGH 상태로 만들어 트랜지스터를 작동시킨다. 트랜지스터가 작동되면 LED의 전원이 연결되어 점등되는 구성이다. MCU setup( ) 함수에서 사용한 디지털 포트를 선언해주는 것이 중요하다. 이를 잊어버리면 디지털 포트가 플로팅 상태가 되는데, 멀티미터로 확인해보면 대략 1V 내외의 수준이 출력된다. pinMode( ) 함수로 디지털 포트를 선언해주지 않으면 포트는 플로팅으로 인해 LOW 상태에서도 1.xxV가 출력되어 LED가 완전히 OFF 되지 않는 현상이 발생한다.

9.3 비행이력 기록장치: 가속도 센서 응용-2

이번 절에서는 메모리카드(SD, 마이크로 SD), EEPROM을 활용한 데이터 저장방법부터 부트로더를 활용하여 ATmega칩을 아두이노로 바꾸어 사용하는 내용까지 다룬다.

사대에서 활줄을 놓고 표적까지 날아가는 화살을 응시하면 화살이 좌우로(화살의 양 끝단을 의미함) 요동치며 날아가는 것을 볼 수 있는데, 이를 피쉬 테일링(Fish Tailing) 또는 아처스 패러독스(Archer's Paradox)라 한다. 활터에서 활을 잘 다루는 사람이 쏘는 화살을 보면 관측되는 흔들림이 적거나 없는 것처럼 느껴지는데, 고속 카메라로 이를 찍어보면 마찬가지로 흔들림을 확인할 수 있다.

아처스 패러독스(Archer's Paradox)

활시위를 떠난 화살이 물고기처럼 좌우로 흔들리며 날아가는 현상을 말한다. 궁사가 활시위를 당길 때 시위가 지면과 정확히 수직 상태를 이루지 않고 약간씩 기울어져 있기 때문에 발생한다. 또한, 시위를 놓는 순간 여러 방향의 힘이 화살에 전달되면서, 강한 힘이 가해진 화살 뒤쪽이 무게중심이 있는 화살 앞쪽을 앞서려고 하기 때문에 과녁을 향해 날아가는 화살은 흔들리게 된다. 화살대의 강도가 낮고 길이가 짧으며 날아가는 속도가 느릴수록 화살은 많이 흔들리게 된다. 이처럼 날아가는 화살이 좌우로 흔들리는 것을 조정하고 일정한 속도를 유지하도록 조절하는 역할을 하는 것이 화살의 깃이다. 따라서 궁사는 이리한 원리를 잘 이해하고 화살을 쏠 수 있어야 목표물을 정확히 맞힐 수 있다.

활 연습을 하던 어느 날, 이 현상을 활용해 무엇을 해볼 수 있지 않을까 하는 생각이 들었고, 사대에서 표적까지 145m로 정해져 있는 거리와 연관 지어 본 후, 이동 거리를 측정할 수 있겠단 생각이 들었다. 피쉬 테일링 현상이 일정하다면, 또는 화살이 비행속도를 어느 정도 유지할 때까지 그 패턴이 일정한 수준을 유지한다면 화살이 받는 힘과 관련된 수식을 세워 거리측정을 할 수 있겠다는 스케치를 그렸다. 이번 프로젝트는 수식을 세우고 이동 거리를 측정하는 데까지 나가지 않고, 실제 아두이노 프로세서를 활용한 측정 시스템 구현까지를 다룬다.

이 프로젝트의 목적은 화살이 시위를 떠나는 순간부터 표적 또는 탄착지에 도달하는 순간까지 화살에 부착된 센서로 화살의 움직임을 측정하는 것이다. 측정하고자 하는 움직임은 화살 양단의 좌우 요동침이다.

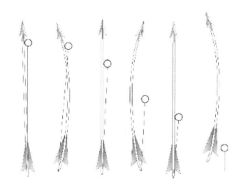

그림 9-8 화살의 움직임

그림 9-8을 참조하면, 화살 좌우의 병진운동 또는 진행방향으로 호를 그리며 나아가는 반복적이고 부분적인 회전 운동처럼 보인다. 호를 그리는 부분적 회전 운동과 관련하여 자이로스코프를 적용하는 것도 가능하지만, 사용이 간단한 가속도 센서를 선정하였다. 센서를 화살 전단에 부착하고, 측정 결과를 메모리에 저장하는 방식을 택했다.

화살에 센서와 주변회로를 달아 움직임을 측정하는 데는 몇 가지 문제가 있었는데, 첫째는 센서의 부착 위치다. 화살 전방 또는 후방 중 한 곳을 선택해야 하는데, 전방에 달게 되면 탄착 충격으로 센서의 회수성, 재사용성에 문제가 생긴다. 후방에 달게 되면 발시 순간 센서 부위가 활을 쥔 손을 치고 나갈 수 있다는 가능성이 있었다. 두 번째는 측정장치의 크기와 무게 문제이다.

그림 9-9는 화살에 아두이노 프로 미니와 가속도 센서, 배터리, 메모리를 조립한 모습이다. 마이크로 SD 쉴드가 있지만, 크기와 무게 문제가 있어 마이크로 SD 카드 어댑터를 적용하여 직접 납땜하여 사용하였다. 다만 이 방법은 마이크로 SD 카드에 대한 납땜 어려움과 3.3V 전원을 따로 공급해주어야 한다는 점 등 단점이 많아 다른 방법으로 보완하였다. SD 카드, 마이크로 SD 카드와 같은 외부 메모리가 아닌 ATmega328 내부의 EEPROM을 활용하는 것이다.

그림 9-9 가속도 센서가 부착된 화살

다음 그림은 가속도 센서로 화살의 비행이력을 기록하기 위한 순서도를 나타내고 있다. 전원이 인가되면 30초 대기 후 화살의 진행방향으로 일정 크기 이상의 가속도가 발생하는지 감시한다. 발시 후 화살의 진행방향으로 이미 설정한 값 이상의 가속도가 감지되면 진행방향 외의 축에 대한 기록을 시작한다.

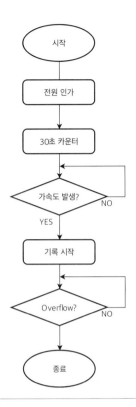

시작

전원 인가

30초 카운터

가속도 발생?
NO
YES

기록 시작

Overflow?
NO

종료

그림 9-10 작동 순서도

작동 순서를 자세히 살펴보자. MCU 및 회로에 전원이 인가되면 발시 준비를 위해 30초 대기를 시작한다. 이는 발시 준비 중에 발생하는 진동을 읽어 작동하는 것을 방지하기 위한 목적이며, 화살을 시위에 끼우고 활을 들고 당겨 발시를 준비하기 위한 시간이다. 화살을 발시하기 위해 활이나 화살을 이리저리 흔들다 보면 원치 않는 가속도 값이 발생할 수 있다. 이때 가속도 값이 측정되는 것은 무의미하고 전원 낭비이므로 대기시간을 두었다. 그리고 발시 준비과정에서 '기록 신호'가 인가되어 기록할 때 SD카드와 같이 용량이 충분할 경우에는 큰 문제가 없지만, EEPROM과 같이 한정된 공간에 쓰레깃값이 기록되면 문제가 발생한다. 30초가 지난 후 MCU가 측정 준비를 마치면(LED를 점등해 발시 가능 신호를 주는 방법도 있다), 팽팽히 당겨진 시위를 놓는다. 발시 순간 화살에 가해지는 가속도가 '기록 시작 신호'가되어 화살의 비행이력을 메모리에 기록하기 시작한다. 가속도 센서는 화살의 비행 중 움직임을 측정하고, MCU는 이를 메모리에 기록한다. 그리고 탄착 후에는 화살을 회수하여 비행기록을 확인하는 일련의 과정을 거친다.

사실 비행이력 기록장치로 마이크로 SD를 쓰지 않고 EEPROM을 쓸 수 있었던 것은 샘플링 데이터 숫자로 인한 것이다. 145m를 비행하는 동안 가속도 센서를 통해 수집된 데이터가 ATmega328의 EEPROM 용량에 딱 들어맞는 수준이란 이야기다(GY-61 보드의 샘플링 주기는 50Hz임).

EEPROM을 활용하기 위해 사용된 코드는 다음과 같다. 이는 메모리카드 사용에 따른 전원 문제와 부피, 무게 최소화를 위한 방안이다. 메모리카드 사용 시 메모리카드만 빼서 스마트폰 등으로 간편히 결과 확인이 가능하지만, EEPROM 저장 시에는 칩 레벨에서 결과를 확인해야 한다는 단점이 있다.

예제 9-2   **비행이력 기록에 EEPROM의 활용**

```
#include <EEPROM.h>

int addr = 0;
int ypin = analogRead(A0); // 가속도 센서 x축(트리거 신호 획득용)
int zpin = analogRead(A1); // 가속도 센서 y축(측정대상 신호)
const int threshold = 150;
int sensor = 0;
int i = 0;

void setup()
{
  Serial.begin(9600);
  while (!Serial);
  delay(20000);  // preparation time
}
```

```
void loop()
{
  if (analogRead(A0) < threshold)
  {
    Serial.print("Triggered");
    Serial.print("\n");
    goto archer;

  archer:
  {
  for(i = 0; i < 1024; i++)  // Write to EEPROM for 1k capacity
  {
  int val = (analogRead(A1) / 4);
  EEPROM.write(addr, val);

  addr = addr + 1;
  if (addr == 1024)
  addr = 0;

  Serial.print(analogRead(A0));
  Serial.print("\n");
  Serial.print(analogRead(A1));
  Serial.print("\n");
  Serial.print(i);
  Serial.print("\n");
  }
 }
}

  else
  {
    delay(5);
  }
}
```

9.4 블랙박스 셔터 : GPS 응용

이번 절에서는 GPS 위치 정보를 토대로 서보모터 제어를 다룬다. IT 회사, 방산업체, 군 관련기관 등 엄격한 보안이 요구되는 장소에서는 여러 가지 통제사항이 따른다. 가령 스마트폰으로 내부시설이나 자료를 촬영하는 것을 막기 위해 스티커 등으로 카메라를 가리게 하거나, 차량용 블랙박스에 가림봉투를 씌우는 방법 등이다. 몇 년 전부터 블랙박스 보급이 일반화되자, 일부 보안시설에서는 내부 진입 전에 블랙박스에 가림봉투를 씌우도록 통제하기 시작했다. 그런데 여기에는 한 가지 문제점이 있었다. 바로 출근할 때는 블랙박스가 촬영 가능한 상태이어야 하지만, 진입 직전에는 촬영이 불가한 상태로 바꾸어야 한다.

기관 내부로 진입 직전에 운전하면서 직접 손으로 씌워야 한다는 것인데, 보안조치로 인해 사고가 발생할 확률이 높아지는 문제가 있다. 물론 회사 진입 전에 정차하고 가림봉투를 씌운 후 다시 운전해 들어가면 될 일이지만, 그것 또한 쉬운 일은 아니다. 또, 퇴근하며 가림봉투를 제거하는 것을 잊는 때도 있는데, 이럴 경우에는 돈 주고 산 블랙박스 자체가 무용지물이 된다는 문제가 있었다. 가림봉투를 씌우거나 벗기는 것 모두 귀찮은 일이다. 계속, 그리고 여러 가지로 신경을 써야 하기 때문이다. 이 번거롭고 위험한, 그리고 어쩌면 블랙박스를 달지 않은 것처럼 매일 반복하지 않기 위해 몇 가지 안을 생각했던 것 중 하나가 블랙박스 셔터이다.

이 프로젝트의 목적은 차량이 특정 위치를 지나거나, 지정된 특정 위치를 출입할 때의 위치 정보를 감지하고, 그 정보를 기반으로 블랙박스 전방 렌즈를 가리는 장치를 만드는 것이다. 특정 위치에서 서보모터를 동작시켜 블랙박스를 가리고, 특정 위치를 벗어나면 또 서보모터를 동작시켜 블랙박스의 시야를 확보하는 것이 목표다.

측정 센서 선정

차량의 위치와 속도를 측정하는 대표적 장치는 내비게이션으로, 군사적 자산이었던 GPS가 민간에 개방된 후 가장 수혜를 많이 본 분야이다. 내비게이션은 우주 상공의 GPS로부터 여러 가지 데이터를 받아 분석(Parsing), 현재 위치를 내비게이션 지도에 맵핑하고, 속도 정보 등을 나타낸다. 필자는 이번 프로젝트에 적용할 센서로 GPS를 선택했다.

GPS 외에 스마트폰에 차용된 NFC나 비콘(Beacon) 신호를 활용하여 특정 지점을 인식하는 방법도 고려할 수 있다. 다만 이는 시스템이 커질 우려가 있고, 범용적으로 사용하기 어렵다는 단점이 있다. 가령 우리 회사에서는 비콘 신호를 이용해 블랙박스를 무력화시킬 수 있지만, 다른 기관에서는 또 블랙박스 가림봉투와 같은 것을 사용해야 한다(출장이 많은 사람이라면 또 똑같은 문제에 봉착하게 된다).

통신사 네트워크를 이용하여 위치를 파악하는 방법도 있지만, 필자는 가장 비용이 적게 들고 효율적인 구성을 갖는 GPS를 선택하기로 했다.

작동 알고리즘(Flow Chart)

특정 위치를 어떻게 측정할까? 두 가지 방법을 생각했다. 첫째는 경도, 위도 정보를 통해 특정 위치를 만드는 것이다. 가령 정부세종청사 출입 시 이 기능을 활성화한다고 생각해보자. 구글맵(네이버나 다음 지도에 나오지 않는 구역도 볼 수 있다)에서 특정 위치에 대한 경도, 위도 값을 확인할 수 있다. 해당기관이 세종정부청사라고 생각해보자. 정부청사는 대략 북위 36.502183°, 동경 127.265543°정도의 중심 지점을 갖는데, **그림 9-11**과 같이 해당 지역을 둘러싼 가상의 도형을 그릴 수 있다. 간단하게 생각하면, if-then 문을 통해 도형 내부의 구역과 외부를 나눌 수 있을 것이고, 이를 트리거 신호로 서보모터를 구동시킨다. **그림 9-11**의 ①, ②, ③, ④ 지점을 기준으로 경도와 위도를 분리시키는 것이다. 편의 상, 각 지점의 GPS 좌표를 각각 ①(36.333333, 127.100000), ②(36.333333, 127.300000) ③(36.111111, 127.100000), ④(36.111111, 127.300000)으로 가정하자.

그림 9-11 특정지점 인식 I: 2차원 공간

두 번째 방법은 경로점(Way Point)을 설정하는 것이다. 완전히 개방된 지역이 아니라면, 차량이 이동하는 물리적으로 '고정된' 도로가 있을 것이다. 이 경우 해당 도로의 특정 지점과 또 다른 지점을 지나야 진입 또는 이탈할 수 있다. **그림 9-12**에서 특정 지역으로 진입하기 위해서는(블랙박스 무력화) B 지점과 A 지점을 순서대로 지나야 한다. 반대로 특정 지역에서 이탈하기 위해서는(블랙박스 정상화) A 지점과 B 지점을 순서대로 지나쳐야 한다.

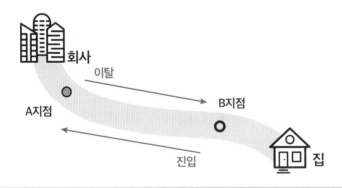

그림 9-12 특정지점 인식 II: 경로점

첫 번째 방법의 장점은 특정 지점을 파악해서 아두이노 스케치에 업로드하는 것 외에 하드웨어적으로 고민할 거리가 크게 많지 않다. 다만 추후 또 다른 지역을 입력해야 할 때에는 좌표를 따서 다시 코딩하고 입력해야 한다는 단점이 있다. 두 번째 방법은 굳이 좌표를 따서 MCU에 업로드 하지 않더라도, 다른 방법을 통해 특정 지점(A 지점과 B 지점)을 인식시켜 EEPROM이나 외부 메모리에 저장한 후 액세스하여 사용하면, 이후로 다른 지역이 추가되어도 크게 부담이 되지 않는다. 다만 경로점 입력을 위해 MCU와 통신하기 위한 부가장치, 회로 등이 필요하다.

필자는 첫 번째 방법을 택했다. 간략화된 작동 알고리즘은 다음과 같다.

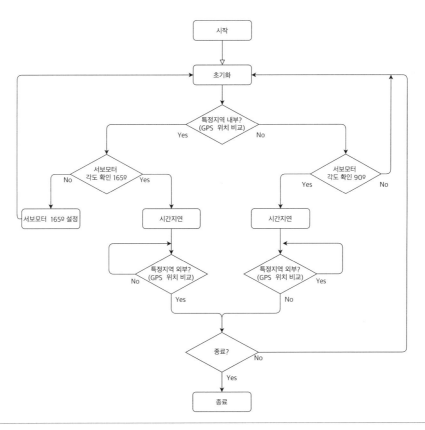

그림 9-13 작동 알고리즘

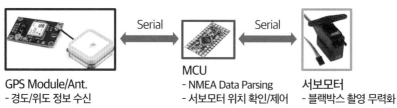

GPS Module/Ant.   MCU   서보모터
- 경도/위도 정보 수신 - NMEA Data Parsing - 블랙박스 촬영 무력화
                 - 서보모터 위치 확인/제어

그림 9-14 블랙박스 셔터

 준비물 아두이노 프로 미니, GPS 모듈 NEO-6M90, SG-91R 서보모터,

플라스틱 하우징, USB 인터페이스를 갖는 파워뱅크(보조배터리)

다음 **예제 9-3**과 연동된 개략 구성은 **그림 9-14**와 같다. 프로 미니의 10번 핀이 Tx(GPS의 Rx), 11번 핀이 Rx(GPS의 Tx)이고, 스케치 코드는 if-then과 goto문을 사용해 특정지역 내부/외부, 그리고 서보모터의 각도를 계속 확인하는 루프로 구현했다. 별도로 외부 라이브러리가 필요한데, 시리얼 통신 관련 라이브러리와 GPS 관련 라이브러리다. 서보모터 제어 관련 라이브러리는 아두이노 IDE에서 기본적으로 제공하고 있다.

예제 9-3   GPS와 블랙박스 셔터

```
#include <SoftwareSerial.h>
#include <Servo.h>
#include <TinyGPS.h>
TinyGPS gps;
SoftwareSerial ss(10, 11);
Servo gps_servo;

void setup()
```

```
{
 Serial.begin(9600);
 ss.begin(9600);
}

void loop()
{
 init:
 {
  delay(1000);
  Serial.println("Init");
 }

 bool newData = false;
 unsigned long chars;
 unsigned short sentences, failed;
 for (unsigned long start = millis(); millis()-start < 1000;)
 {
  while (ss.available())
  {
   char c = ss.read();
   if (gps.encode(c)) newData = true;
  }
 }

 {
  if (newData)
  {
   float lat;
   float lon;
   unsigned long age;
   gps.f_get_position(&lat, &lon, &age);
   Serial.print("LAT=");  Serial.print(lat, 6);
   Serial.print("LON=");  Serial.print(lon, 6);
                  // gps_servo.attach(5);
   {
    if (((36.111111 < lat) && (lat < 36.333333))
        && ((127.100000 < lon) && (lon < 127.300000)))
    {                    //INSIDE 위치
     if ((gps_servo.read()) == 165)
```

```
{                                   //서보모터 위치 제어
 Serial.println("INSIDE_Angle_Good, Angle is 165");
 Serial.print("LAT=");  Serial.print(lat, 6);
 Serial.print("LON=");  Serial.print(lon, 6);
 delay(1500);                    //서보모터 작동에 필요한 시간여유
 goto INSIDE;
}
else
{
 Serial.println("INSIDE_Angle_Bad, Angle is not 165");
 Serial.print("LAT=");  Serial.print(lat, 6);
 Serial.print("LON=");  Serial.print(lon, 6);
 ss.end();
 gps_servo.attach(5);
 gps_servo.write(165);
 delay(1500);
 gps_servo.detach();
 delay(10);
 ss.begin(9600);
 delay(100);
 goto init;
 }
}

else if (((36.111111 > lat) && (lat > 0.000000))
        || ((lat < 99.999999) && (lat > 36.333333))
        || ((127.100000 > lon) && (lon > 0.000000))
        || ((lon < 359.999999) && (lon > 127.300000)))
{
 if ((gps_servo.read()) == 90)
 {
  Serial.println("OUTSIDE_Angle_Good, Angle is 90");
  Serial.print("LAT=");  Serial.print(lat, 6);
  Serial.print("LON=");  Serial.print(lon, 6);
  delay(500);
  goto OUTSIDE;
 }
 else
 {
```

```
          Serial.println("OUTSIDE_Angle_Bad, Angle is not 90");
          Serial.print("LAT=");  Serial.print(lat, 6);
          Serial.print("LON=");  Serial.print(lon, 6);
          delay(500);
          ss.end();
          gps_servo.attach(5);
          gps_servo.write(90);
          delay(1500);                //서보모터 작동에 필요한 시간여유
          gps_servo.detach();
          delay(10);
          ss.begin(9600);
          delay(100);
          goto init;
          }
         }

      else
      {
       Serial.println("No Signal");
       Serial.print("LAT=");  Serial.print(lat, 6);
       Serial.print("LON=");  Serial.print(lon, 6);
                             //gps_servo.detach();
       delay(2000);
       goto init;
       }
      }
   }

   else
   {                          //초기 GPS 신호 수신불량
    Serial.println("GPS_Signal_BAD");
    delay(2000);
    goto init;
   }
 }

INSIDE:
{
  bool newData = false;
```

```
unsigned long chars;
unsigned short sentences, failed;
for (unsigned long start = millis(); millis()-start < 1000;)
{
  while (ss.available())
  {
    char c = ss.read();
                      // Serial.write(c);
    if (gps.encode(c)) newData = true;
  }
 }
{
 if (newData)
 {
  float lat;
  float lon;
  unsigned long age;
  gps.f_get_position(&lat, &lon, &age);
  {
   if (((36.111111 > lat) && (lat > 0.000000))
       || ((lat < 99.999999) && (lat > 36.333333))
       || ((127.100000 > lon) && (lon > 0.000000))
       || ((lon < 359.999999) && (lon > 127.300000)))
   {                   //INSIDE가 아닐 경우
    Serial.println("NOT_INSIDE");
    Serial.print("LAT=");  Serial.print(lat, 6);
    Serial.print("LON=");  Serial.print(lon, 6);
    delay(500);
    goto init;
   }
   else if (((36.111111 < lat) && (lat < 36.333333))
           && ((127.100000 < lon) && (lon < 127.300000)))
   {
    Serial.println("NOT OUTSIDE");
    Serial.print("LAT=");  Serial.print(lat, 6);
    Serial.print("LON=");  Serial.print(lon, 6);
    delay(500);
    goto INSIDE;
   }
```

```
     else
     {
       Serial.println("No Signal");
       Serial.print("LAT=");  Serial.print(lat, 6);
       Serial.print("LON=");  Serial.print(lon, 6);
       delay(2000);
       goto init;
     }
    }
   }
  }
}

OUTSIDE:
{
 bool newData = false;
 unsigned long chars;
 unsigned short sentences, failed;
 for (unsigned long start = millis(); millis()-start < 1000;)
 {
  while (ss.available())
  {
   char c = ss.read();
                 // Serial.write(c);
   if (gps.encode(c)) newData = true;
  }
 }

 {
  if (newData)
  {
   float lat;
   float lon;
   unsigned long age;
   gps.f_get_position(&lat, &lon, &age);
   {
    if (((36.111111 > lat) && (lat > 0.000000))
       || ((lat < 99.999999) && (lat > 36.333333))
       || ((127.100000 > lon) && (lon > 0.000000))
```

```
      || ((lon < 359.999999) && (lon > 127.300000)))
    {                 //OUTSIDE일 경우
     Serial.println("OUTSIDE");
     Serial.print("LAT=");  Serial.print(lat, 6);
     Serial.print("LON=");  Serial.print(lon, 6);
     delay(500);
     goto OUTSIDE;
    }
    else if (((36.111111 < lat) && (lat < 36.333333))
        && ((127.100000 < lon) && (lon < 127.300000)))
    {
     Serial.println("NOT OUTSIDE");
     Serial.print("LAT=");  Serial.print(lat, 6);
     Serial.print("LON=");  Serial.print(lon, 6);
     delay(500);
     goto init;
    }
    else
    {
     Serial.println("No Signal");
     Serial.print("LAT=");  Serial.print(lat, 6);
     Serial.print("LON=");  Serial.print(lon, 6);
     delay(2000);
     goto init;
    }
   }
  }
 }
}
```

 앞선 예제에서 한 가지 주의할 점은, MCU와 GPS가 시리얼 통신을 하는 중 서보모터 제어를 시도하면 오류가 발생한다는 점이다. if-then문에서 GPS 정보를 통해 특정 위치가 확인되면 잠깐 시리얼 통신을 끊고 서보모터를 제어한 후 다시 시리얼 통신을 재개하는 것을 볼 수 있다. 코드가 차례로 실행되며 발생하는 문제다. 통신과 디지털 채널을 통한 서보모터 제어가 동시에 이루어질 수 없다는 이야기다.

```
if (((36.111111 < lat) && (lat < 36.333333))
    && ((127.100000 < lon) && (lon < 127.300000)))
{                       //INSIDE 위치
 if ((gps_servo.read()) == 165)
  {                       //서보모터 위치 제어
   Serial.println("INSIDE_Angle_Good, Angle is 165");
   Serial.print("LAT=");  Serial.print(lat, 6);
   Serial.print("LON=");  Serial.print(lon, 6);
   delay(1500);    //서보모터 작동에 필요한 시간여유
   goto INSIDE;
  }

  else
  {
   Serial.println("INSIDE_Angle_Bad, Angle is not 165");
   Serial.print("LAT=");  Serial.print(lat, 6);
   Serial.print("LON=");  Serial.print(lon, 6);
   ss.end();
   gps_servo.attach(5);
   gps_servo.write(165);
   delay(1500);
   gps_servo.detach();
   delay(10);
   ss.begin(9600);
   delay(100);
   goto init;
  }
 }
```

서보모터의 각도를 읽어 들여 현재 지역과 같은 각도값을 가졌는지 판단하는 if문이다. 설정된 값과 같은 각도 값(165°)이면 delay 후 특정 지역 모니터링 루프로 돌아가고, 다른 각도 값이면 서보모터를 165°로 회전시킨 후 프로그램의 시작점으로 돌아간다. 이때 ss.end( ) 함

수를 통해 GPS와 시리얼 통신을 해제한 후 서보모터를 제어(attach-write-detach)하고 다시 ss.begin() 함수를 이용해 시리얼 통신을 재개하는 모습을 보여준다. 중간중간 있는 print 구문은 디버깅시 상태를 확인하기 위한 목적이다.

9.5 온도 센서와 부저로 화재 감지기 만들기

온도 센서와 부저로 화재 감지기를 만들어 보자. 화재 감지기는 화재 시 발생하는 열, 불꽃, 연기 등을 감지해서 작동한다. 우리는 비교적 구하기 쉬운 온도 센서(앞서 다룬 TMP-36)와 부저를 활용하여 열 감지 방식의 화재 감지기를 구현한다. 전원 또한 구현 용이성을 위해 9V 배터리나 1.5V 배터리를 사용한다.

준비물	아두이노 우노, 브레드 보드, TMP-36 온도 센서, 부저, NPN 트랜지스터(2222A 또는 2SC1815 등), 저항(300Ω), 슬라이드 스위치(또는 적절한 스위치), 9V 배터리, 배터리 홀더

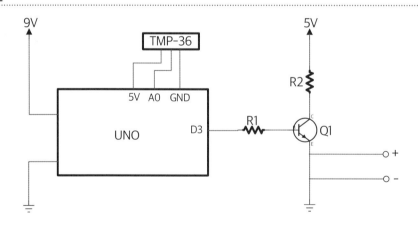

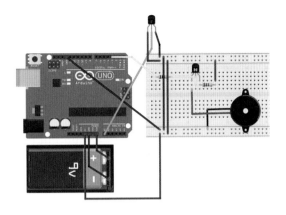

그림 9-15 화재 감지기 회로도 및 브레드 보드 구성

화재 감지기를 설치해둔 장소의 온도가 특정값 이상으로 올라가면 부저를 작동시켜 화재를 알린다. 화재 발생 시 집 내부의 전기장비와의 연결이 차단될 수 있고, 설치 장소나 가전제품 인근에 전원을 공급하기 어려울 수 있으므로 자체 전원을 갖는 화재 감지기를 설계해보자.

전원은 9V 배터리와 배터리 홀더를 적용했고 작동 알고리즘은 다음과 같이 간단히 구성하였다.

먼저 부저(D3)를 작동시키는 핀을 LOW로 만들어 소리를 발생시키지 않는다. 이어서 TMP-36 온도 센서의 측정값을 살펴보고(여기서는 x), 5초(5000ms) 지연 후 다시 센서 측정값을 살펴본다. 5초의 시작과 끝 시점에 센서의 측정값을 확인하는 것은 5초 동안 온도변화를 측정하는 것을 간단히 구현한 것이다. TMP-36 온도 센서는 우노의 5V와 GND, 그리고 A0핀에 연결되어 있다. 더 정확하게 측정하고자 한다면 지연값을 줄이고, 온도 측정 루프를 몇 개 더 만들자. 세부적인 온도값은 독자가 설정해가며 작동 여부를 확인해보자.

필자는 40℃를 기준으로 작동하도록 구성했다. 40℃에 대응하는 TMP-36 센서의 전압은 0.9V이며, 이에 해당하는 ADC 값은 약 184 또는 185 정도가 될 것이다.

$$0.9 \ = \ ADC \ x \ (5/1024)$$

$$ADC \ = \ 184.32 \ (ADC \ 값은 \ 소수값이 \ 없으므로 \ 184 \ 또는 \ 185)$$

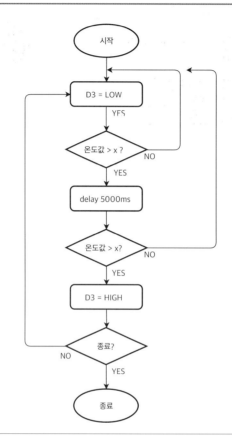

그림 9-16 화재 감지기 순서도

예제 9-5   화재 감지기

```
int temp = A0;
int buzzer = 3;
float temperature = 0;
long val = 0;
```

```
void setup()
{
 pinMode(temp, INPUT);
 pinMode(buzzer, OUTPUT);
}

void loop()
{
 val = analogRead(temp);
 temperature = (val*0.48828125);

 if(temperature >= 60)
 {
  digitalWrite(buzzer, HIGH);
  delay(100);
 }
 else
 {
  digitalWrite(buzzer, LOW);
  delay(100);
  }
}
```

9.6   서보모터를 활용한 전등 제어기 구현

전등을 켠 채로 침대에 누워있다가 수면을 위해 전등을 끄러 일어나는 일은 여간 고역스
러운 일이다. 물론 시장에 위모(WeMo)와 같은 전등제어용 IoT 제품이 출시되어 있지만, 설
치를 위해서는 220V 전선을 다루어야 하기에 초심자들이 접근하기가 쉽지 않다. 이번 절에
서는 원시적으로 작동하지만, 구현이 쉬운 방법으로 전등 제어기를 만들어 보자. 여기에는
Wi-Fi 모듈과 서보모터가 활용된다.

이번 예제는 7.7절 웹 브라우저로 LED 제어하기 예제와 유사하며, 초보적이지만 안드로이드 OS 내에서 아이콘 과 Wi-Fi를 활용한 서보모터 제어로 LED보다는 조금 더 물리적인 요소를 만들어보자.

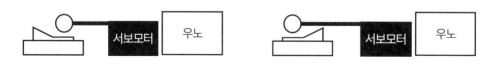

그림 9-17 전등 제어기 개념도

두 개의 아두이노 우노를 활용하여 외부입력에 따라 서보모터를 제어해보자. Wi-Fi와 통신을 담당하는 우노와 서보모터와 제어를 담당하는 우노이다. 이번에는 안드로이드 기반 스마트폰에서의 제어를 위해 Blynk 앱을 사용하였다. Blynk 라이브러리를 설치해주자. Blynk_Releasev_0.6.1(20년 3월 기준 최신버전) 파일을 내려받아 압축을 풀면, library 폴더와 tools 폴더가 보인다. 이 폴더 내에 있는 파일들을 각각 아두이노 library 폴더와 tools 폴더 내에 저장하자.

안드로이드 앱을 통해 Wi-Fi 통신으로 스위치 신호가 인가된다. 아두이노 A는 이 신호를 받으면 디지털 13번 핀을 HIGH 상태로 바꾸고, 다시 이 신호가 들어오면 LOW 상태로 전환한다. 이 신호는 아두이노 B의 디지털 8번 단자에 연결되는데, HIGH 상태이면 디지털 9번 단자에 연결된 서보모터를 180도 각도로, LOW 상태이면 0도 각도로 바꾸며 빌트인 LED도 함께 작동시킨다.

아두이노 우노 2개, 브레드 보드, 마이크로 서보모터, Wi-Fi 모듈, 9V 배터리, 배터리 홀더, 고정장치

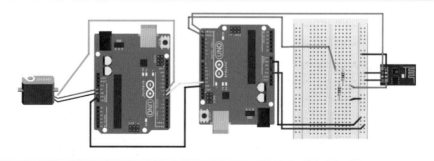

그림 9-18 전등 제어기 구성

먼저 안드로이드 플레이스토어에서 Blynk라는 앱을 내려받자. ESP-8266과 ESP-32 등을 활용하여 IoT 기능을 쉽게 구현하도록 도와주는 애플리케이션이다. 간단히 회원가입을 하고 New Project를 띄워보자. 가입 시 기입한 이메일로 토큰이 와있을 것이다. 이것을 아두이노 A 스케치에 입력하고, 공유기의 SSID와 비밀번호를 입력하자.

그림 9-19 Blynk 설치

앱에서 New Project를 선택하고, 프로젝트 이름을 기입하자(다음 그림에서는 SVM_CNTL로 기입). 이어서 하드웨어 선택(ESP8266)을 완료하면, 앱 내에서 아이콘과 상세설정 페이지로 넘어간다.

그림 9-20 Blynk 설정 #1

이번 예제에서는 BUTTON을 선택하였고, 버튼의 눌림에 따라 디지털 13번이 ON, OFF 동작을 하게 된다. 스마트폰 바탕화면에 아이콘까지 만드는 기능이 있으니 손쉽게 아두이노와 연동할 수 있다.

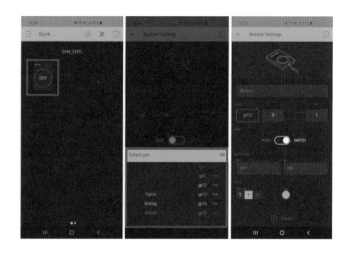

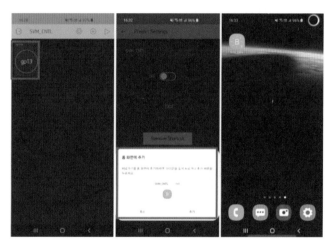

그림 9-21 Blynk 설정 #2

■ 안드로이드 앱으로 제어하기

예제 9-6   웹 브라우저로 서보모터 제어: 아두이노 A(App-Wi-Fi 통신)

```
#define BLYNK_PRINT Serial
```

```
#include <ESP8266_Lib.h>
#include <BlynkSimpleShieldEsp8266.h>
char auth[] = "XMd64-5sadz6MhzanmemcJZim1GmJsck"; //Blynk로부터 이메일로 받은 토큰값
char ssid[] = "MSLAWY";    //SSID
char pass[] = "77341592";   // 비밀번호
#define ESP8266_BAUD 9600
ESP8266 wifi(&Serial);

void setup()
{
  Serial.begin(9600);
  delay(10);
  Serial.begin(ESP8266_BAUD);
  delay(10);
  Blynk.begin(auth, wifi, ssid, pass);
}

void loop()
{
  Blynk.run();
}
```

예제 9-7　웹 브라우저로 서보모터 제어: 아두이노 B(서보모터 제어)

```
#include <Servo.h>

const int CNTL = 8;
const int LED = 13;

int CNTL_STATE = 0;
Servo SERVO;

void setup()
{
  Serial.begin(9600);
  pinMode(CNTL, INPUT);
```

```
  pinMode(LED, OUTPUT);
  SERVO.attach(9);
  digitalWrite(LED, LOW);
  delay(5000);
}

void loop()
{
 CNTL_STATE = digitalRead(CNTL);

 if(CNTL_STATE == HIGH)
 {
  digitalWrite(LED, HIGH);
  SERVO.write(180);
  Serial.println("HIGH");
  delay(2000);
  }

  else if(CNTL_STATE == LOW)
  {
   digitalWrite(LED, LOW);
   SERVO.write(0);
   Serial.println("LOW");
   delay(2000);
  }

   else
   {
    digitalWrite(LED, HIGH);
    delay(300);
    digitalWrite(LED, LOW);
    delay(300);
   }
}
```

Blynk 앱의 버튼 터치에 따라 아두이노 A와 B 각각의 빌트인 LED가 작동하는 것을 확인할 수 있다. 이어서 서보모터 제어가 원활히 이루어지는지 확인해보자.

9.7 센서노드로 침입자 감시 사물 인터넷에 도전

이번 절에서는 집이나 사무실에 침입자가 발생했을 때 알림을 주는 애플리케이션을 구현해보자. 사람이나 동물이 침입했을 때, 어떤 물리적 변화가 있을까? 직관적으로 생각나는 것을 나열해보면, 특정 구간을 지날 때 몸에서 발생하는 열, 발을 때며 움직일 때 발생하는 진동과 공기의 흐름 정도가 있겠다. 이번 절에서는 가속도 센서를 사용하여 침입자가 들어섰을 때의 진동을 감지하여 웹으로 알림을 주는 예제를 구현해본다.

기본 개념은 다음과 같다. 가속도 센서와 통신모듈로 구성된 하위 센서노드(Slave)를 침입자 이동 경로로 예상되는 곳에 배치한다. 하위 센서노드는 바닥에 배치되어 가속도 센서의 측정값을 들이고, 측정값을 상위 센서노드로 전송한다. 상위 센서노드는 하위 센서노드의 값을 읽어 들여 가속도 변화량이 설정한 기준값 보다 높으면, 침입자가 발생했다고 간주하고, Wi-Fi 모듈을 활용하여 알람을 발생시킨다. 하위 센서노드가 아주 많아지면 침입자의 이동 경로까지 시각적으로 표현할 수 있을 것이다. 물론 개별 센서노드 별로 전원 문제를 해결해야 실용적인 감시 시스템이 될 것이다.

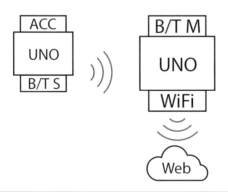

그림 9-22 침입자 감시 사물 인터넷 개념도

아두이노 우노, 브레드 보드, ADXL-335 가속도 센서(GY-61 보드), 블루투스 모듈, Wi-Fi 모듈, 슬라이드 스위치(또는 적절한 스위치), 9V 배터리, 배터리 홀더

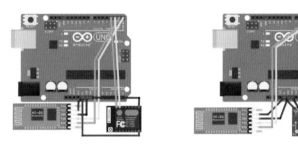

그림 9-23 침입자 감시 사물 인터넷 결선도

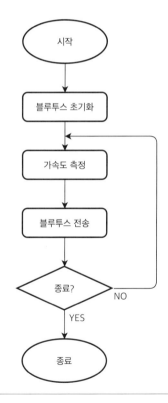

그림 9-24 하위 센서노드 순서도

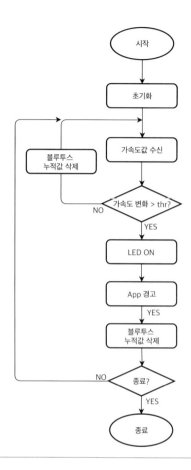

그림 9-25 상위 센서노드 순서도

이번 예제 또한 Blynk App을 사용하기에, 9.6절처럼 Blynk 라이브러리(library, tools)를 아두이노 폴더에 저장해야 한다. 다음 예제는 침입자 감지를 상위 센서노드에서 처리하도록 설정되어 있다. 하위 센서노드는 가속도 값을 상위 센서노드로 전송하는 역할만 하며, 그 값의 변화를 판단(현재 발생하고 있는 가속도 값이 이미 설정한 thr 절댓값을 넘는지로 판단함)하는 것은 상위 센서노드의 몫이다. 통신량을 줄이고 조금 더 간단하게 구성하고자 한다면, 하위 센서노드에서 움직음을 감지하고, 상위 센서노드로 특정신호 한 두개만 전송하는 것으로도 구성할 수 있다.

```
#include <SoftwareSerial.h>
SoftwareSerial BT_LOWER(2, 3);

int xpin = A0;
int ypin = A1;
int zpin = A2;

int x2 = 0;
int y2 = 0;
int z2 = 0;

void setup()
{
 pinMode(xpin, INPUT);
 pinMode(ypin, INPUT);
 pinMode(zpin, INPUT);

 Serial.begin(9600);
 BT_LOWER.begin(9600);
}

void loop()
{
 int x = analogRead(xpin);
 delay(1);

 int y = analogRead(ypin);
 delay(1);

 int z = analogRead(zpin);
 delay(1);

 BT_LOWER.write(x);
 BT_LOWER.write(y);
 BT_LOWER.write(z);
```

```
  delay(40);
}
```

```
#define BLYNK_PRINT Serial
#include <ESP8266_Lib.h>
#include <BlynkSimpleShieldEsp8266.h>
char auth[] = "XMd64-5sadz6MhzanmemcJZim1GmJsck";
char ssid[] = "MSLAWY";
char pass[] = "77341592";
#define ESP8266_BAUD 9600
ESP8266 wifi(&Serial);
#include <SoftwareSerial.h>
#define BT_UPPER_RX 4
#define BT_UPPER_TX 6

SoftwareSerial BT_UPPER(BT_UPPER_RX, BT_UPPER_TX);

const int LED = 13;

int thr;    // 가속도 값 감지를 위한 한곗값(Threshold)

int a = 0;
int b = 0;
int c = 0;
int d = 0;
int e = 0;
int f = 0;

int flag = 1;
int xx;                          //x축 차이값
int xx1;                         //x축 차이값의 절댓값
int yy;                          //y축 차이값
int yy1;                         //y축 차이값의 절댓값
```

```
int x;                              //x축 수신값
int x1;
int x2;
int y;                              //y축 수신값
int y1;
int y2;

void setup()
{
 Serial.begin(9600);
 BT_UPPER.begin(9600);
 Serial.begin(ESP8266_BAUD);
 pinMode(LED, OUTPUT);
 Blynk.begin(auth, wifi, ssid, pass);
 delay(100);
}

void loop()
{
 thr = 12;   // 가속도 값 한곗값(낮을수록 민감, 높을수록 둔감)
 Blynk.run();

 if(BT_UPPER.available())
 {
  a = x;
  b = y;
  c = x1;
  d = y1;
  e = x2;
  f = y2;

  byte data[6] = {0};             //수신값 배열 구조체
  byte len = BT_UPPER.readBytes(data, 6); //수신값 배열

  x = data[0];                    //각 변수에 수신값 저장
  y = data[1];
  x1 = data[2];
  y1 = data[3];
  x2 = data[4];
```

```
y2 = data[5];

if(flag == 1)
{                         //초기에 이전 값이 없으므로 현재 수신값을 저장
 a = x;
 b = y;
 c = x1;
 d = y1;
 e = x2;
 f = y2;
}
flag = 0;

xx1 = x - a;                  //방금 수신된 데이터와 이전 값의 차이
yy1 = y - b;
xx = abs(xx1);                //차이 절댓값
yy = abs(yy1);

Serial.print("  x = ");  //시리얼 모니터에 데이터 표시(x, y, 맵핑값, x차이값, y차이값)
Serial.print(x);
Serial.print("  y = ");
Serial.print(y);
Serial.print(" thr = ");
Serial.print(thr);
Serial.print(" xx = ");
Serial.print(xx);
Serial.print(" yy =  ");
Serial.println(yy);
Serial.print(" x1 = ");
Serial.print(x1);
Serial.print(" y1 = ");
Serial.print(y1);
Serial.print(" thr = ");
Serial.print(thr);
Serial.print(" xx =  ");
Serial.print(xx);
Serial.print(" yy =  ");
Serial.println(yy);
Serial.print(" x2 = ");
```

```
    Serial.print(x2);
    Serial.print(" y2 = ");
    Serial.print(y2);
    Serial.print(" thr = ");
    Serial.print(thr);
    Serial.print(" xx =  ");
    Serial.print(xx);
    Serial.print(" yy =  ");
    Serial.println(yy);
    delay(30);

    if((yy >= thr)||(xx >= thr))  //둘 중 하나라도 차이의 절댓값이 맵핑값 보다 크거나 같으면
    {
     digitalWrite(LED, HIGH);                  //동작 확인 LED
     Blynk.notify("Intruder detected");
     delay(5000);                              //5초간 유지
     flag = 1;                                 //초기화
     serialFlush();     //동작 중 블루투스 버퍼의 누적값 삭제
    }
    else
    {
     digitalWrite(LED, LOW);
     delay(10);
    }
     serialFlush();     //동작 후 블루투스 버퍼의 누적값 삭제
    }
  }

void serialFlush()
{
 while(BT_UPPER.available() > 0)
 {
  char t = BT_UPPER.read();
 }
}
```

그림 9-26 Blynk 알림 화면

　결국, 측정하는 물리값에 따른 센서와 작동 한곗값을 결정하고, 이에 따라 HIGH/LOW 또는 ADC값 따위의 신호를 전송하며, 해당 스위치 신호에 대해 어떤 동작을 발생시킬지 결정하여 액추에이터를 고르는 작업과 구현으로 거의 동일한 구성이다. 센서별, 통신방법별, 액추에이터의 주변회로, 작동방식 등에 따라 난이도나 구현방법에 차이가 있지만, 공통적으로 대부분 애플리케이션이 이와 유사한 흐름으로 진행된다.

10장
PCB 설계와 제작:
프릿징(fritzing)

아이디어를 구현하기 위한 목적으로, 여러 부품을 구매하고, 코딩한 결과를 MCU에 올리고, 각 부품을 브레드 보드에 꽂아 동작을 확인하거나 측정 결과들을 확인하는 일련의 과정을 거쳤다. 그런데 뭔가 빠진 느낌이 들지 않는가? 바로 장치의 포장이다. 장치의 구현도 중요하지만, 디자인 요소가 일의 매듭을 짓는 열쇠를 쥐고 있다.

프로토타이핑에서의 제작 효율성과 디자인은 마무리 요소로 중요한 부분을 차지한다. 외관이 아주 멋지더라도 그 내부가 브레드 보드나 만능기판에 얼기설기 납땜 된 것이라면 과연 제작성이 좋다고 말할 수 있을까? 또한, 구현된 회로장치를 허접한 플라스틱이나 종이 케이스로 감싼다면 어느 누가 그 물건에 흥미를 느끼겠는가? 물론 만들어서 혼자 쓰겠다면 상관없다.

이번 장에서는 최초 구현 및 프로토타이핑 후 대량 생산을 위해 생산성을 높이는 과정을 소개한다. 자른 기판을 사포질하고 구멍을 뚫어 소자를 납땜하고 연결을 위해 와이어를 다시 납땜하는 등의 활동은 생산성이나 효율성이란 단어와는 거리가 멀다. PCB 기판에 회로를 설계하고, 제작하여 그 기판에 소자를 조립하는 것이 훨씬 간편하고 시간 소모가 적으며, 외관도 훨씬 좋아진다.

기존의 PCB 설계용 도구로 PADS, OrCAD, Eagel 등 여러 가지 강력한 소프트웨어들이 있지만, 이 또한 배우고 익히는데 시간이 소요된다. 우리는 빨리해야 해야 하기에, 기능은 제한적이지만 신속히 배울 수 있는 프릿징(frizting)이란 도구를 소개하도록 한다.

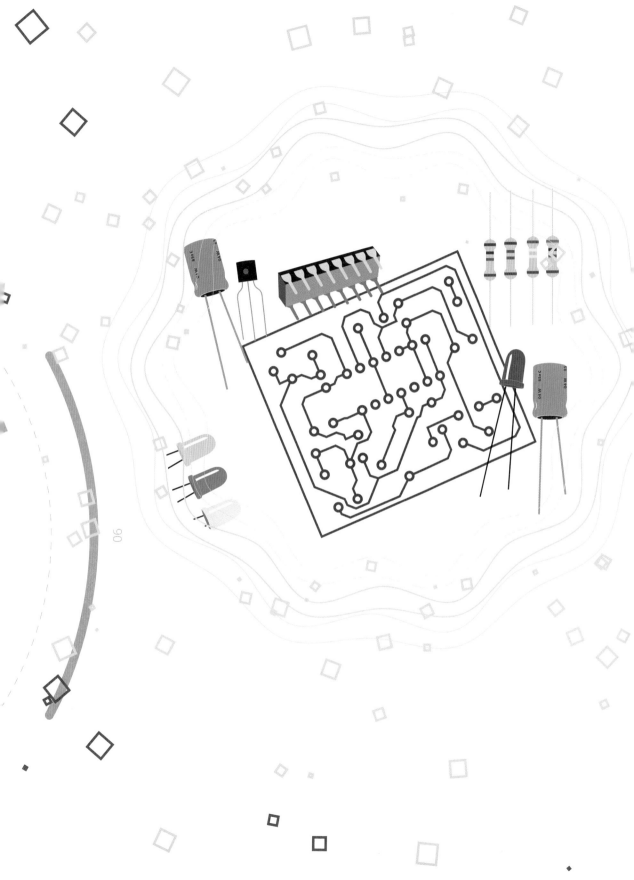

10.1 프릿징 개요

프릿징(fritzing)은 인쇄회로기판(Printed Circuit Board, PCB) 설계용 소프트웨어다. 즉 인쇄회로기판 설계도를 그릴 수 있는 오픈소스 소프트웨어로 이미지 파일과 PDF는 물론이고 PCB 제작업체에서 요구하는 거버(Gerber) 파일 제작까지도 지원한다. 거버 파일이란 인쇄 회로기판 제작 시 사용되는 파일 포맷으로 업계에서 표준으로 자리 잡고 있다.

PCB 제작용 회로도 외에도 브레드 보드 위에 소자가 올라간 구성(브레드 보드)이나, 간단한 회로도(스케메틱) 등 PCB 설계 이외의 애플리케이션도 지원한다. 또한, 여러 종류의 아두이노 보드와 각종 소자를 마우스로 끌어다 놓거나, 몇 번의 클릭만으로 회로패턴을 그릴 수 있는 등 직관적인 인터페이스와 사용성을 갖고 있다.

※ 사용하기 쉽다는 것은, 지원하는 기능이 적다는 것을 의미하기도 한다. 가령 프릿징은 1 레이어 PCB와 2 레이어 PCB 설계까지 지원하고, 3 레이어 이상은 지원하지 않는다.

설치 및 주요구성

프릿징 홈페이지(http://www.fritzing.org)에 접속하면 소프트웨어를 내려받을 수 있다. 약간의 기부금 형식의 금액을 지불(Paypal을 통해 지불할 수 있다)하고 나면 내려받을 수 있다. 위쪽 메뉴에서 [Download]를 누르면 구매 페이지가 나온다. 자신의 운영체제에 맞는 버전을 설치할 수 있으며 현재(2020년 2월)를 기준으로 0.9.4버전이다(2019년 12월 배포).

그림 10-1 프릿징 다운로드 페이지

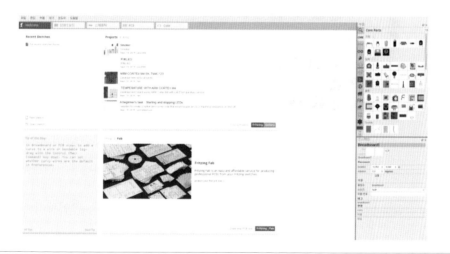

그림 10-2 프릿징 실행화면

 설치가 완료되었으면 프릿징을 실행해보자. **그림 10-2**는 프릿징 실행화면으로, 왼쪽의 메뉴와 주요 구성별 탭을 볼 수 있다. 오른쪽에는 프릿징에서 활용할 수 있는 '부품' 메뉴와 그 아래 '인스펙터' 메뉴로 구성되어 있다. 부품들은 몇 가지 카테고리로 나누어져 있고, 돋보기 그림을 클릭하면 키워드 검색을 이용해 세부적으로 선별할 수 있다. '인스펙터'는 해당 부품의 이미지와 버전, 속성, 태그 등을 나타낸다. **그림 10-3**에 해당 메뉴들을 나타내었으며 굉장히 쉽고 직관적인 메뉴들로 구성되어 있음을 알 수 있다.

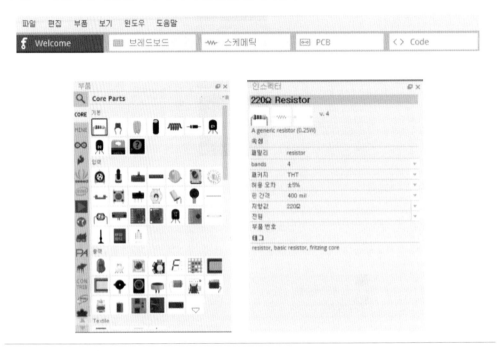

그림 10-3 프릿징 주요 메뉴 모음

　새로운 파일을 만들어 보자. '파일' '새로 만들기'를 클릭하면 새로운 팝업창이 생성된다. 화면의 초기 상태는 '브레드 보드 뷰'로, 브레드 보드 탭이 붉은색으로 표시되어 있다. 해당 탭들은 Welcome, 브레드 보드, 스케메틱, PCB, Code 순서대로 나타나 있으며, 각각의 탭을 클릭하면 해당 뷰로 화면이 전환된다.

10.2　PCB 설계

브레드 보드(Bread board)

　브레드 보드 뷰에서는 브레드 보드 상에 부품을 배치하여 회로를 구성하는 일을 할 수 있다. 화면 중앙에는 브레드 보드가 위치하고 오른쪽에는 부품/인스펙터 메뉴로 구성되어 있다. 기본적인 사용 방법은 오른쪽 부품 메뉴에서 필요한 부품을 고르고, 해당 부품을 드래그하여 브레드 보드 위에 올려놓는 것이다. 브레드 보드나 해당 부품을 클릭하여 회전시켜 배치를 조정할 수 있다.

그림 10-4 프릿징 브레드 보드 뷰 초기화면

　브레드 보드 또는 보드 상에 올려진 부품을 클릭하면 왼쪽 아래에 '회전' 탭이 활성화되고, 이를 클릭하면 시계 반대 방향으로 90도씩 회전한다(아이콘도 시계 반대 방향을 지시하고 있음). 브레드 보드 방향을 가로 또는 세로로 바꾸어 사용자의 편의성을 높이는 기능이다.

　이번에는 저항 두 개를 드래그하여 브레드 보드 위에 끌어 놓아보자. 그림10-5는 부품 메뉴의 첫 번째 그림(220Ω 저항)을 드래그하여 브레드 보드 위 서로 다른 위치에 올린 후, 저항 하나를 90도 회전시킨 그림을 나타낸다. 저항 양단에서 나오는 초록색 점은 브레드 보드 상의 해당 라인이 연결되었음을 나타내는데, 이는 실제 브레드 보드의 구성과도 같다(전원부는 수직으로 도통, 중간의 회로부는 수평으로 도통).

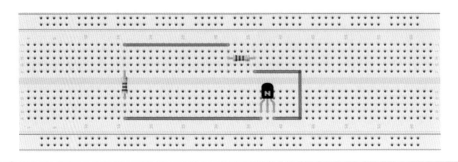

그림 10-5 브레드 보드 사용: 드래그 앤 드롭

소자 끝단이나 브레드 보드 홀을 클릭 후 드래그하면 소자나 브레드 보드 홀에서의 점퍼선을 만들 수 있다. 점퍼선을 생성한 이후 사용자가 원하는 포인트를 클릭하여 드래그하면 다른 방향으로 전환된다.

스케메틱(Schematic)

그다음 탭은 스케메틱 탭이다. 보통 '회로도'라고 부르는 도면의 형식이다. 브레드 보드와 마찬가지로 부품을 끌어다 공간에 배치하고 서로 연결하여 회로를 만들어 간다는 점에서 큰 차이는 없다. 참고로 브레드 보드, 스케메틱, PCB 모두 연결되어 있어서 하나를 바꾸면 나머지 탭에서도 관련 내용이 변경된다.

그림 10-6 fritzing 스케메틱 초기화면

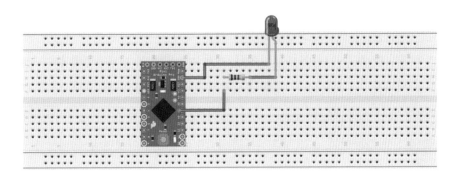

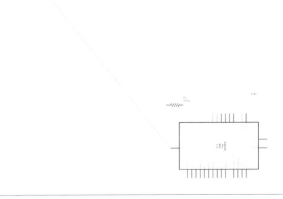

그림 10-7 프릿징 브레드 보드-스케메틱 변환

그림 10-7은 브레드 보드 상에 꾸민 회로를 스케메틱으로 변환한 것을 나타낸다. 변환은 '스케메틱' 탭을 클릭해주는 것으로 완료된다.

PCB

다음은 PCB 탭이다. 인쇄회로기판 설계를 위한 애플리케이션으로, PCB 설계와 제작을 위해서 가장 많이 사용될 것이다. 소자를 찾아 선택하고 세부사항을 확인한 후 마우스를 드래그하여 끌어다 놓으면 배치가 된다. 복사(Ctrl-c), 붙여넣기(Ctrl-v), 실행취소(Ctrl-z) 등 일반 문서에서 사용하는 단축키도 유효하게 적용된다.

[파일 – 새로 만들기]를 클릭해서 실행하고 새로 불러온 브레드보드 뷰에서 [PCB] 탭을 선택해보자. 깔끔한 기판이 나타난다. 설계 또는 제작에 있어 목적이나 방법 등에 차이는 있겠지만 보드 크기를 지정하는 것이 첫 번째 일로 보인다. 오른쪽 아래에 있는 인스펙터를 살펴보면, '속성'에서 선택 가능한 부분은 '레이어'와 '모양'이다. 레이어는 2레이어(양면), 1레이어(단면)이 선택 가능한데, PCB 내의 선로를 PCB의 윗면과 아랫면 두 군데로 할 것인가, 한 면만 할 것인가를 묻는 부분이다. 회로가 굉장히 단순하지 않은 이상 2레이어 이상이 되어야 쓸만할 것이다(그 이유는 뒤이어 그리드를 설명하고 난 뒤 알아보자).

모양에서는 여러 가지 모양의 기판을 선택할 수 있다. 각종 쉴드부터 타원형(Elipse), 사각형(Rectangle) 등을 선택할 수 있고, 폭과 높이를 밀리미터 단위로 지정할 수 있다. 다소 작은 크기인 58mm × 20mm로 설정해보자. 기판 크기가 그것에 맞게 조정되는 것을 확인할 수 있다.

이어서 움직임 단위를 지정해준다. 선택한 소자를 기판 위에 배치할 때 움직임 최소 단위다. 프릿징 실행화면의 위쪽 메뉴에서 [보기 – Set Grid Size]를 클릭하면 'PCB 뷰의 그리드 사이즈 설정'이란 팝업창이 생긴다. 인치 단위(in)와 밀리미터 단위(mm)로 선택, 입력할 수 있고, 수치가 낮을수록 정밀한 회로 배치가 가능하다(보드의 물리적 해상도 개념이라 생각하자).

하지만 수치에 반비례하여 처리속도가 떨어진다는 점을 의식하자. 그리드 간격이 촘촘하면 PC의 그래픽 성능에 따라 버벅댐이 느껴질 수 있으며, 괜히 클릭 몇 번 잘못하면 프로그램이 프리징되는 경우도 있다.

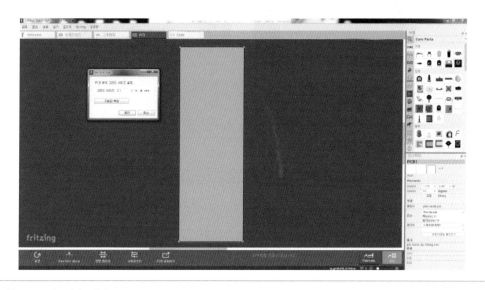

그림 10-8 그리드 사이즈 설정

다음 그림은 같은 크기의 기판을 그리드 사이즈 5mm와 1mm를 설정했을 때의 구성으로 기판에서 최소이동가능 간격을 확인할 수 있다. 저항 4개를 배치하였을 때, 5mm 간격의 기판은 소자 홀(Hole)의 위치가 넓어 기판을 벗어나기도 하지만, 1mm 간격의 기판에서는 촘촘한 간격을 유지한다. 이는 배선에서도 그대로 적용되므로 0.1mm 단위까지 내려와야 부품을 적절히 배치할 수 있다.

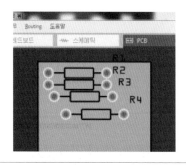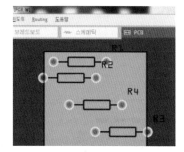

그림 10-9 그리드 사이즈 비교(왼쪽 1mm, 오른쪽 5mm)

　그리드 사이즈를 결정했으면 실제로 필요한 소자를 선택하여 이리저리 배치해보는 과정이 남았다. 소자의 속성과 관련된 사항은 다음 그림과 같이 조정할 수 있다.

　인스펙터에 'Placement'는 소자를 2레이어 기판의 상부(top)에 배치할지 하부(bottom)에 배치할지 정밀한 위치를 조정할 수 있다.

　PCB 설계에서 상부와 하부를 나누는 이유를 알아보자. 단면 PCB는 PCB의 상부(또는 하부)에만 와이어(선로)와 전자 소자가 인쇄, 조립된다. 즉 2차원 기판에서 사용할 수 있는 두 면 중에 한 면만 사용한다는 말이다. 양면은 상부와 하부를 모두 사용한다는 말이다. 조금 더 나아가서 4층 기판, 6층 기판들은 각각 4층과 6층으로 이루어져 있다. PCB 상부와 하부 사이의 공간에 2개 층 또는 4개 층이 더 존재한다는 이야기다.

　자, 다음 **그림 10-10**을 살펴보자. 왼쪽 그림에서 R1과 R2의 양단을 엇갈리게 연결해야 하는 제약조건이 있다고 하자. 만약 단면 PCB라면 가운데 그림처럼 엇갈리게 배치할 것이다 (소자 뒤쪽으로 빙 둘러서 연결하는 방법이 있지만, 사용예시를 설명하기 위해 인위적으로 이렇게 배치함). 이 경우에는 R1의 우측 단자와 R2의 좌측 단자의 와이어가 겹쳐져 쇼트가 발생한다. 하지만 PCB의 하부(뒷면)를 이용하면 오른쪽 그림처럼 엇갈리게 배치하더라도 쇼트가 발생하지 않는다. 기판의 면(레이어)를 몇 층에 나누어 설계하게 되면, 소자와 와이어 간의 자유도를 높일 수 있고, 기판 크기 또한 축소할 수 있다는 장점이 있다. 다만, PCB 제작에 비용이 올라간다는 단점이 있다.

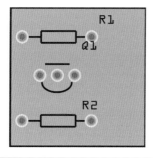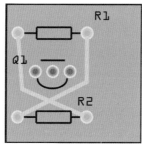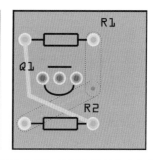

그림 10-10 상부(Top)-하부(Bottom) 예시(노란색: 앞면, 주황색: 뒷면)

　　그리고 여러 개의 소자를 선택할 때는 통상적으로 시프트(Shift)키를 사용하지만, 프릿징은 컨트롤(Control) 키를 사용한다. 소자 하나를 클릭하고 컨트롤 키를 누른 후 다른 소자, 그리고 또 다른 소자를 클릭하면 세 개의 소자가 선택(또는 선택 제외)된다. 더불어 소자의 인덱스 위치 또한 조정할 수 있다. 다음 그림에서 Q1의 인덱스 위치가 마음에 들지 않는다. 단자 위에 인덱스가 놓여있어서 보기 싫을 뿐 아니라, PCB 제작 후 인덱스가 단자 때문에 제대로 인쇄되지 않을 수 있다.

　　Q1 소자를 클릭한 후, 컨트롤 키를 누른 상태에서 Q1 인덱스를 드래그하면 위치를 이동시킬 수 있다.

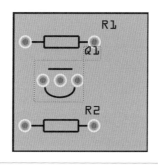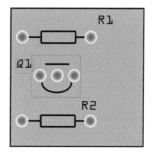

그림 10-11 컨트롤 키의 사용

프릿징은 소자별로 세부사항을 설정하거나 선택할 수 있다. 가령 저항을 클릭하면, 속성 '저항값' 메뉴에서 해당 소자의 저항값을 지정할 수 있으며, 다른 종류의 소자에 대해서도 해당 소자의 특성에 맞게끔 지정할 수 있도록 구성되어 있다. 커패시터는 패키지(DIP 타입, SMD 타입 등)와 내전압, 그리고 커패시턴스 값 정도가 선택사항이고, BJT는 패키지, 종류(PNP, NPN)와 각 핀의 구성(EBC, BCE, ECB 등) 등이 선택사항으로 제공된다.

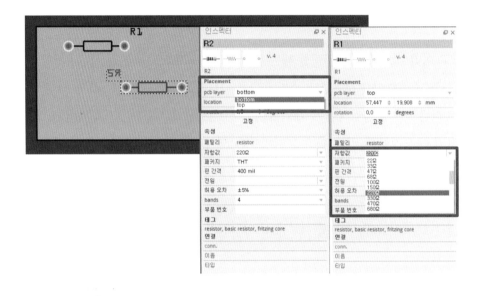

그림 10-12 소자 속성: 레이어, 저항값에 따른 선택

'패키지' 메뉴에서는 소자의 종류를 선택할 수 있다. 저항은 DIP 타입 또는 SMD 타입(저항의 경우 크기에 따라 0402, 0603, 0805 등)에 따라 분류되고, BJT는 NPN 또는 PNP, 그리고 해당 타입 내에서 각 핀의 구성에 따라 또 다른 선택이 가능하다.

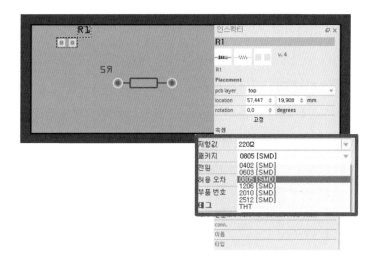

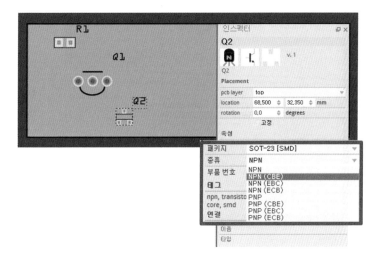

그림 10-13 소자 속성: 종류에 따른 선택

　이번에는 각 소자를 연결하는 방법을 알아보자. **그림 10-14**에서 R1의 오른쪽 핀을 클릭한 후 드래그하면 그 아래 그림과 같이 노란색 와이어가 형성된다. 이 선을 R2의 왼쪽 핀에 끌어당겨 놓으면 노란색 와이어가 완성된다. 이 와이어의 어떤 지점을 클릭하면 하나의 점이 생겨나는데, 이 점이 와이어의 분기점이다. 이 점을 중심으로 와이어 조작이 가능하다.

다음으로 와이어의 두께를 설정하는 메뉴가 있다. 이는 기판이나 와이어가 지나가는 지점의 전기적 특성 등에 따라 취사선택하는 부분으로 24mm가 기본값이다. 와이어 간의 간격이 매우 좁아 여유가 없을 때는 8mm나 12mm를, 전원 라인과 같이 굵은 와이어가 필요하면 32mm를 선택하는 등 그 구성을 달리할 수 있다.

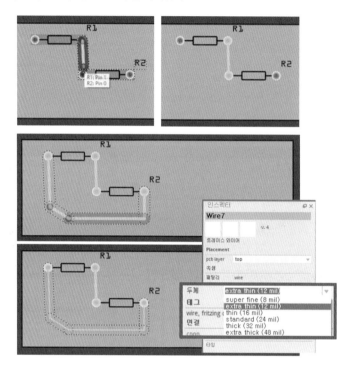

그림 10-14 와이어 형성과 속성

마지막으로 살펴볼 기능은 via이다. via는 '거치다', '경유하다'란 뜻을 가진 전치사인데, 기판 상부와 하부의 연결이 필요할 때 쓰이는 구성품이다.

다음 **그림 10-15**의 첫 번째 그림은 Q2와 R3 간 와이어링을 해야 하는 상황이다. Q2에서 R3로 직선 와이어링을 하면 R1과 R2 간 와이어에 겹치게 된다. Q2와 R3을 연결하기 위해

R1 상부로 돌아가거나, R2 하부로 지나가는 방법이 있지만, 이 경우에는 중간 그림처럼 via를 적용하면 깔끔해지게 된다. 기판 상부(top)에 위치한 Q2와 via 하나를 연결하고, R3와 via를 연결한다. 그리고 마지막 그림처럼 via와 via를 기판 하부(bottom)에서 연결하면 다른 와이어와 겹치지 않고 가장 가까운 거리로 연결할 수 있다.

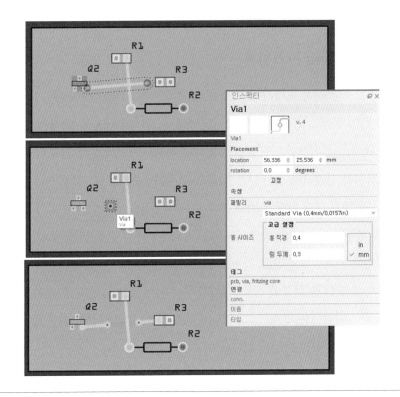

그림 10-15 via 활용

프릿징은 오토라우터(Auto Router) 기능을 제공하는데, 원하는 대로 배치해주지는 않는다. 어떤 경우에는 와이어가 엉켜서 쓸모없는 경우도 있으므로, 약간의 수고를 덜어주는 정도로만 생각하자.

그림 10-16 오토라우터 메뉴

예제: USB 선풍기 제어용 PCB 설계

USB 선풍기 제어를 위한 트리거 회로 구현을 위해 저항 1개와 NPN 타입 트랜지스터 1개를 배치하였다. 아두이노 프로 미니의 D5 단자에서 트리거 신호를 발생시키면 이는 저항 R1을 거쳐 트랜지스터의 베이스로 연결된다. 트랜지스터가 작동하면 콜렉터와 연결된 전원이 에미터의 접지와 연결되어 모터 구동 회로를 연결하는 메커니즘이다.

이 회로를 구현하기 위해 해당 소자를 오른쪽 '부품' 필드에서 하나하나 가져와 배치한다. 트랜지스터의 경우 NPN, PNP 타입, DIP 타입, SMD 타입 등 여러 종류의 샘플을 확인할 수 있고, 해당하는 항목을 기판으로 가져오면 된다. 저항과 프로 미니 등도 가져온 후 배선작업을 수행하며, 소자의 홀 부분을 클릭, 드래그하여 이어지는 소자의 홀에 가져다 놓음으로써 이어진다. 앞서 이야기한 것처럼, 그리드 사이즈 설정치가 크면 배선 구성이 다소 딱딱하게 진행되고, 설정치가 작으면 배선 형태를 매끄럽게 만들 수 있다.

그림 9-15에서 다이오드 D1과 프로 미니의 Raw 단자로 들어가는 전원 입력 라인과 R1-D5 연결라인이 겹치는 것을 확인할 수 있다. 양면기판에서 한쪽에서 두 라인이 겹쳐서는 안 되므로 같은 면 상에서 서로 피해가거나 다른 면으로 배치하는 방법을 적용한다. 실제 해당 라인을 클릭하여 인스펙터 내용을 보면 'Placement'의 'pcb layer'가 서로 다름을 알 수 있다. 한쪽은 Top, 다른 한쪽은 Bottom으로 구성하여 서로 만나지 않도록 구성하였다. 또 다른 방안으로는, 하나의 홀을 두고 Top층과 Bottom층이 만나도록 하는 Via 처리가 있다. Via 홀에서 Top 라인과 Bottom 라인을 연결하는 방법이다.

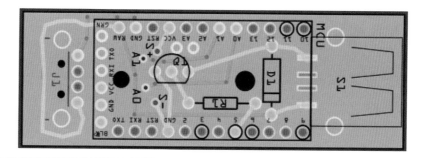

그림 10-17 소자 배치와 배선 구성

    생각한 회로가 PCB 상에 그려졌으면 소자 간 연결부터 와이어 중복 유무 등을 점검하고 거버 파일을 생성한다. 이를 거버(Gerber) 파일로 변환할 차례다. 거버 파일은 작성된 회로도를 PCB 제작업체에 의뢰하기 위한 형태(Format)로, [파일 – 내보내기 – 생산을 위해 – Extended Gerber(RS-274X)]를 클릭하여 완성할 수 있다. 이로써 PCB 제작을 위한 한 걸음이 완성된다.

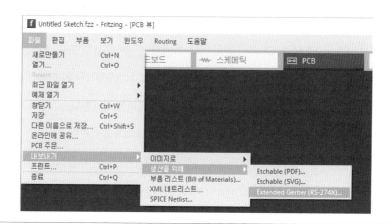

그림 10-18 거버 파일 만들기

10.3 PCB 제작

PCB 제작 사양

이제 PCB 제작업체를 찾아볼 차례다. 몇 장 수준의 샘플 PCB를 제작하여 부품 조립과 성능 검증을 수행하고, 문제가 없으면 필요한 양만큼 생산하는 과정이다. PCB 제작 전 몇 가지 선택사항이 있는데, 이에 따라 가격이 결정된다. 물론 제작업체별로 가격 차이가 있으니 최소한 세 군데는 비교해보자. 일정 규모 이상의 업체들은 홈페이지상에서 선택사항 입력을 지원하므로 짧게는 수 시간 안에 이메일을 통해 견적을 받아볼 수 있다.

만족스러운 견적을 받았으면 거버 파일을 업체에 보내고 PCB 제작을 진행한다. 다음은 PCB 제작 시 선택사항에 관한 내용이다.

- **두께**: 0.2T, 0.4T, 0.6T, 0.8T, 1.0T, 1.2T, 1.6T, 2.0T, 2.4T, 3.2T 중에 선택하며 1.6T가 일반적인 수준이다.
- **재질**: FR-1, FR-4, CEM-1, CEM-3 등이 있고, 특별한 요구사양이 없으면 FR-4를 적용한다.
- **레이어**: 1 레이어, 2 레이어, 4 레이어, 6 레이어, 8 레이어, 10 레이어 등을 선택할 수 있는데, 프릿징은 2 레이어 설계까지 지원하므로 1 레이어 또는 2 레이어를 적용한다.
- **수량**: 보통 4~8개 PCB를 기본으로 수량이 추가될수록 가격이 올라간다.
- **크기**: PCB의 크기를 기입하며, 양산시에는 단위 면적에 따라 수량이 결정된다. 즉 1.2m x 1.2m 기판이 단위 면적이라면, 금액은 1.2m x 1.2m 한 판에 적용하고, 수량은 해당 면적 나누기 설계된 PCB 크기로 결정된다. ex) 120mm x 100mm짜리 기판은 한 판에 120개가 나온다.
- **납기**: 1박 2일, 2박 3일, 3박 4일 등 납기가 짧을수록 가격이 올라가며, 2박 3일이 기본적인 일정이다.

만능기판

그림 10-19 만능기판과 회로 구성

PCB 제작 전, 만능기판을 이용해 한 번 더 검증하는 과정을 갖기도 한다. PCB와 기구부 간 기계적 간섭 여부를 검토하거나, PCB 설계/제작 전에 조금 더 빨리 그럴듯한 시제품이 필요하거나 등등의 이유로 PCB 제작 전 만능기판에 납땜하여 작동성, 조립성을 확인할 수 있다.

제작된 PCB에는 소자를 조립, 납땜하면 모든 회로 연결이 완성되지만, 만능기판에는 배선 (와이어링)까지 해야 한다는 불편함이 있다.

PCB 설계 및 제작 과정을 요약하면 다음과 같다.

① 세부 회로 설계

회로를 설계하고 브레드 보드 상에 회로를 구현하여 작동성을 확인한다.

② 기판 크기 지정

회로의 복잡성, 사용 목적, 기구 설계를 감안하여 적절한 기판 크기를 결정한다.

③ 그리드 사이즈 설정

기판의 크기나 배선의 구조에 따라 그리드 사이즈를 설정한다. 최소 사이즈로 결정하는 것이 소자 배치 및 와이어링 작업에 유리하다.

④ 소자 배치 및 와이어링

설계된 회로도 대로 소자를 배치하고 와이어링한다. 같은 층에서 와이어가 겹치는 경우에는 멀리

돌아가거나, via 홀을 이용해 다른 층(Top 또는 Bottom)에 배치한다.

⑤ 검증 및 거버 파일 생산

PCB 설계가 완료되면 소자 간 연결성과 와이어 간 중복 여부를 확인한 후 거버 파일을 추출하여

PCB 제작을 진행한다.

필요하면 PCB 제작 전 만능기판을 이용해 제작, 검증해본다.

프릿징은 처음 쓰는 사람도 사용하기 쉬워 기판 제작까지의 시간을 줄여준다는 장점이 있으나, 지원하는 소자들이나 구조가 제한되어 있어 원하는 소자를 집어넣기 힘든 경우도 발생한다. 이런 경우, 주어진 소자 또는 구성을 이용해 기판을 짜 맞추는 방법으로 해결하거나, 다른 도구를 사용하는 것이 바람직하다.

11장
3D 프린터와 3D 모델링: Autodesk 123D

오픈소스 소프트웨어로 세상이 굉장히 많이 바뀌었다. 스마트폰 대중화의 기폭제는 iOS였으나, 오픈소스 안드로이드가 없었더라면 스마트폰 시장이 지금만큼 커졌을까? 아두이노, 라즈베리 파이와 같은 오픈소스 하드웨어가 유료였더라면 지금처럼 쉽고 적은 비용으로 시제품을 만들어 볼 수 있었을지 의문이다. 그 유효성은 논외로 치더라도 초/중등학교에서 불고 있는 코딩 교육 또한 이 영향에서 벗어날 수 없다.

어떤 제품에 있어서 기술적 진입장벽도 중요한 요소지만 가격 또한 절대 무시할 수 없는 요소이다. 수십만 원짜리 3D 프린터가 나온들, 3D 모델링용 소프트웨어가 수백, 수천만 원이라면 대중이 3D 프린터의 보급을 느끼는 것은 힘든 일일 것이다. 특히 Autodesk 123D와 같이 직관적인 인터페이스를 가진 무료 제작 도구가 있기에 3D 프린터라는 도구의 기술적 진보성이 더 빛나게 된다.

이번 절에서는 시제품의 기계부를 설계하고 제작하기 위해 손쉽게 활용할 수 있는 Autodesk사의 Autodesk 123D를 소개하고, 3D 프린터에 관해서도 간략하게 알아본다.

11.1 3D 프린터

이번 절에서는 오픈소스 소프트웨어인 Autodesk 123D를 사용하여 3D 모델을 만들고, 3D 프린터로 출력하는 과정, 즉 종합적 프로토타이핑에서 기구부의 마무리를 짓는 내용을 살펴 본다.

4차 산업혁명이란 주제에서 빠짐없이 등장하는 3D 프린터는 3D 모델을 바탕으로 입체적 인 물체를 만들어낸다. 일반적인 사무용 프린터는 문서파일이나 그림파일을 토대로 잉크나 레이저를 가하여 2D 문서를 만들어내는 기능이 있다. 3D 프린터는 여기서 자유도를 한 차 원 더 넓힌 개념이다. 사무용 프린터가 종이, 코팅지 따위의 2D 표면에 그림을 그리듯 인쇄 하는 것과 달리, 3D 프린터는 플라스틱 수지로 이루어진 시료를 분사하여 층(Layer)을 쌓아 간다. 층이 여러 겹, 여러 방향으로 쌓여가며 물체를 만들어 간다는 것이 기존의 것과 구별되 는 점이다.

잉크젯, 레이저 프린터를 이용하려면 hwp, pdf, bmp 파일 등 PC를 다룰 수 있는 사람이라 면 작성이 어렵지 않은 문서파일이나 그림파일 작성 작업 정도를 요구한다. 반면, 3D 프린 터를 직접 사용하기 위해서는 STL(STereoLithography) 파일이 필요하며, 이를 만들기까지의 과정, 방법을 숙지해야 한다. 물론 스케치 수준의 도면을 작성하여 전문업체에 의뢰하는 방 법이 있으나, 그에 따른 3D 모델 설계/제작 비용이 증가하므로 작성방법을 익혀두는 것이 여러모로 좋다.

3D 모델만 있으면 3D 프린터를 보유하고 있는 업체, 또는 무료로 이용할 수 있는 기관(국 립과학관, 지역별 테크노파크, 지역별 창조경제혁신센터 등)에서 출력할 수 있다. 예전 가정용 PC 와 프린터 보급이 낮을 때 PC방에서 유료 프린팅 서비스를 제공했던 것처럼, 3D 프린터를 보유하고 3D 프린팅 서비스를 제공하는 업체 또한 늘어나고 있다. 그리고 지역에 소재한 과 학관에서 운영하는 무한상상실, 정부의 창업지원 정책으로 운영되는 지역별 창조경제혁신 센터의 3D 랩 등지에서 무료로 이용할 수 있다. 이용 절차와 시간이 걸려 한두 번은 이용하

겠지만, 수시로 뽑기 위해서는 저렴한 FDM 타입 3D 프린터 한 대 구매를 추천한다.

그림 11-1 무한상상실 홈페이지(http://www.ideaall.net)

3D 프린터의 종류

미국의 몇몇 3D 프린터 관련 핵심 특허가 만료되며 3D 프린터의 대중화가 일어났다. 그간의 반도체, 센서 기술의 발전도 있었지만, 수천만 원을 호가하던 제품이 수백만 원, 수십만 원 선으로 내려온 것은 특허 만료 이후 오픈소스 운동이 시작될 수 있었기 때문이다.

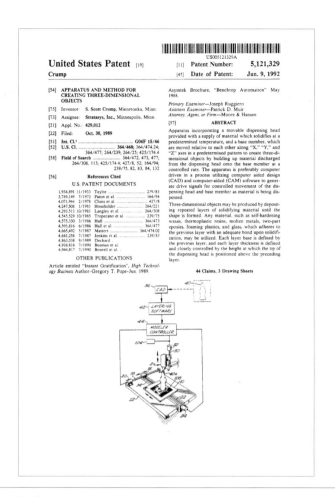

그림 11-2 만료된 FDM 관련 특허

    3D 프린터는 작동방식에 따라 크게 세 가지 종류로 나뉜다. 고체 필라멘트를 사용하며 가장 대중적인 FDM(Fused Deposition Modeling) 방식, 액체 재료를 적용하여 FDM 방식보다 조금 더 나은 결과물을 생산해내는 SLA(Stereolithography Apparatus) 방식, 그리고 분말 재료를 이용한 SLS(Selective Laser Sintering) 방식 등이 있다. 이외에도 조금씩 변형된 방식의 3D 프린터들이 있으나, 일반인이 접하기엔 아직 먼 나라 이야기로 보인다. 가장 대중적인 방식은 FMD 방식과 SLA 방식이다.

주변에서 가장 쉽게 접할 수 있는 방식이 FDM 3D 프린터로 1~3mm 굵기의 가는 플라스틱 릴(이 재료를 필라멘트라고 함)에 열을 가하여 바닥부터 쌓아가며(적층) 만드는 방식이다. 다른 방식에 비해 가격이 싸고 재료가 저렴한 편이지만, 가장 덜 정밀하다. 프로토타입을 만드는 데 있어서 가격 대 성능 비는 가장 좋은 편이다.

SLA 방식은 레진(Resin)과 같은 액화 상태의 재료를 레이저로 녹이며 적층하여 제품을 만드는 형식인데, 작업 시 화공품 냄새가 난다는 단점이 있고, 재료도 싸지 않은 편이다. 다만 액상 재료를 녹여 만드는 만큼 FDM 방식처럼 결과물에 층이 생기진 않으며, 전반적인 품질 또한 FDM 방식에 비해 좋은 편이다.

다음은 시중에서 구매할 수 있는 몇 가지 3D 프린터 모델을 나타내고 있다. FDM 타입만 하여도 유럽이나 미국업체의 정품부터 시작하여 중국산 카피품까지 그 종류가 매우 다양하여 선정에 꽤 애를 먹었다.

리플리케이터 2(Replicator)　　　　얼티메이커 3(Ultimaker)　　　　FORM 2

그림 11-3 다양한 3D 프린터

왼쪽부터 메이커봇(Makerbot)사의 리플리케이터(Replicator) 2, 얼티메티커(Ultimaker)사의 얼티메이커(Ultimaker) 3, 폼 랩(Form Lab)사의 FORM 2이다. 리플리케이터 2와 얼티메이커 3는 FDM 타입, FORM 2는 SLA 방식이다. 제품 구매를 위해 며칠간 검색에 검색을 거듭하였는데, 제조사와 제품 종류가 상당히 많아서 후보군을 추려내기까지도 꽤 시간이 걸렸다.

필자는 무난한 FDM 방식의 3D 프린터를 구매했는데, 선정에 결정적인 요소로 사용법 교육, 후속 지원, 최신모델을 고려하였다. 저가의 중국산 카피품도 고려하였으나, 새로운 기계 사용법 숙지에 걸리는 시간과 노력보다 자금을 더 투입하는 것으로 마무리하였다.

필라멘트(Filament)라고 불리는 3D 프린터의 재료는 롤(Roll) 형태로 제공된다. 3D 프린터에 장착된 모터로 필라멘트를 코어 쪽으로 밀어내어 출력하는 구조이기 때문이다. FDM 타입 3D 프린터용 필라멘트는 플라스틱 소재부터 나무, 코르크, 금속 소재까지 다양하게 분포되어 있다.

기본적인 필라멘트인 PLA(PolyLactic Acid)는 옥수수와 사탕수수에서 추출한 전분으로 만든 친환경적 소재이다. 플라스틱 소재와는 달리 녹이거나 열을 가해도 냄새가 나지 않고 해로운 요소 또한 거의 없는 편이다. 수축이 적고 기포 발생이 적지만 후가공이 어렵다는 단점이 있다.

플라스틱 합성수지인 ABS(Acrylonitile Poly-Butadiens Styrene) 또한 필라멘트의 주 소재인데, 이는 후가공이 쉽고 강도가 강하지만, 출력 시 냄새가 나고 저온에서(겨울철) 수축이 일어난다는 단점이 있다. 이 외에 목재 소재와 실리콘, 금속 소재 등을 이용할 수 있다.

근래에 들어 듀얼코어 타입, 즉 3D 프린터 코어가 2개인 모델들이 출시되고 있는데, 하나에는 필라멘트를 출력하고, 나머지 하나는 PVA(PolyVinyl Alcohol)라는 소재를 출력하도록 구성되어 있다. 수용성 필라멘트인 PVA는 출력 후 물에 수 십분 간 담가 두면 흐물흐물해지거나 녹은 상태로 변하여 서포터를 제거하기 쉽다는 장점이 있다.

※ PVA와 서포터(Supporter)

　3D 프린터 작동 중에 출력물이 흔들리거나 출력물 내부에 구멍을 뚫을 때 지지대가 필요하다. 이 지지대를 서포터라고 하며 출력 후 출력물에서는 제거해야 한다. 만약 ABS 소재로 출력된 출력물에 같은 소재의 서포터가 사용되면 칼이나 니퍼로 깔끔하게 제거해야 하는데, 이를 제거하기가 쉽지 않다. 출력물 내부에 있는 서포터라면 더더욱 제거하기가 쉽지 않을 것이다. 이 작업을 쉽게 할 수 있는 것이 수용성 서포터(PVA)를 사용하는 것인데, 물에 녹는 소재이다 보니 여름철 관리에 주의를 기울여야 한다. 높은 습도로 인해 필라멘트가 흐물흐물해져 사용할 수 없게 되기 때문

3D 프린터 구매

3D 프린터가 없더라도 정부기관, 프린팅 대행업체를 활용하여 출력할 수 있다. 하지만 이왕 어떤 프로토타이핑을 시작하려 했으면 3D 프린터 한 대쯤은 갖고 있는 것이 편하다. 무엇보다도 시간을 절약해주기 때문이다.

가장 대중적이고 저렴한 FDM 타입 3D 프린터에 한정하여 살펴보면 대체로 20만 원 후반 ~600만 원 정도에 분포되어 있다. 최근에 출시된 제품일수록 고가이고, 기능은 노즐 직경, 수용성 서포터(PVA) 유무, 출력 속도, 인터페이스, 모니터링 카메라 탑재 유무 등에서 차이가 있다. 더불어 3D 프린터의 정품 유무, PVA 사용 같은 특별한 기능 유무, 조립, 세세한 설정 필요 유무 등도 가격 스펙트럼이 넓은 이유 중 하나이다.

기구물을 빨리 출력해서 적용성을 확인하고 다음 단계로 넘어가고자 한다면 최신 기능은 그리 중요치 않을 것으로 예상한다. 3D 프린터에 관해 알아볼 시간 여유가 있다면, 중국제품이나 중국산 복제품을 추천한다. 가격 측면 메리트가 굉장히 크기 때문이다. 성능에 비해 '0'이 하나 덜 붙은 정도의 차이다. 관세와 부가세를 감안하더라도 상당히 메리트 있는 가격이다.

단, 제품 구매 후 조립을 직접 해야 하고 A/S 소요가 발생해도 직접 고치는 방법 외엔 뾰족한 수가 없다는 점, 그리고 해당 기기를 조작하는데 투입되는 시간 등에 제약이 있다.

그림 11-4 중국산 3D 프린터(www.aliexpress.com)

11.2　Autodesk 123D와 3D 모델링

설치 및 프로그램 메뉴

　3D 모델을 제작하기 위한 도구로 AutoCAD로 유명한 Autodesk사의 Autodesk123D를 소개한다. Autodesk 123D는 프리웨어로 굉장히 유용한 애플리케이션인데, 2017년 공식 지원 서비스가 중단되었다. 출판사 홈페이지 자료실에 설치파일을 올려두었으니 내려받자.

　각 운영체제에 맞는 설치파일 내려받기가 완료되면 프로그램 설치파일을 실행시켜 설치를 진행한다.

그림 11-5 123D 설치 진행

    다음 그림은 Autodesk 123D를 처음 실행했을 때의 화면이다. 격자가 그려진 평면이 펼쳐져 있고 위쪽에 프로그램 메뉴와 명령어 메뉴, 그리고 오른쪽의 툴바로 구성되어 있다. 왼쪽 위의 탭에 커서를 가져다 대면, 10여 개의 하위 항목이 나타난다. 항목별 내용은 다음 **표 11-1**과 같다.

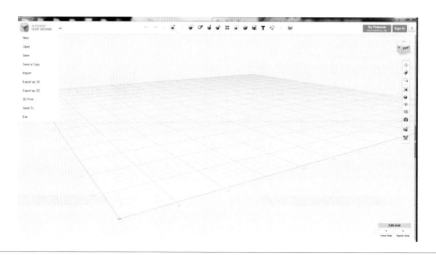

그림 11-6 첫 실행화면

표 11-1

메뉴명	내용
New	새 모델링 파일을 생성한다.
Open	저장된 모델링 파일을 불러온다. Autodesk 123D에서는 *.123d, *.123dx, *.123c, *.stp, *.sat 형태의 확장자를 갖는 파일을 불러올 수 있다.
Save	생성/작성된 모델링 파일을 저장하거나, 덮어쓴다. 저장경로는 PC 또는 클라우드로 지정할 수 있다.
Save a Copy	생성/작성된 모델링 파일을 다른 이름으로(별도로) 저장한다. 경로는 PC 또는 클라우드로 지정할 수 있다.
Import	3D 모델을 불러오는 기능이다. STP 파일 등을 불러올 수 있는데, 사용자의 PC 외에도 갤러리(라이브러리) 등에서 이미 작성된 샘플을 이용할 수 있다.
Export as 3D	작성된 내용을 3D 형식으로 내보낸다. STL, STEP, SAT 형태 등으로 내보낸다.
Export as 2D	작성된 내용을 DWG, DXF 등 2D 형식으로 내보낸다.
3D Print	PC와 연결된 3D 프린터가 있으면 이 메뉴를 통해 출력할 수 있다.
Send To	저장된 모델링 파일을 Meshmixer, 123D Make과 같이 연결 가능한 다른 파일로 내보낸다. 이는 해당 애플리케이션이 설치되어 있어야 가능하다.
Exit	Autodesk 123D 프로그램을 종료한다.

단위

Autodesk 123D에서도 PCB 제작 도구 프릿징의 그리드 사이즈를 설정하는 것과 같이 격자의 기본 단위를 설정할 수 있다. 오른쪽 아래에 있는 'Edit Grid' 항목을 클릭하면 **그림 11-7**과 같은 팝업창이 뜬다. 여기서 단위(mm, cm, inch 단위 선택 가능)와 3D 모델이 그려질 바탕의 크기 설정이 가능하며, 'Use a Preset' 항목을 클릭하면 Autodesk 123D에서 이미 설정된 특정값 이용도 가능하다.

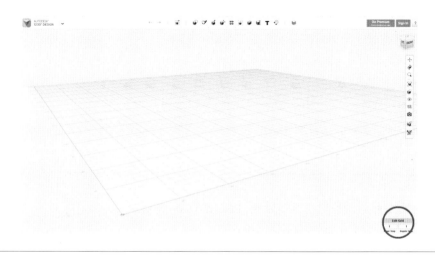

그림 11-7 격자 기본단위 설정

그림 11-8 격자 기본단위 설정

명령어 메뉴

3D 모델링을 위한 명령어 메뉴가 어떤 것들이 있는지 살펴보자. 명령어 메뉴는 Autodesk 123D 실행화면 상단에 아이콘 모음으로 구성되어 있다.

그림 11-9 명령어 메뉴

Undo/Redo

Undo는 실행한 작업을 다시 되돌릴 때, Redo는 Undo 명령 후 Undo 명령을 취소할 때 사용한다. 단축키 Ctrl+Z, Ctrl+Y 로 쉽게 적용할 수 있다.

그림 11-10 Undo/Redo 명령어

Transform

작업한 모델링의 위치, 방향, 정렬, 스케일링 (Scaling), 측정 등을 수행할 수 있다.

그림 11-11 Transform 하위 메뉴

Primitives

Autodesk 123D는 기본적으로 직육면체(Box), 구(Sphere), 원통(Cylinder), 원뿔(Cone), 도넛(Donut), 쐐기(Wedge), 프리즘(Prism), 피라미드(Pyramid), 반구(Hemisphere) 등의 기초 도형(Primitives)을 제공하며, 기초 도형을 수정하여 또 다른 모델로의 변환이 가능하다. 가령 직육면체를 정육면체 또는 직각 육면체로 만들거나, 높이가 긴 형태의 원뿔 또는 낮고 펑퍼짐한 원뿔 등 여러 모양으로 변환하여 사용할 수 있다. 만들어진 기초 도형들을 서로 합치거나 선택한 도형의 해당하는 부피만큼을 제거하여 원하는 3D 모델을 만들어 가는 것이 포인트다.

그림 11-12 Primitives 하위 메뉴

Sketch

평면 위에서 어떤 형상을 그리는 명령어이다. Primitives 명령어에서 제공하는 도형 외에 더 복잡한 형상을 요구하는 경우 적용한다. 평면에서 모델링 후 수직 방향으로 들어 올려 입체적 형상으로 변환한다.

그림 11-13 Sketch 하위 메뉴

Construct

Primitives 명령어와 함께 가장 많이 쓰이는 명령어다. 해당 모델을 밀어내거나, 회전시켜 형상을 만들어 내거나, 서로 연결하여 새로운 형상을 만들어낸다.

그림 11-14 Construct 하위 메뉴

Modify

만들어진 모델 형상을 변화시키는 명령어로, 모델의 높낮이를 조정하거나, 경사를 주는 역할, 그리고 모서리를 사포로 간 것과 같이 둥글게 만들거나 깎아내는 명령어를 포함한다. 또 모델을 두 개로 나누거나 속이 꽉 찬 모델 내부에 공간을 만드는 명령어 등이다.

그림 11-15 Modify 하위 메뉴

Pattern

모델에 대해 같은 패턴의 수정사항을 적용할 때 사용한다. 일정 간격, 일정 각도에 대해 같은 패턴의 형상을 만들거나, 어떤 면에 대해 대칭되는 형상을 만들 수 있다.

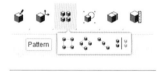

그림 11-16 Pattern 하위 메뉴

Grouping

만들어진 여러 개의 모델을 하나의 모델로 묶어주는 명령어이다. 하나로 묶거나 모든 또는 일부 그룹을 해제할 수 있다.

그림 11-17 Grouping 하위 메뉴

Combine

여러 개의 모델을 하나의 모델로 결합한다. Grouping 명령어는 단지 한 그룹으로 묶이는 것이지만, Combine은 아예 완전한 하나의 모델로 결합한다는 점이 다르다. 그리고 서로 다른 두 모델을 겹치게 하여 하나의 모델이 가지는 면적을 삭제하여 새로운 형상으로 만들어주기도 한다.

그림 11-18 Combine 하위 메뉴

Measure

모델의 길이, 각도를 측정하는 명령어이다. 만들어진 모델의 치수를 측정하는데 요긴하게 쓰인다.

Text

글자를 쓸 수 있는 명령어다. 모델의 특정 면에 어떤 작업, 목적을 위한 내용이라 표기하여 작업 효율성을 높일 수 있다.

Snap

Snap은 하나의 모델을 다른 모델에 붙이는 명령어이다. 단지 다른 모델 위에 두는 것으로 결합하거나 고정되어 있지는 않다. 자석 같은 아이콘이 말해주듯 단지 붙어 있는 정도의 효과를 보여준다.

Material

모델에 질감을 부여하는 명령어이다. 나무, 금속, 유리, 플라스틱 질감 등 기본적인 물질의 재질을 부여한다.

예제: 상자 만들기

40mm × 20mm × 10mm 크기를 갖는 상자와 덮개를 만들어 보자.

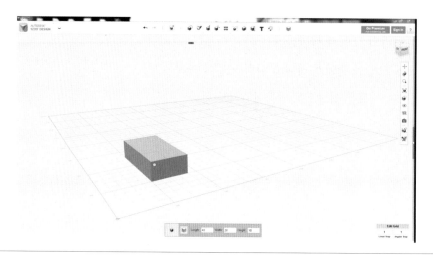

그림 11-19 큰 직육면체 만들기(외부공간)

기초 도형을 토대로 3D 모델링이 진행되는 내용이므로, 먼저 기초 도형을 만드는 법을 따라가 보자. 'Primitives' 탭에 커서를 가져다 대면, 선택 가능한 기초 도형이 나타난다. Box를 클릭하면, 화면 하단에 직육면체의 크기를 지정하는 팝업이 나타난다. 길이 40mm, 폭 20mm, 높이 10mm로 입력 후 커서를 격자 내로 가져다 대면, 해당하는 크기의 직육면체가 나타나고, 특정 위치에서 클릭하면 완성된 직육면체(큰 직육면체로 지칭)가 나타난다. 이어서 30mm × 10mm × 5mm 크기를 갖는 직육면체(작은 직육면체로 지칭)를 하나 더 생성시킨다. 이는 내부 공간을 확보하기 위한 직육면체로, 큰 직육면체 내에 삽입하여 해당 공간을 삭제(Substract)하기 위해 사용된다.

작은 직육면체를 클릭, 드래그하여 큰 직육면체에 삽입하는 방법이 있으나, 이는 굉장히 부정확하므로 추천하지 않는다. 수평 이동 기능을 사용하여 각각의 도형을 겹쳐놓는 방법이 정확하다.

그림 11-20은 만들어진 큰 직육면체와 작은 직육면체를 나타낸다. 작은 직육면체에 커서를 갖다 댄 후 클릭하면 아래에 팝업창이 뜬다. 이어 'Move' 아이콘을 클릭하면 직육면체 상에 x, y, z 3축에 대해 이동할 수 있는 화살표, 회전축이 보이고, 거리 입력창이 생성된다. 화살표 방향으로 이동 시 이동량만큼의 숫자를 적어주고, 화살표 반대편으로 이동 시에는 마이너스를 붙여 입력한다.

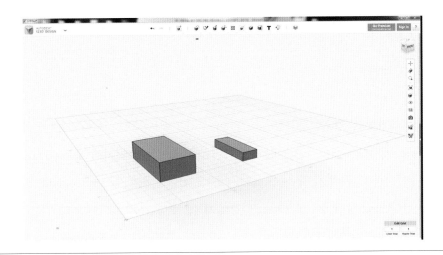

그림 11-20 작은 직육면체 만들기(내부공간 확보용)

그림 11-21에 x, y, z 3축에 대해 이동이 완료된 직육면체를 나타내었다. 도형의 이동 상황 등을 확인하기 위해 오른쪽 트레이의 수평이동 아이콘(Pan)이나 회전 아이콘(Orbit)을 이용하면 입체적으로 살펴보는 것이 가능하다.

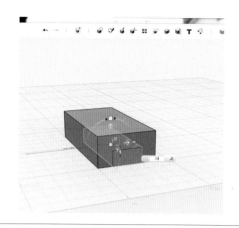

그림 11-21 작은 직육면체의 수평 이동

두 개의 직육면체가 제대로 겹쳐졌으면(5mm의 두께를 갖는 상자로 설정했음), 상단 트레이에서 'Combine' 아이콘을 선택하고 'Subtract' 아이콘을 클릭한다. 커서에 'Select a target solid/mesh'란 메시지가 뜨고, 먼저 Target solid(큰 직육면체)를 클릭한 후 Source solid(작은 직육면체)를 클릭한다(Target의 체적에 대해 Source만큼의 체적을 뺀다는 의미). 이어 엔터키를 누르면 큰 직육면체에서 작은 직육면체만큼의 부피가 사라진다. **그림 11-22**는 Subtract 기능을 활용하여 완성된 상자를 나타낸다.

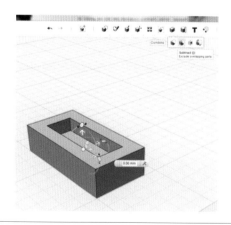

그림 11-22 Subtract 기능 활용하기

이제 상자의 덮개를 만들어주자. 덮개를 형성하기 위해 40mm × 20mm × 2mm의 직육면체를 생성했다. 그리고 상자와의 조립성을 위해 30mm × 10mm × 1mm의 직육면체를 추가로 만들었으며, 손잡이 개념으로 4mm × 4mm × 2mm의 직육면체를 만들었다.

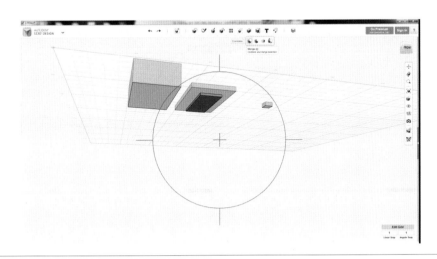

그림 11-23 덮개 조립하기

그림 11-23은 세 가지 직육면체를 수평 이동 후 적절히 배치한 형상이다. 이어 'Combine' 탭에서 'Merge' 아이콘을 클릭하여 하나의 오브젝트로 만든다. Substract 기능의 반대 개념이라 생각하면 되겠다. **그림 11-24**에 조립된 상자와 덮개를 나타내었다.

> 서로 조립되는 구성품을 설계할 때 공차(Tolerance, 규정된 최대치와 최소치의 차)를 감안해야 한다. 가령 내경 10mm 짜리 원통에 외경 10mm짜리 기둥을 조립하려고 하면 조립이 되지 않는다. 각각에 0.5mm 정도는 공차를 주고 설계해야 조립이 원활해진다.

Autodesk 123D는 간단한 후가공 작업도 지원한다. 가령 날카로운 모서리 부분을 둥글게 만들어주는 'Fillet' 기능이다. 이는 'Modify' 탭에서 선택할 수 있으며, Fillet Radius 값을 통해 R 값을 지정할 수 있다. **그림 11-25**의 덮개는 Fillet Radius 값이 5로 설정했을 때의 결과이다.

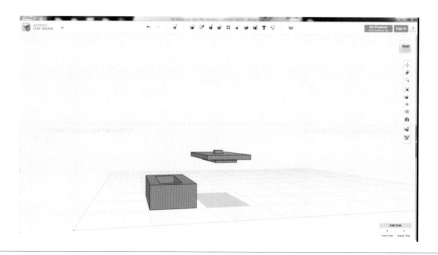

그림 11-24 조립된 덮개와 상자

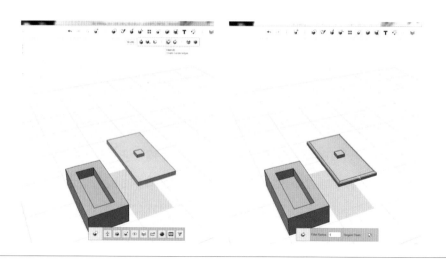

그림 11-25 Fillet 기능의 활용

완성된 파일은 *.123dx 파일로 저장된다. 하지만 이는 3D 프린터에서 바로 쓸 수 없는 규격으로, 다음과 같이 메뉴의 'Export as 3D' 항목을 선택하여 STL 파일로 변환해주어야 한다. 3D 프린터 또는 3D 프린팅 업체에는 추출된 STL 파일을 제공하여 실물로 출력할 수 있다.

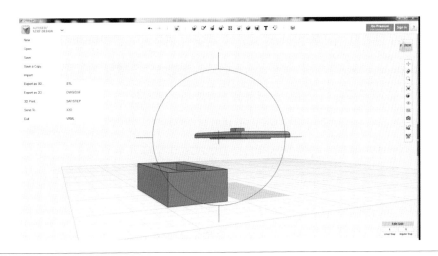

그림 11-26 STL 파일 변환

3D 모델링에서 프린팅까지의 과정을 요약하면 다음과 같다.

① 스케치 업

기구부의 개략적인 형상, 치수 등을 스케치한다.

② 3D 모델링

형상, 치수, 내부 구조, 간섭을 고려하여 3D 모델링을 수행하며, substract 또는 merge 되는 오브젝트들은 별도로 빼놓고 추후 활용할 수 있도록 한다.

③ 보정 및 보완

다른 기구부와 연동되거나, 내부에 배치되는 PCB 등을 감안하여 배치 설계하고, 설계된 내용을 보정한다.

④ 3D 프린터 프린팅

몇 번에 걸쳐 프린팅하며 설계 결과와 의도가 제대로 반영되었는지 확인한다. 공차, 배치설계 등 다른 구성품과 인터페이스 되는 부분은 직접 대조해보아야 확실하다.

⑤ 준양산 수준의 프린팅, CNC 가공, 시금형 제작 등

간단한 상자 만들기 예제를 따라 해 보았다. 굉장히 기본적이고 간단한 3D 모델링을 해보았고, Audodestk 123D에는 이 외에도 강력하고 다양한 3D 모델링 기능들을 제공한다. 3D 모델링을 통해 시제품이 나오면, 한 제품을 프로토타이핑하는 과정은 끝났다고 볼 수 있겠다. 대량생산 또는 조금 더 가공된 개념의 제품을 생산하는 일은 또 다른 문제다. 아직 3D 프린터에서 생산된 제품의 품질, 생산 단가가 그리 좋지 못하기 때문이다.

이제 독자들은 센서와 아두이노를 사용하여 전자적인 개념이 접목된 어떤 시스템을 구축하고, 이것을 제품화하기 위해 PCB 설계와 제작하는 과정, 그리고 종합적인 시제품을 만들기 위한 3D 모델링까지 진행하는 각각의 과정들을 살펴보았다. 프로토타이핑에 있어서 어떤 정도(正道)나 정석(定石)은 없다고 생각한다. 세부적인 내용은 독자들이 생각하고 만들어 가야 할 몫이다. 이제부터 요구조건 분석부터 하드웨어, 소프트웨어 개발, PCB와 3D 모델링, 그리고 출력까지 일련의 과정들을 살펴보자.

12장
시제품 제작: 휴대용 유해물질 측정기 목업

이번 장에서는 하나의 시제품을 어떤 요구조건을 토대로 하나의 시제품을 제작하는 전 과정을 살펴본다. 요구조건 분석, 검토부터 아두이노와 전자부품의 선정, 선정된 부품으로 PCB 설계와 3D 목업 제작까지의 과정이다. 이 책에서 언급하고 있는 센서와 액추에이터 모두를 사용하여 여러 가지 시제품을 제작해보면 좋겠지만, 이 또한 물리적으로 힘든 일이기에 적절한 수준의 난이도를 갖는 시제품 제작 프로젝트를 선정했다.

몇 년 전부터 미세먼지 이슈가 상당해졌다. 미세먼지, 유해물질을 측정하는 간이 측정기 목업을 제작해보고자 한다. 측정기능까지 가지려면 센서 선정과 신호처리 과정까지 고려해야 할 점이 너무 많기에, 스위치를 제어하여 측정기능을 모사하는 측정기 목업을 제작해보겠다.

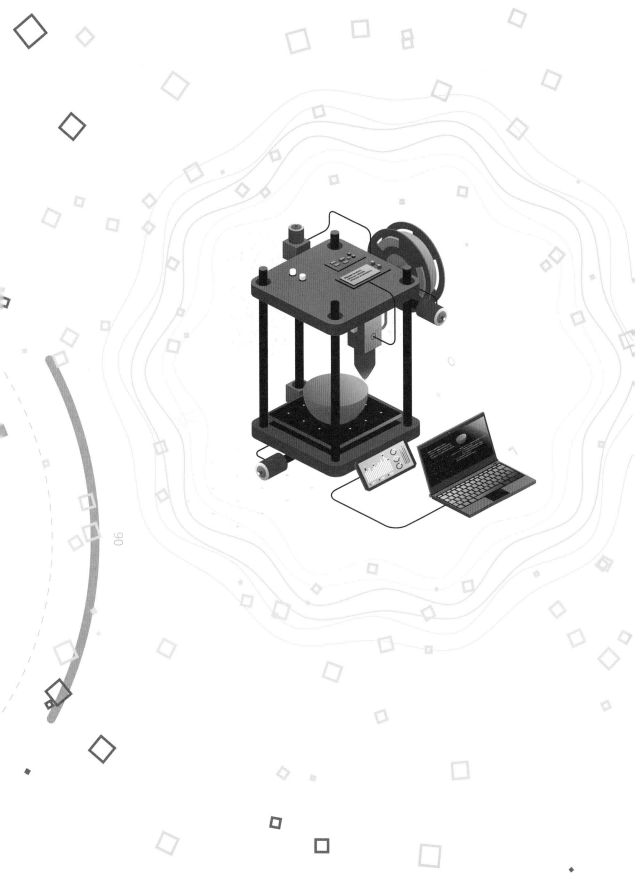

12.1 시제품 제작 프로세스

다음은 3D 모델링 툴로 측정기 목업을 제작하고, 재질을 입힌 후 렌더 이미지를 나타낸 그림이다. 이번 프로젝트의 최종 결과물에 가장 가까운 이미지로 생각하면 되겠다.

그림 12-1 휴대용 유해물질 측정기 목업 렌더 이미지

다음 그림은 시제품 제작을 위한 V 모델이다. 요구조건 분석에서 시작하여 3D 모델링과 생산, 조립까지의 과정을 다이어그램으로 나타내고 있다.

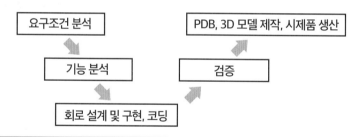

그림 12-2 시제품 제작 V 모델

아이디어는 고객의 요구나 어떤 필요에 의해 발생한다. 필요는 성능과 디자인을 결정 또는 한정시키는 요인이며, 성능은 제품의 가격을 결정짓는데 중요한 요소다(앞으로 이 책의 논점이 아닌 디자인 요소는 배제한다). 아이디어를 구체화하는 데 있어서 어떤 부분을 무엇으로

어떻게 개선, 구현하겠다는 목표를 우리가 사용할 수 있는 도구(가령 센서의 해상도나 응답 속도)에 적용하여 적절히 분석해야 한다. 이는 시제품을 만드는 데 있어서 밑그림을 그리는 단계로 실제 구현, 검증 단계에서 여러 가지 이유로 추가되거나 삭제되기도 한다.

필요 또는 아이디어에 대한 입력과 출력을 검토, 분석하면 결과적으로 해당 장치에 적용되는 센서와 액추에이터가 결정된다. 이후 이들을 구동시키고자 회로를 설계하고 신호처리와 판단을 내리기 위한 MCU(아두이노) 프로그램 작성, 검증이 끝나면 시제품의 기능적 내용은 종료되었다고 보아도 무방하다. 그다음 남은 일은 생산을 위한 PCB 제작과 3D 모델링, 출력 등 생산과 디자인을 다듬는 작업이다.

시제품 제작 프로세스를 살펴보면, 발생한 요구조건과 이에 대한 분석, 구체화가 필요하다. 전원사양을 예로 들면, '건전지 사용'이란 요구조건에 대해(물론 더 구체적일 수 있지만) 해당 시제품이 어디에 쓰이는지, 얼마나 전원을 소모하는지 등에 따라 1.5V AA 사이즈 건전지를 사용할지, 9V 건전지를 사용할지, 또는 충전식 차량용 12V 배터리를 사용할지를 결정하게 된다. 이 외에 디스플레이, 액추에이터의 작동, 센서의 측정값 등과 같은 요구조건, 기능에 따라 분석하거나 결정해야 할 여러 가지 조건이 붙는다.

이어서 시제품의 개별적 기능에 대한 정리가 끝나면, MCU나 센서, 액추에이터 등을 선정하게 된다. 이것을 토대로 기본적인 회로와 모델을 설계하는 과정을 거치게 되는데, 전자부의 경우에는 브레드보드에 얼기설기 엮어서 기능 검증을 수행할 수 있고, 기구부는 3D 모델링을 거쳐 출력하고, 전자부의 체적 등을 감안하여 수정설계가 진행된다.

전자부와 기구부의 기본설계가 끝나면 전자부는 만능기판이나 PCB 기판을 제작하여 전자 소자를 조립하게 되고, 기구부는 전자부나 기타 기구적 구성품을 반영하여 최종 모델과 출력물을 만들어내는 과정을 거친다.

12.2 요구조건

먼저 이 측정기 목업은 AAA 배터리 2조로 작동해야 하고(3V), 가상의 세 가지 물질을 측정을 모사하는 기능을 가지며, 해당 값을 디스플레이 해야 한다. 각각의 값은 높은 값, 중간 값, 낮은 값의 범위를 가지며, 측정기 후방의 3단 조작 스위치에 의해 해당 값 범위 내에서 랜덤으로 출력한다. 전원 스위치와 측정 스위치를 가져야 하며, 전원 인가 및 측정 시 부저와 LED를 작동시킨다.

- **조건 1. 크기**: 길이 150mm × 너비 100mm × 폭 50mm 이내(휴대용 사양)
- **조건 2. 전원**: AAA 배터리 2조로 작동
- **조건 3. 측정**: 세 가지 측정 결과를 디스플레이
- **조건 4. 범위**: 높은 값, 중간 값, 낮은 값을 가지며, 해당 범위 내에서 랜덤한 값을 출력
- **조건 5. 스위치**: 전원, 측정, 3단 조작 스위치 필요
- **조건 6. 기타**: 부저와 LED 적용

그림 12-3 입력과 출력 분석

12.3 요구조건 구체화 및 부품 선정

주어진 요구조건에 따라 기능을 세분화하고 아두이노를 비롯한 주요 부품을 선정해보자. 기본적인 부품 선정이 완료되어야 하드웨어와 소프트웨어 개발에 착수할 수 있다.

조건 1 크기: 길이 150mm × 너비 100mm × 폭 50mm 이내

크기와 관련된 조건은 하드웨어의 사양이 어느 정도 확정되어야 구체화할 수 있는데, 이 단계에서는 그 고려사항을 최소화하기 위해 비교적 큰 값으로 설정하였다. 물론 작은 크기가 아니더라도 우노를 집어넣을 필요는 없다. 나노나 프로 미니를 기준으로 고려하도록 하자. 측정기 본체는 3D 프린터를 활용하여 출력할 예정이며, 전자분야의 설계가 끝난 후 도출되는 PCB 크기를 반영해야 한다. 아래 요구조건 구체화 및 부품 선정 과정에서 스위치나 부저 등의 크기는 결정할 수 있으므로 PCB 설계와 3D 모델링, 출력은 병렬로 진행할 수 있겠다.

조건 2 전원: AAA 배터리 2조로 작동

휴대용 측정기, 리모컨, 각종 소형 전자기기들은 대체로 AA 또는 AAA 사이즈의 건전지 2개를 사용한다. 간혹 4개나 그 이상을 사용하는 기기들도 있지만, 휴대성과 하드웨어 전원 사양을 고려하면 2개가 가장 적당하다.

AAA 건전지 하나의 전압은 1.5V이다. 두 개를 직렬로 적용하면 3V를 출력하는데, 우노, 나노, 프로 미니 등 통상적인 아두이노 보드는 7V 이상의 전압이 권장된다. 이는 보드에 장착된 5V 레귤레이터가 7V 이상의 입력전압을 요구하고 있기 때문이다. 반면, ATmega328 MCU는 1.8V~5.5V 내의 전압만 인가되면 작동하도록 설계되어 있다. 이에 아두이노 보드를 사용하되, 레귤레이터는 사용하지 않는 방안으로 구체화하고자 한다.

조건 3 측정: 세 가지 측정 결과를 디스플레이

세 가지 결과를 디스플레이 하기 위해서는 세븐-세그먼트 또는 LCD를 사용해야 한다. 이 프로젝트에서는 세 개의 세븐-세그먼트를 제어하여 결괏값을 출력하고자 한다. 세 개의 세븐-세그먼트를 제어하기 위해서는 전원(+, -)과 같은 공통선을 제외하고 38개의 제어용 핀이 필요하다. 나노의 아날로그, 디지털 등 모든 핀을 사용하면, 아날로그 핀 14개, 디지털 핀 24개를 적용할 수 있다. 더불어 조건 5와 조건 6의 스위치 신호, 부저와 LED 출력을 연결하기 위해서도 추가적인 핀이 필요하다. 나노의 아날로그, 디지털 핀이 각각 6개(A0~A6), 12개(D2~D13)로 18개를 활용할 수 있다. 이에 2개의 나노를 적용하고자 한다. 물론 시리얼 통신용 핀과 기타 핀들을 추가로 활용할 수 있으나, 이 프로젝트에서는 나노를 두 개 사용하는 것으로 설계하겠다.

조건 4 범위: 높은 값, 중간 값, 낮은 값을 가지며, 해당 범위 내에서 랜덤한 값을 출력

3단 조작 스위치의 입력에 따라 각각 높은 값, 중간 값, 낮은 값을 랜덤하게 보여주는 함수를 구현하고, 이 결과를 세븐-세그먼트로 출력한다.

조건 5 스위치: 전원, 측정, 3단 조작 스위치 필요

전원 스위치와 측정 스위치, 그리고 3단 조작 스위치를 각각 배치하고, 3D 기구물과 함께 하드웨어적으로 배치한다. 전원 스위치와 측정 스위치는 각각 락 타입(Lock type) 푸쉬 스위치를 적용한다.

조건 6 기타: 부저와 LED 적용

전원 인가, 측정 버튼 누름, 3단 조작 스위치의 상태 변화에 따라 적색 LED, 녹색 LED, 그리고 부저를 적절히 혼합하여 시청각 알림을 발생시킨다.

12.4 전자부 하드웨어 개발

우선 나노 두 개와 세븐-세그먼트, 스위치, 부저, LED를 활용하여 하드웨어를 구성하였다. 다음 그림에서 블록 다이어그램과 회로도, 그리고 작동 순서도를 나타내었다. 회로도에서 전원과 관련하여 특별히 코멘트가 필요하다. 전원은 AAA 건전지 2개를 사용하므로 3V가 최대 전압이다. 이에 나노 보드에 달린 레귤레이터를 작동시킬 수 없다(입력으로 최소 7V 필요). 레귤레이터의 출력 전압이 발생하지 않으면, V_{CC} 단자에 전압이 인가되지 않으므로 나노 또한 작동하지 않는다. 이에 V_{IN}(또는 V_{RAW}) 단자로 전원을 인가하지 않고 V_{CC} 단자로 배터리 전원을 연결하여 문제를 해결하였다(레귤레이터 출력단과 V_{CC} 단자는 동일한 노드).

다음은 측정기에 대한 블록 다이어그램과 회로도 그림이다. 블록 다이어그램을 살펴보면 시스템에 대한 전반적인 흐름을 알 수 있고, 이것을 토대로 작동 흐름을 구체화한 것이 다음 절의 순서도이다. 순서도는 이런 형태로 설계가 진행되었다는 것 정도로만 이해하자.

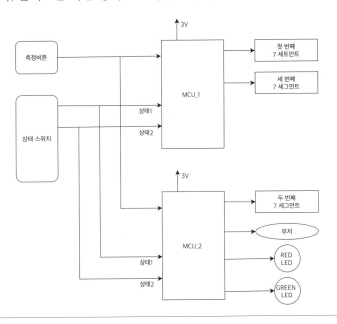

그림 12-4 측정기 블록 다이어그램

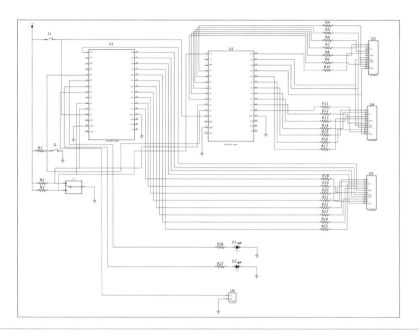

그림 12-5 측정기 회로도

만약 나노가 아닌 SMD 타입의 MCU를 적용하려면 크리스털 작동 전압을 확인하여야 한다. 통상적으로 나노 보드에 부착된 크리스털은 3V에서도 작동하지만, DIP 타입과 같은 크리스털은 3V 이상의 전압에서 작동하는 경우도 있기에 건전지가 3개 필요할 경우도 발생한다.

12.5   전자부 소프트웨어 개발

이어서 이 하드웨어 구성에 따라 소프트웨어를 설계하였다. 하드웨어 설계 결과와 함께 다음 순서도로 전반적인 작동 과정을 살펴보자. 스케치 작성 전, 어느 정도의 작동 순서가 정립되어야 개발이 순조롭다.

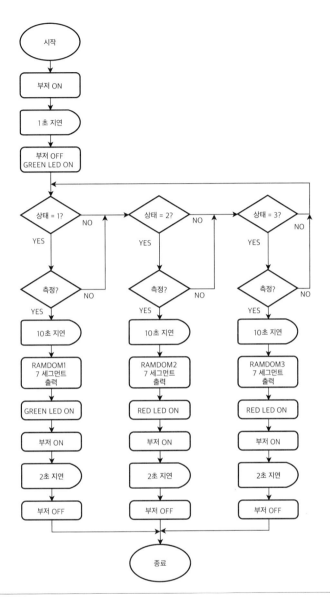

그림 12-6 측정기 작동 순서도

다음은 두 개의 나노에 저장된 스케치이다. 첫 번째 스케치는 나노-1, 두 번째 스케치는 나노-2의 코드를 나타낸다.

```
int button = A7;                    //측정 스위치 입력 핀
int state_sw1 = A6;                 //상태 스위치 입력 핀
int state_sw2 = 13;
int state1;
int state2;
int rd1;
int rdt1;
int b = 10;
int c = 10;
int d = 10;
int x = 10;
int y = 10;
int z = 10;
int p=0;
int a;
boolean current_button = LOW;
boolean last_button = LOW;


int position_pin[] = {9,10,11};           //7세그먼트 자릿수 배열 핀
int segment_pin_1[] = {12, A5, A4, A3, A2, A1, A0};   //첫 번째 라인 7세그먼트 핀
int segment_pin_3[] = {2,3,4,5,6,7,8};   //세 번째 라인 7세그먼트 핀
int segmentLEDsNum = 8;
byte data[] = {0x03,0x9F, 0x25, 0x0D, 0x99, 0x49, 0x41, 0x1B, 0x01, 0x09,
0xFD, 0xFF}; //16진수로 7세그먼트 숫자모양
void setup() {
  //Serial.begin(9600);
  for(int i = 0; i<3; i++)                 //7세그먼트 자릿 수 배열 핀 출력포트 지정
  {
    pinMode(position_pin[i], OUTPUT);
  }
  for (int i = 0; i < 7; i++)              //7세그먼트 핀 출력포트 지정
  {
    pinMode(segment_pin_3[i], OUTPUT);
  }
  pinMode(A0, OUTPUT);
```

```
      pinMode(A1, OUTPUT);
      pinMode(A2, OUTPUT);
      pinMode(A3, OUTPUT);
      pinMode(A4, OUTPUT);
      pinMode(A5, OUTPUT);
      pinMode(12, OUTPUT);
      pinMode(button, INPUT);                 //스위치 핀 입력포트 지정
      pinMode(state_sw1, INPUT);
      pinMode(state_sw2, INPUT);

      //digitalWrite(9, LOW);
      //digitalWrite(10, LOW);
      //digitalWrite(11, LOW);

      delay(1000);
}

void loop() {
      current_button = analogRead(button);     // 스위치 값 입력
      state1 = analogRead(state_sw1);
      state2 = digitalRead(state_sw2);
      /*
      Serial.print(state1);
      Serial.print("  ");
      Serial.print(state2);
      Serial.print("  ");
      Serial.print(current_button);
      Serial.print("  ");
      Serial.print(x);
      Serial.print("  ");
      Serial.print(y);
      Serial.print("  ");
      Serial.print(z);
      Serial.print("  ");
      Serial.print(rdt1);
      Serial.print("  ");
      Serial.println(rd1);
      */
```

```
if((state1 <= 500)&&(state2 == 1))  //================1단계 스위치 상태일 때
{
    if(last_button == LOW && current_button == LOW) //측정 스위치가 눌리면
    {
        for(int i = 0; i<3; i++)            //10초 동안 랜덤값 받아오고 7세그먼트 전부 Off
        {
            digitalWrite(position_pin[i], LOW);
        }
        delay(10000);
        Random1();
        a = 1;
        p = 1;
    }
    last_button = current_button;
    if(p == 0)       //측정 스위치가 안 눌리고 다른 단계의 스위치 상태일 때 7세그먼트값 유지
    {
        show1(1,b);
        show3(1,x);
        delay(3);
        show1(2,c);
        show3(2,y);
        delay(3);
        show1(3,d);
        show3(3,z);
        delay(2);
    }
    else if(p == 2)
    {
        show1(1,b);
        show3(1,x);
        delay(3);
        show1(2,c);
        show3(2,y);
        delay(3);
        show1(3,d);
        show3(3,z);
        delay(2);
    }
    else if(p == 1)     //측정 스위치가 눌렸을 때 7세그먼트 값 출력
```

```
  {

    show1(2,c);
    show3(2,y);
    delay(3);
    show1(3,d);
    show3(3,z);
    delay(3);


    if(a == 1)                      //7세그먼트 값 출력 후 다른 MCU의 부저 울리는 2초 지연
    {
      for(int i = 0; i<250; i++)
      {

        show1(2,c);
        show3(2,y);
        delay(4);
        show1(3,d);
        show3(3,z);
        delay(4);
      }
      a = 0;
    }
    else
    {

    }
  }
  else
  {

  }
}
else if((state1 >= 1000)&&(state2 == 1)) //= === =========2단계 스위치 상태일 때
{
  if(last_button == LOW && current_button == LOW) //측정 스위치가 눌리면
  {
```

```
   for(int i = 0; i<3; i++)              //10초 동안 랜덤값 받아오고 7세그먼트 전부 off
   {
      digitalWrite(position_pin[i], LOW);
   }
   delay(10000);
   Random2();
    a = 1;
    p = 0;
}
last_button = current_button;
if(p == 1)         //측정 스위치가 안 눌리고 다른 단계의 스위치 상태일 때 7세그먼트값 유지
{
   show1(1,11);
   show3(1,11);
   delay(3);
   show1(2,c);
   show3(2,y);
   delay(3);
   show1(3,d);
   show3(3,z);
   delay(2);
}
else if(p == 2)
{
   show1(1,b);
   show3(1,x);
   delay(3);
   show1(2,c);
   show3(2,y);
   delay(3);
   show1(3,d);
   show3(3,z);
   delay(2);
}
else if(p == 0)                        //측정 스위치가 눌렸을 때 7세그먼트 값 출력
{
   show1(1,b);
   show3(1,x);
   delay(3);
```

```
    show1(2,c);
    show3(2,y);
    delay(3);
    show1(3,d);
    show3(3,z);
    delay(2);
    if(a == 1)
    {
        for(int i = 0; i<250; i++) //7세그먼트 값 출력 후 다른 MCU의 부저 울리는 2초 지연
        {
            show1(1,b);
            show3(1,x);
            delay(3);
            show1(2,c);
            show3(2,y);
            delay(3);
            show1(3,d);
            show3(3,z);
            delay(2);
        }
        a = 0;
    }
    else
    {

    }
  }
}
else if((state1 >= 1000)&&(state2 == 0)) //==================3단계 스위치 상태일 때
{
  if(last_button == LOW && current_button == LOW)     //측정 스위치가 눌리면
  {
    for(int i = 0; i<3; i++)            //10초 동안 랜덤값 받아오고 7세그먼트 전부 Off
    {
        digitalWrite(position_pin[i], LOW);
    }
    delay(10000);
    Random3();
    a = 1;
```

```
    p = 2;
  }
last_button = current_button;
if(p == 0)      //측정 스위치가 안 눌리고 다른 단계의 스위치 상태일 때 7세그먼트값 유지
{
  show1(1,b);
  show3(1,x);
  delay(3);
  show1(2,c);
  show3(2,y);
  delay(3);
  show1(3,d);
  show3(3,z);
  delay(2);
}
else if(p == 1)
{

  show1(2,c);
  show3(2,y);
  delay(4);
  show1(3,d);
  show3(3,z);
  delay(4);
}
else if(p == 2)                        //측정 스위치가 눌렸을 때 7세그먼트 값 출력
{
  show1(1,b);
  show3(1,x);
  delay(3);
  show1(2,c);
  show3(2,y);
  delay(3);
  show1(3,d);
  show3(3,z);
  delay(2);
  if(a == 1)
  {
    for(int i = 0; i<250; i++) //7세그먼트 값 출력 후 다른 MCU의 부저 울리는 2초 지연
```

```
            {
                show1(1,b);
                show3(1,x);
                delay(3);
                show1(2,c);
                show3(2,y);
                delay(3);
                show1(3,d);
                show3(3,z);
                delay(2);
            }
            a = 0;
        }
        else
        {

        }
    }
    else
    {

    }
  }
}

void show1(int position, int number)         //첫 번째 라인 7세그먼트 출력 함수
{
  for(int i=0; i<3; i++)
  {
    if(i+1 == position)
    {
      digitalWrite(position_pin[i], HIGH);
    }
    else
    {
      digitalWrite(position_pin[i], LOW);
    }
  }
  for(int i=0; i<7; i++)
```

```
  {
    byte segment = (data[number] & (0x01 << i+1)) >> i+1;
    if(segment == 1)
    {
      digitalWrite(segment_pin_1[6-i], HIGH);
    }
    else
    {
      digitalWrite(segment_pin_1[6-i], LOW);
    }
  }
}

void show3(int position, int number)          //3번째 라인 7세그먼트 출력 함수
{
  for(int i=0; i<3; i++)
  {
    if(i+1 == position)
    {
      digitalWrite(position_pin[i], HIGH);
    }
    else
    {
      digitalWrite(position_pin[i], LOW);
    }
  }
  for(int i=0; i<7; i++)
  {
    byte segment = (data[number] & (0x01 << i+1)) >> i+1;
    if(segment == 1)
    {
      digitalWrite(segment_pin_3[6-i], HIGH);
    }
    else
    {
      digitalWrite(segment_pin_3[6-i], LOW);
    }
  }
}
```

```
void Random1()                    //1단계 랜덤값 함수
{
  rd1 = random(41,96);
  rdt1 = random(53,95);
  c = rd1 / 10;                   //각 자릿수 대입
  d = rd1 % 10;
  y = rdt1 / 10;
  z = rdt1 % 10;
}

void Random2()                    //2단계 랜덤값 함수
{
  rd1 = random(281,413);
  rdt1 = random(277,405);
  b = rd1 / 100;                  //각 자릿수 대입
  c = (rd1-b*100) / 10;
  d = (rd1-b*100) % 10;
  x = rdt1 / 100;
  y = (rdt1-x*100) / 10;
  z = (rdt1-x*100) % 10;
}

void Random3()                    //3단계 랜덤값 함수
{
  rd1 = random(502,656);
  rdt1 = random(543,678);
  b = rd1 / 100;                  //각 자릿수 대입
  c = (rd1-b*100) / 10;
  d = (rd1-b*100) % 10;
  x = rdt1 / 100;
  y = (rdt1-x*100) / 10;
  z = (rdt1-x*100) % 10;
}
```

```
int button = A1;          //측정 스위치 입력 핀
int state_sw1 = A7;      //상태 스위치 입력 핀
int state_sw2 = A6;
int state1;
int state2;
int buzzer = A4;        //부저 출력 핀
int red = A2;            //Red LED 출력 핀
int green = A3;          //Green LED 출력 핀
int rd1;
int rd2;
int rd3;
int a;
int b = 10;
int c = 10;
int d = 10;
int e = 10;
int p=0;

boolean current_button = LOW;
boolean last_button = LOW;

int position_pin[] = {10,11,12,13};          //7세그먼트 자릿수 핀
int segment_pin_2[] = {2,3,4,5,6,7,8,9};     //두 번째 라인 7세그먼트 핀
int segmentLEDsNum = 8;
byte data[] = {0x03, 0x9F, 0x25, 0x0D, 0x99, 0x49, 0x41, 0x1B, 0x01,
0x09, 0xFD, 0xFF,0x02};   //16진수로 7세그먼트 숫자모양
void setup() {
  //Serial.begin(9600);
  for(int i = 0; i<4; i++)        //7세그먼트 자릿수 배열 핀 출력포트 지정
  {
    pinMode(position_pin[i], OUTPUT);
  }
  for (int i = 0; i < 8; i++)     //7세그먼트 핀 출력포트 지정
  {
    pinMode(segment_pin_2[i], OUTPUT);
```

```
  }

  pinMode(red, OUTPUT);       //Red LED 출력포트 지정
  pinMode(green, OUTPUT);     //Green LED 출력포트 지정
  pinMode(buzzer, OUTPUT);    //부저 출력포트 지정

  pinMode(12, OUTPUT);
  pinMode(button, INPUT);         //스위치 핀 입력포트 지정
  pinMode(state_sw1, INPUT);
  pinMode(state_sw2, INPUT);
  digitalWrite(green, HIGH);      //처음 전원 켰을 때 초록불 On, 빨간불 Off, 1초간 부저 울림
  digitalWrite(red, LOW);
  tone(buzzer, 3135);

  delay(1000);
  noTone(buzzer);
}

void loop() {
  current_button = analogRead(button);    //스위치 값 입력
  state1 = analogRead(state_sw1);
  state2 = analogRead(state_sw2);
  /*
  Serial.print(state1);
  Serial.print("  ");
  Serial.print(state2);
  Serial.print("  ");
  Serial.print(current_button);
  Serial.print("  ");
  Serial.println(last_button);*/
  /*Serial.print("  ");
  Serial.print(d);
  Serial.print("  ");
  Serial.print(e);
  Serial.print("  ");
  Serial.print(rd1);
  Serial.print("  ");
  Serial.print(buzzer);
```

```
Serial.print("  ");
Serial.print(last_button);

Serial.println(a);
*/

if((state1 < 500)&&(state2 >= 500)) // 1단계 스위치 상태일 때
{
  noTone(buzzer);
  if(last_button == LOW && current_button == LOW)    //측정 스위치가 눌리면
  {
    for(int i = 0; i<4; i++)          //10초 동안 랜덤값 받아오고 7세그먼트 전부 Off
    {
      digitalWrite(position_pin[i], LOW);
    }
    delay(10000);
    digitalWrite(green, HIGH);      //1단계 스위치 측정 후 초록불 On
    digitalWrite(red, LOW);
    Random1();
    a = 1;
    p = 1;
  }

  if(p == 0)          //측정 스위치가 안 눌리고 다른 단계의 스위치 상태일 때 7세그먼트값 유지
  {
    show2(1,b);
    delay(2);
    show2(2,c);
    delay(2);
    show2(3,d);
    delay(2);
    show2(4,e);
    delay(2);
  }
  else if(p == 2)
  {
    show2(1,b);
    delay(2);
    show2(2,c);
```

```
        delay(2);
        show2(3,d);
        delay(2);
        show2(4,e);
        delay(2);
    }
    else if(p == 1)
    {
        last_button = !current_button;
        show2(1,b);
        delay(2);
        show2(2,c);
        delay(2);
        show2(3,d);
        delay(2);
        show2(4,e);
        delay(2);

        if(a == 1)
        {
            for(int i = 0; i<250; i++)
            {
                tone(buzzer, 3135);
                show2(1,b);
                delay(2);
                show2(2,c);
                delay(2);
                show2(3,d);
                delay(2);
                show2(4,e);
                delay(2);
            }
            a = 0;
            noTone(buzzer);
        }
        else
        {

        }
```

```
        }
      else
      {
      }
    }
    else if((state1 >= 1000)&&(state2 >= 500))   // 2단계 스위치 상태일 때
    {
      noTone(buzzer);
      if(last_button == LOW && current_button == LOW)      //측정 스위치가 눌리면
      {
        for(int i = 0; i<4; i++)      //10초 동안 랜덤값 받아오고 7세그먼트 전부 Off
        {
          digitalWrite(position_pin[i], LOW);
        }
        delay(10000);
        digitalWrite(green, LOW);      //2단계 스위치 측정 후 빨간불 On
        digitalWrite(red, HIGH);
        Random2();
        a = 1;
        p = 0;
      }

      if(p == 1)
      {
        show2(1,b);
        delay(2);
        show2(2,c);
        delay(2);
        show2(3,d);
        delay(2);
        show2(4,e);
        delay(2);
      }
      else if(p == 2)
      {
        show2(1,b);
        delay(2);
        show2(2,c);
        delay(2);
```

```
      show2(3,d);
      delay(2);
      show2(4,e);
      delay(2);
  }
  else if(p == 0)
  {
      last_button = !current_button;
      show2(1,b);
      delay(2);
      show2(2,c);
      delay(2);
      show2(3,d);
      delay(2);
      show2(4,e);
      delay(2);

      if(a == 1)
      {
        for(int i = 0; i<250; i++)
        {
          tone(buzzer, 3135);
          show2(1,b);
          delay(2);
          show2(2,c);
          delay(2);
          show2(3,d);
          delay(2);
          show2(4,e);
          delay(2);
        }
        a = 0;
        noTone(buzzer);
      }
      else
      {
      }
  }
}
```

```
else if((state1 >= 1000)&&(state2 < 300)) // 3단계 스위치 상태일 때
{
  noTone(buzzer);
  if(last_button == LOW && current_button == LOW)   //측정 스위치가 눌리면
  {
    for(int i = 0; i<4; i++)        //10초 동안 랜덤값 받아오고 7세그먼트 전부 Off
    {
      digitalWrite(position_pin[i], LOW);
    }
    delay(10000);
    digitalWrite(green, LOW);
    digitalWrite(red, HIGH);        //3단계 스위치 측정 후 빨간불 On
    Random3();
    a = 1;
    p = 2;
  }

  if(p == 0)
  {
    show2(1,b);
    delay(2);
    show2(2,c);
    delay(2);
    show2(3,d);
    delay(2);
    show2(4,e);
    delay(2);
  }

  else if(p == 1)
  {
    show2(1,b);
    delay(2);
    show2(2,c);
    delay(2);
    show2(3,d);
    delay(2);
    show2(4,e);
    delay(2);
```

```
      }
    else if(p == 2)
    {
      last_button = !current_button;
      show2(1,b);
      delay(2);
      show2(2,c);
      delay(2);
      show2(3,d);
      delay(2);
      show2(4,e);
      delay(2);

      if(a == 1)
      {
        for(int i = 0; i<250; i++)
        {
          tone(buzzer, 3135);
          show2(1,b);
          delay(2);
          show2(2,c);
          delay(2);
          show2(3,d);
          delay(2);
          show2(4,e);
          delay(2);
        }
        a = 0;
        noTone(buzzer);
      }
      else
      {
      }
    }
    else
    {
}
  }
}
```

```
void show2(int position, int number)    //두 번째 라인 7세그먼트 출력 함수
{
  for(int i=0; i<4; i++)
  {
    if(i+1 == position)
    {
      digitalWrite(position_pin[i], HIGH);
    }
    else
    {
      digitalWrite(position_pin[i], LOW);
    }
  }
  for(int i=0; i<8; i++)
  {
    byte segment = (data[number] & (0x01 << i)) >> i;
    if(segment == 1)
    {
      digitalWrite(segment_pin_2[7-i], HIGH);
    }
    else
    {
      digitalWrite(segment_pin_2[7-i], LOW);
    }
  }
}


void Random1()     //1단계 랜덤값 함수
{
  rd1 = random(22,53);
  b = 12;     //각 자릿수 대입
  c = 0;
  d = rd1 / 10;
  e = rd1 % 10;
}


void Random2()     //2단계 랜덤값 함수
{
  rd1 = random(114,198);
```

```
    b = 12;        //각 자릿수 대입
    c = rd1 / 100;
    d = (rd1-c*100) / 10;
    e = (rd1-c*100) % 10;

}

void Random3()       //3단계 랜덤값 함수
{
    rd1 = random(298,382);

    b = 12;        //각 자릿수 대입
    c = rd1 / 100;
    d = (rd1-c*100) / 10;
    e = (rd1-c*100) % 10;
}
```

12.6 PCB Artwork 및 제작

이번 절에서는 이미 개발한 하드웨어 구성을 토대로 프릿징 프로그램을 활용하여 PCB Artwork 작업을 수행해본다. Artwork이 완료된 PCB를 제작하는 것은 독자들의 몫으로 남겨두겠다. 제작을 위해서는 제작업체를 찾아야 하는 문제가 있는데, 이 사항을 이번 절에서 다루는 것이 적절하지 않다고 판단하였다. 실제 PCB를 제작하지 않고 만능기판에 와이어링을 하여 구현하는 방법도 있으니 독자들이 선택하도록 하자.

예제를 위해 디스플레이부와 데이터처리부 두 가지 PCB를 제작하였다. 디스플레이부 PCB는 7-세그먼트를 지지하며 데이터처리부 PCB와 점퍼선을 통해 연결된다. 데이터처리부 PCB는 각종 스위치 신호와 7-세그먼트를 제어하기 위해 사용된다.

1. 기판 크기 선정

2. 주요 부품 배치

3. 결선

4. 출력 후 실측, Artwork 수정

5. 거버 파일 생성 및 제작의뢰

6. 제작 후 부품조립, 시험

다음에 프릿징으로 작업한 PCB Artwork 과정을 나타내었다. 먼저 디스플레이부 PCB 설계 과정을 살펴보자.

1. PCB 기판 크기 선정(디스플레이부)

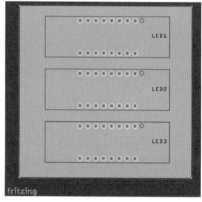

2. 세븐-세그먼트 배열(디스플레이부)

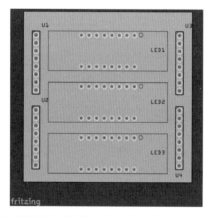

3. 데이터 처리부와 연결되는 인터페이스 생성(디스플레이부)

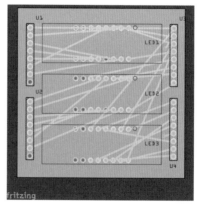

4.세븐-세그먼트의 핀 연결(디스플레이부)

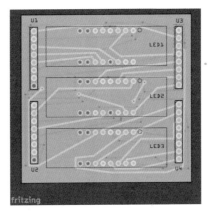

5. 오토라우터 실행(디스플레이부) 후 보완

그림 12-7 디스플레이부 PCB 설계 과정

다음은 데이터 처리부 PCB 설계 과정이다.

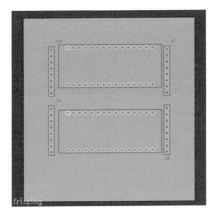

1. MCU 및 디스플레이부 연결부 배치(데이터처리부)

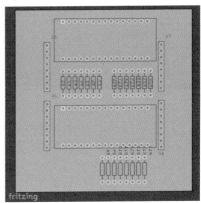

2. 저항 배치(데이터처리부)

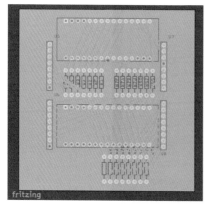

3. MCU, 저항, 연결부 결선(데이터 처리부)

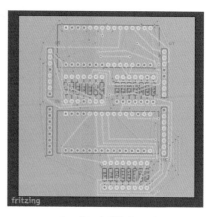

4. 오토라우터 실행 후 보완

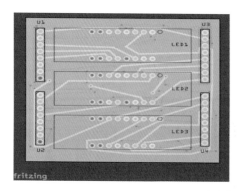

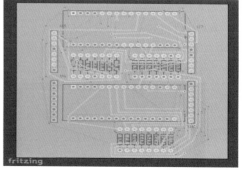

5. 완성된 2종의 PCB 패턴

그림 12-8 데이터처리부 PCB 설계 과정

완성 후 스위치나 오토라우터로 연결되지 않은 부분은 따로 점퍼선을 활용하여 결선한다.

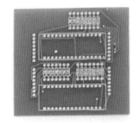
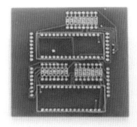

PCB 제작 결과

그림 12-9 제작 결과

12.7 기구부 개발

이번 절에서는 Fusion 360을 활용하여 측정기를 모델링하고, 이어서 Cura 프로그램과 3D 프린터로 출력해보는 과정까지 살펴본다. 이 과정을 위해서는 이미 선정한 전자부 하드웨어와 PCB의 치수 정보 등이 필요하다(앞 절에서 Autodesk123D를 사용해보았지만, 실제 개발에서는 조금 더 강력한 툴인 Fusion 360을 활용하였음).

3D 모델링에서부터 프린팅까지의 과정은 다음과 같이 크게 세 단계로 나뉜다.

1. 먼저 모델링을 통해 형상을 만든다.
2. 결과를 토대로 3D 프린터로 형상정보를 전달하도록 파일을 변환한다.
3. 3D 프린터로 파일을 옮겨 출력을 수행한다.

Cura의 설정값이나 Cura로 파일을 옮겼을 때 발견되는 여러 가지 문제들로 인해 프린팅이 수월하지 않을 수 있다. 이 문제들은 또 하나의 3D 모델링, 프린팅 관련 서적으로 다룰 수 있을 만큼 방대하여 이 책에서는 다루지 않는다.

다음은 기구부 제작을 위해 3D 모델링 과정부터 프린팅 과정까지를 개략적으로 나타낸 그림이다. Fusion 360과 같은 모델링 도구로 작업을 하고, Cura로 3D 프린터 작업용 파일로 변환한 후, 3D 프린터로 해당 파일을 옮겨서 프린팅하는 과정이다.

그림 12-10 3D 프린팅 과정

1. 모델링 툴을 활용하여 모델링 하기
2. 제작된 모델링을 토대로 STEP 파일(또는 STL 파일) 생성하기
3. Cura를 활용하여 STEP(또는 STL) 파일을 G-Code 로 변환하고 3D 프린터로 출력하기

기구부를 설계, 제작할 때 감안해야 할 점 중 하나는 기구부 형상에 따른 전자부의 자유도이다. 다시 말해서, 전자부의 PCB와 PCB에 조립된 전자부품의 치수를 감안하여 기구부 설계가 효율적으로 이루어지거나, 그 반대의 검토를 해야 한다는 점이다. 리모컨과 같이 비교적 간단한 제품은 하나의 PCB와 PCB에 조립된 전자부품을 지지해주는 기구부 설계가 가능하지만, 높이, 너비, 길이가 PCB와 전자부품의 물리적 범위에서 벗어나면 조금 다른 설계가 필요하다. 가령 곰 인형을 모사한 기구물과 그 내부에 조립되는 PCB의 경우, 곰의 머리 부분과 배 부분, 나아가 배의 앞부분과 뒷부분에 설치할 수 있는 영역이 한정되게 된다. 이 경우에는 스위치나 기타 전자부품을 PCB에 조립하지 않고 별도로 와이어링하여 조립하는 방법이 효율적이고 경제적이라 볼 수 있겠다. 중국산 장난감, 전자제품을 뜯어보면 이와 같은 형태를 확인할 수 있다.

그림 12-11 기구부 형상에 따른 전자부의 자유도

3D 모델링(Fusion 360)

3D 모델링 과정은 다음과 같이 간략화된다. 어느 정도의 치수가 정해졌다면 스케치를 통해 개략적 형상을 잡아본다. 이어서 내부와 외부의 형상을 모델링하고, 내, 외부에 적용될 부품의 치수를 반영한다. 이어서 기구부와 부품 간, 기구부와 기구부 간의 조립구조를 반영해주고, 마감 절차를 수행하면 모델링까지의 과정이 끝난다.

1. 스케치
2. 내부, 외부 형상 모델링
3. 주요 부품 치수 반영
4. 조립구조 반영 및 마감

이제 측정기 목업 모델링 과정을 살펴보자. 단, 디테일한 모델링 과정보다 배터리 케이스, 내부 배치, 체결 구조 등 포인트 별 모델링 캡처화면을 첨부하였다. 대략적 과정, 감안해야 할 점 정도로 보고 살펴보자. 기본적인 형태에서부터 배터리 케이스, 스위치, 그리고 PCB 등을 기구부에 결속하기 위한 구조, 나아가 체결 구조까지 나타내고 있다.

후면 설계-1

후면 설계-2

내부 설계

내부 설계(스위치 반영)

내부 설계(배터리 덮개 반영)

내부 설계(전자부 구성품 반영)-1

내부 설계(전자부 구성품 반영)-2

내부 설계(전자부 구성품 반영)-3

내부 설계(전자부 구성품 반영)-4

내부 설계(전자부 구성품 반영)-5

내부 설계(전자부 구성품 반영)-6

전면 명판 배치설계

그림 12-12 목업 모델링 과정

파일 변환 후 출력(Cura, 3D 프린터)

Cura 프로그램은 얼티메이커사에서 제공하는 3D 프린팅 툴이다. 3D 모델링이 완료되었다고 하여 3D 프린터를 바로 사용할 수 있는 것이 아니다. 다음 과정처럼 3D 모델링으로 산출된 결과물을 3D 프린터가 출력물을 다룰 수 있도록 변환해주어야 한다. Cura는 프린터가 해당 모델을 잘게 잘라 슬라이스(Slicing)화하여 프린터의 좌푯값을 만들어주는 g-code로 변환해주는 역할을 한다. 사실 이 또한 3D 프린터 전체를 다루는 영역이기에 독자들께서 조금 더 찾아보길 바란다. 이 책에서는 이런 것들을 감안해야 한다는 정도로 이해하고 넘어가자.

표 12-1 각 과정별 적용 프로그램

	작업 프로그램	산출물(확장자)	비고
3D 모델링	Fusion360, Solidworks, 123D, Catia, Rhinoceros, 3D Max 등	STEP, STP	
변환	상동	STL	폴리곤 파일
슬라이싱	CURA, Slic3r, ideaMaker SIMPLIFY 3D, Cubicreator	G-code	
프린팅	-	3D 출력물	USB, SD 카드 또는 네트워크로 전송

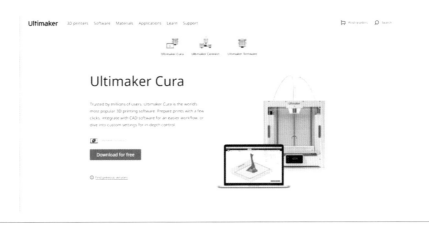

그림 12-13 Cura 다운로드 내비게이션-1 (ultimaker.com/software/ultimaker-cura)

2020년 3월 현재, Cura는 4.5가 최신버전이다. Cura는 Ultimaker란 3D 프린터 제작사에서 제공하는 프로그램이다. 다만, 공개된 소프트웨어이기에 Ultimaker사의 3D 프린터 외에도 모두 이용 가능하다. Cura 외에 Slic3r, ideaMaker, SIMPLIFY 3D 등이 있으니 참고하자.

앞선 그림에서 'Download for free' 탭을 클릭하고, 이어 등장하는 팝업 화면에서 'Download now' 탭을 클릭하면 내려받을 수 있다.

그림 12-14 Cura 다운로드 내비게이션-2

이어서 일반적인 프로그램 설치와 동일한 과정처럼 '다음', '동의' 등을 선택한다.

그림 12-15 Cura 설치 내비게이션-1

구성요소는 기본값(default)만 선택하였다.

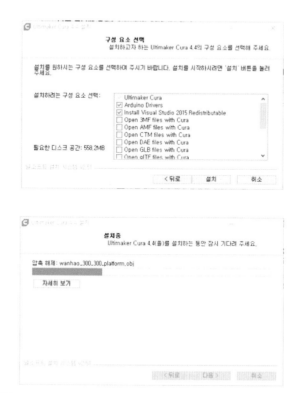

그림 12-16 Cura 설치 내비게이션-2

설치가 완료되면 Cura를 실행해보자. 몇 가지 동의 화면을 지나가면 'Add a printer' 탭이 발생한다. Ultimaker를 시작으로 3DMaker, Anet, MakerBot 등 한 번쯤 들어본 3D 프린터 제조사와 모델들이 나타나 있다. 본인의 3D 프린터 제조사와 모델을 선택하고 베드 정보(X, Y, Z)와 같은 정보를 기입 후 'Next'를 누르면 설정 과정까지 완료된다.

그림 12-17 Cura 설치 후 설정

Cura 설치와 설정이 완료되면 다음과 같은 초기화면이 나타난다.

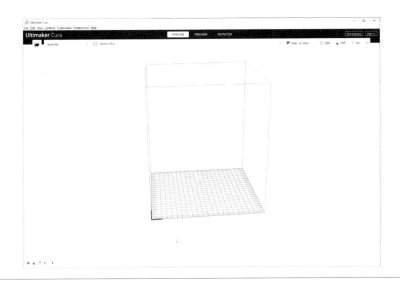

그림 12-18 Cura 초기화면

12.8 조립 및 작동시연

자, 이제 우리는 시제품 제작에 있어서 가장 큰 범주인 전자부와 기구부 두 가지 개발과정을 모두 살펴보았다. Fusion360으로 기구부 모델을 설계하고, Cura 프로그램과 3D 프린터로 측정기 기구부를 출력하였다. 요구조건에 따라 주요 구성품을 선정하고 PCB를 설계, 제작하였고, 조립까지 마쳤다. 이제 전자부와 기구부를 조립해보는 과정이 남았다.

기구부 관련하여 코멘트를 하자면, 실제 3D 프린터로 출력한 결과물과 렌더 이미지 간의 간극이 있는데, 이는 저가의 FDM 타입 3D 프린터의 한계라고 생각하는 것이 속편하다. 사포와 퍼티 등을 활용해 후가공(Post Processing)을 거치면 출력물 품질을 조금 더 높일 수 있다. 레진을 활용한 SLA 방식의 3D 프린터를 사용하면 더 높은 품질의 결과물을 얻을 수 있다. 하지만 이 책에서는 '시제품 구현'까지를 목표로 하므로 이 과정들을 다루지는 않겠다. 그리고 조금 더 시제품처럼, 더 그럴듯하게 보이고자 전면의 판을 아크릴 업체에 의뢰하여 가공하여 명판을 붙였다. 인쇄 스티커를 사용하는 것도 심미성을 높이는 방편 중 하나이다.

다음에 휴대용 유해물질 측정기 목업 제작 결과를 나타내었다. 측정기 후면에 있는 3단 스위치 조작에 따라 LED 색상과 결괏값이 달라지는 것을 확인할 수 있다. 실제 측정기능은 없는 측정기 목업 제작 프로젝트이지만, 어떤 시제품을 신속히 만들어서 보여줄 필요가 있을 때는 이러한 방법도 유효하다는 것을 이야기하고 싶었다. 그리고 요구조건을 구체화하고 그 결과를 토대로 전자부와 기구부를 개발하는 일련의 과정을 살펴보았다는데 의의를 두고자 한다.

이제 독자들께서는 어떤 시제품을 제작하고자 하는가?

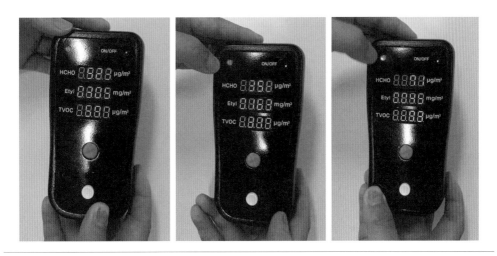

그림 12-19 스위치에 따른 높은 값, 중간 값, 낮은 값 디스플레이

찾아보기